MATTHIAS HORX

Das Buch des Wandels

MATTHIAS HORX

Das Buch des Wandels

Wie Menschen Zukunft gestalten

Deutsche Verlags-Anstalt

FSC

Mix
Produktgruppe aus vorbildlich
bewirtschafteten Wäldern und
anderen kontrollierten Herkünften

Zert.-Nr. SGS-COC-1940
www.fsc.org
© 1996 Forest Stewardship Council

Verlagsgruppe Random House FSC-DEU-0100
Das für dieses Buch verwendete FSC-zertifizierte Papier *EOS*
liefert Arctic Paper Munkedals AB, Schweden.

1. Auflage
Copyright © 2009 Deutsche Verlags-Anstalt, München,
in der Verlagsgruppe Random House GmbH
Alle Rechte vorbehalten
Grafiken: © Peter Palm, Berlin
Typografie und Satz: DVA / Brigitte Müller
Gesetzt aus der Garamond
Druck und Bindung: GGP Media GmbH, Pößneck
Printed in Germany
ISBN 978-3-421-04433-4

www.dva.de

Für Oona,
die irische Prinzessin aus dem Meer des Wandels

INHALT

Ouvertüre

IM HAUS DER SCHMETTERLINGE

Die wahre Entdeckungsreise besteht nicht darin, dass man
nach neuen Landschaften sucht. Sondern dass man mit neuen
Augen sieht.

Marcel Proust

Das Wiener Schmetterlingshaus ist ein Ort der Verwandlung. 1901 im Stil der Art-déco-Stahlkonstruktionen der Jahrhundertwende errichtet, trägt es auch heute noch alle Attribute einer Zeit, die von einer neuen Verbindung von Fortschritt und Schönheit träumte. Seine sanft gewölbten türkisblauen Streben geben dem Bau eine lichte Größe, die dennoch immer auf menschliches Maß bezogen bleibt. Die Leichtigkeit und Transparenz bildet einen eleganten Kontrast zur imperialen Hofburg, die sich gleich dahinter wie ein gigantisches *Borg*-Raumschiff in den Himmel erhebt. Aus diesem Steingebirge heraus wurde einige Jahrhunderte lang das größte europäische Imperium, Österreich-Ungarn, regiert. Auf dem Balkon, der zum Heldenplatz weist, hielt Hitler im März 1938 seine Schreirede zur Einverleibung Österreichs ins Deutsche Reich.

Als meine beiden Söhne noch klein waren, besuchten wir zusammen oft jenen 300 Quadratmeter großen künstlichen Dschungel der Schmetterlinge, der sich heute als Touristenattraktion in einem Teil des Gebäudes befindet. Die Kinder gruselten sich königlich in einer dunklen Höhle und spielten mit Hingabe Verstecken hinter hohlen Baumriesen-Wurzeln aus täuschend echt wirkendem Kunstharz. Wasser tropfte in Kaskaden in mehrere Becken, in denen träge Kois trieben. Es roch schwül nach Tropen. Und überall, an den Glasflächen, an den Stahlträgern, saßen die riesigen Schönheiten der tropischen Falter. Handgroße Blaue Morphos in strahlendem Ultramarin, zarte Große Kuriere in rot-schwarz-gelben Dekors, vornehme Eulenfalter in melierendem Graubraun, verziert mit ganzen Reihen von Augen, elegante Zebrafalter aus dem Amazonasbecken. Manchmal, mit einem sanften Windhauch, landeten sie auf der Schulter oder unbemerkt auf den Schuhen, wo sie Salz rochen, und klappten ihre Flügel auf und zu. Wesen wie von einem fremden Stern.

Am meisten faszinierte uns jedoch jener Glaskasten gleich neben dem Eingang, in dem in kaltblauem Licht die nächsten Schmetterlingsgenerationen ausgebrütet wurden. Dort hingen die grellgrünen, mattschwarzen, filzigen oder glatten Larven in langen Reihen an Holzstäben. Die Kokons wirkten auf beängstigende Art und Weise hässlich, obszön, wie eine plastikhafte, schillernde Monstersaat aus dem All. Manchmal zuckten die harten Schalen, als würden in ihrem Inneren Krämpfe toben. Und bisweilen konnte man Zeuge werden, wie die fertigen Falter plötzlich, innerhalb weniger Minuten, zuckend ihrer Hülle entstiegen. Torkelnd und zitternd, wie verkrüppelt von der Arbeit der Metamorphose, bedeckt mit feinem weißen Staub, krochen sie einige Zentimeter an den Stangen entlang. Um dann wieder, wie geblendet von ihrer neuen Existenz, stundenlang zu erstarren. Und sich dann mit einem Mal in die Luft zu erheben. Vier, fünf, vielleicht acht Wochen würden sie leben, nicht mehr.

Was will uns die Natur mit der Metamorphose der Schmetterlinge sagen? Dass wir alle unansehnliche Raupen sind und aller Wandel, alle Schönheit nur durch radikale Zerstörung zu erreichen ist? Die Raupe ist ein robustes Lebewesen, das sich stoisch durch seine biologische Umgebung frisst. Diese Gier und Verfressenheit gilt allein dem Kraftgewinn für die entscheidende Phase der Verwandlung. Dem großen Sprung vom kriechenden Raupendasein zum leuchtenden evolutionären *Statement* eines Schmetterlings. In der Phase der Verpuppung, als sogenannte *Chrysalis,* ist die Larve hilflos jedem Außenreiz ausgesetzt. Wind, Sonne, Regen, jegliche Berührung oder Störung kann sie zum

Absterben bringen. Bei ihrer Transformation »verdaut« sich die Raupe selbst, sie wird molekular radikal umgebaut – ein Prozess, der sich *Histolyse* nennt, die radikalste Form der Veränderung, die sich vorstellen lässt.

Kennen wir nicht solche Verpuppungen allzu gut? In der Pubertät verhalten sich unsere Kinder wie übergroße Larven – sie schlafen bis mittags und sind in einen Kokon aus Trotz und Abwehr eingesponnen. Auch wenn Menschen sich in Phasen außergewöhnlicher Kreativität befinden, begeben sie sich in einen Zustand der Unerreichbarkeit. Und warum wandern heute so viele Menschen auf Pilgerpfaden? Die Sehnsucht nach innerer Wandlung ist groß. Aber der Weg zum Schmetterling ist mühsam und steinig. Tiki Küstenmacher (dem ich diese Metapher des Verpuppens verdanke) schreibt in seinem Bestseller »Simplify your life«:

> »Viele Menschen bleiben Raupe, weil sie Angst vor der Veränderung haben. Sie wollen die Komfortzone nicht verlassen. Eine Raupe hat aber nur eine Chance, um Schmetterling zu werden: die große Krise, den kleinen Tod. Das Lebensziel erreicht nur, wer den Weg in die Dunkelheit wagt. Wer loslässt und sich verpuppt.«

Der Weg in die Dunkelheit. Loslassen. Wandel macht Angst, zumal wir nicht immer wissen können, wohin die Reise geht. Bei meinen Vorträgen, die sich mit dem Thema Zukunft befassen, kommt es immer wieder zum selben Punkt der ratlosen Stille im Raum. Viele teilen meine Analysen und Bilder der Zukunft. In welche Richtung sich unsere Gesellschaft, unsere Welt »objektiv« verändert – oder verändern sollte –, lässt sich ja durchaus plausibel beschreiben.

Völlig im Nebel erscheint hingegen, wie man dort hingelangt. Und die Fragen sind immer gleich:

Glauben Sie ernsthaft, dass Menschen sich verändern können? Bleiben Menschen nicht immer die gleichen alten Urzeitmenschen, jederzeit bereit, ihre Umwelt zu plündern und sich gegenseitig den Schädel einzuschlagen?

Muss es den Menschen nicht erst mal viel schlechter gehen, damit sie sich ändern?

Geschehen die Veränderungen heute nicht viel zu schnell, als dass wir etwas dabei zu sagen hätten?

Solche Fragen enthalten bereits ihre – meist negativen – Antworten. Bei der anschließenden Debatte gibt es immer zwei Fraktionen: die Alarmisten und die Stoiker. Die Alarmisten leben in einer Welt, in der alle Züge eigentlich längst abgefahren sind. Die »Menschheit« hat sich für den Weg in den Untergang entschieden; nichts (oder nichts, was man sich heute politisch zu fordern traut) kann sie davon abhalten, den Planeten zu verwüsten und danach die verseuchten Reste an ein internationales Gangstersyndikat auf dem Mond zu verkaufen. Diese angstgeführte und kulturpessimistische Weltsicht scheint heute Mehrheitsmeinung zu sein, im politischen Spektrum von ganz links bis ordentlich konservativ und auch in der Mitte.

Die andere Haltung kommt heiter-melancholisch daher: Redet ihr nur! Alles bleibt doch sowieso beim Alten! Vom Steinzeitmenschen bis zum Bewohner der modernen Fernsehhöhle hat sich im Grunde nichts geändert. Demokratie? Technologie? Kultur? Alles Trugbilder einer hybriden Selbstillusion, Kompensationen der Grundbedürfnisse: Essen, Sex und Macht. Es geht ums Überleben und sonst nichts. In diesem Spiel siegt mal die eine, mal die andere Fraktion. Aber im Grunde bleiben die Anteile etwa gleich.

Es gibt noch eine dritte Gruppe, ich möchte sie die »Wandelhektiker« nennen. Peter Sloterdijk hat in seinem Buch »Du musst dein Leben ändern!« eine zeitgemäße Parole dazu geliefert. In der Welt der Wandelhektik reagiert der Imperativ. Alles galoppiert in eine sensationell *neue* Zukunft, ein wahres Wunderland von Technik und Umwälzung, Drama und Potenz. Das Mantra lautet »noch nie« und »immer mehr«. Die Zukunft lässt keinen Stein auf dem anderen, sie fordert unsere ganze Kraft. Deshalb müssen

Menschen unentwegt enorme Anpassungsleistungen vollbringen, »Übungen in Unmöglichkeiten«, wie Sloterdijk formuliert. Der Fortschritt galoppiert, und es bleibt uns nichts übrig, als auf seinem Rücken akrobatische Verrenkungen zu vollziehen. Als würde am Eingang des magischen Welttheaters ein großes Schild mit folgendem Wortlaut hängen:

Achtung WANDELZWANG!
Wer sich nicht innerhalb von 24 Stunden radikal gründlich ändert, wird mit Einkommens- und Wohlstandsverlust, mit Unglück, Versagen und Minderwertigkeit bestraft!

Dieses Buch ist ein Diskurs über den Wandel in all seinen Facetten und Dimensionen: über gesellschaftlichen Wandel, ökonomischen, individuellen, kulturellen Wandel, mentalen Wandel. Wie hängt eines vom anderen ab? Unter welchen Bedingungen gelingt, unter welchen scheitert persönliche und kulturelle Evolution? Wann kommt es zu notwendigen Brüchen, Aufschwüngen, Überraschungen? Wie können wir die Regeln für das Gelingen von Wandlungsprozessen beschreiben? Wie *biegsam* ist Wandel?

Dabei ist es mir wichtig, dass wir zwischen Wandel und bloßer Veränderung unterscheiden. Veränderung ist ein externer Prozess, sie entsteht aus Zwängen, ökonomischen Prozessen oder technischen Trends, die »über uns kommen«. Diesen Prozessen können wir uns anpassen, aber das ist eine Zwangslösung, die uns weder glücklich macht noch wirklich weiterbringt. Spannend wird es erst, wenn wir selbst als Akteure und Gestalter auf den Plan treten. Echter Wandel beginnt erst dort, wo wir durch einen Prozess der freien Wahl, der aufsteigenden Freiheit, des wachsenden Bewusstseins uns selbst zu verändern beginnen. Wandel heißt, dass wir uns mit Hilfe der vielfältigen Veränderungen der Welt auch *innerlich* verwandeln.

»Change we can believe in« lautet die Parole von Barack Obama. Vielleicht kann man so einen unglaublich frech und optimistisch daherschlendernden Satz am Ende nur in einem Land formulieren, in dem einst die aus dem feudalen Europa Geflüchteten landeten, das zwölf seiner Bürger auf den Mond schickte und lauter Kriege »im Namen der Freiheit« führte. Aber genau darum geht es. Um die Hoffnung, dass wir eben nicht nur reflexhaft auf Veränderungen reagieren, die uns die Umwelt auferlegt. Dass wir – anders als die Raupe – eine Chance haben, den Wandel bewusst zu gestalten, uns Ziele zu setzen und auf dem Weg zu ihnen zu wachsen.

Der Weg in die Zukunft erfordert einen neuen Blick auf Bekanntes, ein neues Verständnis des Wandels. Mit den wunderbaren Worten Karl Poppers:

»Wir sollten vorsichtig den Grund unter uns erfühlen, wie es Küchenschaben tun, und versuchen, die Wahrheit in aller Bescheidenheit zu erlangen.«

Wien, Sommer 2009

DIE GROSSE TRANSFORMATION
Eine kurze Geschichte der Zivilisation

*Die Grenze zwischen Zivilisation und Barbarei ist nur
schwer zu ziehen: Stecken Sie sich einen Ring in Ihre Nase,
und Sie sind eine Wilde; stecken Sie sich zwei Ringe in
Ihre Ohren, und Sie sind zivilisiert.*

Pearl S. Buck

*Wir sehen nichts von diesen langsam fortschreitenden Ver-
änderungen, bis die Hand der Zeit auf eine abgelaufene
Weltperiode hindeutet, und dann ist unsere Einsicht in die
längst verflossenen Zeiten so unvollkommen, dass wir nur
noch das Eine wahrnehmen – dass die Lebensformen jetzt
verschieden von dem sind, was sie früher gewesen sind.*

Charles Darwin

Fortschritt ist das Werk der Unzufriedenheit.

Jean-Paul Sartre

Wie alles anfing

Die Kultur der !Kung-San ist eine der letzten intakten Jäger-
und-Sammler-Kulturen der Erde. Die !Kung – ausgesprochen
mit einem Klicklaut zu Beginn, deshalb das vorgestellte Aus-
rufezeichen – leben in halbnomadischen Gruppen von 20 bis
100 Menschen im kargen Buschland des Grenzgebiets zwischen
Botswana, Namibia und Südafrika. Seit vielen tausend Jahren
ziehen sie dort, den Regen- und Trockenzeiten folgend, langsam durch ein mehr als 10 000 Quadratkilometer großes Gebiet.
Monate-, manchmal auch jahrelang bleiben sie in einfachen

Strohhütten am selben Ort, um dann, wenn Tiere oder Pflanzen in der Gegend rar geworden sind, plötzlich aufzubrechen und weiterzuziehen.[1]

Das Alltagsleben der !Kung könnte man mit dem Motto »entspannte Emsigkeit« beschreiben. Die Männer als »Bringer des Fleisches« leiden deutlich seltener an Rollenkonflikten als gestresste Softie-Männer in städtischen Ballungsgebieten des 21. Jahrhunderts. Ihr Job ist klar: Sie sorgen für die Nahrungsgrundlage Fleisch. Sie gehen ausgiebig mit Pfeil und Bogen jagen; meist aber keine gefährlichen Raubtiere oder Elefanten, sondern Stachelschweine, Kudus, Antilopen. Auf ihren Jagdzügen sind sie tage- oder wochenlang unterwegs, ohne Ärger mit ihren Ehefrauen oder ihrer Sippe zu bekommen.

!Kung-Männer wie -Frauen sind sehnig, dürr; ihre Hautfarbe scheint das Ocker der Landschaft angenommen zu haben. Ihre körperliche Ausdauer ist enorm. Während die Männer marathonähnliche Distanzen durchlaufen, sammeln die Frauen mit den Kindern auf dem Rücken den halben Tag lang Beeren und Mongongos (eine in der Region verbreitete Nussart), oder sie graben schmackhafte Wurzeln aus. Bisweilen legen sie auch Fallen für Kleintiere.[2] Die Jagd der Männer ist deshalb so langwierig und weiträumig, weil die !Kung keine unmittelbar tödliche Jagdtechnik kennen. Eine Giraffe oder ein Kudu wird erst mit Pfeilen beschossen, deren Spitze mit dem Gift der Diamphidia-Larven bestrichen ist. Durch die leicht lähmende Wirkung des Giftes verlangsamt sich die Beute – so ist es einfacher, das Tier nach Verfolgungsjagden über manchmal Hunderte von Kilometern und mehrere Tage mit dem Speer zu erlegen. Diese Art der »Erschöpfungsjagd« gibt es nur noch ganz selten auf der Erde – sie zeichnet die originären Jäger-und-Sammler-Kulturen der Savannengebiete aus.

So wie bei den !Kung fing alles an.

Wer eine der traditionellen !Kung-Siedlungen besucht, meist eine Ansammlung von fünf bis zehn Strohhütten (es gibt inzwischen auch etliche Dörfer mit permanenten Blechdach-Häusern), sieht jede Menge Muße und Nichtstun, was schon angesichts der erbarmungslos brennenden Sonne eine angemessene Verhaltensform ist.[3] Abends beginnen so gut wie immer ausgedehnte Rituale, die in den losen Gruppen für sozialen Zusammenhalt sorgen, Heilrituale zum Beispiel. Krankheiten, so glauben die !Kung, entstehen dadurch, dass Geister verzauberte Pfeile auf ein Mitglied der Sippe lenken. Durch Trancetänze, die tagelang dauern, wollen sie dem Leiden beikommen. Zahlreiche Fleisch- und Beutetänze dienen obendrein der Kommunikation zwischen Verwandten oder befreundeten Sippen in der Nachbarschaft.

Die !Kung als »primitive Unwissende« zu bezeichnen, fällt nur einem Ignoranten ein. Sie kennen die sie umgebende Natur bis ins feinste Detail – 350 Tierarten und ihre Gewohnheiten sind ihnen vertraut, 250 Pflanzenarten nutzen sie auf die eine oder andere Weise. Ethnologen berichten von erstaunlichen Fähigkeiten, wie die, dass Jäger Tiere und ihre Bewegungen über viele Kilometer hinweg wahrnehmen können, obwohl kein Sichtkontakt besteht. Ihre Sensibilität für Wetterereignisse ist extrem ausgeprägt. Die !Kung besitzen keine »Technologie« in unserem Sinne, und die Gebrauchsgegenstände sind primitiv. So nutzen sie Straußeneier als Behältnisse für Wasser und Essen und gegerbte Antilopenmägen als tragbare Wasserbehälter. Aber sie verfügen über erhebliche handwerkliche Fertigkeiten, etwa bei der Konstruktion von Speeren.[4]

Faszinierend ist vor allem, wie die !Kung mit Besitz und Macht umgehen. Ihre Großzügigkeit ist legendär. Mit Eigentum können sie offenbar wenig anfangen. Sie sind regelrecht davon besessen, Fleisch loszuwerden, schon deshalb, weil man es nicht konservieren kann. »Nur der unerfolgreiche Jäger hat noch Fleisch!«, lautet eine !Kung-Weisheit. Es gibt keine Häuptlinge, keine dauerhaften Führer, allenfalls zeitliche Sprecher.[5] Die !Kung scheinen Hierarchien und Konflikte zu fürchten. Sie pflegen eine zeitaufwendige Palaverkultur, gegen die jede studentische Wohngemeinschaft wie ein Ausbund an kommunikativer Effizienz wirkt. Bei den Debatten unterstützen die meisten Redner den Vorredner nicht im Geringsten. Alle kritisieren alles Mögliche und das wild durcheinander. Am Ende lösen sich die Aggressionen zumeist in Wohlgefallen auf.[6]

Die ausgeprägten Egalitätsrituale der !Kung haben über Jahrhunderte Ethnologen und Anthropologen zur Verzweiflung gebracht. Bereits die Kontaktaufnahme erwies sich als äußerst schwierig. Fremde werden meist mit einer Mischung aus Misstrauen und wohlwollender Ignoranz wahrgenommen. Schmuck oder Edelmetalle zählen in der Kalahari eher zur Kategorie »überflüssiger Müll«.

Da Fleisch eine herausragende Bedeutung spielt, näherten sich die Forscher also mit Fleischgaben. Sie spendeten einen Ochsen. Ein dickes Schwein. Oder eine besonders fette Gazelle. Was sie ernteten, war Gelächter. Schallendes, grölendes Gelächter! Die Gaben wurden abgelehnt. Kommt nicht in Frage! Spinnt ihr? Viel zu viel Fleisch!

»Wenn ein Mann zu viel Fleisch erlegt«, so sagen die !Kung, »neigt er zu Hochmut und Arroganz. Dann glaubt er, er ist ein Häuptling oder Großer Mann. Und wir anderen sind seine Sklaven. Eines Tages wird sein Hochmut ihn dazu bringen, einen Menschen zu töten. Deshalb reden wir immer vom *vielen Fleisch, das wertlos ist*. So kühlen wir sein Herz und machen ihn freundlich!«[7]

Eine nachhaltige Gesellschaft

Für jeden Globalisierungskritiker, Greenpeace-Anhänger, Naturromantiker, Zivilisationskritiker (wer wäre das heute nicht?) müsste in der namibischen Wüste das Ziel der Träume erreicht sein. Ist das nicht eine wunderbar egalitäre, mit der Natur in Einklang lebende Kultur? (Außer den !Kung gibt es noch einige andere Jäger und Sammler wie die Nunamiut in Alaska, die Yanomami im venezolanisch-brasilianischen Urwald, die Hadza in Tansania, um nur drei zu nennen.) Kein Geldsystem, keine

Spekulation, kein nennenswertes Eigentum, kein Stress, kein überflüssiger Konsum – dafür reichlich Bewegung und soziales, solidarisches Zusammensein. Obwohl zwischen Männern und Frauen eine gewisse Arbeitsteilung herrscht, ist diese nicht strikt und führt nie zu klassischen Patriarchatsverhältnissen; die Geburtenrate regelt sich auf geheimnisvolle Weise von selbst (in Trockenzeiten sind !Kung-Frauen praktisch unfruchtbar).[8]

Müsste sie nicht *genau so* aussehen, die ideale nachhaltige Gesellschaft? Derrick Jensen zum Beispiel sieht das so. Der 40-jährige amerikanische Radikalökologe wirkt wie ein fröhlicher ewiger amerikanischer College-Student. Ein bisschen Teddybär, Mutters Liebling, Typ lieber Hippie. Derzeit wird er von einem Vortragssaal in den nächsten geschoben, um vor betuchten Bürgern aus den wohlhabenden Suburbs der USA die Rückkehr zu Jäger-und-Sammler-Lebensweisen zu predigen.

In seinem auch auf Deutsch erschienenen Buch »Endgame« plädiert er für die Beendigung des »missglückten Experiments Fortschritt«. In »Das Öko-Manifest – wie nur 50 Menschen das System zu Fall bringen und unsere Welt retten können« rät er ganz ernsthaft zur Sprengung aller lebenswichtigen Versorgungslinien der Zivilisation – Staudämme, Kraftwerke, Brücken. Jensen, der sich selbst als »Anarcho-Primitivisten« sieht, beschreibt Zivilisation als »permanenten Holocaust« und findet, »dass wir wieder zum Tier werden sollten«. Die Gesellschaft muss radikal entindustrialisiert, Arbeitsteilung, Spezialistentum und Großtechnologien komplett aufgegeben werden. Er plädiert für eine »vollständige und nachhaltige Befreiung des Planeten von der Zivilisation«. Mit anderen Worten: für den !Kung-Lebensstil.

Charles Darwin schrieb im Jahre 1839 über die Bewohner der Tierra del Fuego: »Sogar ein Stück Stoff wird in Streifen zerrissen und verteilt; kein Individuum wird reicher als das andere.« Aber er fügte auch hinzu: »Eine solche perfekte Gleichheit muss diese Kultur für lange Zeit in retardiertem Zustand halten.«[9]

Auch für Karl Marx, diesen bürgerlichen Bohemien, wären die !Kung wahrscheinlich faszinierend gewesen (in der Tat beschäftigte er sich in vielen Werken mit den »Wilden-Kulturen«). Marx kannte Darwin, dem er 1867 sogar den ersten Band des »Kapitals« widmen wollte (was dieser dankend ablehnte).[10] Er bewunderte den Naturromantiker Rousseau, der den Menschen als durch die Zivilisation verdorbenes und vergewaltigtes Naturwesen definierte. Obwohl – oder gerade weil – er Religion verachtete, war Marx durch und durch ein Kind der christlich-judäischen Denktradition. In dieser Tradition existierte in der Vergangenheit ein Zustand der Harmonie und Balance zwischen Mensch und Natur, Gott und Erde, der durch einen »Sündenfall« zerstört wurde. Für Marx war das Privateigentum der Sündenfall, und der Kommunismus würde, analog zum Gottesgericht, den »verderbten« Zustand beenden. Und so scheinen die eigentumslosen Heiden der Kalahari mit jenem Zustand der kommunistischen Utopie identisch, den Marx in seinen typischen Bandwurmsätzen in der »Deutschen Ideologie« von 1845 formulierte:

»Und endlich bietet uns die Teilung der Arbeit gleich das erste Beispiel davon dar, dass … die eigne Tat des Menschen … ihn unterjocht, statt dass er sie beherrscht. Sowie nämlich die Arbeit verteilt zu werden anfängt, hat Jeder einen bestimmten ausschließlichen Kreis der Tätigkeit, der ihm aufgedrängt wird, aus dem er nicht heraus kann; er ist Jäger, Fischer oder Hirt oder kritischer Kritiker und muss es bleiben, wenn er nicht die Mittel zum Leben verlieren will – während in der kommunistischen Gesellschaft … die Gesellschaft die allgemeine Produktion regelt und mir eben dadurch möglich macht, heute dies, morgen jenes zu tun, morgens zu jagen, nachmittags zu fischen, abends Viehzucht zu treiben, nach dem Essen zu kritisieren, wie ich gerade Lust hab …«

Jäger, Fischer, Hirt, nach dem Essen Palaver: Marx' Utopie einer nichtarbeitsteiligen Gesellschaft ähnelt erstaunlich der Realität von Jäger-und-Sammler-Kulturen. Die !Kung jagen, sammeln und kritisieren, »jeder nach seinen Fähigkeiten, jeder nach seinen Talenten, jeder nach seinem Bedarf.«

Wie alle indigenen Kulturen ist auch die der !Kung von der modernen Zivilisation existentiell bedroht. Die willkürlichen Grenzziehungen der afrikanischen Nationalstaaten behindern zunehmend den Zug der Tiere. Die jungen !Kung haben zudem immer weniger Lust auf das traditionelle Leben in der Strohhütte. Wer einmal weggeht, kommt kaum wieder. Viele der jungen Leute scheitern in den Slums von Johannisburg oder Luanda.

Natürlich lässt sich dieser Trend leicht auch auf die postkolonialistischen Bestrebungen der Regierungen im Süden Afrikas zurückführen, die Buschmänner zum Vorteil der Rohstoffausbeutung zu »zivilisieren« (obwohl sie sich inzwischen zu einem einträglichen Tourismusgeschäft entwickelt haben). Aber wie immer sind die Dinge nicht ganz so einfach.

Von Egon Friedell stammt der schöne Satz: »Zivilisation ist Reichtum an Problemen.« In dieser Hinsicht sind und waren die !Kung in der Tat arm. Sie haben kein Problem!

Aber dies gilt nur so lange, wie das Korsett des Mangels jede Wahlmöglichkeit des Individuums radikal einschränkt. An die Ressourcenknappheit der Halbwüste hat sich die !Kung-Kultur evolutionär perfekt angepasst. Eine Hierarchie und die damit verbundenen Kosten für das Gemeinwesen aufgrund der Verschwendung einer kleinen Gruppe wären hier existenzbedrohend. Vertikale soziale Differenzierung würde den Rahmen der bescheidenen Subsistenzwirtschaft sprengen.

Das Bild des durch und durch »friedlichen Wilden« mag durch viele Studien inzwischen revidiert sein. Doch meistens bleiben die !Kung fröhliche, freundliche, optimistische Menschen. Sie zeigen uns, wie anpassungsfähig der menschliche Geist ist. Warum sollte man schlechte Laune haben, wenn die Tiere üppig Fleisch bieten, das Wasserloch noch etwas Wasser hat und die Geister gnädig bleiben?

Die Dinge sind, wie sie sind!

Die Tiere kommen und gehen.

Die Geister sind mit uns – wenn wir tanzen!

Krankheit, Klimawandel, Hoffnung: Der Wandel beginnt

Warum, so müssen wir weiter hartnäckig fragen, sind Menschen nicht einfach Jäger und Sammler geblieben? Wieso haben sie eine Lebensweise verlassen, die der Anthropologe Marshall Salins einmal als die »ursprüngliche Überflussgesellschaft« bezeichnete? Warum hat *Homo sapiens* all das, was danach kam, auf sich genommen – den langen Weg von den Savannen über die Reisfelder bis zu den mittelalterlichen Frondiensten? Um schließlich bei den Segnungen von McDonald's, Rückenschmerzen, Übergewicht und Dieter Bohlen in 300 Fernsehprogrammen zu landen?

Im Paradies waren die Menschen nackt und die Tiere ohne Furcht. Alles war im Überfluss vorhanden. Unser biblisches Bild des Paradieses repräsentiert nichts anderes als die archaische Vision einer Jäger-und-Sammler-Gesellschaft in einer besonders üppigen, regen- und tierreichen Topographie.

Doch was könnte in diesem Bild die reale Analogie für den »Sündenfall« sein, das Knabbern am verbotenen Apfel? Die Antwort lautet: Krankheit und Klimawandel.

Vor rund 90 000 Jahren machten sich vom Norden des afrikanischen Kontinents aus die ersten Jäger und Sammler auf den Weg über die Grenzen des Kontinents hinaus. Sie durchquerten die nördlichen Wüstengebiete und drangen in Richtung arabische Halbinsel, Mesopotamien und das östliche Mittelmeer vor.[11] Dort trafen sie auf einen alten Verwandten: den Neandertaler. Sie begannen die Wanderung, weil es im nördlichen Teil von

Afrika vor 80 000 Jahren trockener wurde, der Regen und die Tiere ausblieben. Weil Krankheiten wie die Schlafkrankheit[12] den Tod brachten – so die These des Evolutionsbiologen Josef H. Reichholf.[13] Vielleicht waren es einige junge Heißsporne. Vielleicht aber auch erfahrene ältere Männer. Oder eine Gruppe hellwacher Frauen, die sich nicht damit abfinden wollten, dass ihre gerade geborenen Kinder unwiderruflich den »Geistern der heißen Winde« anheimfallen sollten. Die es satthatten, gegen das um sich greifende Sterben nur zu tanzen und zu trommeln und Tiere zu opfern, wie es die Alten aus Tradition taten. Und stattdessen entschlossen die Bündel packten. *Etwas Besseres als den Tod werden wir allemal finden!*

»Diejenigen steigen auf, die hinausgeworfen werden aus dem Identischen«, schrieb Henning Mankell im »Auge des Leoparden«.[14] Und so ging alles weiter.

Die agrarische Transformation: Planung, Bewässerung, Überschüsse

Noch vor 100 000 Jahren zählte die Menschheit kaum mehr als 100 000 Köpfe. *Homo sapiens* war eine nicht sehr erfolgreiche Spezies, eingeklemmt in einigen afrikanischen Ökotopen. Andere Menschenarten, wie der *Homo erectus,* der *australopicteus,* der *ergaster* oder *Homo habilis* hatten sich schon eine halbe Million Jahre über den ganzen Planeten ausgebreitet und erfolgreich in den unterschiedlichen Klimazonen behauptet.

Auch in der ersten Zeit der »großen Wanderung«, der langsamen Ausbreitung des *Homo sapiens* über den Planeten, wuchs die Kopfzahl nur langsam. Nomaden hatten noch nie viele Kinder, denn die Notwendigkeiten der Mobilität beschränken die Fruchtbarkeit (in nomadischen Gesellschaften werden Kinder oft bis zum 4. Lebensjahr gestillt). Viele zehntausend Jahre nach dem Exodus aus Afrika blieben unsere Vorfahren der nomadischen Lebensform treu. Sie breiteten sich erst im Nahen Osten aus, von da aus über Indien nach Australien, wo sie vor 50 000 Jahren ankamen, Europa wurde vor 35 000 Jahren besiedelt. Erst vor rund 12 000 Jahren wanderten Menschen von Asien über die damals noch existierende Landbrücke nach Nordamerika.

Unsere Jäger-und-Sammler-Vorfahren lernten auf diesem Weg, sich gegen kalte Temperaturen zu schützen, wie die Inuit. Sie perfektionierten die Jagdwaffen, um große und gefährliche Tiere zu erlegen. Auch wenn sie sich an Flussbiegungen, geschützten Hängen, in Höhlengebieten vorübergehend niederließen – sie blieben immer Wanderer, deren zentrale Überlebensstrategie bei Knappheiten, Katastrophen und Klimawandeln das Weiterziehen war. So zerstreute sich die zahlenmäßig geringe Menschheit auf dem riesigen Planeten. Unser großes Hirn half uns, die Techniken der Jagd und der Pflanzensuche allmählich zu verfeinern. Unser großes Hirn war aber auch gleichzeitig unser größtes Handicap. Weil es Geburten schwierig und riskant machte. Weil *Homo-sapiens*-Kinder viel länger hilflos bleiben als Affenbabys oder Neandertalerkinder.

Jagen und Sammeln ist eine dem menschlichen Organismus »genuine« Tätigkeit. Wir haben uns im Lauf der Evolution zum Savannenläufer entwickelt (ein Grund, weshalb bei den sehnigen !Kung die Herzinfarktraten bei null liegen). Bei Jagd- und Sammeltätigkeiten sind unsere Muskel-, Skelett- und Kognitionsfähigkeiten perfekt ausgelastet; Ausruhen und Anstrengen, Spähen und Orientieren, Flüchten und Koordinieren – Adrenaline und Dopamine, die »neuronalen Treibstoffe« unseres Gehirns, bleiben auf diese Weise im Training und im Gleichgewicht. Als Jäger und Sammler konnte der Mensch auch die klimatischen Extremregionen besiedeln: Wo tierisches Eiweiß in Form großer Beutetiere vorkommt, kann die Ernährung von kleinen Gruppen über längere Zeit sichergestellt werden. In feuchtwarmen Gegenden, etwa in Polynesien, bieten Fisch und tropischer Wald ausreichende Nahrungsquellen. Kein Wunder also, dass Jagen und Sammeln eine halbe Million Jahre die einzige »Produktionsform« des Menschen darstellten.

Doch dann, beginnend vor 13 000 Jahren, explodierte die Menschenzahl plötzlich um das 1000-Fache – in nur 500 Generationen. In jener Zeit veränderte sich das Klima auf dem ganzen Planeten. Die Zwischeneiszeit wich einer Warm- und Trockenzeit. Die großen Tiere auf der Nordhalbkugel, die von den Jägern bis dahin sehr erfolgreich gejagt worden waren, die Mammuts, Wollnashörner und Riesenbären, starben aus. Damit brach die nächste Epoche der Menschheitsgeschichte an: die neolithische Revolution.

Vieles spricht dafür, dass der Übergang in die agrarische Lebenskultur mit Beginn der Jungsteinzeit der Menschheit zuerst eher Nachteile als Vorteile brachte. Ausgrabungen in Göbekli Tepe in Ostanatolien und anderen Pionierorten der Bauernkultur zeigen, dass die frühzeitlichen Bauern gegenüber den Jägern und Sammlern gesundheitlich und kräftemäßig eher schlechter gestellt waren – der Nährwert des Getreides, das damals noch weitgehend den Gräser-Wildformen entsprach, reichte nicht aus. Die Menschen wurden kleiner und die Lebenserwartung sank. Die Kindersterblichkeit nahm zu.[15]

Der Evolutionsanthropologe Robert Wright formulierte die Gründe für die agrarische Transformation lapidar: »Weil es einfach eine gute Idee war!«[16] Man muss hinzufügen: Zu bestimmten Zeiten war es die zentrale Überlebensidee. Vor 10 000 Jahren wurde das Klima in den Übergangsbreiten feuchter und regenreicher. Die großen Tiere verschwanden, die Pflanzenmasse explodierte. Es war nur eine Frage der Zeit, bis die Jäger und Sammler darauf reagieren mussten. Wahrscheinlich entwickelten sich die ersten Agrikulturen in Zusammenhang mit der Domestizierung von Haustieren – Pflanzen, die man nicht essen konnte, konnte man Tieren verfüttern. Aus Jägern und Sammlern wurden also Bauern *und* Viehzüchter *und* Hirten. Dazu Robert Wright: »Die Frage ist nicht, warum die Jäger und Sammler Landwirtschaft

›wählten‹, sondern warum sie den langen Weg dorthin mit kleinen Schritten gingen ... Ein Teil der Antwort ist, dass diese Jäger und Sammler *Menschen* waren. Menschen sind neugierig. Sie experimentieren mit der Natur und versuchen sie in ihrer Weise zu beeinflussen.«[17]

Josef H. Reichholf führt in »Warum die Menschen sesshaft wurden« noch ein weiteres, nur scheinbar abwegiges Argument ins Feld: Alkohol. »Keine menschliche Kultur war und ist offenbar ganz frei von Anregungs- und Suchtmitteln. Am umfangreichsten bedient man sich ihrer gemeinsam in der Gruppe.«[18] Irgendwann merkten halbsesshafte Gruppen, dass Getreide und Früchte, die sie zu lange lagerten, bei ihrem Genuss seltsame Seelenzustände erzeugten. Danach scheint Alkohol einen Entwicklungsschub bewirkt zu haben, weil er Gemeinschaftsrituale stimulierte und weil die Menschen, um zuverlässig Alkohol zu erhalten, Getreide anbauten zur Gewinnung von Bier.

Die ersten Bauern siedelten in einem breiten Bogen vom heutigen Israel über Ostanatolien und das kurdisch-iranische Grenzgebiet bis an das Flussgebiet des Euphrat, im »fruchtbaren Halbmond«. Sie begannen die zweite Phase des Großen Menschheitsexperiments mit einer Art »genetischem Handicap«: Nutzpflanzen und Nutztiere blieben in ihrem Eiweiß- und Kaloriengehalt noch lange nahe an den Wildformen. Bis sich ertragreiche Getreidesorten, fette domestizierte Schafe und milchintensive Kühe aus den Rohformen der Natur »herausgemendelt« hatten, brauchte es viele Zuchtversuche.

Die gebückte Haltung der Bauern beim Ackern, die Erdarbeit durch pure Körperkraft ist in unseren inneren Bildern von Arbeit tief eingebrannt. In vielen heiligen Schriften wird der Übergang zur bäuerlichen Kultur ja auch als eine Art göttlicher Bestrafung interpretiert. Womöglich war jedoch gerade die Mühsal der Grund für den erstaunlichen Fortschritt der Bauernkultur. Innerhalb weniger Jahrhunderte erlernten Menschen überall auf der Welt eine Vielfalt von technischen Fähigkeiten, die die neuen Lebens- und

Ernährungsgrundlagen verbesserten: Pflügen, Töpfern, Backen, Metallbearbeitung, Steinbearbeitung, Lederverarbeitung, Textilien, Färben und Malen, Konservieren, Hausbau, Bootsbau, erste Formen der Düngung, der Einzäunung – den neolithischen Wandel nannte man nicht zu Unrecht eine »Revolution«.

Jede neue Lebensgrundlage erzeugt neue Verhaltensweisen und Mentalitäten. Agrarkulturen unterschieden sich von den Tribalkulturen schon durch ihren Sichtwinkel auf die Welt. Es ist kein Wunder, dass in vielen Regionen Jäger-und-Sammler-Kulturen und Bauern nebeneinanderherlebten, ohne sich zu vermischen. Wer sesshaft wird, fängt an, die Welt in einer neuen Zeitfolge zu sehen. Die zyklische »Traumzeit«, wie sie bei vielen tribalen Kulturen herrscht, wird durch lineare Zeithorizonte abgelöst, in denen Planung und Erwartung eine große Rolle spielen. Von da ist es zum Zahlenwesen nicht mehr weit. So entstand rund um die Hauswirtschaft des Bauerntums ein neues Kognitionssystem. Und zum ersten Mal in der Geschichte gab es zumindest in guten Jahren etwas, das den weiteren Weg der menschlichen Geschichte fundamental beeinflussen sollte: Überfluss.

»Big Men«-Kulturen: Konkurrenz, Krieg, Charisma

Als die ersten französischen Siedler vor rund dreihundert Jahren in die mückenverseuchten Sümpfe des unteren Mississippi vordrangen, begegneten sie einem Indianerstamm, dessen Häuptling ein extremes Selbstbewusstsein an den Tag legte. Ein jesuitischer Priester bemerkte empört: »Er kennt nichts Edleres und Erleseneres auf der Erde als sich selbst!« Da die Natchez als zentrale Gottheit die Sonne verehrten, nannte sich der Häuptling »Bruder der Sonne«. Sein Volk, immerhin einige tausend Köpfe stark, war geübt in Sonnenverehrung. Und fand offensichtlich wenig daran auszusetzen, dass der gesamte Hofstaat des Häuptlings nach dessen Tod erst große Mengen Tabak aß, bis die Leute das Bewusstsein verloren, um dann von den anderen Stammesmitgliedern stranguliert zu werden. *Im Namen der Sonne!*[19]

Wieso entwickelten sich in einigen Regionen der Erde Kulturen, in denen plötzlich steile Hierarchien vorherrschten, mit mächtigen, ja größenwahnsinnigen Herrschern? Welche Kräfte führten zur Differenzierung der Gesellschaft? Eine mögliche Antwort lautet: Krieg und Nahrungskonkurrenz.

Nomadische Kulturen können Konflikten ausweichen. Sie arrangieren sich wie die !Kung auf einem weiträumigen Terrain und halten ihre Bevölkerungszahlen stabil. Für Menschengruppen außerhalb dieses Territoriums ist es nicht sehr lukrativ, in diese Gebiete einzuwandern, sie zu erobern, die Bewohner auszurotten oder zu unterwerfen.

Bei steigender Bevölkerungszahl geht die Rechnung jedoch bald nicht mehr auf. Dort, wo sich Fauna und Flora zu höheren Proteinvorkommen verdichteten, in den fruchtbaren, nicht zu heißen Waldgebieten, den Flussdeltas, den großtierreichen Savannen, entstanden bald Territorialkonkurrenzen. Ein Stamm, eine besonders starke Horde begann, ihre Jagd- und Sammelgründe auszuweiten. Und wurde mit Bevölkerungswachstum belohnt. Irgendwann stießen sie an innere und äußere Grenzen. Nach innen, weil die steigende Anzahl der Menschen zu sozialen Konfusionen und Konflikten führte.

Wie wir aus jedem Strategiespiel wissen – von Monopoly über Siedler bis zu entsprechenden Computer-Simulationsspielen – ist der Erfolg kriegerischer Aktivitäten von Koordinationsfähigkeiten abhängig. Man kann Feldzüge nicht gewinnen, wenn alle unorganisiert aufeinander einprügeln. Konflikt bedeutet Organisation von Ressourcen, erfolgreicher Krieg hat (neben der Waffentechnik) mit der Kunst zu tun, Verbündete zu gewinnen. Taktik und Strategie bedingen effektive Kommunikation. Zum Kriegführen benötigt man zudem ein komplexeres Zeichensystem: Insignien der Gemeinsamkeit, Symbole und Rituale der Furchtbannung, um die Todesangst zu überwinden und den Feind zu dämonisieren.

»Big Men«, also starke Führer, brachten in einer bestimmten Phase der menschlichen Entwicklung Überlebensvorteile. Wer sich ihnen anschloss, hatte Vorteile gegenüber denjenigen, die in kleinen, unstrukturierten Gruppen blieben. Während agrarische Techniken die Lebensweisen territorialer machten und Überschüsse zu Vorräten und schließlich Reichtümern führten, breiteten sich parallel zu den agrarischen Kulturtechniken die Big-Men-Hierarchien auf dem Planeten aus, große Stämme mit einem reichen, mächtigen Oberhaupt und dessen Entourage an der Spitze.

Was brachte Menschen einstmals dazu, die üppige Verschwendung, die mit dem Erscheinen eines Big Man verbunden ist, zu tolerieren oder zu unterstützen, anstatt sich Beute und Ernte wie in der guten alten Zeit brüderlich zu teilen? Robert Wright beschreibt den Südsee-Typus der Big-Men-Gesellschaften:

> »Der Big Man war der Chefplaner eines Klans, vielleicht eines Dorfes. Er organisierte den Bau von Lachsfallen oder Fischkellern und sorgte dafür, dass sich einige Dorfbewohner spezialisierten, zum Beispiel auf die Herstellung von Kanus. Dafür erhielt er zwischen einem Fünftel und der Hälfte aller Jagdausbeuten. Ein Teil dieser Einkünfte kehrte in Form von Festessen zu den Menschen zurück ... Er lebte in einem überdurchschnittlich schönen Haus und verfügte über eine überdurchschnittlich ausgestattete Garderobe.«[20]

Ein mächtiger Häuptling, oft polygam privilegiert, nimmt also einen großen Anteil der Ressourcen an sich – Frauen, Fleisch, Land, das schönste Haus in der schönsten Lage, mit der besten Sicht über die Lagune. Sind alle verrückt geworden, dass sie sich das gefallen lassen? Was bietet er den auf diese Weise »Erleichterten« im Gegenzug an? Die Antwort lautet: Komplexitätsreduzierung. Er entscheidet jene Prozesse, die sich in der sozialen Selbstregulation des Stammes oder der Ethnie nicht mehr so leicht regeln lassen. Im Ausgleich für sein »Parasitentum« liefert der Big Man soziale Vorteile: Er koordiniert komplexere Vorhaben, die dem ganzen Stamm zugutekommen. Er fungiert als Diplomat, der Kriegszüge vorbereitet oder durch Verhandlungen verhindert. Er ermöglicht den Mitgliedern des Stammes, ihre Angst vor dem Unerwarteten zu kontrollieren; *er wird sich darum kümmern.* Er dient als Projektionsfläche, in die das Kollektiv seine Ängste und Erwartungen projizieren kann. Er garantiert bestimmte Disziplinierungsmaßnahmen, die in komplexeren Kulturen entstehen müssen, um die Übertretung von Gruppenregeln zu ahnden. Und er dient dem Statusbedürfnis: Ein reicher Häuptling, der viele rauschende Feste feiert, suggeriert seinen »Untertanen« Stolz und Wertigkeit. Grundsätzlich gilt natürlich, dass die Vorteile hierarchischer Kooperation die Nachteile ausgleichen müssen, die der Status des Führers als Kosten mit sich bringt.[21]

Big-Men-Häuptlinge der ersten Stunde waren noch »funktionale Parasiten«, die allerdings in einem prekären Status gehalten wurden – es gab durchaus demokratische Elemente auch in der hierarchischen Stammesgesellschaft. Ein Häuptling konnte abgesetzt und sogar getötet werden, wenn ihm das Kriegsglück abhold blieb oder wenn er für das Wohl des Stammes keine Vorsorge traf. Was aber, wenn er sich weigerte? Wenn er seine Macht so massiv ausbaute, dass er irgendwann unberührbar wurde?

Big Men erlernten im Laufe der Zeit Kulturtechniken, die ihre Macht befestigten. Sie entwickelten Charisma – jene psychologische Energie, durch die Menschengruppen ihr Heil in eine idealisierte Gestalt projizieren (wir können sie bis heute auf frenetischen Popkonzerten besichtigen). Ein Schlüssel zur nächsten Stufe der Machtfestigung und Hierarchie war die Religion. In »klassischen« Big-Men-Kulturen herrschte noch eine intakte Arbeitsteilung zwischen weltlicher und spiritueller Macht. Priester, Schamanen und Big Men befinden sich in verschiedenen Gebäuden und Machtsphären. Irgendwann aber verschmelzen religiöse und weltliche Macht zur totalen Herrschaft.

Die steinernen Zeugen dieser Fusionsphase zwischen weltlicher Macht und magischer Welt können wir in Stonehenge besichtigen, auf den Osterinseln, in den gigantischen Tempelanlagen von Angkor Wat oder den Steinpyramiden der Mayas und Tolteken. Sie waren, wenn man so will, Potenzsymbole von Big Men. Hier findet sich auch die Nahtstelle zu einem weiteren Wegabschnitt der menschlichen Kultur: den Imperien. In ihnen wuchsen die Autoritätssysteme zu mächtigen Herrschaftsgebilden heran. Ein erster Typus von Massengesellschaft entstand, mit strikten Arbeitsteilungen (Bauern, Krieger, Priester). Und einer eben *nicht* mehr von der gesellschaftlichen Basis kontrollierbaren Macht eines kultisch verehrten Herrschers.

Die Imperien: Organisation, Kommunikation, Kontrolle

Aus manchen Big-Men-Kulturen wuchsen im Laufe der Zeit regelrechte Großreiche heran. Die Sumerer kontrollierten ein Einflussgebiet in einem Bogen von Mesopotamien bis ins Niltal. Ihnen folgten die Hethiter und die benachbarten Assyrer. Den ägyptischen Pharaonen gelang es, ihr Reich über fast 3000 Jahre zu stabilisieren und zu entwickeln. Ökonomische Basis ihrer Herrschaft war eine hocheffiziente Irrigationsökonomie im Nildelta, ein ausgeklügeltes, zentral gesteuertes Bewässerungssystem, das mittels wiederkehrender Schlammlieferungen des Nil enorme Produktivitätsraten ermöglichte. Diese technologische Basis einer bis dahin unbekannten agrarischen Produktivität erzeugte von Anfang an strenge Machtstrukturen: Wer das Bewässerungssystem beherrschte, verfügte über fast grenzenlose Macht – die biblische Erzählung des Volkes Israel handelt von der dazugehörigen Unterwerfungs- und Rebellionsgeschichte.

Damit und mit einer ausgedehnten Viehwirtschaft – die Ägypter züchteten sogar Gazellen – konnte man nicht nur Zigtausende von Arbeitern und Sklaven ernähren, sondern auch eine superreiche und von einem hochartifiziellen Totenkult besessene Herrscherkaste alimentieren. Woher stammte die erstaunliche Stabilität der antiken Imperien? Sie basierten auf einer Art »Madoff-Strategie mit Menschenkraft«.[22] Wie der New Yorker Börsenspekulant, der zum Höhepunkt der Finanzkrise 50 Milliarden Dollar seiner Kunden verspielt hatte, indem er die Zinsen stets mit den späteren Einlagen weiterer Anleger bezahlte, lösten die Imperien ihre zentrale Knappheit, nämlich Arbeitskraft, mit einem Schneeballsystem billiger Arbeitskräfte, die durch immer neue Feldzüge und Unterwerfungen herangeschafft wurden. Imperien mussten nach außen dauerhaft grausam sein, um sich nach innen zivil organisieren zu können.

Anders als in den Dschungeln der Amerikas, die vergleichsweise spät besiedelt wurden, lebten in den an Ägypten angrenzenden Wüstenregionen, aber auch in den »barbarischen« Regionen Europas und Asiens mehr als genug Menschen, deren Lebensgrundlage und Verteidigungskraft zu schwach war, als dass sie sich gegen Unterwerfung hätten wehren können. So fanden die Imperien Persiens, Athens, Roms und Ägyptens über Jahrhunderte immer genug Menschennachschub, um den enormen Verschleiß an menschlicher Arbeitskraft auszugleichen. Bürger der antiken Großreiche waren verpflichtet, den Ruhm und die Stärke des Imperiums zu mehren, indem sie siegreiche Feldzüge unternahmen – eine ausgeklügelte Sozioökonomie von Geben und Nehmen (auf die nicht zufällig die Nationalsozialisten in ihrem kriegerischen Herrenmenschentum 2000 Jahre später zurückgreifen sollten).

Ein weiteres Stabilisierungselement erfolgreicher Imperialkulturen war die innere Konfliktmoderation via »Checks and Balances«. Im antiken Griechenland hatte sich schon 400 vor Chr. eine »Kultur der Rechte« entwickelt. Das Römische Reich erwuchs zunächst aus der Regierungsform der Republik, bevor sich in der Nachfolge Caesars das Imperatorentum etablierte. Mit diesen

Frühformen der Demokratie wurde die instabile Dynamik der dynastischen Herrschaft mit ihrem Hang zu Intrigen, Meuchelmorden und frühen Toden zumindest teilweise gebrochen. Doch der Kern jeder imperialen Stabilität blieb stets die Fähigkeit zur militärischen Organisation. Die Macht des Römischen Reiches ruhte auf der Leistung, 35 Legionen mit je 5500 Soldaten aus 100 Kulturen über mehrere Kontinente hinweg kontinuierlich zu unterhalten und zu kontrollieren, auszurüsten und zu trainieren. Die fast schon industrielle Nutzung von Kriegstechniken und Versorgungslinien, die kontinentale Verlegung von Wasserleitungen und Straßen, aber auch die ausgeklügelte Verwaltungstechnik der Provinzen war die Basis des historischen Erfolgs des römischen Imperiums: Bis zu 40 Provinzen zu regieren, mit derselben konsularischen Prozedur und denselben Verwaltungsmethoden, mit Städten, die sich bis in die öffentlichen Bauten hinein glichen – das Römische Reich ähnelte einem gewaltigen Franchise-Unternehmen und war ein geschlossener Wirtschaftsraum. »Rom« konnte die Brotpreise in Pergamon bestimmen, aber auch in Londinium. Hinzu kamen die verbindende Kraft der klaren lateinischen Sprache und die von den Griechen und Arabern übernommene Mathematik. Manche Kulturtechniken von heute strukturierten schon die damalige Welt.

Erstaunlicherweise gilt das Römische Reich heute weniger als Beispiel für Fortschritt und Erfindungsreichtum, vielmehr lesen wir seine Geschichte als Symbol eines dramatischen Untergangsprozesses – sein Ende und die danach folgenden chaotischen Zeiten des Mittelalters werden als Allegorie für das Scheitern von Zivilisation an sich gedeutet. Doch das römische Imperium überdauerte mehr als 500 Jahre (mehr als zehnmal so lang wie das amerikanische in der Neuzeit), bevor es sich in Ost-Rom neu gründete und noch einmal einige hundert Jahre Bestand hatte. Die zivilisatorischen Errungenschaften der Römer finden sich in der Kultur, der Technik- und Geistesgeschichte, der Architektur, Sprache und Ästhetik bis heute. In der Geschichte des Wandels gibt es kein völliges »Verschwinden« oder doch nur höchst selten. Kulturformen, Ideen, Soziotechniken werden in Folge-Epochen auf vielfältige Art recycelt und variiert. Sie formen sich in »Meme« um – in durch Schrift, Sprache, kollektive Erinnerung von Generation zu Generation transportierte »geistige Replikatoren«. Wie die Gene in der biologischen Evolution bilden diese Meme die Bausteine, aus denen sich die Kulturformen der Zukunft zusammensetzen. Kulturgeschichte ist die Rekombination solcher Meme unter neuen historischen und technischen Bedingungen.[23]

Das römische Imperium scheiterte mit Sicherheit nicht an einer Ursache allein. Manche machen die Bekehrung Konstantins zum Christentum im Jahre 312 verantwortlich. Andere, wie Max Weber, die Erosion der Sklavenwirtschaft. Immer wieder wird mit der Überdehnung des Imperiums, mit der Dekadenz und Korruption der herrschenden Schichten argumentiert. Einen erheblichen Anteil hat jedoch eine Lebensweise, die ich in dieser Chronik des Wandels nur streifen kann: das »pastorale Nomadentum«. Jene Hirten- und Reitervölker, die in den ersten Jahrhunderten nach Chr. von Zentralasien nach Europa vordrangen: Hunnen, Tataren und Mongolen spielten beim Niedergang Roms eine Schlüsselrolle.

Diese Reiterkulturen waren eine interessante Mischung aus mehreren Organisationsformen, die die Menschheit bis dahin entwickelt hatte. Vom Nomadentum stammte die eher antihierarchischen Organisation – junge, männliche Krieger bildeten zusammen eine mobile soziale Einheit, die Bindungen der Generationen blieb lose und informell. Politisch waren die Reitervölker tolerant, wenn sie ein Gebiet erst einmal erobert hatten. Die »Pax mongolica«, die mongolische Friedensgewähr, sicherte in weiten Teilen Eurasiens über hundert Jahre freien Handel, Kulturaustausch und Religionsfreiheit. Andererseits gab es in dieser dynamischen Kultur Big Men im Stile eines Dschingis Khan (etwa ein Zehntel der osteuropäischen Bevölkerung soll angeblich Gene vom großen Khan in sich tragen). Die Reitervölker waren eine

Zeitlang so erfolgreich, weil sie dezentrale und zentrale Strukturen effektvoll miteinander kombinierten. Ihre Eroberungslust sollte auch in der Evolution einer anderen Zivilisation eine zentrale Rolle spielen: des Großen und Ewigen China, das sie im 12. Jahrhundert fast vollständig überrannten.

Europas Aufstieg: Regen, Gattenehe, Vielfalt

Was ließ Europa im Rennen um den technischen, kulturellen und sozialen Fortschritt am Ende den nächsten Etappensieg davontragen? Zunächst ganz banal: das Klima.

Während Chinas fruchtbare Reisfelder in einer gemäßigten Zone mit milden, regenreichen Wintern und warmen Sommern liegen, ist Westeuropa, der »Auswuchs« des eurasischen Kontinents, den atlantischen Winden und Wetterwechseln ausgesetzt. Kurze, wachstumsintensive Sommer wechseln sich mit kalten Wintern ab. Das verhindert die allzu große Vermehrung von Insekten und Krankheitserregern. Es erzwingt die Errichtung fester Häuser, was die Bautechniken fördert. Der Wechsel der Temperaturen und Jahreszeiten bringt auch diversere Kultur hervor: Kleider müssen mal warmer, mal kalter Witterung entsprechen, deshalb differenzieren sich Stoffe, Materialien und Stile aus. Europas Topographie ist zerklüftet und vielfältig; auf relativ geringer Fläche finden sich viele verschiedene Klimazonen, was die Biodiversität erhöht. Nicht *ein* Grundnahrungsmittel wie der Reis setzte sich in den kleinteiligen Landschaften durch, sondern es gibt eine ganze Reihe – Mais, Gerste, Weizen, Roggen, Hafer, Dinkel. Nicht nur Schwein und Ziege wie in China, sondern auch Rind, Pferd und Schaf konnten hier heimisch werden. Felder konnten in Europa durch Rodung der Wälder beliebig gewonnen werden, Bauern ihre Höfe individuell ausweiten – ganz anders als in China, wo das Terrassensystem Grenzen setzte und Erweiterungen der Anbaufläche allenfalls über kollektive Beschlüsse möglich waren.

Europa ist der einzige Kontinent auf der Erde, der moderate, kontinuierliche Regenfälle rund ums Jahr aufweist, was die landwirtschaftliche Arbeit erleichtert. Alle anderen kennen lange Trockenzeiten, die zur Bewässerung zwingen, und intensive Regenzeiten, in denen alle Transportwege monatelang unpassierbar und die Flüsse reißend sind. In weiten Teilen Asiens und Afrikas bedeutet Regen eine temporäre Sintflut, die die Landschaft eher verwüstet als wässert. In Europa fließen die Flüsse das ganze Jahr über, die kleineren wie die größeren, auch das ein Vorteil. Die Kraft der Wasser- und Windmühlen bildeten eine wichtige Grundlage der technischen Evolution. Die ersten Wassermühlen nahmen in Europa bereits im 12. Jahrhundert ihren Betrieb auf, ihre Technik verbreitete sich rasch entlang der mitteleuropäischen Flussläufe.[24] Mühlen übernahmen alle Arbeiten, die Menschen auch bei schwerer körperlicher Anstrengung nicht oder nur sehr mühsam schafften: Hämmern, Stoßen, Stampfen, Mahlen. Mühlen eröffneten den Weg ins »mechanische Zeitalter«. Wo sie am emsigsten klapperten, entlang mittelgroßer Flüsse mit mäßiger Flussgeschwindigkeit, entwickelten sich auch die Kerne der innovativen Handwerkskulturen. Die Uhrmacher, Holzverarbeiter, Instrumentenbauer, Metallurgen, die die entscheidenden Vorstufen zur *Maschine* schufen, wohnten und werkelten in Mühlenregionen.

Während die höchste Ehre und das höchste Ziel eines chinesischen Handwerkers in der Herstellung der perfekten Kopie lag, ging es in den innovativen Zentren Europas schon frühzeitig um die Erfindung des Neuen. Basis bildeten die wissenschaftlichen Erkenntnisse, die seit der Renaissance einsetzten; sie schufen den dynamischen Rahmen für eine Innovationskultur, die sich aus dem Wissen und Streben nach Erkenntnis ebenso speiste wie aus wirtschaftlichen Interessen. Europas Künstler, Philosophen und Techniker waren eben nicht nur Lakaien höherer Mächte, auch wenn Kirche und Hof zunächst eine wichtige Rolle bei der Auftragsvergabe spielten. In Europa stritten sich viele Herrscher seit den Völkerwanderungen munter und bisweilen blutig um Territorien, um Macht und Einfluss. Wissenschaftler, Künstler und Gelehrte, aber auch Erkenntnisse und Patente wurden in diesem Wettstreit bald zu einem Aktivposten. Konkurrenz belebt bekanntlich das Geschäft. Fiel ein hervorragender Denker, Dichter oder Komponist in einem Fürstentum in Ungnade, bekam er aus dem nächsten garantiert ein besseres Angebot (in China und anderen monolithischen Imperien sah die Sache anders aus; Verbannung war noch die Positivste aller Möglichkeiten). So befeuerte die Konkurrenz der Kleinstaaten die Künste, die Wissenschaft und technologischen Fortschritt. Die lange Geschichte des feudalen Mäzenatentums, von den Tagen Michelangelos und Keplers bis in die Zeit Mozarts, spricht Bände. So entstand eine »Kultur des Wandels«, weil Europa ein Kontinent der dynamischen *Ungleichgewichte* war – des ständigen Kampfes zwischen Alt und Neu, Peripherie und Zentrum, Zentralität und Dezentralität.[25]

Andere Faktoren kamen hinzu. Europas Schrift, aus dem Lateinischen entstanden, bot anders als die chinesische, arabische oder die der indianischen Hochkulturen einen »Quellcode«, der sich gleichermaßen für Dokumentation *und* Kommunikation eignete. Chinesische Schriftzeichen erfordern die elitäre Kunst von Schriftgelehrten, bis zu 10 000 Zeichen müssen erlernt werden, um flüssige Texte zu schreiben. In Europa unternahmen die christlichen Kirchen in der Reformationszeit die ersten Initiativen zur Alphabetisierung des Volkes. So konnte sich der Buchdruck ungleich besser entwickeln – und kulturelle Emanzipationswirkung erzeugen.

Europas Religion, das ständig »mutierende« Christentum, fand, anders als die transzendentalen Religionen des Fernen Ostens, immer wieder Anschluss an die Lebenswirklichkeit der Menschen. Christliche Klöster des Mittelalters waren immer auch Zentren von Wirtschaftstätigkeiten. Das Christentum war es auch, das die genealogischen Strukturen von innen heraus veränderte. Im Zentrum des christlichen Familienbildes steht die »Gattenehe«, also die heilige Einheit von Mann und Frau. In den traditionalen Gesellschaften und Ahnenkulturen, wie wir sie heute noch vor allem in der islamischen Welt kennen, sind Paare fest in den »Schwarm der Sippe« integriert. Großeltern, Tanten, Onkel, Cousinen, Großonkel, Vettern ersten, zweiten, dritten Grades – alle haben mitzureden und mitzubestimmen, was das Ehepaar unternimmt, wie es sich kleidet, wohnt, seine Sexualität gestaltet. Oft sind es die Ältesten, die ganz und gar das Sagen haben (in der klassischen Ahnenkultur Asiens und Afrikas sogar noch dann, wenn sie tot sind). Durch die »Gattenehe« entstand im Herzen der christlichen Kultur Privatheit, die Autonomie einer kleineren Kernfamilie und eine kommunikative Distanz zwischen den Generationen.[26]

Die Stadt: Markt, Handel, Rechte

Wo Menschen auf engem Raum leben, ändern sich die Regelsysteme. Städte erzeugen Freiheiten, Nischen, Entkoppelungen von Traditionen, und sie erzwingen neue soziale Differenzierungen. Und deshalb gilt von Babylon bis Manhattan, von Buxtehude bis Berlin: *Stadtluft macht frei und klug.*[27] Nicht jeden und nicht sofort. Aber auf Dauer bieten größere Ansammlungen von Menschen ungleich mehr Optionen, Nischen, Chancen für den Einzelnen. Städte erlauben Menschen, schneller voneinander zu lernen. Sie sind vor allem für diejenigen, die darauf angewiesen sind, Verbindungen und Innovationen herzustellen – Händler, Geschichtenerzähler, Gastronomen, Künstler, Tüftler –, das ideale Soziotop.

Lebendige Städte bergen in ihrem Kern zudem eine alte Institution des Wandels: den Markt. Märkte bringen Menschen aus unterschiedlichen Kulturen zusammen und zwingen sie zu Verhandlungen und Kooperationen (natürlich kann man sein Gegenüber übers Ohr hauen – aber nicht lange!). Güteraustausch über weite

Strecken befördert Wissen und Know-how. Venedig bezog seinen besonderen Reichtum aus seiner Fähigkeit, mit der arabischen und asiatischen Welt dauerhafte Verbindungen zu pflegen. Die Holländer, die Spanier und die Portugiesen mehrten ihren Reichtum mit Gewürzen und Handelswaren aus aller Welt, und sie steigerten dabei auch ihr intellektuelles und humanes Kapital.

Schon die Bauern des Neolithikums tauschten mit Jägern und Sammlern Korn gegen Tierfelle. Aber erst das Mittelalter machte aus dem Handel eine eigene Kulturform. Die mittelalterliche europäische Stadt bot in ihren Mauern Schutz vor Feinden, aber im Verlauf des Mittelalters auch zunehmend Schutz vor der Willkür der Herrscher. Zwischen Markt und Herrschaft kam es zu einem historischen Kompromiss, weil die Feudalherren von Handel und Wandel profitierten. In den europäischen Städten entwickelten sich jene Gewerbe- und Handelsrechte, die zu den ersten verfassten Bürgergesellschaften führten. In den organisch geschlossenen mittelalterlichen Stadtarchitekturen kann man heute noch das Sozialsystem der Stände, Gilden und Bürgerrechte bewundern, wie es Europas Geschichte zutiefst geprägt hat.

Europa war, weitaus mehr als alle anderen Kontinente, eine zur *mittelgroßen* Stadt tendierende Gesellschaft.[28] Während in den Imperien und Hochkulturen meist *eine* Herrschaftsmetropole existierte, um die sich radial immer dünner besiedelte Areale erstreckten – die klassische Imperiumsstruktur –, ähnelte das Zentraleuropa des Spätmittelalters einem Flickenteppich. Auch kleine Fürstentümer bauten Residenzen, die dann mit anderen Fürstentümern wetteiferten – so entstanden bereits früh autonome Universitäten. Die vielen »Marktflecken« im Alpenraum begünstigten das Entstehen freien Bauerntums, was wiederum die landwirtschaftliche Produktivität vorantrieb. Mit der Geldwirtschaft und dem Kreditwesen begann der ökonomische Kreislauf von Innovation und Investition richtig auf Touren zu kommen – Marx' »ursprüngliche Akkumulation«, die zur Bildung von privaten Kapitalstöcken führte, nahm ihren Lauf.

Doch der wichtigste Wandelaspekt innerhalb Europas war wahrscheinlich die Idee der Demokratie. Europas vielfältige politische Systeme entwickelten früh Inseln individueller Freiheit, die auf antike Rechtsstatuten zurückgingen. Die Schweiz bekannte sich schon im 13. Jahrhundert zu jenem »bündischen Prinzip«, in dem sich lokale Autonomie mit gemeinsamer Stärke kombinierte – was in eine der frühesten modernen Republikgründungen münden sollte. Europas blutige Kriege und politische Wirren, das Hin und Her der Aufstände, Restaurationen, Separationen – all dies schuf ein Übungsfeld sozialer Ordnungen, auf dem mal diese Nation (England), mal jene Dynamik (das revolutionäre Frankreich), mal diese Kultur (das Handelsimperium der Holländer und Portugiesen, das Tüftler-Deutschland des späten 19. Jahrhunderts) die Pole-Position des Fortschritts einnahm. Das reformierte Christentum, vor allem in seiner calvinistischen Variante, entwickelte ein neues Ethos der Arbeit, in der diese zur säkularen Erfüllung des Menschenschicksals umgedeutet wurde.

Aus der Mitte dieses energiereichen Kontinents entstand nun die zweite, noch radikaler »alle menschlichen Verhältnisse umwälzende« Transformation.

Erfindung, Maschinen, Kapital: das industrielle Zeitalter

Im Winter des Jahres 1763 stand in einer Werkstatt im schottischen Glasgow ein junger Ingenieur über das Modell einer seltsamen Maschine gebeugt. James Watt war ein begnadeter Tüftler mit erheblichem Selbstwertgefühl. Ein Autodidakt, der innerhalb einer Woche alles über den Orgelbau erlernte und ebenso belesen wie musikalisch war. Ein Produkt jener bürgerlichen Universalbildung, wie sie im 18. Jahrhundert in vielen Städten Europas üblich wurde. Aber eben auch ein »Mann der Hände«. Ein Professor der Glasgower Universität sagte bewundernd über ihn: »Ich sah einen Arbeitsmenschen und erwartete nicht mehr. Aber ich war überrascht, einen Philosophen zu finden.«[29]

Die Maschine, die Watt in seinem Kabinett untersuchte, stammte von einem Kollegen namens Thomas Newcomen. Watt hatte das Exemplar eigens aus dem weit entfernten London nach Schottland transportieren lassen. Nun versuchte er herauszufinden, was an dem beeindruckenden Gerät nicht stimmte. Man hatte die seltsame »Feuermaschine«, in der sich ein Kolben durch Dampf hob und senkte, bereits erfolgreich als Pumpe zur Entwässerung von Bergwerken genutzt, aber ihre Leistung schien begrenzt und das Gerät störanfällig. Sie litt sie unter »galoppierendem Verschleiß«, weil die enormen Kräfte der Auf-und-ab-Bewegung die Kolbenlager schnell zerstörten.

An einem der wenigen schönen Tage in Glasgow kam Watt zwei Jahre danach auf einem Spaziergang die entscheidende Idee. Er schrieb später:»Ich begriff plötzlich Dampf als einen elastischen Körper, der in ein Vakuum gelangen könnte, und solchermaßen abgekühlt in eine Kommunikation mit dem im Zylinder verbleibenden Druck geraten könnte, ohne die Kraft darin zu vermindern.«[30]

James Watt»erfand« die Dampfmaschine, aber wie bei so vielen Erfindungen handelte es sich nicht um eine reine »Erfindung«, sondern um eine – allerdings entscheidende – graduelle Verbesserung von schon vorhandener, prototypischer Technologie. Watt schaffte den entscheidenden Durchbruch zur Kraftübertragung, weil er die Maschine *systemisch* sehen konnte, von zwei Seiten, nämlich einer physisch-sinnlichen und einer theoretisch-mathematischen. In seinem analytisch begabten Hirn verband er damit die beiden Stränge der abendländischen Geschichte: die kognitive Seite der Wissenschaften, der Theoriebildungen, und die praktische Seite des ständigen Ausprobierens und Verbesserns. Er konnte die Wechselwirkungen zwischen beiden Seiten verstehen und damit die Schwachstellen des Mechanismus identifizieren. Es war der *Zweifel,* die *Abweichung,* die *Kritik,* die zum Wandel führte. Der Schwung der Kolbenbewegung konnte durch Watts Ergänzung nun in eine kreisförmige Bewegung übersetzt werden. Der wirkliche Erfolg kam erst, als Watt sich mit dem umtriebigen Eisenschmied Matthew Boulton zusammentat. In seiner boomenden Fabrik bei Birmingham prahlte Boulton gegenüber Besuchern stolz: »Wir verkaufen hier das, was die Welt wirklich begehrt: *Kraft!*«[31]

Die industrielle Revolution markiert jenen zweiten »großen Übergang«, in der die gesellschaftlichen Beziehungen radikal umgeformt wurden – wie die Raupe im Inneren eines Kokons. Ökonomie, Produktion, Arbeitsformen, Menschenbeziehungen, Weltwahrnehmungen, Zeitkulturen, Geschlechterbeziehungen – alles geriet in den Bann der »Entfesselung der Maschine«. Aus Bauern wurden Fabrikarbeiter, aus gemütlichen Residenzstädten überfüllte Großstädte mit gewaltigen sozialen Problemen, aus Landschaften Rohstoffhalden, aus schlichter Natur »Ressourcen«. Der Industrialismus, wie die Lebensform genannt wird, die sich rund um die Maschinenproduktion entfaltete, war eine komplette »Neuverdrahtung« menschlicher Verhältnisse. Und seine Geschichte, sein triumphaler Erfolg ist, wie wir in China, Indien und vielen anderen Ländern der Erde sehen, noch lange nicht zu Ende. Alvin Toffler, der amerikanische Futurologe, beschreibt diesen Prozess in seinem Klassiker »Die Dritte Welle« in einer an Marx erinnernden Diktion:

> »Der Industrialismus spaltete die Gesellschaft in Tausende von einzelnen Fragmenten – Fabriken, Kirchen, Schulen, Gewerkschaften, Gefängnisse, Krankenhäuser und so fort. Er zerbrach die Kommandolinien zwischen Kirche, Staat und Individuum. Er zerbrach Wissen in spezialisierte Disziplinen, Berufe in Tätigkeiten, Familien in kleinere Einheiten. Und indem er das tat, zerstörte er das Leben und die Kultur der Gemeinschaft.«[32]

Funktionalisierung, Spezialisierung, Beschleunigung: die industrielle Kultur

In der alten, der feudal-agrarischen Gesellschaft ist das Schicksal des Einzelnen durch seine Geburt und sein unmittelbares soziales Umfeld vorbestimmt. Seine Zugehörigkeiten garantieren ihm eine feste soziale Identität: der Sohn des Soundso, der Lehrling des Handwerkers, das »Schäfchen« der Kirche, der Dienstbote einer Autorität, eines Lehnsherrn. Man spricht nicht umsonst von der »Vasallentreue«, die den Einzelnen bedingungslos an eine nicht gewählte Autorität bindet, ihm in diesem persönlichen Rahmen aber auch gewisse Rechte garantiert. Etwa eine gewisse Fürsorge oder Versorgung in Notzeiten.

Die industrielle Kultur »entfesselt« nun diese Bindungen in verschiedener Hinsicht. Ihre Energien treffen vom frühen 18. Jahrhundert an auf eine Gesellschaft, in der sich die Mehrzahl der Menschen immer noch von dem ernährt, was sie auf dem Land anbaut, und die immer noch von der alten Feudalordnung zutiefst geprägt ist. Die ersten »Segnungen« des Fortschritts in Form medizinischer Erkenntnisse erfassen auch die ländlichen Gebiete, und so steigen die Geburtenraten in dieser Zeit schnell an. Es kommt zum großen Exodus vom Land in die rasend wachsenden Industrie- und Ballungsgebiete, in denen Chaos, Elend, aber auch Hoffnung herrschen. Millionen Menschen werden von dieser Dynamik bis über den Atlantik getrieben, wo in Amerika eine zweite, befreitere, kapitalistische Variante des Industrialismus entsteht.

Was zeichnet diese neue Gesellschaft vor allem aus? Vielleicht jene rasende *Funktionalisierung,* die Charlie Chaplin in seinem Film »Modern Times« so schön ironisch illustriert hat. Der Mensch wird ein Rädchen. Das Fließband gibt den Takt vor, die Handgriffe sind immer die gleichen, und zum Schluss schluckt die rasende Maschine seinen Schöpfer. Industrielle Kulturen »interessieren« sich für Menschen auf einer neuen Ebene. Sie sehen im Individuum nicht das Sippenmitglied, den Nahrungskonkurrenten oder den »Feind«. Sie interessieren sich ausschließlich für die Funktionen, die Menschen in den Kontexten der Maschine ausüben können.

Der zweite Aspekt ist die *Spezialisierung:* Aus »Gewerken« und flexiblen Berufen werden spezielle Qualifikationen. Diese Spezialisierungen sind es, die dem Einzelnen schließlich seine soziale Rolle zuweisen. Adam Smith, der große Prophet der Arbeitsteilung, beschreibt diesen Umstand in »Der Wohlstand der Nationen« als Triebkraft und Kern jenes fundamentalen Prozesses der Produktivität, dem wir unseren heutigen Wohlstand verdanken. Richard Sennett hat die Kehrseite, die Entfremdung, dargestellt, die entsteht, wenn in einem radikal arbeitsteiligen Prozess jede Form der Handwerklichkeit zerstört wird.[33]

Und schließlich entwickelt sich aus den Marktgesetzen heraus ein drittes Prinzip, das der *Beschleunigung*. Es betrifft zunächst die Erfindungen, die in einer neuen Weise miteinander verkettet werden – durch Patentverfahren, kommerziellen Austausch von Wissen und schließlich die Anstellung von Ingenieuren und Innovatoren in Großunternehmen.[34] Weil nun alles gemessen, getaktet, in winzige Arbeitsschritte geteilt werden kann, spucken die Fabriken nicht nur ein Zehn- oder Hundertfaches, sondern ein Tausendfaches dessen aus, was eine handwerkliche Produktion zu leisten vermag. Aber da auch die Konkurrenten dies tun, muss man ständig verbessern, nachjustieren, rationalisieren. Industriekultur basiert auf der Idee der Steigerung – des Tempos, des Outputs, des Verbrauchs. So entstand einerseits breiter Wohlstand. So entstanden aber auch jene heroischen Utopien, in denen der technische Fortschritt als Überprinzip der Geschichte gefeiert und zelebriert wurde.

»Industrialismus« ist nicht an ein bestimmtes Gesellschaftssystem gebunden. Er kommt in Varianten einher: der kapitalistischen Version, in der die Marktkräfte das System vorantreiben. In der ideologisch-totalitären, in der ein »historisches Prinzip«

der Entfesselung der Produktivkräfte dient. Das Sowjetsystem brachte den Industrialismus in seiner Ideologie-Variante auf den Punkt: Maschinenmenschen im heroischen Kampf gegen den Klassenfeind. An dieser Front entstand ein neuer, archaischer Opfermythos: der Fortschritt als »Schlacht«, in die unentwegt Menschenmaterial »geworfen« werden muss wie in einen heißen Ofen. Der Gulag war kein Exzess, sondern das eigentliche Zentrum dieser »Logik des Verheizens«, das Menschen nur noch als Ableitungsphänomene betrachtete, die man nach Belieben verschieben, dressieren, auslöschen darf. Eine Logik, die nur noch durch Hitlers Totalmobilmachung einer ganzen Gesellschaft übertroffen wurde, in der die uralten Menschenthemen Mystik, Blut und Krieg mit der maschinellen Beschleunigung zu einer einzigen Orgie des Terrors verschmolzen.

Auch hier stellen wir wieder die Frage: Warum haben Menschen sich all das angetan? Warum sind sie nicht sesshafte Bauern geblieben, deren Leben aufgrund verbesserter Züchtungen und Bewirtschaftung gewonnen hätte? Die Industriekultur wäre nicht so unerhört erfolgreich gewesen, wenn sie nicht auch eine andere, ungeheuer betörende Seite aufgewiesen hätte: Sie entfesselte die Menschenverhältnisse auch im Sinne einer Vision von Freiheit.

Die existentielle Bindung an die Familie und Obrigkeiten mag dem Einzelnen Halt und gesicherte Identität geben. Aber sie beschränkt ihn auch radikal auf seine soziale Rolle. In den Ländern, die den Anschluss an die Industriemoderne nicht schafften, kann man die alten Verhältnisse der Clan- oder Sippenökonomie heute noch besichtigen: Mädchen werden im Kindesalter verheiratet, Verwandtschaftsverhältnisse machen Lebensstil-Entscheidungen praktisch unmöglich. Auch wer in unseren Breiten in Dörfern oder Kleinstädten lebt, kann den Zwang der sozialen Normen noch erleben. Verbindliche Werte, universale Prinzipien, unverbrüchliche Bindungen, nach denen sich die Kulturkritiker so sehnsuchtsvoll zurücksehnen, haben für das Individuum Schattenseiten. Die Distanz, die Beliebigkeit, die »Anonymität« der großstädtischen Kultur, die wir heute gern vehement kritisieren, ist gleichzeitig die Bedingung dessen, was wir eben auch ersehnen: individuelle Freiheit und Wahlmöglichkeit. Erst durch die allgemeine Entfremdung, wie sie in den Großstädten der spätindustriellen Kultur herrscht, können wir unsere Verbindlichkeiten selbst gestalten. Nur weil der industrielle Wohlstand uns die stetige Distanz zu anderen Menschen ermöglicht, weil wir nicht mehr sozial auf sie angewiesen sind, können wir Liebe, Intimität, Freundschaft, Treue überhaupt unterscheidend gestalten.

Es war ein langer Weg von den rauchenden Schloten der ersten Fabriken bis zur Google-Starbucks-iPod-Twitter-Welt von heute. Aber irgendwann auf diesem langen Weg wurde aus dem Lohnabhängigen, dem Proletarier, ein Konsument. Aus dem Massen- oder Klassenmenschen entstand ein Bürger. Aus dem Bewohner eines bestimmten Sozialmilieus formte sich ein Individuum. Aus den Kontrollinstrumenten des Staates oder der ökonomisch Herrschenden entstand ein Sozialstaat, der auf vielfältige Weise seinen Bürgern zu *Dienstleistungen* verpflichtet ist (auch wenn er nicht immer erfüllt, was von ihm erhofft wird). Die Ökonomisierung der Gesellschaft war unerhört erfolgreich, und ihre Dynamik bleibt ungebrochen. Dieser Prozess treibt uns in eine Freiheit, die uns ständig überfordert und die wir doch ewig ersehnen. Er gibt uns die Macht, zu bestimmen, wie wir uns kleiden, wie wir lieben und unsere Umwelt gestalten wollten. Und zwingt uns gleichzeitig zu ständigen Entscheidungsoperationen, die Menschen in keiner anderen Gesellschaftsform vollbringen mussten.

Und da sind wir nun also. Der alte Jäger und Sammler ist – wieder – angekommen. In einem Paradies ganz neuer Art, in der »das Fleisch« an jeder Ecke in Hülle und Fülle zu haben ist. Da liegen sie ausgebreitet unter dem Neonlicht, bei Tag und bei Nacht, die Leckereien, die unerhörten Überflüsse des Zuckers, der Proteine, die Berge köstlicher Fette und süßester Früchte – Verlockungen, die früher nur in Mythen und Märchen zu haben waren. All das steht uns rund um die Uhr zur Verfügung, mit ein bisschen Geld ist so gut wie alles zu haben, und selbst die Ärmsten der Armen verfügen heute über Reichtümer, von denen unsere Vorfahren noch nicht einmal träumen konnten. Wir haben die Wahl. Überall leuchten nun die »Geister« der Werbung, trommeln die Botschaften der elektronischen Kommunikation, wabern die Bilder der Massenmedien. Die große Dürre ist der großen Überfülle gewichen. Verwundert reibt sich unser alter Primat die Augen. Kann das alles wahr sein? Ist es nicht Hexerei und Teufelswerk? Schon ergreift uns die Panik. Kann das bleiben? Nie und nimmer! Etwas Schreckliches wird passieren, muss passieren. Wann kommt die nächste Dürre? Die nächste große Flut?

Gene, Meme und Probleme

Sammeln wir noch einmal, welche Kräfte den soziokulturellen Wandel der Menschheit durch die zwei großen Transformationen vorangetrieben haben:
• Krankheit, Klimawandel, Hoffnung
• Planung, Überschüsse, Bewässerung
• Krieg, Konkurrenz, Charisma
• Organisation, Kommunikation, Kontrolle
• Regen, Gattenehe, Vielfalt
• Markt, Handel, Rechte
• Erfindung, Maschinen, Kapital
• Funktionalisierung, Spezialisierung, Beschleunigung.
Alle diese Faktoren bauen aufeinander auf, sie sind in ständiger Wechselwirkung begriffen. Wir erahnen, dass ein bestimmtes Prinzip dahintersteht, ein systemisches Ordnungsprinzip, nach dem die verschiedenen Ebenen der menschlichen Kultur miteinander in Verbindung stehen:
• Die ökonomische Ebene: die materielle Basis des Lebens, die Arbeitsteilungen, die Organisationen der Produktion, der Fer-

tigkeiten, Wertschöpfungen, der Handelsbeziehungen und so
weiter.

- Die symbolische Ebene: die Welt der Mythen, Symbole und
Werte, die eine Gesellschaft innerlich strukturieren, aber auch
der schöpferischen Ausdrucksformen in Musik, Tanz, Bild und
anderen Künsten.
- Die technologische Ebene: die Verfügbarkeit von produkti-
onssteigernden Systemen und Artefakten, einschließlich des
Systems der Wartungen, Innovationen und Verfeinerungen.
- Die politische Ebene: die Ebene der Macht und ihrer Kontrolle,
der Verwaltung, Zuweisung, Verteilung, Regelung von Konflikten.
- Die mentale Ebene: die Ebene der kognitiven Fähigkeiten,
des Geistes und des Bewusstseins; die Art und Weise, wie wir
»Welt« beschreiben und verstehen.
- Die alltagskulturelle Ebene: das Universum der Rituale, Kom-
munikations- und Familienformen, der alltäglichen Verrich-
tungen, der generativen und Geschlechterrollen.

Das, was wir »Wandel« nennen, ist nichts anderes als das Resultat gelungener *Synchronisationsarbeit* zwischen diesen Ebenen der
menschlichen Kultur. Das Kultur- und Kommunikationssystem
passt sich den Veränderungen der Ökonomie an, die Politiksys-
teme müssen den Arbeitsteilungen, die Werte den Menschen-
bildern, die Organisationsformen den Produktionsweisen folgen.
Zu jeder Technik gehört eine adäquate Soziotechnik, zu jeder
Ökonomie eine Kulturtechnik – und vice versa.

Das Beispiel der kleinen Insel Nauro im Pazifischen Ozean
zeigt, dass »Reichtum« allein keine Transformation bewerkstelligen kann: Die Inselbewohner fanden große Mengen des begehrten
Rohstoffes Phosphat auf ihrer Insel, wurden durch den Verkauf
reich, aber auch zur übergewichtigsten Nation der Welt – und
nach dem Ende des Phosphatabbaus sanken die Naura ner zu einer
bedürftigen Nation herab; viele der Insulaner hängen heute am
Tropf von Hilfsgeldern und Sozialtransfers.

Es sind die existentiellen *Probleme,* die Menschen zu Innovationen und Verhaltensvarianten zwingen. Es sind die spezifischen *Gene* des Menschen, die ihn dabei zu Reaktionen befähigen, die sich von tierischen Reflexen unterscheiden. Ob die Veränderung jedoch dauerhaft gelingt und so zu echtem Wandel wird, das hängt von den *Memen* ab, den kulturellen Mustern und Verhaltensweisen, die sich in menschlichen Gemeinschaften auf dem Wege der Erfahrung, der Erkenntnis und der Kommunikation bilden. Und sich dann durch Bild, Sprache, Symbol und Tradition von Generation zu Generation fortpflanzen, sich dabei ständig neu- und umformend.

Wir können ahnen, wie schwierig der soziokulturelle Wandlungsprozess tatsächlich ist. Und wie sehr er dem originären biologischen Evolutionsprozess ähnelt. In der Tat hat die menschliche Geschichte etwas »Darwinistisches«. Aber nicht im Sinn des alten, dummen Missverständnisses vom »Triumph der Stärkeren«. Die Gesetze evolutionären Wandels sind raffinierter (sonst würden auf der Erde nur martialische Übermenschenzivilisationen existieren, Borg-, Drohnen- und Spartanerkulturen). Wie in der Natur die »nichtfitten« (im Sinne von angepasst an die Umwelt) Spezies myriadenfach ausgestorben sind (und dabei evolutionär jenen Arten Platz machten, die eine angemessene Antwort auf die Herausforderungen der Umwelt geben konnten), ist auch der Gesellschaftswandel vom Prinzip »Varianz und Auslese« bestimmt. Um diesem Gedanken zu folgen – und gleichzeitig dem Verständnis des sozialen Wandels auf den Grund zu gehen –, lohnt es sich, sich intensiver mit dem *Scheitern* menschlicher Kulturen zu beschäftigen. Am besten drastisch: dem Untergang ganzer Zivilisationen.

KULTUREN DER ANGST
Wie Wandel scheitern kann

*Angst ist eine Krankheit. Sie kriecht in die Seele von jedem,
der es zulässt.*

Aus Mel Gibsons »Apocalypto«

In unseren Hirnen spukt es, nicht in unseren Häusern.

George M. Beard

*Solange es uns nicht gelingt, die Angst zu verbannen, werden
wir das Chaos im Universum nicht beseitigen können.*

Captain Picard, Kommandant des Raumschiffs Enterprise

Blutopfer

Wir schreiben das Jahr 1502. In einem kleinen Dschungeldorf auf
der Halbinsel Yukatan in Mittelamerika herrscht nächtlicher Friede.
Fünfzig Menschen einer sesshaften Jäger-und-Sammler-Großsippe
schlafen dicht aneinandergedrängt auf Holzpodesten. Die Jaguare,
die durch den Dschungel streifen, halten sich fern, denn sie kennen inzwischen die raffinierten Fallen, mit denen die Menschen
ihnen und den fetten Tapiren nachstellen. Die Dschungelbewohner
beherrschen die Jagd, aber auch verschiedene Agrartechniken, auf
Brandrodungslichtungen, den »milpas«, bauen sie Mais an.

Im Morgengrauen schleichen sich martialische Gestalten an,
Krieger mit Pflöcken in den Nasenscheidewänden und Ohren,
bemalt mit blutroter Farbe und blauem Schlamm. Kurz darauf
folgt der Angriff. Frauen und Kinder werden mit Knüppeln
erschlagen oder mit Schlingen erwürgt, vergewaltigt, in den
Dschungel gejagt. Das Dorf wird niedergebrannt, die jungen

Männer an lange Baumstämme gefessel und verschleppt – nach Tikal, in die große Stadt der Sonne. Die gefangenen Männer geraten in einen apokalyptischen Alptraum. Am Rande der großen Stadt Tikal liegen sterbende Menschen übersät mit Geschwüren auf den Straßen. Die Brunnen sind verdorrt. Adlige tanzen bemalt und in bunte Vogelkostüme gekleidet im Drogenrausch. Die Märkte sind überfüllt mit Devotionalien: Tinkturen, Götterstatuen, magische Symbole, Augen aus Stein – und Menschenaugen. Auf der alles überragenden Pyramide werden die nackten und blau angemalten Gefangenen dem Hohepriester, dem »h' men«, vorgeführt, der vor einem Meer von Menschen sein Hochamt zelebriert. Sein Singsang ertönt:

Dies ist eine beklagenswerte Zeit für uns.

Das Land dürstet.

Eine große Plage verdirbt unsere Ernte.

Die Geißel der Krankheit quält uns nach Belieben.

Es heißt, dieser Kriegszug hat uns geschwächt.

Dass wir ausgebrannt sind!

Es heißt, wir verrotten!

Großes Volk unter dem Banner der Sonne!

Ich sage, wir sind stark!

Wir sind ein auserwähltes Volk!

Auserwählt als Herren über die Zeit!

Mächtiger Kukulkan, dessen Zorn die Erde für immer vernichten kann!

Lass dich mit diesem Opfer besänftigen!

Die Opferszene ist einer der dramatischen Höhepunkte in Mel Gibsons Film »Apocalypto«. Das Drehbuch des Spielfilms, der eine Geschichte aus der Spätzeit der Maya im 16. Jahrhundert erzählt, stützt sich auf alte Quellen und aktuelle Maya-Forschungen, unter anderem auf den Bericht des katholischen Priesters Diego de Landa, der mit den Spaniern nach Yukatan gekommen war und dort viele Jahre lebte. Landas Haltung zu den Maya war auf einer seltsamen Mischung aus Faszination und Verachtung gegründet (er ordnete später die Verbrennung eines Großteils der wichtigsten Maya-Schriften an). In seinem »Bericht aus Yukatan« von 1566[1] beschreibt er eine rituelle Opferung:

>»Nun ergriffen die *Chaces* (Priester) das arme Opfer, sehr geschwind legten sie es rücklings auf jenen Opferstein, alle vier packten es an Armen und Beinen. In diesem Augenblick kam der *Nacón,* der Henker, mit seinem steinernen Dolchmesser und versetzte dem Opfer mit großer Gewandtheit und Grausamkeit einen Messerstich zwischen die Rippen, an der linken Seite unterhalb der Brustwarze, und sogleich fuhr er dort schnell mit der Hand hinein und packte das Herz wie ein wütender Tiger, riss es ihm bei lebendigem Leibe heraus ... dann warfen sie den schon toten Körper die Stufen hinunter, unten packten ihn die Amtsgehilfen und zogen ihm die ganze Haut ab, nachdem der Priester sich ganz entkleidet hatte, streifte er sich jene Haut über, und zusammen mit ihm tanzten nun die Übrigen, was für sie etwas sehr Weihevolles war.«

Rituelle Menschenopfer gab es auch in anderen frühzeitlichen Kulturen, sie dienten vor allem der Besänftigung der Götter. Wie kann man die unbedingte, selbstmörderische Konsequenz der Maya-Opfer erklären?

Das Rätsel im Dschungel

Die Halbinsel Yukatan gehört seit Jahrmillionen zu den geologisch und biologisch unruhigsten Regionen der Erde. Durch die feuchten Wälder wabern Milliarden von Mücken. Der Jaguar, die geschmeidigste Raubkatze der Welt, beherrscht die grünen Ozeane, deren Boden in der Regenzeit monatelang nicht passierbar ist, der aber in trockenen Jahren bis zum Grund austrocknen kann. Giftige Schlangen und Insekten sind so zahlreich wie die Lianen, die das

Gelände undurchdringbar machen. Erdbeben und Erdrutsche sind an der Tagesordnung. Im Herbst ziehen Hurrikans über das Land, aufgeladen mit den gewaltigen Energien der tropischen Gewässer. Und regelmäßig bringt El Niño, eine ungewöhnlich warme Strömung im Pazifik, ausgedehnte Trockenperioden, in denen Quellen und Flüsse für Jahre versiegen können.

In dieser Region begannen indianische Stammeskulturen vor rund eineinhalb Jahrtausenden mit einem gewaltigen Transformationsexperiment. Zur gleichen Zeit, als das antike Rom unter meterhohen Erd- und Schuttschichten verschwand, wuchsen aus dem Dschungel riesige Städte mit Hochhäusern, gewaltigen Tempelanlagen, mit Sportfeldern und Schulen. Kubikkilometer von Stein und Obsidian wurden verbaut und geschichtet, mit wunderbaren Friesen und kunstvollen Ornamenten verziert. Diese Kultur brachte es zur Meisterschaft in Astronomie und Mathematik; sie entwickelte aufgrund genauer Himmelsbeobachtungen einen Kalender, der so präzise war wie der julianische und Schaltjahre kannte. Die »klassische Periode« der Maya dauerte länger als das Römerreich – rund 600 Jahre. Auf dem Höhepunkt dieser Hochzivilisation lebten fünf Millionen Menschen in den Tempelstädten der Halbinsel Yukatan.

Im Jahr 1839 entdeckte John Stephens, ein reicher amerikanischer Rechtsanwalt mit anthropologischem Faible, die Ruinen von Tikal. Er lieferte eine suggestive Beschreibung der untergegangenen Welt:

> »Die Stadt lag vor uns wie ein zersplittertes Schiff in der Mitte des Ozeans, der Mast zerbrochen, der Name verwittert, die Crew verschwunden; und niemand, der erzählen konnte, woher das Schiff kam, wohin es fuhr, was seine Zerstörung verursachte. Architektur, Skulptur und Malerei, alle Künste, die das Leben erleuchten ... dies waren die Hinterlassenschaften von kultivierten, eleganten und besonderen Menschen, die alle Stufen des Aufstiegs erlebt, die ihr Goldenes Zeitalter erobert – und verloren hatten.«[2]

Was war der Grund für den Niedergang der großen Kultur? Anthropologen beschreiben die Maya-Stadtstaaten als »Theaterstaaten«, in denen die »k'uhul ajaw«, die »göttlichen Herrscher«, eine ritualbesessene Schamanenkaste, unentwegt gigantische Inszenierungen aufführten – tagelang, manchmal wochenlang. Die Maya pflegten einen Kult des Sanguinen: Könige entnahmen ihrem Körper öffentlich Blut, mit Menschenblut wurde gemalt, es wurde vielleicht sogar getrunken. In den Worten Diego de Landas:

>»Sie opferten von ihrem eigenen Blut, indem sie sich manchmal runde Stücke aus den Ohren schnitten, bei anderen Gelegenheiten durchbohrten sie sich die Wangen und dann wieder die Unterlippen, manchmal durchlöcherten sie sich die Zunge mit schrägen seitlichen Stichen. Manchmal vollzogen sie auch ein schmutziges und schmerzhaftes Opfer, bei dem (sie) sich im Tempel zusammenfanden, und nachdem sie sich in einer Linie ausgerichtet hatten, bohrte sich jeder ein schräges seitliches Loch in das männliche Glied, nun zogen sie die größtmögliche Menge Schnur durch die Löcher, so dass sie nun alle verbunden und aneinandergereiht waren, und es ist entsetzlich, mit welchem Eifer sie daran hingen!«[3]

Landa spürte, wahrscheinlich ohne sich dessen bewusst zu sein, die archaischen Verbindungen zwischen den Kulten der Maya und der katholischen Symbolwelt von Sünde, Opfer, Blut, nur dass die Maya aus ihren blutigen Ritualen kein funktionierendes Heilsversprechen gewinnen konnten. Er erlebte die Maya-Welt wie eines der apokalyptischen Bilder des Hieronymus Bosch:

>»An einem Winterabend gegen sechs Uhr ... kam ein Wind auf und wuchs langsam an, bis er zu einem Orkan wurde, und dieser Sturm riss alle großen Bäume um und ließ die hohen Häuser einstürzen, die, da sie aus Stroh sind und wegen der Kälte im Inneren von einem Feuer erwärmt

wurden, in Brand gerieten, so dass ein großer Teil der Menschen in den Flammen starb … und so verlor das Land damals den Namen Land der Truthähne und Hirsche, und es hat dermaßen viele Bäume eingebüßt, dass, betrachtet man das Land von einigen erhöhten Stellen aus, es den Eindruck macht wie mit einer Schere zurechtgestutzt.«

Danach kamen die Seuchen:

»Die Überlebenden fassten wieder Mut, sie bauten Häuser und bestellten den Boden, sie mehrten sich sehr, doch dann traten im ganzen Land pestilenzialische Fieberanfälle auf, die 24 Stunden dauerten, und als sie vorüber waren, schwollen die Kranken an, und ihre wurmzerfressenen Leiber zerbarsten … hierauf befiel sie eine Pestilenz von großen Blatterngeschwüren, die ihre Körper verfaulen ließen und einen schlimmen Gestank verbreiteten; so dass ihnen in vier oder fünf Tagen die Glieder stückweise abfielen …«[4]

Die Maya waren, auch wenn man die Maßstäbe der Naturgesellschaften anlegt, eine besonders von der Umwelt geplagte Zivilisation. Gleichzeitig waren sie enorm fantasiebegabt, künstlerisch ambitioniert, ja übersensibel. Sie hatten große Angst vor dem Tod und sie entwickelten eine prophetische Besessenheit, die Zukunft in jedem Detail vorauszusagen.[5] Die Sensibilität brachte die Maya-Kultur in eine symbolische Eskalationsspirale, in eine rauschhafte Überritualisierung des alltäglichen Lebens. Landa berichtet von exzessiven Festen und übermäßigem Alkoholkonsum, »so dass es ein großer Jammer war, zu sehen, wie sie durch das viele Trinken, einige von ihnen zerkratzt, andere mit zerschlagenem Kopf, wieder andere mit blutunterlaufenen Augen umherliefen, und trotz alledem waren sie dem Wein derart zugetan, dass sie sich seinetwegen zugrunde richteten«.[6]

Die Maya-Kultur, die um 800 ihre »klassischen Periode« gehabt hatte,[7] versank zum Schluss in internen Konflikten. Es gab Krieg –

von Stadt zu Stadt, von Herrscher zu Herrscher, von Sippe zu Sippe. Bald folgten grausame Ausrottungsfeldzüge, bei denen der gegnerischen Herrschersippe öffentlich die Fingernägel ausgerissen und die Hände abgehackt wurden. Die Leichen wurden in die Kanalisation geworfen und so die Wasserversorgung zerstört. Wie Berserker auf einem Trümmerhaufen zerstörten die Maya Stadt um Stadt, ruinierten Tempel um Tempel – und schrieben bis zum Schluss eitle Schriften über Heldentaten in den Stein. Dann verschwanden die »Kinder des Jaguars« im Dschungel, wo sie wieder Jäger und Sammler oder einfache Bauern wurden. Die gewaltigen Zeugnisse einer der größten Hochkulturen der Erde wurden vom Dschungel verschlungen.

Das Stress-und-Angst-System

Menschen sind von der Evolution als Überlebensmaschinen konstruiert, wie alle Organismen auf der Erde. Allerdings unterscheidet sich der *Homo sapiens* durch einige neurophysiologische Eigenheiten von den anderen Tierarten. Menschen verfügen über eine besonders ausgeprägte Stresskaskade. Immer wenn wir einer Gefahr oder Herausforderung begegnen, läuft in unserem Gehirn eine Kettenreaktion ab. Je nachdem, wie unser Wahrnehmungssystem die Gefahr einordnet, bringt das Hirn einen spezifischen Hormoncocktail in den Blutkreislauf, bei dem die Substanzen Cortisol, Noradrenalin und Adrenalin die wichtigste Rolle spielen. Wir alle kennen die körperlichen Symptome, ob bei Prüfungen, einer plötzlich gefährlichen Situation oder prekärer Verliebtheit: Unser Herz beginnt zu schlagen, es klopft in den Ohren, unsere Schweißporen öffnen sich, die Muskeln spannen sich an, der Atem geht schneller, der Blutdruck steigt, die Darmtätigkeit wird erst herauf-, dann herabgesetzt. Der Körper ist alarmiert.

Auch viele Tiere, etwa Schweine und unsere nächsten Verwandten, die Primaten, verfügen über Angstreaktionen. Aber bei Tieren wirkt die Kaskade reflexhafter. Bei Menschen hingegen wird auch das Hirn selbst in Alarmfunktion gesetzt. Wenn wir in Gefahr geraten, schärfen sich unsere Sinne manchmal bis zur Unerträglichkeit. Blitzschnell spielen wir Optionen durch. Verletzte Soldaten oder Opfer von Gewaltübergriffen berichten, dass sich in entscheidenden Momenten »die Zeit dehnt«. Alle mentalen Reserven werden auf Wahrnehmung und Informationsverarbeitung gestellt – als könnte man eine Gewehrkugel auf sich zufliegen sehen und rechtzeitig ausweichen.

Die neuroendokrine Stressreaktion wird dirigiert durch die Amygdala, eine »Angstdrüse« im Hirnstamm. Durch dieses Organ »erfand« die Natur vor einigen hunderttausend Jahren einen wirkungsvollen Mechanismus, um das Überleben von Organismen auch in Situationen sicherzustellen, in denen sich die Umwelt plötzlich und radikal ändert. Im Unterschied zu Reptilien und Sauriern, die Millionen Jahre die Biosphäre beherrschten, ermöglicht das menschliche Hirn weitaus komplexere und flexiblere Reaktionen. Wenn es dauerhaft wärmer oder kälter wurde, wenn sich Nahrungsketten, Klimaverhältnisse, Beuteschemata veränderten, waren »festprogrammierte« Hirne mit puren Reflexen ziemlich hilflos. Menschliche Hirne können sich hingegen etwas einfallen lassen. Angst verändert das Spektrum der Möglichkeiten.

Die Psychologie hat sich auf die Großen Sechs der fundamentalen menschlichen Gefühle geeinigt: *Ärger, Traurigkeit, Freude* (oder *Vergnügen), Angst, Ekel* und *Überraschung.* Es ist kein Zufall, dass die meisten dieser Gefühle negativ sind: Überleben konnten unsere Vorfahren nur, wenn sie bei Ekel zurückwichen, bei Überraschungen erst einmal auf Distanz gingen und ihrem Ärger in den richtigen Momenten aggressiven Lauf ließen. Angst als negatives »Königsgefühl« rettete der Menschheit im wahrsten Sinn das Leben.

Stressreaktionen haben vielfache Auswirkungen auf den Organismus. Sie dienen zur Mobilisierung kurzfristiger Kraftreserven. Einige Stresshormone, vor allem die Glucokorticoide und die

Noradrenaline, haben jedoch auch eine Langzeitwirkung: Sie helfen dem Körper, in Mangelsituationen länger durchzuhalten. In Hungerperioden konnten unsere Vorfahren so die letzten Reserven aus sich herausholen.

Allerdings hat dies alles seinen Preis: Hohe Stresspegel über längere Zeit führen fast immer zu Folgeschäden. Stress »raubt uns den Schlaf«, macht uns gereizt und nervös. Dauerhaft führen die Alarmsubstanzen zu Diabetes und anderen schwerwiegenden Krankheiten. Dauergestresste Menschen halten nur vorübergehend besser durch. Manager arbeiten hocheffektiv, bis sie der Herzinfarkt ereilt.

Unser Angstsystem ist das Ergebnis eines evolutionären »high tuning«. Der menschliche Organismus ist ein äußerst fein und scharf eingestelltes »Gerät«, das auf alle möglichen Alarme und Bedrohungen reagieren kann, und das, anders als bei anderen Spezies, auch vorsorgend und antizipierend! Aber diese Sensibilität macht unseren Körper andererseits anfällig für Fehlfunktionen. Menschen können nämlich selbst dann Angst empfinden, wenn gar kein realer Angstauslöser existiert. Sie können sich regelrecht in Ängste hineinsteigern. Die Amygdala kontrolliert dann immer mehr Hirnfunktionen – bis sie irgendwann auch die kognitiven Systeme »übernimmt«.

Jennifer Whitson, eine Verhaltens- und Wirtschaftswissenschaftlerin, hat in Experimenten nachgewiesen, dass Aberglaube und Verschwörungstheorien unmittelbar mit psychischer Anspannung verknüpft sind. Sie zeigte den Teilnehmern ihrer Versuche chaotische Muster von Punkten und unterwarf einen Teil der Menschen Stresssituationen. Die Folge war, dass etwa die Hälfte der Probanden plötzlich Totenköpfe, Sanduhren oder Delphine im Punktewirrwarr erkannte. Wenn man den Teilnehmern Börsendaten oder Kennziffern von Firmen vorlegte, erkannten sie unter Stress plötzlich »eindeutige Trends«. Menschen in Angstzuständen identifizieren Muster in ihrer Umwelt, die gar nicht vorhanden sind – weil ihr Hirn hierfür übersensibel ist.[8]

Der Sinn jeder Angst-und-Stress-Kaskade ist eine Handlung, die zur Bewältigung der unangenehmen oder bedrohlichen Situation führt. Aber was geschieht, wenn keine Bewältigung möglich ist? Schock- und Ohnmachtserfahrungen wie Gewalt, Missbrauch, Verlassenwerden lagern sich tief in unseren mental-körperlichen Strukturen ab. Dabei werden Zellen im Hirn, die mit der Stressreaktion in Verbindung stehen, regelrecht umprogrammiert. Wir sprechen dann von Traumatisierung. Traumatisierte Menschen reagieren bei jeder Andeutung von Verlust, Problem, Mangel, Konflikt mit der Stresskaskade. Die geringste Ahnung einer Gefahr – ein Gedanke, ein Geruch, eine Erinnerung – löst die Reaktion aus. Wir werden angstprogrammiert.[9]

Mutationen der Angst

Die afrikanische Wüstenheuschrecke *(Schistocerca gregaria)* ist in ihrem Normalzustand ein schüchternes, eher bodenständiges Tier. Ein Einzelgänger in den Savannen- und Wüstenrandgebieten des afrikanischen Kontinents. Sie hält sich entfernt von ihren Artgenossen, brütet in langen Zyklen vor sich hin – eine durchaus bescheidene, in einer Nische überlebende Spezies.

Manchmal allerdings, wenn sich die Lebensbedingungen durch anhaltende Trockenheit dramatisch verschlechtern, geht über Nacht eine Verwandlung mit der afrikanischen Wüstenheuschrecke vor sich. Die Individuen ändern dann plötzlich ihr Sozialverhalten. Sie sammeln sich und kitzeln sich gegenseitig mit den Hinterbeinen – und setzen dabei in ihrem Inneren große Mengen des Botenstoffes Serotonin frei.

Serotonin ist, biochemisch betrachtet, so ziemlich das Gegenteil von Adrenalin. Im menschlichen Körper stabilisiert es die Körpertemperatur, den Blutdruck und die Stimmungslage. Serotonin wirkt wie eine Art inneres Kokain: Menschen mit hohem Serotoninpegel erleben ein Gefühl von Bewältigung, Wachheit,

Überlegenheit, das bis zur Euphorie reicht. Wer zu wenig Serotonin im Blut hat, leidet fast immer unter Depressionen. Stellen wir uns vor, wir würden Serotonin und Angsthormone kombinieren. Ein Höllencocktail: Angst, kombiniert mit Euphorie! Genau diese Kombination findet man in hoher Dosis vermehrt im Blut von Amokläufern, Diktatoren und Serienmördern. Und wahrscheinlich Finanzspekulanten.

Die Farbe der Heuschrecken verändert sich nach der Serotonin-Ausschüttung in wenigen Stunden von gelbgrün zu grau und braun, mit scharf-akzentuierten Punkten, die an eine Maske oder Ritterrüstung erinnern. Und plötzlich, wie von Geisterhand koordiniert, erheben sich Tausende, Millionen von Heuschrecken zu einem gierigen, kollektiven, mächtigen, alles verderbenden Schwarm, der ein Gesamtgewicht von 1500 Tonnen erreichen kann und eine Biomasse von gleicher Größe im Laufe eines Tages vernichtet: die biblische Heuschreckenplage.

Nun kann man Insekten vielleicht nicht direkt mit Menschen vergleichen. Aber auch aus Menschenpopulationen kennen wir dieses Dr.-Jekyll-und-Mr.-Hyde-Syndrom – die friedlichsten Gemeinwesen können sich in eine mörderische, fanatische Truppe verwandeln. Aus Hobbits werden Morlocks. Auf verblüffende Art und Weise bildet die Metamorphose der Heuschrecken eine Allegorie für die Verwandlung der kulturell hochentwickelten Maya in »schwärmende Krieger der Apokalypse«. Als wäre die Metamorphose des Schmetterlings grundlegend schiefgegangen ...

Jared Diamond hat in seinem Bestseller »Kollaps« den Untergang der Maya-Kultur auf den »malthusianischen« Effekt reduziert. Die eher unfruchtbaren Böden des Dschungels, die Bevölkerungsexplosion, die Erosion durch radikale Rodung, die ungenügenden Anbau- und Bewässerungstechniken – all das habe in eine finale Ressourcenkrise geführt.[10] All das ist sicher wahr, aber es beleuchtet nur einen Teil des Maya-Kollapses, den »materialistischen«. Eine Frage bleibt dennoch offen: Warum waren die Maya nicht in der

Lage, soziale, technische, kulturelle *Lern*prozesse zu organisieren und einen Wandel herbeizuführen? Um uns der Antwort zu nähern, müssen wir noch etwas tiefer in die systemische Kognitionswissenschaft eintauchen. Abbildung 1 zeigt ein Diagramm der Mensch-Umwelt-Lern-Beziehungen, entwickelt von John D. Sterman, einem der Begründer der systemischen Organisationstheorie.[11]

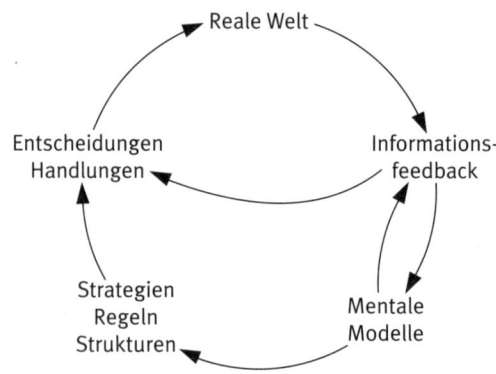

Abb. 1: Die doppelte Lernschleife nach John D. Sterman

Damit wir unsere Umwelt »realistisch« (im Sinne zielführender Handlungen und Reaktionen) erkennen können, brauchen wir bestimmte kognitive Rückkoppelungsschleifen. Der obere Kreis führt von Informationen zu Handlungen – alle Organismen mit Sinnesorganen verfügen über dieses Basis-Reaktions-System, das nichts anderes darstellt als die »Logistik des Lebens«. Menschen allerdings verfügen aufgrund ihres großen Neocortex noch über eine zweite Schleife. In ihr organisiert sich das Erfahrungs- und Kulturwissen (die Meme).

Wie ist dieses Symbolsystem aufgebaut? Menschen bilden aus Umweltinformationen Modelle, die auf der operativen Seite zu Strategien des Handelns führen, die wiederum in Erfahrungen und neue Informationen münden. Wenn diese Kreisläufe geschlossen sind, führt die Schleife zu Lernprozessen. Auf diese Weise kann Angst in Furcht und damit in Bewältigungsverhalten umgewandelt werden.

»Kultur« ist nichts anderes als eine stabile »Feedback-Schleife« zwischen »mir« (meiner Gruppe), meinen inneren symbolischen Regeln und Theoremen, den Handlungen und der Umwelt. Ich (wir) handele, ziehe daraus Lehren, auf denen neue Strategien und Handlungen basieren, bis das Ergebnis synchron mit dem Modell ist und so fort. Mit Hilfe dieses Modells moderieren Menschen (und Kulturen) Umweltveränderungen, indem sie ihre inneren Modelle den äußeren Realitäten anpassen – der Kern jenes Synchronisationsprozesses, von dem im letzten Kapitel die Rede war. Und genau *dieser* Rückkoppelungsprozess war bei den Maya anscheinend gestört. Ihr Symbolsystem überwucherte ihr Informationssystem wie die Lianen ihre Städte. Ihr aufwendiges magisches Kalendersystem, ihre Zählwut, mit der sie jedes Ereignis in Vergangenheit und Zukunft auszurechnen und zu prophezeien versuchten, offenbart ein ganz spezifisches Weltmodell. Die Maya waren davon überzeugt, dass sich die Welt in einem ständigen, radikalen Zerfallsprozess befand, der nur durch ständige Opferung, Weihung, Predigt aufgehalten werden konnte. Vor lauter Verzweiflung begannen sie, Götter regelrecht zu *produzieren*, die sie sogleich in Statuen aus Stein materialisierten und frenetisch anbeteten.[12] In den Worten eines modernen Hirnforschers hört sich das Dilemma folgendermaßen an:

»Ebenso wie ein Defizit an relevanter Information die Ursache für inadäquates Verhalten und damit psychosozialen Stress darstellt, kann auch ein Informationsüberschuss zu … psychosozialem Stress führen. Weil es nicht gelingt, die vorhandenen Informationen hinsichtlich ihrer realen Relevanz zu klassifizieren! … Da das furchterregende Szenario nur in der Vorstellungswelt existiert, ist keine adäquate Reaktion möglich und eine unkontrollierbare Stressreaktion unausweichlich.«[13]

Auf der operativen Seite setzte sich das Chaos fort: Sosehr sich die Maya auch anstrengten, die Umwelt zu beeinflussen (und sie gaben sich wahrhaftig Mühe, was ihre künstlerischen, handwerklichen und wissenschaftlichen Leistungen zeigen) – es gelang ihnen einfach nicht. Sie hatten keine Lasttiere, kannten kein Rad und konnten Nahrungsmittel nur auf Menschenrücken und damit wenig effektiv transportieren. Ohne Metallverarbeitung (es gab nur einige Versuche mit Eisen) ließen sich keine technischen Herausforderungen größeren Ausmaßes wie Straßen, Bewässerungssysteme oder Dämme bewältigen. Auch die Ressource Arbeitskraft war limitiert: Sklaven konnten nur aus der eigenen Umgebung oder durch Unterwerfung der Nachbarstädte gewonnen werden.

Noch deutlicher wird das Wesen des Desasters, wenn wir ein weiteres Element in das Diagramm einführen: die virtuelle Welt.

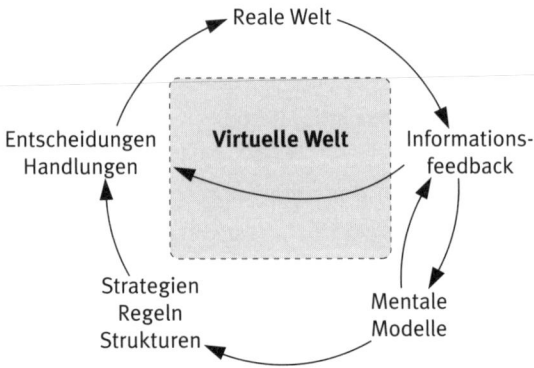

Abb. 2: Die virtuelle Welt als Teil des Lernprozesses

Sämtliche Kulturen dieser Erde kennen virtuelle Welten, die man als eine Probebühne für die Wirklichkeit bezeichnen kann. Religionen, Kulte, Opfer, Zeremonien, Ekstasen, Kulte, Gebete – all das dient dem Zweck, herauszufinden, welche Ursache welche Wirkung erzeugen könnte – wie wir eine bedrohliche Umwelt beherrschen und Angst abbauen können. Je bedrohlicher die Umwelt, desto »vertikal gespannter«, sprich magisch-mythischer, sind diese Simulationstechniken. Peter Sloterdijk unterscheidet die »sozio-immunologischen Praktiken« der Gesetze und Regeln und die »psycho-immunologischen Praktiken«, mit denen Menschen versuchen »ihre Verwundbarkeit durch das Schicksal, die Sterblichkeit inbegriffen, in Form von imaginären Vorwegnahmen und mentalen Rüstungen mehr oder weniger gut zu bewältigen.«[14]

»Nicht die Dinge selbst beunruhigen den Menschen, sondern die Vorstellungen von den Dingen«, schrieb der griechische Denker Epiktet. Die Maya haben in ihrer Not und Hilflosigkeit gegenüber den Naturmächten ihren virtuellen Raum so weit ausgedehnt, bis er die gesamte Wirklichkeit überschwemmte. Schließlich lebten sie in einer Welt, in der jeder Stein, jeder Flug eines Vogels, jeder Punkt am Himmel, jeder Moment der Zeit mit symbolisch-magischer Bedeutung aufgeladen war. Die Maya erstickten an Bedeutungen. Sie träumten nicht nur schlecht, sie wachten gar nicht mehr aus ihren Träumen auf! Sie hoben ab in eine apokalyptische Traumzeit, aus der es keine Rückkehr mehr gab.

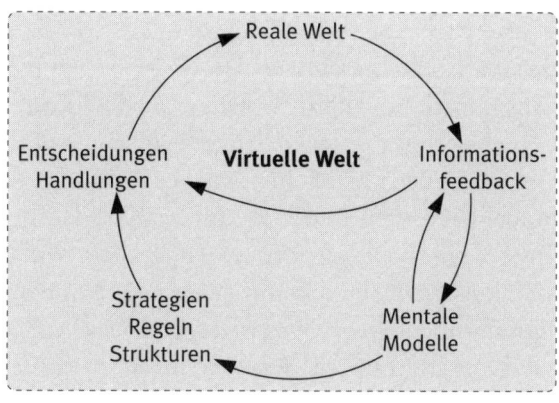

Abb. 3: Die Virtualität frisst die reale Welt.

Kommt es zu einer solchen Totalvirtualisierung, sehen Menschen im wahrsten Sinn des Wortes Gespenster. Sie können nicht mehr zwischen Außen und Innen unterscheiden. Fanatisch werden sie irgendwann damit beginnen, innere Feinde zu produzieren. Gewalt und Hass sind nichts anderes als das Ventil der Angstkaskade.

Die Maya hatten sich mit ihrem »Aufstieg« von einer dem Dschungel angepassten Jäger-und-Sammler-Kultur zu einer Hochkultur schlichtweg übernommen. Sie verfügten weder über die Technologie noch über die Soziotechniken, um den Naturkräften, die sie umgaben, eine lernende Balance entgegenzusetzen. Die eigentliche Ursache ihres Untergangs war eine irreversible Traumatisierung.

Ist das alles wirklich so weit weg? Und so selten?

Das Tur-Tur-Syndrom

Wieso geraten Menschen – Individuen und Gruppen – immer wieder in solche Negativschleifen? Begeben wir uns noch einen Schritt weiter auf das Feld der evolutionären Kognitionstheorie. Stellen wir uns, einen kleinen Moment nur, einen Säbelzahntiger vor. Was sehen wir vor uns? Wahrscheinlich wissen wir nicht genau, wie ein Säbelzahntiger aussieht (wir sind seit bald 20 000 Jahren keinem mehr begegnet). Trotzdem wird folgendes Bild vor unserem inneren Auge entstehen: lange Reißzähne – aufgerissener Rachen – geschwollene Muskeln – riesiger Körper!

Wir modellieren den »inneren« Säbelzahntiger entlang den uns anthropologisch vorgegebenen Angstauslösern. Das, was wir gerade »gesehen« haben, könnte ebenso gut zu einem Bären, einem Bernhardiner, einem Wolpertinger oder einer Siamkatze gehören. Aber das Bild »macht Sinn«, wenn es um die Grundfrage der Existenz geht. Flüchten oder kämpfen (im Falle des Säbelzahntigers wohl eher flüchten).

Evolutionsbiologisch ist diese kognitive Vereinfachung äußerst sinnvoll. In bedrohlichen Situationen kann man oft gar nicht so schnell nachdenken, wie man reagieren muss. Unsere Urahnen mussten, wenn sie *real* auf den Säbelzahntiger trafen, nicht unbedingt alle Details des Artenbestimmungsalbums kennen. Sie mussten nicht wissen, dass es *Smilodon populator* war, der ihnen auflauerte. Sie mussten vor allem rasend schnell ihren Adrenalin-Level nach oben bringen, der sie dazu befähigte, schnell zu rennen! In unserer in Jahrmillionen der Evolution geprägten Wahrnehmung existiert so etwas wie »kognitive Präselektion«. Erregung schaltet die feineren, differenzierteren Wahrnehmungssensoren ab – im Dienste einer besseren Gegenwartskontrolle. Je größer die Angst, desto weniger Differenziertheit findet sich in unserem kognitiven Verarbeitungsapparat. Besonders ängstliche Menschen – und Gruppen – neigen deshalb zu Klischees und Verallgemeinerungen. Das wusste schon Nietzsche, der schrieb:

»Etwas Unbekanntes zu etwas Bekanntem zurückzuverfolgen ist lindernd, beruhigend, belohnend; es verleiht das Gefühl von Macht. Gefahr, Unruhe, Angst sind mit dem Unbekannten verbunden – der erste Instinkt ist es, dies zu beseitigen. Erstes Prinzip: Irgendeine Erklärung ist besser als keine. Der Impuls, unentwegt nach Gründen zu suchen, ist zutiefst in der Angst begründet.«[15]

Unser Hirn funktioniert nach einem Schichtenmodell, das die evolutionären Entwicklungsstufen wiedergibt: Ganz unten, im limbischen System, sitzt unser altes Reflexzentrum, das uns zur sofortigen Flucht oder entschiedenem Kampf zwingt. Darüber die Säugetierfunktionen, die uns erweiterte Optionen der Kommunikation, der Abwägung und Moderation geben (Kraulen? Streicheln? Streiten?). Und wiederum darüber wölben sich jene mächtigen Daten- und Bildspeicher unseres Neocortex, in denen sich Algebraformeln, Michael-Jackson-Kieckser oder Urlaubsbilder aus Korfu tummeln. Menschliche Wahrnehmung schaltet relevante Informationen nach einer strikten Reihenfolge frei: Zunächst werden die Signale, die auf existentielle Bedrohungen hinweisen, in die Wahrnehmungszentren geleitet. Dann, mit meist lahmer Verzögerung, werden spezifische Informationen über das Phänomen selbst verarbeitet. Man könnte dies auch das »Scheinriesenprinzip« oder »Tur-Tur-Syndrom« nennen.

Wie all jene wissen, die in ihrer Jugend das berühmte Kinderbuch »Jim Knopf und Lukas der Lokomotivführer« von Michael Ende gelesen haben, ist Tur-Tur ein Scheinriese, der in der großen Wüste jenseits der gestreiften Berge (die immer einstürzten; welch ein Trauma für eine arme Kinderseele!) lebt. Aus der Ferne ist er ein furchterregender Koloss. Beim Näherkommen schrumpft er jedoch Stück für Stück, und von Angesicht zu Angesicht erweist er sich als äußerst umgänglicher kleiner älterer Mann, der einen in seine Oase zum Teetrinken mitsamt philosophischem Diskurs einlädt.

Auf einer tagesaktuellen Basis ist die mentale Präselektion harmlos bis nützlich: Sie hilft uns dabei, spontane Urteile zu fällen, ohne riesige Kriterienkataloge zu wälzen. Sie macht uns spontan handlungsfähig, weil wir eher unserem Bauchgefühl folgen, als lange nachzudenken. Ob wir einen Menschen sympathisch finden oder nicht, ist weitgehend von Präselektionen abhängig, deren Spektrum von genetischen Faktoren bis zu Erfahrungswerten aus unserer Vergangenheit reichen kann (Frauen riechen zum Beispiel gerne Männer, deren Geruch ein anderes Immunsystem als das ihrige codiert). Wir alle kennen aber auch die Schattenseiten, jene Momente, in denen ein Urteil plötzlich umkippt. Der geliebte Mensch erweist sich »bei Licht betrachtet« plötzlich als asozialer Mentalkrüppel. Der Nachbar, mit dem wir viele Abende harmonisch gegrillt haben, ist ein kompletter Idiot. (Warum haben wir das nicht früher gemerkt?)

Dieselbe Flexibilität, die den Menschen zu schnellen mentalen Operationen befähigt, macht ihn also auch empfänglich für die

Dämonen der Überzeichnung, der Feindbildproduktion. Durch Präselektion kann es geschehen, dass ein Vorurteil plötzlich in Handlungen umschlägt. Reflexe werden zu Überzeugungen, Klischees zu dunklen Urteilen. Verbindet sich der Präselektionsmechanismus mit einer kollektiven Hysterie, können Mord und Totschlag die Folge sein.

Das Flugzeug der Angst

Zivilisatorischer Untergang – und damit im Umkehrschluss auch zivilisatorischer Wandel – lässt sich vielleicht mit einer Allegorie am besten durchdringen, auf die ich in späteren Kapiteln noch zurückkehren werde: mit dem Flugverkehr. Der internationale Flugverkehr ist ein System von gleichzeitiger Robustheit *und* Fragilität. Rund 30 000 Passagierflugzeuge starten und landen täglich, und fast alle bringen ihre Passagiere heil zurück. Das ist eine einigermaßen erstaunliche Leistung, wenn man sich den überaus komplizierten Mechanismus eines Flugzeugs vor Augen führt.

Fliegen ist aber eben nicht nur ein »Mechanismus«, sondern ein komplexes System, das sich aus Subsystemen der Kommunikation, Kontrolle, Wartung, aus Prozessen der technischen Evolution und der ständigen Verbesserung der Umgebungssysteme zusammensetzt. Wenn ein Flugzeug abstürzt, passiert dies im Wortsinn nicht aus heiterem Himmel. Flugzeugtechnik ist »redundant« angelegt; viele Funktionen sind doppelt und dreifach vorhanden. Stürzt ein Flugzeug ab, sind mindestens *zehn* der folgenden Faktoren beteiligt:

Ein Pilotenfehler
Ein falsch anzeigendes Instrument, oder mehrere
Kommunikationsschwierigkeiten im Cockpit
Kommunikationsschwierigkeiten mit dem Tower
Technisches Versagen eines Systems
Technisches Versagen mehrerer Systeme

Falsche oder schlampige Wartung
Verrückte Passagiere
Sehr schlechtes Wetter
Zu gutes Wetter (dadurch Nachlässigkeit der Piloten)
Krankheit / Müdigkeit des Piloten
Krankheit / Müdigkeit des Fluglotsen
Schlechter Flugplatz
Dunkelheit
Mangelnde Erfahrung des Piloten
Zu viel Erfahrung des Piloten
Andere Flugobjekte

Scheitert eine Zivilisation und geht schließlich unter, ähnelt dies dem Komplexitätsversagen beim Flugzeugabsturz. Kulturen verfügen über eine Art Immunsystem, es besteht aus Sprache, angstbannenden Ritualen, aus kognitiven Leistungen, aus vielen feinen Mechanismen, die die Menschen in die Lage versetzen, sich veränderten Bedingungen anzupassen. Selbst schwierigste Krisen können gemeistert werden, ja sie können sogar noch zur Stabilität und Widerstandsfähigkeit einer Kultur beitragen. Bis sämtliche »Stabilisatoren« versagen und eine Kultur wirklich »abstürzt«, das heißt verschwindet oder sich zerstreut, müssen auch hier mehrere Faktoren zusammenkommen:

Schlechter Boden
Wenig Nutzpflanzen und Nutztiere
Schreckliche Krankheiten
Furchtbare Naturkatastrophen
Schlechte Herrscher
Korruption
Starres Herrschaftssystem
Schwaches Führungssystem
Überdimensioniertes Religionssystem
Zu schwaches Ritual-/Kultursystem
Zerstörerische und andauernde Kriege
Besatzung und Kolonialisierung

Zu viele Sprachen
Zu wenig Diversität
Unverarbeitete Traumata
Besonders heimtückische Feinde.

Kulturen des Scheiterns

Man kann die Geschichte der Maya einfach als archäologische Randnotiz zu den Akten legen. Wir können vom Schicksal dieser großartigen Kultur aber auch eine Menge lernen. Etwa, dass eine der klassischen Annahmen über den Wandel Unsinn ist: »Menschen ändern sich erst dann, wenn sie einmal richtig gegen die Wand fahren.«

Die Maya *sind* gegen die Wand gefahren – und zwar gründlich, wiederholt und schließlich unwiderruflich!

Der sich abzeichnende Maya-Hype um das Jahr 2012, wenn ihr Jahrtausendkalender zu Ende geht, zeigt, wie tief wir mit dem Maya-Mem verbunden sind. Diese Kultur lässt uns nicht los. Sie bietet uns jede Menge Projektionsflächen für unsere inneren Ängste.

Nach dem Politikwissenschaftler Dominique Moïsi sind drei Emotionen zentral für alle politischen und gesellschaftlichen Entwicklungen: Angst, Demütigung und Hoffnung.[16] Wenn ganze Gesellschaften in den Bann von Angst und Demütigung hineingerissen werden, entsteht so gut wie immer ein »Maya-Syndrom«. Für diese Faustregel des Niedergangs gibt es in Geschichte und Gegenwart mehr als eine Entsprechung. Je größer die Angst und je geringer die Hoffnung, desto mehr neigen Menschen dazu, sich mit einer geschlossenen, aggressiven Gruppe, einem »Großen Wir« zu identifizieren, im Extrem bis zum Aufgehen in hysterischer Kollektivität. »Opfer!!!«, brüllte Joseph Goebbels auf dem Reichsparteitag von 1943. »Im Opfer liegt die Reinigung der Schuld! Geht den harten Gang um der Zukunft willen! Das Opfer ist alles!«[17] Maya-Sound pur.

Sehen wir uns ein Beispiel aus der Gegenwart an, den Alptraum Nordkorea: Ein Diktator wie eine Zuckerpuppe, mit einem Gesicht wie ein Kind, herrscht über ein Millionenvolk von – so sieht es zumindest aus – willenlosen Untertanen. Sie jubeln einer Maskenfigur zu, die sie in die Hungerkatastrophe geführt hat, ihnen alle Rechte nimmt und sie in einem waschechten Steinzeitkommunismus wie Sklaven hält. Wie ist das möglich? Die nordkoreanische Tragödie lässt sich vielleicht durch das Trauma der Kriege in diesem Land entschlüsseln. Korea ist immer wieder besetzt, geplündert, aufgeteilt, auf äußerst brutale Weise gedemütigt worden. Nach 1905 hatten die Japaner mit Zustimmung des russischen Zaren »freie Hand« zur totalen Unterdrückung der Bevölkerung. Rund vier Millionen Koreaner wurden als Sklaven in der japanischen Kriegsindustrie gequält. Besonders traumatisch war die Verschleppung der sogenannten »Trostfrauen«, Hunderttausender häufig als Minderjährige in den japanischen Militärstützpunkten missbrauchter Zwangsprostituierter. Unter diesen Bedingungen wurden die inneren Bindungen der Zivilgesellschaft zerstört.

Der letzte Krieg, der Koreakrieg von 1955, forderte unter der Zivilbevölkerung nach Schätzungen fast 3 Millionen Menschenleben – bei damals 15 Millionen Einwohnern ein extremer Blutzoll, der selbst im Zweiten Weltkrieg nicht erreicht wurde (im Zweiten Weltkrieg kamen 3 Prozent der europäischen Bevölkerung ums Leben). 40 000 UN-Soldaten, 600 000 koreanische und ebenso viele chinesische Soldaten starben bei Kampfhandlungen. 450 000 Tonnen Bomben wurden von der US Air Force abgeworfen, darunter allein zwischen Juni und Ende Oktober 1950 insgesamt 3 Millionen Liter Napalm. Dies ist ein Vielfaches der im Vietnamkrieg eingesetzten Menge und war wesentlich verheerender, da in Nordkorea mehr Ballungszentren mit größerer Bevölkerungsdichte und mehr Industrie als später in Vietnam existierten. Die Untersuchungsberichte nach dem Krieg registrierten insgesamt 1222 Massaker an Zivilisten, bei denen mehr als 100 000 Menschen als

Verräter – Kommunisten oder Antikommunisten – auf grausame Weise hingerichtet wurden.[18]

Und über allem schwebte immer die Angst vor der Atombombe, deren Einsatz von den amerikanischen Generälen tatsächlich ernsthaft erwogen wurde. Gegen solche Unmengen unkontrollierbaren Stresses kann sich eine Gesellschaft nur durch Regression »wehren«. Der kollektivistische Massenwahn schützt die verletzte Seele vor negativen Gefühlen, die das Individuum zu überschwemmen drohen. Der »verherrlichte Führer« tritt an die Stelle aller enttäuschten Geborgenheits- und Sicherheitswünsche. In jedem der bizarren, blümchenschwenkenden Massenaufmärsche lässt sich das Ausmaß der Angst erahnen, die nun in eine Überkompensation von Harmonie und Geborgenheit umgeformt wird. Und in »revolutionären« Malereien sehen wir das Drama hochsymbolisch illustriert, wenn der allmächtige »Vater« Kim Il-sung im Kreise seiner ihn glücklich und bewundernd anschauenden Schäfchen sitzt. Idyll und Abgrund wohnen in *einem* künstlichen Universum.

Ein anderes Beispiel, Somalia, die Apokalypse: Wer sich auf Mogadischus Straßen aufhält, wandelt in einer Horrorvision. Leichen und Tierkadaver links und rechts der Fahrbahn, die verbrannten Reste alter Kolonialarchitektur, aus Müll zusammengezimmerte Hütten. Jederzeit kann ein Jugendlicher auf einen schießen, einem ein Stück Brot entringen. Überall Gangs, zerlumpt, drogenabhängig, zu allem entschlossen und gleichzeitig völlig apathisch – »Mad Max« ist ein Spaziergang dagegen. An jeder Ecke herrscht ein anderes Recht. Zum Beispiel die Scharia. Im Juni 2009 hackten islamische Extremisten auf offener Straße in Mogadischu vier Männern jeweils eine Hand und einen Fuß ab. Die 18- bis 25-Jährigen hatten angeblich Waffen und Mobiltelefone gestohlen. Währenddessen befand sich das somalische Parlament auf der Flucht – die Abgeordneten versuchten, sich auf eigene Faust zu den Grenzen des Landes durchzuschlagen.

Es würde zu weit führen, die vielen kleinen Stufen zu beschreiben, die Somalia auf die abschüssige Bahn führten. Natürlich ist der Kolonialismus schuld, die Amerikaner, die Italiener, die arabischen Sklavenhändler, aber auch eine bestimmte Art des afrikanischen Feudalismus, der das Land schon früh ausplünderte. Vor allem ist Somalia ein Paradebeispiel für nichtgelungene Synchronisation sozialer Systeme.

Die Menschen, die auf den Territorium des heutigen Somalia leben, sind von ihrem Ursprung her zutiefst nomadisch geprägt. Noch heute leben 40 Prozent der Bevölkerung als wandernde Hirten, einige Stämme unterhielten noch bis vor wenigen Jahrzehnten eine ungebrochene Kultur der Blutrache, der Klitorisbeschneidung und Ehrenmorde. Jede Zentralgewalt hat sich immer schon über die Interessen der Nomaden hinweggesetzt; nach dem Muster europäischer Nationalstaaten entwickelten sich brüchige Institutionen, die sofort von Interessenskonflikten zerrieben wurden. So konnte sich kein kultureller Transformationsprozess entwickeln, keine Annäherung an die Moderne. Da das Land kaum Landwirtschaft entwickelte, fehlen auch die bindenden Kulturformen der Sesshaftigkeit. Kein Wunder, dass am Ende die Gewalt der Gangs und Warlords steht – bewaffnete Banden bilden die einzigen Ordnungssysteme. Kein Wunder auch, dass am Ende die Scharia siegt. Die Islamisten übernehmen die Macht immer dann, wenn durch soziale Destruktion eine tiefe Sehnsucht nach Rückkehr zu verlässlichen Verhaltensnormen von männlicher Ehre und des tribalen Lebens entsteht.

Ein letztes Beispiel, das Drama Palästina: Ein übervölkerter Siedlungsstreifen am Mittelmeer. Ein Volk mit vielen arbeitslosen jungen Männern, die bereit sind, sich für Allah zu opfern. Jungen Frauen, die sich in belebten Einkaufsstraßen in die Luft sprengen. Männern, die Raketen bauen und sie auf israelische Siedlungen schießen, nur um danach die geballte Macht einer hochtechnisierten Armee zu erleben, die ihre Häuser pulverisiert …

Die Wurzeln des Palästina-Konfliktes reichen weit zurück in die Geschichte. In Jerusalem treffen nicht nur drei Weltreligionen aufeinander, sondern auch zwei Kulturen mit traumatischen Demütigungserfahrungen. Die israelische, die nicht nur von der Erfahrung des Holocaust, sondern auch von 1000 Jahren Diaspora geprägt ist, von der Tradition einer äußerst erfindungsreichen und kulturell adaptiven Minorität, die es lernte, mit Höchstleistungen in Wissenschaft, Handel, Kultur ihre Außenseiterrolle zu kompensieren. Und die heute finster entschlossen ist, sich nicht noch einmal an den Rand der Vernichtung treiben zu lassen. Und die islamische, die durch Kolonialismus und den Aufstieg Europas vom 15. Jahrhundert an eine Erfahrung der Demütigung durchlitt, die bis heute andauert. Wie demütigend muss es sein, heute in Flüchtlingslagern auf dem als »eigen« empfundenen Territorium zu leben, dominiert durch eine prosperierende, liberal-moderne Demokratie!

Die palästinensische Gesellschaft, obgleich in den siebziger und achtziger Jahren durch eine Phase der Säkularisierung gegangen, entstammt einer Tradition von Hirten und Kleinbauern, in der der Begriff der Ehre eine herausragende Rolle spielt. Malcolm Gladwell hat die Psychologie solcher Kulturen beschrieben:

>»Ehren-Kulturen stammen meistens aus Hochland-Regionen, oder anderen weniger fruchtbaren Gegenden … Wenn man auf einer solchen kargen, bergigen Topographie lebt … züchtet man meistens Schafe oder Ziegen. Die Überlebensfähigkeit eines Farmers hängt von seiner Kooperation in seinem Dorf, seiner Gemeinschaft ab. Ein Schäfer hingegen ist auf sich selbst gestellt. Farmer müssen kaum befürchten, dass ihr Hab und Gut nachts gestohlen wird – ein Kornfeld abzuernten und zu stehlen, ist schwierig. Ein Schäfer hingegen ist unter ständiger Bedrohung, seine ganze Herde zu verlieren. Deshalb muss er aggressiv auftreten, um durch Taten und Worte klarzustellen, dass er nicht schwach ist. Er

muss den Willen haben, auch nur die kleinste Anfechtung seiner Reputation entschlossen zu bekämpfen. Das ist es, was ›Kultur der Ehre‹ meint.«[19]

Manche Elemente des palästinensischen Konflikts haben wohl auch Wurzeln in solch tieferen, letztlich durch Knappheiten und Topographie bestimmten Prägungen. Es ist kein Zufall, dass der Islamismus besonders in jenen Ländern an Einfluss gewinnt, die keinen Anschluss an die Moderne, aber auch keinen agrarischen Übergang vollzogen. In den kargen Halbwüsten, wo das nomadische Hirtentum traditionell dominierte, wuchert ein Kultursystem der chronischen männlichen Kränkung, in dem die Frauen umso mehr unterdrückt bleiben, je mehr sich die Männer in unsicheren Rollen wähnen. Wo der »Clash of Cultures« stattfindet, prallen jahrhundertelang verhärtete »Stress-Sedimente« aufeinander. Wo Gesellschaften völlig kollabieren und in Völkermord oder Bürgerkrieg enden, findet eine lange Phase der Fremd- und Selbstabwertung ihre Katharsis.

Dies also bildet die Wolken der »dunklen Materie« auf der Landkarte des Wandels, die Ursache der zivilisatorischen Katastrophen und des großen Scheiterns: strukturelle Angst, chronifizierter Stress und anhaltende Demütigung. Andererseits dürfen wir nicht vergessen, dass Angst in richtiger Dosierung ein genuiner Antreiber der Wandels ist. »Diese ängstliche Erregung ist unerträglich – ich hoffe nur, dass sie ewig dauert«, meinte Oscar Wilde einst. Wir alle sind im Grunde Nachkommen derjenigen, die ihre Angst in realistische Furcht und kontrollierte Taten umsetzen konnten. In welchen Zyklen und Rhythmen, nach welchen Regelsystemen diese Leistung Fortschritt und Wohlstand produzieren kann, davon handelt das nächste Kapitel.

DIE ZYKLEN DES FORTSCHRITTS

Über schnellen und graduellen Wandel

Der vernünftige Mensch passt sich der Welt an; der unvernünftige besteht auf dem Versuch, die Welt sich anzupassen. Deshalb hängt aller Fortschritt vom unvernünftigen Menschen ab.

George Bernard Shaw

Fortschritt besteht nicht in der Verbesserung dessen, was war, sondern in der Ausrichtung auf das, was sein wird.

Khalil Gibran

Once in a while you get shown the light in the strangest place if you look at it right...

The Grateful Dead

Die Dynamik der Armut

Das Dorf M'bekwale liegt etwa 90 Kilometer südöstlich der Hauptstadt von Tansania, Daressalam, am Rande des größten afrikanischen Wildparks, Selous. Kurz hinter dem Dorfende, wo die schlaglochreiche Straße die Grenze zum Nationalpark passiert, findet sich am Straßenrand eine alte Maschine. Der rostige Kessel gleicht einem gestrandeten Wal, von groben Nieten zusammengehalten. Erst beim genauen Hinschauen sieht man, dass es sich um den Kessel einer Art Lokomotive handelt. »Hamburg, Werft Blohm 1908« steht auf dem rostigen Ungetüm, eingeschlagen auf einer Messingplatte.

Wer sich ein wenig mit dem Ticketverkäufer in seinem unweit davon stehenden Häuschen unterhält, bekommt eine grobe Geschichte des Ungetüms geliefert. Es handelt sich um die Reste eines

Dampfkettenfahrzeugs des deutschen Ostafrika-Korps, das hier im Ersten Weltkrieg gegen die Briten kämpfte. Das Gerät blieb schon im ersten Jahr seines Einsatzes in der Regenzeit hoffnungslos im Morast stecken und wurde bis auf diesen Kessel demontiert. Doch der koloniale Traum von einem starken »Afrika-Deutschland« sollte sich nie erfüllen. Wie so vieles an den kolonialen Träumen scheiterte es nicht nur an der Technik, deren Überreste man hier besichtigen kann. Vor hundert Jahren ereignete sich hier, im Herzen Afrikas, ein »Zusammenstoß von Kulturen«, dessen unselige Auswirkungen wir bis heute spüren können in der schwierigen, in manchen Regionen auch schrecklichen postkolonialen Geschichte Afrikas.

M'bekwale zählt nahezu 1000 Einwohner, die in verstreuten Häusern auf rund drei Quadratkilometern wohnen. Rund die Hälfte sind traditionelle Lehmstrohhütten, der Rest besteht aus einfachen Betonfertigteilen, wie sie in vielen Teilen Afrikas Verwendung finden. Die Gegend ist grün und fruchtbar; abends hört man das laute »flatsch« der Mangos auf den Dächern, überall liegen kleine Felder, Bananenhaine, Maiszeilen. Alle machen einen fröhlichen und einigermaßen gut genährten Eindruck. Schneeweiße Adidas-Schuhe scheinen das Statussymbol des Ortes zu sein. Vereinzelt sieht man Handys (meistens in der Hand der jungen Männer mit den Adidas). An der Bushaltestelle steht ein kleines, zweistöckiges »Hotel« – das örtliche Bordell. Es gibt eine Polizeidienststelle. Das mit Abstand größte Gebäude ist die Schule, ein weitläufiger Gebäudekomplex, der wie eine riesige flache Fabrik mit Gitterstäben an den Fenstern aussieht.

Zwei »Stations« gibt es im Ort, winzige Hütten für Gebrauchsgüter. Darin kann man auf vier Quadratmetern erstaunlich viel von dem erstehen, was die Weltwirtschaft zu bieten hat, nur in winzigen Packungen und Portionen: Kaugummi, Joghurt, Zucker, Mehl, Salz, Mottenpulver, Pflaster, Shampoo, Seife, Waschpulver, Süßigkeiten, Aspirin, Handykarten, Zigaretten (Marlboro, einzeln), Streichhölzer, in einer sogar Handy-Wertkarten. Das einzige regionale Produkt scheinen bunte Stofftücher zu sein, die die Frauen so schön und würdevoll machen. Vielleicht hundert junge Frauen halten in einem Mangohain eine Versammlung ab. Sie singen und tanzen, umgeben von Gruppen rauchender Jungs im vorpubertären Alter. Aber das ist keine Party. Es ist eine »marital-rights«-Schulung, eine Art Initialisierung für das heiratsfähige Alter. Die jungen Frauen im Alter von 16 bis 20 Jahren sollen in ihren Rechten gegenüber Männern belehrt und gestärkt werden. Es geht um Verhütungsmittel, um Ehehygiene, um mögliche Gewalt. Eine ältere Frau singt in englischer Sprache in ein Megafon, und alle klatschen dazu:

He can't beat you!

He has to be careful!

He must bee good, or you don't take him!

Alle lachen und johlen, vor allem die kleinen Jungs.

»Hat sich etwas verändert hier, in den letzten Jahren?«, frage ich unseren Guide, der in M'bekwale aufgewachsen ist und jetzt im nahen Wildpark-Resort arbeitet.

Er denkt nur kurz nach.

»Lots and lots of change. Lots of progress. Things are getting much better!«

Die Straße in Richtung Daressalam wurde teilweise ausgebaut. Jetzt dauert es nur noch sechs bis acht Stunden in die Hauptstadt. Für 120 Kilometer! Der Bus ist alt, die ersten 50 Kilometer sind von Schlaglöchern übersät, immer wieder müssen die Passagiere aussteigen und den Bus aus einem Schlammloch schieben, wenn es geregnet hat. Aber seither kommt Geld in den Ort. Einige wenige arbeiten nun in der Hauptstadt. Deshalb die Turnschuhe. Und die Nokia-Handys. Es gibt Transistorradios und zwei batteriegetriebene Fernseher im Ort. Und zwei Autos, dreißig, vierzig Jahre alte Renaults, die manchmal fahren. *Sehr* manchmal.

The biggest change, sagt unser Guide, ist allerdings, dass dieses Jahr keine Frauen mehr von den Krokodilen gefressen wurden! Wie bitte?

Das Flusskrokodil versteht sich raffiniert zu tarnen. Es vergräbt sich im Schlamm oder schwimmt, wenn das Wasser durch Regenfälle braun und undurchsichtig wird, sehr knapp unter der Oberfläche. Wenn es einmal Beute an einem Uferabschnitt gemacht hat, lässt es nichts unversucht, dort wieder Erfolg zu haben. Seit die Regierung zwei Brunnen gebaut hat, müssen die Frauen nicht mehr zum Fluss hinunter, um zu waschen und Wasser zu holen. »There are lots of unhappy crocodiles«, sagt der Wildhüter und lacht, wie man eben in Afrika zu lachen pflegt, laut und herzlich. »*There is a lot of change, and women are now happier.*«

M'bekwale ist ein typisches Beispiel der frühen ersten Transformation – von der tribalen Jäger-und-Sammler-Kultur zur agrarischen Gesellschaft. Die Gesellschaft hat sich bereits ausdifferenziert. Es gibt Handwerker, bescheidene Vorratshaltung, Haustiere, die bei schlechten Ernten das Überleben sichern. Der relative Wohlstand des Dorfes basiert auf kleinen Feldern rund um jedes Haus: Maniok, Ziegen, Mais, Reis. Die Jagd im angrenzenden Reservat mit seinen Megatonnen von Fleisch hat sich auf einzelne Wildereifälle reduziert (mit Hilfe von bescheidenen Transferzahlungen des Wildparks). Zäh, aber kontinuierlich gehen die Krankheiten zurück, sinkt die Säuglingssterblichkeit und in der Folge die Geburtenrate. Das nächste große Krankenhaus findet sich in der Hauptstadt, aber 50 Kilometer entfernt, drei Stunden mit dem Jeep, gibt es eine recht passable Krankenstation. Wie in den meisten Regionen Afrikas, aus denen selten eine Fernsehkamera Bilder schickt, verbessern sich die Dinge millimeterweise. Aber sie verbessern sich. 60 Prozent der afrikanischen Länder haben in den letzten zehn Jahren Wachstumsraten über 6 Prozent verzeichnen können.

Das Dorf zeigt, was sich überall in Afrika als Prinzip des Wandels abzeichnet: Wenn die schrecklichen Bürgerkriege längere Zeit verebben (die oft nichts anderes waren als der »heiße Kalte Krieg« – Stellvertreterkriege der Supermächte), wenn die Regierungen von halbwegs vernünftigen Staatsmännern geleitet wer-

den, wenn die Korruption auf ein erträgliches Maß sinkt, dann
ändern sich die Dinge. Wenn, wenn, wenn. Und auch dann nur sehr langsam. Der
ganze Planet ist inzwischen enorm ungeduldig mit seinem schwarzen Kontinent. Wie kann es sein, so der Untertext in unzähligen
UNO-Papieren, Leitkommentaren, Betroffenheitsberichten, dass
Kontinente wie Asien, dass immer mehr Länder und Regionen
sich stetig in Richtung Wohlstand bewegen, während ein einziger Kontinent allen Hoffnungen auf Fortschritt und Wohlstand
Hohn zu sprechen scheint? Und das allen Sonder- und Dringlichkeitsprogrammen der UNO, allen Entwicklungsmilliarden,
betroffenen Rockkonzerten, Diakonie-Spendenaktionen und
Brunnenbau-Aktionen zum Trotz?

Wie schnell ist der Wandel?

Wir nähern uns den Kernfragen. Zunächst: Ist sozialer Wandel –
oder »kulturelle Progression« – ein extrinsischer oder intrinsischer Prozess? Hängt es von den Umständen ab, wie Menschen
sich verhalten (und den Wandel gestalten)? Oder sind es letztlich
»tief wurzelnde Mentalitäten« oder gar »Vererbungen«, die den
Wandel und die Wandlungsfähigkeit einer Kultur steuern – wie
viele durchaus kluge Menschen eigentlich meinen (auch wenn es
politisch unkorrekt ist, dies zu sagen).

Was es in M'bekwale im Unterschied zu jedem asiatischen oder
europäischen Dorf nicht gibt, sind größere Überschüsse und Produktivitätssteigerungen. Tom, der (deutsche) Manager der kleinen
Lodge, in der wir 14 Tage unserer großen Afrika-Familien-Expedition verbringen, erzählt von den vergeblichen Versuchen, die
Bewohner in die touristische Nahrungsmittelproduktion einzubeziehen. »Wir haben Bedarf an größeren Mengen Salat, Gurken,
auch Fleisch von Schweinen. Wir zahlen gut, für hiesige Verhältnisse sehr gut. Aber es geht nicht! Die Leute fangen in unserem

Auftrag ein Feld an, vergessen es aber wieder und essen die Ernte dann mit ihrer Familie selbst auf. Sie züchten ein Schwein, und wir fragen an, wann wir es abholen können, aber dann haben sie es leider, leider schon an einen Schwager verschenkt. Sie haben einfach kein genuines Gefühl für *Business*.«

So importiert die Lodge ihr ganzes Gemüse, Salat und Fleisch per Kleinflugzeug aus Südafrika, 2500 Kilometer entfernt, zu horrenden Preisen, anstatt zur lokalen Ökonomie beizutragen.

Wie Menschen sich verhalten, legt also zunächst einmal der *Kontext* fest. Menschen in allen Kultursystemen sind zu Adaptionen und Verbesserungen ihrer Umwelt fähig, wenn sie nicht täglich um ihr Leben oder ihre Freiheit fürchten müssen. Individuen (oder kleinere Menschengruppen) können sich überdies in anderen sozialen Umwelten völlig anders verhalten. Wenn wir ein afrikanisches Kind in eine europäische Schule einschulen und in einem liebevollen, geduldigen Elternhaus aufwachsen lassen, hat es gute Chancen, einen Master of Business Administration zu machen und, sagen wir, Bankmanager zu werden (allerdings eher in London als in Frankfurt). Wenn wir einen erwachsenen Afrikaner nach Europa einladen und zehn Jahre einen Job geben, der seinen Fähigkeiten entspricht, wird er sich in Wertesystem, Sprachduktus, Sexualverhalten, Einkommen kaum von »uns« unterscheiden.

Beides sind keine ausgedachten Beispiele.

Das alles führt uns zu einer weiteren Frage: Was bedeutet eigentlich »langsam«? Wo werden unsere Tachometer für den Wandel geeicht? Verändern sich Kleinstädte, Stadtteile, Familien in Deutschland oder England oder Skandinavien »schnell«? Wie lange dauerte es in Europa, bis Menschen in Städten lernten, ihre Notdurft nicht auf der Straße zu verrichten? (Hunderte von Jahren.) Ticken Nordeuropäer, Amerikaner wirklich »radikal anders« als ihre Urgroßeltern?

Was geschähe, wenn man uns die vollen Supermärkte, die Kreditkarten, die Autos und Gehaltskonten vorübergehend entzöge? Wie »zivilisiert« würden wir uns dann verhalten? (Ein Hauch von Ahnung eines solchen Zustands tauchte in der »Krise« am Horizont auf.)

Jede Gesellschaft ist immer eine Mischung aus Gewachsenem, Gewordenem und »Flüssigem«, Dynamischem. Das Verhältnis zwischen beiden Substanzen lässt sich nicht nach Belieben verändern – sonst würde die Gesellschaft aufhören zu existieren und sich einfach atomisieren. Es gibt eine Geschwindigkeitsbegrenzung sozialer Wandlungsprozesse. Die Innenstadt von Tokio mag »schnell« anmuten – aber wenn man sich sorgsam jedem Akteur auf diesem Spielfeld widmet, wird man Menschen mit alten und zähen Traditionen, Normen, Bindungen entdecken. Unsere oberflächliche Wahrnehmung der Wandlungsgeschwindigkeit lässt sich also leicht täuschen. M'bekwale ist womöglich ein Beispiel für rasend schnellen Wandel, den wir einfach nicht als solchen wahrnehmen! Diese Gesellschaft befindet sich gerade in einem rapiden Umbruch. Verbindungen zur Außenwelt, Straßen haben, wie wir aus der Geschichte wissen, massive Auswirkungen auf die Sozialstrukturen. Ebenso verändern die Möglichkeiten der Fernkommunikation und der Information die Beziehungen. Im Jahre 1994 hatte nur etwa die Hälfte aller Menschen auf dem Planeten jemals in ihrem Leben ein Telefonat getätigt. Im Jahr 2008 gab es 3,3 Milliarden Handy-Verträge weltweit. Jeden Tag erwerben derzeit rund 25 000 Afrikaner ein Handy, das für Überweisungen, zum Preisvergleich, zur Koordination von Mikromärkten taugt. Die Eheschulung unter dem Mangobaum könnte das Verhältnis zwischen den Geschlechtern in dieser Dorfkultur schneller verändern als alle Beziehungsratgeber, die sich in den Regalen europäischer und amerikanischer Buchhandlungen stapeln.

Diese Erkenntnis der Relativität der Wandlungsgeschwindigkeit kann uns dabei helfen, unser Wandlungsmodell kräftig zu überarbeiten. Wandel funktioniert eben *nicht* entlang einer Linie, in gradliniger Beschleunigung. »Fortschritt« wird nicht »immer schneller«, wie es in aufgeregten Talkshows unentwegt verkündet wird. In allen Kulturen, auch in den fortschrittlichen, existieren enorme Bremskräfte, Beharrung, Traditionen. Die historischen »Hot Spots«, die Knotenpunkte, an denen sich die menschlichen Verhältnisse über Nacht zu ändern scheinen, sind das Resultat von *Konvergenzen*. Plötzlich kommen an einem Ort, zu einem bestimmten Zeitpunkt eine Menge Faktoren zusammen. Lang gereifte Technologien treffen auf Sozialstrukturen, die unruhig oder instabil geworden sind. Dinge werden verfügbar, die zuvor allgemeiner Knappheit unterlagen. Schauen wir uns eine solche »heiße Stelle« des Wandels einmal aus der Nähe an.

Von Haaren, Hüften und Paaren

Betrachten Sie diese Bilder genau. Sie zeigen die deutsche Fußball-Nationalmannschaft in chronologischer Reihenfolge in den Jahren 1962, 1972, 1974 und 1980. Was fällt Ihnen auf?

Zu Beginn, 1962, sehen wir eine klassische Arbeitermannschaft. Gesichter von ernsten Ackerern und Rackerern; obwohl aus dieser Mannschaft kaum jemand älter ist als 28, sehen alle viel älter aus. Das letzte Bild, das von 1980, ähnelt dem ersten verblüffend – eine

Profimannschaft, nur die Haartracht hat sich ein wenig modifiziert. Man erkennt auf beiden Abbildungen den Willen zum Erfolg, das harte Training – und das Geld. Den Ernst des Lebens und des Sports. In der Zeit dazwischen ist die Welt offenbar eine andere. Die Körperhaltungen schienen sich regelrecht aufzulösen. Obwohl es sich um durchaus offizielle Fotos handelt, funktioniert das *Posieren* nicht richtig. Kaum jemand schaut in die Kamera. Die Gestik wirkt schlaksig, locker, entspannt. Eine wilde Truppe mit Albernheit, Witz, Coolness. *Der Große Aufbruch. Rock'n'Roll eben.* Es ist praktisch egal, welches Bilddokument aus der Zeit zwischen 1968 und 1974 wir zur Hand nehmen. Illustrierte, Familienalben, unsere Schulklassenbilder, Filme, selbst Fernsehsendungen, sie alle zeigen die Formen einer sozialen Metamorphose. Für ein knappes, wildes Jahrzehnt ändern sich die Selbstbilder, die Wahrnehmungen der Welt und ihrer Umstände, die *Farben* (bunt, laut, quietschig), die Töne und Gerüche. Aus ernsten zurückhaltenden Männern werden langhaarige androgyne Beaus. Aus schüchternen jungen Frauen blonde Girls, die mit tiefen Cayalaugen geradezu gewalttätig sexy gucken. Etwas Kühnes, Glänzendes, Verwegenes liegt in den Gesichtern, aber auch Verträumtheit, Arroganz, Narzismus, eine scheunentorgroße Verletzlichkeit ...

»Achtundsechzig« – oder genauer: der »jugendzentrierte Wertewandel der späten sechziger Jahre« – ist ein gutes Beispiel für einen Hot Spot des Wandels. Viele empfinden diese Revolte heute als einen kurzfristigen Ausbruch modischer Exzesse – Woodstock war kein spirituelles Massenerlebnis, sondern eine Müllgrube, lange Haare kein Revoltesymbol, sondern schlichte Verwahrlosung. Natürlich ist da etwas dran. Aber alle großen Themen, die uns heute beschäftigen, wurden in der 68er-Epoche geprägt: Umweltschutz, Spiritualität, Individualisierung, Emanzipation, partizipatorische Demokratie, neue Formen des Zusammenlebens jenseits der Kernkleinfamilie, die Wertesysteme eines »soften Individualismus«, die Frage nach einer ethischen Wirtschaftsordnung, die wir heute im Rahmen der Krise wieder diskutieren.

Um die wahre Bedeutung von »Achtundsechzig« zu verstehen, müssen wir deshalb unter die Oberflächen der Symbole blicken. Aus welchen Gründen sind Männer attraktiv für Frauen – und umgekehrt? Ohne Zweifel gibt es durch die Zeiten hindurch konstante Attraktivitätsideale. Griechische Nymphen, in Stein gehauen, drücken auch heute noch Schönheit und Attraktivität aus. Von einigen Varianten von Tellerlippen und Schrumpffüßen oder Maya-Schönheiten mit gewaltsam begradigten Nasen abgesehen, ist erotische Attraktivität an evolutionäre Konstanten gebunden.

Nehmen wir das berühmte Taille-Hüfte-Verhältnis – die weibliche Körperform, die für Männer erotisch attraktiv erscheint. Marilyn Monroe, das Frauenideal der frühen sechziger Jahre, hatte eine klassische Barbie-Figur: 99-46-84. Große Brüste, schlanke Taillen und breite Hüften gelten in der Wahrnehmung der Evolutionsbiologen als Anzeichen für hohe weibliche Fruchtbarkeit; deshalb fliegen Männer praktisch *aller* Kulturen auf weibliche Spindelfiguren.

Flogen.

Elisabeth Cashdan, eine amerikanische Anthropologin, fand heraus, dass sich das Körperideal mit der zunehmenden ökonomischen Selbstständigkeit der Frauen verändert. In Kulturen, in denen Frauen auch heute noch die klassische Heim-und-Herdrolle innehaben, gelten »Spindel-Frauen« nach wie vor als erotisches Ideal. Bei höherem weiblichem Bildungsgrad und mehr eigenem Einkommen verändert sich das (von Männern rezipierte) Schönheitsideal innerhalb einer oder zwei Generationen: Nun präferieren Männer »robustere Frauen« mit kleineren Brüsten und kompakteren Körpern. Eine klassische »memetische Adaption«. In Japan, Griechenland und Portugal, Ländern mit traditionellen Rollen, ist heute noch die Barbie-Form hochbegehrt. In Großbritannien, Skandinavien, aber auch in traditionalen Kulturen mit starken Frauentätigkeiten, wie etwa in Tansania (M'bekwale also) und Peru, gelten solche Formen als »krank und übertrieben«.[1]

In den späten sechziger Jahren werden die Frauenbilder plötzlich androgyn – das Twiggy-Ideal ersetzt die Dominanz der weiblichen Üppigkeit durch knabenhafte Laszivität. Und Männer bekommen lange Haare. Wieso das? Haare haben vielfältige symbolische Bedeutungen. Im Mittelalter, auch im Rokoko, gab es Moden langer männlicher Haartracht als »aristokratische Zierde«. In Bärten hingegen manifestiert sich oft das patriarchale Prinzip, man kann sie aber auch als Zeichen des »Bohemienismus« einsetzen, als Signal der bewussten Verwilderung. Offene weibliche Haare signalisieren in vielen Kulturen, etwa im Islam, einen gefährlichen erotischen Reiz. Scham- und Ehrenkulturen neigen deshalb zum Verbergen der weiblichen Haare – und zum demonstrativen Zeigen der männlichen (Bart-)Haare.

Die Gesellschaft nach dem Zweiten Weltkrieg war von einer enorm leistungswilligen Männergeneration dominiert, deren Vergangenheit durch das Militärische geprägt war. Kurze Haare standen in diesem Kontext für Anpassungsbereitschaft und Disziplin. In den Fabriken, die in den fünfziger und sechziger Jahren in der westlichen Welt voll »unter Dampf« standen, waren kurze Haare schon aus praktischen Gründen Pflicht. In den USA war der Bürstenhaarschnitt des Militärs ein Symbol für den hässlichen Vietnamkrieg.

In den langen Haaren der Männer vereinigte sich also eine erotische Signalsprache mit dem Protest gegen eine militärisch-nationalistisch geprägte Kulturordnung, die die Zeit seit Beginn der Industrialisierung um 1800 geprägt hatte. Doch warum kam es ausgerechnet jetzt zum Wildwuchs? Weil in den Jahren zwischen 1960 und 1970 praktisch alle Parameter des westlichen Modells einen kritischen Punkt erreichten – in der Technologie, in der Ökonomie, in der Sozialstruktur.

Im Zentrum stand, wie so oft, der Wandelfaktor der Produktivität. Die Industriegesellschaft, die sich seit Watts Erfindung der Dampfmaschine über die Welt ausbreitete, war bis zur Mitte des 20. Jahrhunderts keine echte Wohlstandsgesellschaft. Die Löhne stiegen von 1850 bis zum Ersten Weltkrieg kaum an; ein mittlerer Arbeiterlohn blieb eine karge Lebensgrundlage. Doch nach dem Krieg zündete der westliche Wohlstandsmotor auf ganz andere Weise. Die durch neue Verkehrstechnik erschlossenen globalen Handelsräume, die Verbesserungen besonders bei der Prozesstechnologie führten in nur zwei Jahrzehnten zu einer Vervierfachung der Löhne. In den großen Städten entstand, durch Kriegszerstörungen noch beschleunigt, rasend schnell neuer Wohnraum. Die boomende Industrie mobilisierte die gesamte Gesellschaft, nicht mehr nur die Armen der Agrarregionen. Junge Paare wohnten plötzlich weit weg von den Eltern. Die Massenproduktion machte nun Produkte für *alle* zugänglich, die früher als reiner Luxus galten. Teenager konnten plötzlich über eigene Unterhaltungselektronik verfügen – der eigene Plattenspieler im Zimmer war ein gewaltiger Durchbruch kultureller Verfügungsmacht. Wo bislang im Wohnzimmer »aufgelegt« wurde, und zwar nach dem Musikgeschmack der Eltern (»La Paloma« bis Brahms), konnten sich nun Jugendliche in ihre eigenen akustischen Räume zurückziehen.

Wohlstand schafft Freiräume. Wahlmöglichkeiten erzeugen Spannungen zwischen dem Alten und dem Neuen. Das Moped, der eigene VW Käfer machte die junge Generation unabhängig. Der Aufbruch in ferne Länder und andere Kulturen begann. Millionen junger Menschen merkten plötzlich, dass es nicht nur *einen* Weg gab, zu denken, zu leben und zu lieben. Gleichzeitig führte die Expansion des Bildungssektors dazu, dass Millionen junger Menschen das Elternhaus verließen, ohne zu heiraten. In den neuen Studentenmilieus bereitete sich die Werterevolte vor, und von hier breitete sie sich wie ein Lauffeuer bis tief in die Mittelschicht aus.

In der neuen Erwerbsgesellschaft wurden die sozialen Rollen neu definiert. Vor dem Krieg galt Erwerbsarbeit bei Frauen eher als Zeichen für Armut: Um eine Familie durchzubringen, mussten Frauen einfache Arbeit in Fabriken annehmen. Jetzt eröffnete sie neue Wege, waren junge Frauen nicht mehr gezwungen, für den Auszug von zu Hause und ein wenig Verfügungsmacht über das eigene Leben zu heiraten. Und plötzlich änderte sich ihr Partnerselektionsverhalten. Frauen begehren und erwählen Männer, wenn sie ihnen – bewusst oder unbewusst – in ihre genetischen und biographischen Pläne passen. Bis tief in die sechziger Jahre hinein suchten Frauen in Männern primär den Ernährer, der ihnen den Weg in die Mutterschaft ebnete. (Meine humorvolle Großmutter sagte immer:»Gut aussehen soll er auch, ist aber nicht wesentlich!«) Genau an dieser Front kam es nun zu einer Bruchlinie. Viele junge Frauen hatten nicht mehr die geringste Lust, mit 19 zu heiraten und dann Männern zu dienen, die von früh bis abends in Fabrik oder Büro arbeiteten.

Der langhaarige Mann konnte unter diesen Umständen zur erotischen Ikone werden, weil er eine neue, aufregende Botschaft transportierte: erotische Rollenvarianz! Lange männliche Haare signalisierten: Ich verfüge über weibliche Verhaltensoptionen! Ich habe einen kreativen Lebensentwurf! Ich werde mein Geld nicht durch mühsame Büroarbeit verdienen! Ich werde Popstar statt Fabrikarbeiter! *Rock it, baby!*

Ach so: Und ich werde mich um die Kinder kümmern!

Vor allem letzteres Angebot war historisch tatsächlich neu (und wie sich herausstellte, auch noch nicht *allzu* seriös). Aber es ebnete neuen Fantasien des Lebens und der Liebe den Weg. Und deshalb waren die romantischen, verwilderten, langhaarigen Jungmänner, die Beatles-Typen, die Stones-Machos, die zarten und elegischen Rainer-Langhans-Typen, einige goldene Sommer lang den Kurzhaarigen haushoch überlegen. Wenn es um das Flirten mit den schönsten und vor allem klügsten Mädchen ging, schlugen »wir« (die Langhaarigen)»die« (die kurzhaarigen Ärztesöhne) um Längen.

89

Der Reigen der Generationen

Die Geschwindigkeit des gesellschaftlichen Wandels – das Tempo der sozialen Innovation – wird erheblich vom Lern-, Lehr- und Machtverhältnis zwischen den Generationen gesteuert. Margaret Mead, die berühmte Anthropologin, beschreibt in ihrem Klassiker »Der Konflikt der Generationen«[2] die diversen Generationskontrakte: In »postfigurativen« oder auch »Gehorsamskulturen« wird alles Wissen aus der Vergangenheit bezogen und autoritär von oben nach unten vermittelt, von den Eltern zu den Kindern. In »konfigurativen« Gesellschaften (die Mead in den polynesischen Gesellschaften der Südsee entdeckte) werden die meisten Prägungsprozesse innerhalb und mit der jeweiligen Alterskohorte vollzogen. Man lernt von den »Peers«, den Gleichaltrigen. Kinder und Jugend-

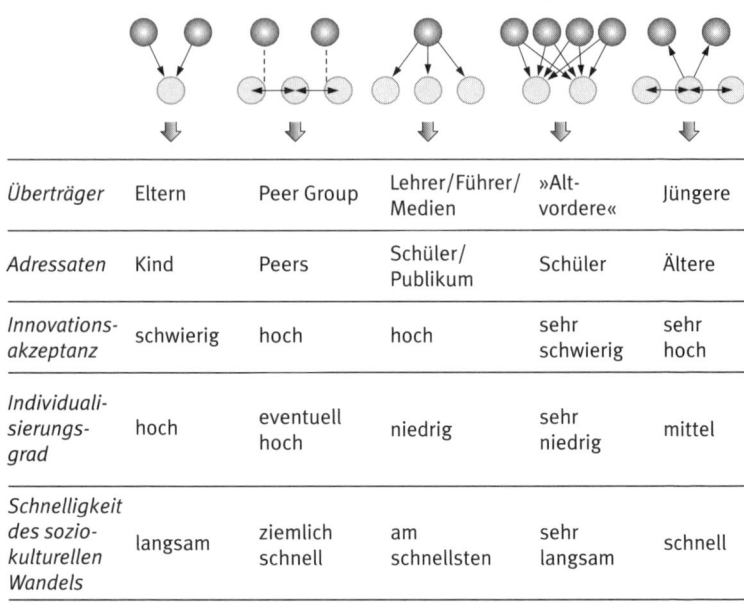

	postfigurativ/ vertikal	konfigurativ/ horizontal	radial	konzertiert/ »Hogwarts«	präfigurativ
Überträger	Eltern	Peer Group	Lehrer/Führer/ Medien	»Altvordere«	Jüngere
Adressaten	Kind	Peers	Schüler/ Publikum	Schüler	Ältere
Innovationsakzeptanz	schwierig	hoch	hoch	sehr schwierig	sehr hoch
Individualisierungsgrad	hoch	eventuell hoch	niedrig	sehr niedrig	mittel
Schnelligkeit des soziokulturellen Wandels	langsam	ziemlich schnell	am schnellsten	sehr langsam	schnell

Abb. 4: Mögliche Varianten der generativen Transmission

liche leben bis zum Erwachsenenalter in einem eigenen, autonomen Erfahrungsraum, in dem die Alten wenig zu suchen haben. In »präfigurativen« Kulturen wiederum dreht sich das Generationsverhältnis um; nun lernen die Älteren von den Jüngeren. Welches Generationsmodell haben wir heute in den spätindustriellen Gesellschaften Europas und Amerikas? Das ist gar nicht so einfach zu beantworten. Zunächst müssen wir Meads Modell um einige Varianten ergänzen: Radiale Kulturen zum Beispiel geben ihr Wissen durch »zentrale Verteiler« weiter – dieses Modell entspricht einer Massengesellschaft, in der die Medien den Ton angeben. In konzertierten oder Schulungskulturen kümmern sich viele Erwachsene intensiv um wenige Jüngere. Erziehung und Wissensvermittlung findet hier überwiegend in außerfamiliären Institutionen statt, zum Beispiel in Internaten, Eliteschulen, religiösen Zentren, in denen die Kinder einer ständigen intensiven Anweisung durch Ältere ausgesetzt sind. Islamschulen sind hier ein gutes Beispiel, aber auch Elemente der angelsächsischen Kultur, in der die Kinder ab etwa 10 Jahren an einen öffentlichen Intensiverziehungsraum namens Internat übergeben werden. Man denke an das gute alte gruselige Hogwarts von Harry Potter, wo jede Menge beeindruckender Autoritäten sogar noch um Mitternacht durch die Wände spuken …

Jede dieser Konfigurationen erzeugt andere Dynamiken gesellschaftlicher Evolution. Kulturen, in denen die elterliche Autorität unangreifbar ist, sind tendenziell variantenärmer und wandlungsschwächer. In Internatskulturen herrscht eine bunte Mischung aus Rebellion und Opportunismus. Massenmedienkulturen erzeugen schnelle Veränderungen, aber nicht immer Wandel (im Sinne eines emanzipativen und partizipativen Prozesses). Der antiautoritäre Aufbruch von »68« brachte der westlichen Welt den Übergang von einer postfigurativen in eine tendenziell konfigurative Kultur – heute orientieren sich die Kids ungleich mehr an den Peers als früher. Aber auch die Medien spielen heute eine gewaltige Rolle.

Bei zunehmender Alterung und einer Tendenz zum lebenslangen Lernen könnten wir in Zukunft auf eine Hybridform zusteuern: eine *transfigurative* Kultur. Alle lernen von allen, die Erwachsenen von Erwachsenen, die gleichaltrigen Jugendlichen untereinander, aber auch die Generationen voneinander. Neuerdings tragen auch die Alten Jeans, und die 60-Jährigen fahren mit der Harley auf das Rockfestival in Wacken. Eine solche Multi-Generativ-Gesellschaft könnte eine neue Veränderungslogik hervorbringen, in der sozialer Wandel graduell und »selbstlernend« organisiert wird. Die starken, existentiellen Brüche und Enttäuschungen, die Verletzungen und Unterwerfungen, die in früheren Zeiten das Verhältnis zwischen den Generationen prägten, könnten dann der Vergangenheit angehören. Alles nur Utopie? Oder bereits ein Teil der Wirklichkeit?

Wehen des Wandels

Vor einem halben Jahrhundert schrieb der große Ökonom John Maynard Keynes folgende Elegie über die Langsamkeit des Fortschritts:

»Seit den frühesten Zeiten … bis etwa zum Beginn des 19. Jahrhunderts gab es im Lebensstandard des Durchschnittsmenschen in den zivilisierten Zentren der Erde keine wirklich bedeutende Änderung. Höhen und Tiefen, immer wieder Seuchen, Hungersnöte und Kriege, goldene Zwischenzeiten, doch keinen tiefgreifenden fortschrittlichen Wandel … Das Ausbleiben wichtiger technischer Erfindungen zwischen dem prähistorischen Zeitalter und der vergleichsweise neuen Zeit ist wirklich erstaunlich … Fast alles, was noch zu Beginn der Neuzeit eine Rolle spielt, war bereits dem Menschen der Vorzeit bekannt: die Sprache, das Feuer, dieselben Haustiere, Weizen, Hafer, Wein, Oliven, Mauerziegel und Kochkessel, Kupfer, Zinn, Blei und Eisen, Bankwesen, Staatskunst, Mathematik, Astronomie …«[3]

Der Fortschritt ist eine Schnecke. Aber bisweilen, das hätte auch Keynes nicht bestritten (und das haben wir oben gesehen), verwandelt er sich in eine Rennschnecke. Die Geschichte bietet dafür einige interessante Beispiele.

Vor gut 100 Jahren, im europäischen Fin de siècle« um 1900, bildete Wien das geistige und kulturelle Kraftwerk Europas, ein brodelndes New York des alten Kontinents. Innerhalb eines einzigen Jahrzehnts, von 1875 bis 1900, stieg die Bevölkerung von 800 000 auf rund 2 Millionen an. Die Landflucht des beginnenden Industriezeitalters spülte Menschenmassen in die imperiale Stadt der Habsburger. Aber gerade hier, in diesem sozialen Dampfkessel, entfaltete sich enorme Kreativität. Arnold Schönberg, Anton Webern, Alban Berg erfanden die Musik neu, deren klassische Tradition mit Beethoven und Mozart ein Jahrhundert vorher die Blütephase der »Kulturmonarchie« begründet hatte. Autoren wie Karl Kraus, Robert Musil, Arthur Schnitzler oder Stefan Zweig entwickelten eine neue, human-existentialistische Literatur, in deren Zentrum die existentiellen Empfindungen des Individuums standen. Gustav Klimt, Egon Schiele, Oskar Kokoschka waren wichtige Protagonisten der modernen Malerei. Otto Wagner und Adolf Loos entwickelten eine »Architektur des Lichts«, mit der sie Natur und Funktion versöhnen wollten. Auch in der Wissenschaft waren die »Wiener Modernisten« Weltspitze. Sigmund Freud und Alfred Adler begründeten die Psychoanalyse. Medizinische Pioniere wie Ignaz Semmelweis trieben die Hygienelehre voran. Wittgenstein in der Philosophie, Friedrich August von Hayek in der Ökonomie – kaum ein Erkenntnisfeld der Moderne wurde nicht von »Wiener Einsichten« geprägt. Joseph Schumpeter veröffentlichte 1911 die Grundlagen seiner Theorie der »Kreativen Zerstörung«, der zyklischen Innovation – ein Meilenstein auf dem Weg zum Verständnis des sozioökonomischen Wandels.

Wie im Inneren alternder Sterne Diamanten entstehen, so setzt hoher sozialer Druck oftmals Wandelenergien frei. Aber können sie sich auch durchsetzen? Um 1900 regierte der greise und überforderte Kaiser Franz Joseph bereits ein halbes Jahrhundert im Riesenreich der Donaumonarchie. In dieser stagnativen Umwelt hatten die hellen Köpfe keine wirklichen politischen Chancen. So blieb ihnen eine Kultur der »renitenten Innerlichkeit«, deren Schlüsselworte Hugo von Hofmansthal 1893 so summierte: »Décadence, Synästhesie, Dilettantismus, Neurotiker, Symbolismus, Renaissance, Impressionismus, ... Verklärung des Irrationalen, des Artifiziellen, Ästhetizismus, der Hang zu Krankheit und Zerfall, Traum und Tod als Faszinosum ...«[4]

So faszinierend die Erfindungen und Entdeckungen der Wiener Geistesrevolte gewesen sein mögen – das historische Beispiel zeigt auch, dass eine Blüte in einem einzigen Sektor (dem Kultursektor) nicht ausreicht, um echten gesellschaftlichen Wandel zu bewerkstelligen. Die österreichische Gesellschaft blieb starr, reaktionär, unbeweglich. Und so beendete der Erste Weltkrieg die magische Zeit, schickte viele Intellektuelle in den Krieg, die Verzweiflung – und bald darauf ihre begnadetsten Köpfe in die Emigration. Das Wien der Jahrhundertwende konnte seine dynamischen Energien nicht erlösen; hier misslang die Synchronisation aus Ökonomie, Politik und Kultur.

Betrachten wir die Entwicklung in der Renaissance, jener Blütezeit Mittelitaliens zwischen dem 14. und 17. Jahrhundert, die synchron drei Basisinnovationen mit sich brachte: das Geldwesen (die Medicis), die Diplomatie (Macchiavelli) und die technische Innovation als »Erfindungshandwerk« (Leonardo da Vinci). Die Renaissance war eine Zeit der Verknüpfungen. Das Genie Da Vincis bestand darin, Kunst und Naturwissenschaften auf kreative Weise zu verbinden – er sah das Schöpferische im Technischen und das Technische in der Natur. Neugier war es, die ihn trieb und ihn deren Namen er Tabus übertrat – etwa die Öffnung des menschlichen Körpers.[5] Macchiavelli suchte nach neuen Formen der Machtstabilisierung und des Gewaltenausgleichs. Und die Geldwirtschaft, die sich von nun an über Europa ausbreitete, begründete den modernen Kapitalismus.

Im Zentrum dieser Innovationen veränderte sich auch das Menschenbild. Ganz anders als in der religiösen Symbolwelt des Mittelalters mit ihrem dualen Prinzip der Heiligen und Teufel, der Himmel oder Höllen (der virtuelle Raum überdeckte wie bei den Maya den Wirklichkeitsraum) stand nun der Mensch im Mittelpunkt des Geschehens. Die Renaissance sah die Welt nicht mehr als *purgatorium realis,* als Durchgangsstation in eine jenseitige Wirklichkeit. So entstand jene Subjekt-Objekt-Dualität, jene Selbstreflexivität, die die Moderne in ihrem inneren Wesen ausmacht.

Brutstätten des Wandels liegen oft in den Schnittpunkten verschiedener Kulturen; hier trafen Meme aus unterschiedlichen Mentalitäten, Ideenwelten fruchtbar aufeinander: Athen in der Antike, Alexandria um 200 vor Christus, Florenz um 1400, Venedig im 16. Jahrhundert, England im 17. Jahrhundert, Damaskus im 18. Jahrhundert. Bisweilen können allerdings auch Peripherien eine dynamische Rolle spielen. Zu Beginn des 19. Jahrhunderts erwies sich das entlegene, kühle Schottland als wahrer Motor von Fortschrittsprozessen.[6] In der aufstrebenden Industriestadt Edinburgh, damals eine der wichtigsten Finanzmetropolen Europas, lebten die größten Denker der Aufklärung Tür an Tür: Lord Kames, David Hume, William Robertson, Adam Ferguson, John Home und vor allem Adam Smith, der Visionär der Arbeitsteilung, der mit seiner Begriffsprägung der »unsichtbaren Hand« so etwas wie eine frühe Spieltheorie des Wandels aufstellte. Hier entstanden neue »holistische« Denkweisen, in denen die Grenzen zwischen den Disziplinen überschritten wurden. »Industrie, Wissen und Menschlichkeit«, schrieb Smith, »sind miteinander durch eine unsichtbare Kette verbunden.«[7]

Die schottischen Aufklärer waren Tüftler und Bastler, was sich in Watts Dampfmaschine, in unentwegten Detailverbesserungen in Schiffs- und Straßenbau, Medizin und Chemie ausdrückte. Aber sie waren eben auch Philosophen. Wie in der Geschichte der Schweiz oder Schwedens spielten auch hier die Gene und Meme einer Gesellschaft eine Rolle, die den Widrigkeiten der Natur seit Menschengedenken mit Erfindungsreichtum und hohen Kooperationsgraden begegnen musste. Die schottischen Clans hatten sich zu keiner Zeit den Zentralmächten gefügt. Der Hunger durch Missernten in den Jahren 1697 bis 1703 kostete Zigtausenden das Leben.[8] Ein puritanischer Protestantismus hatte sich mühsam und unter Opfern gegen den Katholizismus behauptet, seine störrische Menschenliebe fand in öffentlichen Bildungsprogrammen Ausdruck. Adam Smith merkte in seinem »Wohlstand der Nationen« an, dass »nahezu alle gewöhnlichen Leute des Lesens mächtig sind, und ein großer Prozentsatz auch des Schreibens und Rechnens«.[9] Die erste »Encyclopedia Britannica« entstand 1768 in Edinburgh.

Die schottischen Denker setzten sich mit Fragen auseinander, die uns auch heute noch bewegen: soziale Gerechtigkeit, gegenseitige Interessen, Dynamik und Sinn des Reichtums, die Ursachen von Kriegen, Individualität und Gemeinsinn. Ihre wichtigste Erkenntnis bestand darin, dass Selbstinteresse und Altruismus, Moral und Kooperation, Ökonomie und Lebenswelt keine Widersprüche sein müssen, sondern sich auf einer höheren Ebene ergänzen. Von Lord Kames stammt eine der ersten evolutionssoziologischen Abhandlungen über den Wandel der Kulturen von den Jägern und Sammlern bis zum »modernen Handelsmenschen«. Er erkannte damals schon die Bedeutung der Synchronisationsregel. »Die Gesetze eines Landes befinden sich in Perfektion«, schrieb Kames, »wenn sie mit den Gewohnheiten und Umständen der Menschen übereinstimmen. Und weil diese niemals gleich bleiben, müssen die Gesetze den Menschen in ihrem Wandel folgen.«[10]

Die Erzählung der Slums

Wenn die zweite Transformation am Horizont dräut – die industrielle Revolution – bedeutet dies, dass in zunächst nur einigen Regionen die Produktivität radikal ansteigt. Menschen beginnen dann, sich zu bewegen, von den Dörfern in die Städte, von den Bergen in die Ebenen, von den Dschungeln und Savannen in die Ballungsgebiete hinein. Und zwar weitaus mehr Menschen, als die entstehende Arbeitsnachfrage verkraften kann. Dieser brutale Prozess fand vor 200 Jahren in Europa statt und erreichte seinen Höhepunkt Ende des 19. Jahrhunderts, als es auch in London, Berlin und Rom »Slums« gab – Elendsquartiere, in denen die Ärmsten der Armen unter extremen Bedingungen hausten. Unsere tiefe Skepsis gegenüber dem Fortschrittsprozess stammt vor allem aus dieser Erfahrung. Wie kann eine Entwicklung positiv sein, die Millionen, ja Milliarden Menschen aus ihren »natürlichen« Lebensbedingungen entwurzelt und sie als Rechtlose und Verelendete zusammenpfercht, mitten in stinkenden Müllhalden und Abwässerkanälen? In »Squatter Cities« leben heute weltweit fast eine Milliarde Menschen, und die Alarmisten werden nicht müde, die totale Verelendung und Verslumung der Menschheit zu prophezeien.

Aber auch hier lohnt es sich, den Blickwinkel zu verändern. Der Begriff »Slum« assoziiert in unserer Vorstellung ein Bild von statischem Elend: Dort sitzen Menschen den ganzen Tag in Abfällen und vegetieren vor sich hin – nach der Matrix von europäischen Obdachlosen, die unter der Brücke schlafen. Doch langsam beginnen wir auch eine andere Realität wahrzunehmen. In seiner Studie »Shadow Cities« hat der amerikanische Journalist Robert Neuwirth die dynamische Seite der Slums beschrieben.[11] Slums sind Stätten der Ökonomie, des Handels, der Betriebsamkeit, des graduellen Aufstiegs. Echte Brutstätten des Wandels. Dabei ähnelt keine »Shanty Town« der anderen:

Rocinha zum Beispiel, in Rio de Janeiro: eine Township mit festen Betonhäusern, der Stolz ihrer Bewohner. Drogen- und Gewaltkartelle strukturieren diese Gesellschaft, die es trotzdem oder deshalb zu enormen Wachstum und Komfortzuwachs gebracht hat. In den meisten Arealen von Rocinha gibt es heute Strom und fließend Wasser, Elektrizität, Kühlschrank und TV.[12]

Kibera in der kenianischen Hauptstadt Nairobi: Ein Slum mit rund einer dreiviertel Million Einwohnern, die von einem ungeheuerlichen »wheeling und dealing« leben – Kreativität auf höchstem Niveau, aber mit sehr schlechter Ausgangsbasis, denn die kenianische Wirtschaft ist immer noch schwächer und rückständiger als die Volkswirtschaften Asiens oder Südamerikas.

Manhiet Nasser, ein 1-Million-Einwohner-Viertel inmitten Kairos, in dem Nägel, Möbel, Souvenirs, Schuhe, Hemden und Hosen für die Touristen produziert werden. Hier stehen Glasöfen, Aluminiumschmelzen, Webstühle, man lebt in Eigentum oder Untermiete und »man findet niemanden, der sagt, es gehe ihm schlechter als seinen Eltern«.[13]

Schließlich Dharavi, Bombays Riesenslum, Schauplatz des Film-Welterfolgs »Slumdog Millionaire«. Die Bewohner von Dharavi empörten sich über diesen Film. Nicht weil sie es für einen sozialen Skandal hielten (wie europäische Intellektuelle meinten), dass mit einem »Film über Elend« Geld verdient wurde. Sondern weil sie sich in ihrer Würde missachtet fühlten, weil der Slum als ein Schauplatz religiöser Konflikte anstatt als Produktivitätsstätte dargestellt wurde.

Wer Dharavi mit wachen Augen betritt, wird zunächst den Müll, die Exkremente, die Abwässer in den Straßen wahrnehmen. Aber wer noch einmal hinschaut, sieht die expandierende Mikroökonomie dieses 1-Million-Menschen-Chaos. Männer in Unterhemden hämmern, feilen, sägen unter sich ständig drehenden Ventilatoren. Snackstände, Bäckereien, Läden mit CDs reihen sich aneinander, inzwischen gibt es auch mehr und mehr öffentliche Bezahlbedürfnisanstalten mit Duschen. Frisch getöpferte Vasen,

Schalen, Teller liegen zum Trocknen an den Wänden gestapelt. Ganze Straßenzüge widmen sich dem Recycling der umgebenden Müllkippen. Granulate, Metalle, Kabel, alles in fein sortierten Stapeln. Überall winzige Schulen, in denen Kinder in Schuluniformen zu sehen sind. Das Innere der meisten Hütten ist nicht selten schön beleuchtet, mit Öllampen, Kerzen oder elektrischem Licht. Fast alle Verschläge und Hütten haben einen Fernseher.

Dharavi gilt als eines der wirtschaftlich vitalsten Armenviertel der Erde, ein Schmelztiegel für Religionen, Ethnien und Kasten. Töpfer kommen aus Gujarat, die Gerber sind Tamilen. Jeans-Näher aus Uttar Pradesh. Den in »Slumdog« dargestellten Gewaltkonflikt zwischen Hindus und Moslems gibt es, aber gleichzeitig leben hier Kasten, Sekten, Kulturen unter den härtesten Bedingungen eng zusammen – eine soziale Integrationsleistung gewaltigen Ausmaßes. Auf eine Milliarde Dollar jährlich wird die Wirtschaftsleistung Dharavis geschätzt. Man liefert in die Luxushotels, ins Ausland, in die Reichenviertel. Und nun gibt es auch einen ehrgeizigen Sanierungsplan. Der läuft auf ein Joint Venture mit den Bauspekulanten hinaus: Sie sollen den Bewohnern kostenlosen Wohnraum in umliegenden Neubauten anbieten und dürfen dafür Teile des Slumgeländes für weitere Neubauten nutzen. Die Handwerksgeschäfte Dharavis sollen in neu errichtete Malls mit ökologischer Architektur integriert werden – ein Marshall-Plan für die Armut, der nicht weit von der Realisierung entfernt ist.

Heute denken die meisten Entwicklungsökonomen anders über die Zukunft der Slums als in der Vergangenheit, wo es vor allem um deren möglichst schnellen Abriss ging (was nur zu noch schlimmeren Siedlungen ein paar hundert Meter weiter führte). Inzwischen wissen wir, dass sich die Slums von innen heraus auflösen können – durch den sozialen Aufstieg ihrer Bewohner. Um diese Hoffnungsdynamik zu intensivieren, benötigt es neue Strategien. Der peruanische Ökonom Hernando de Soto zum Beispiel konzentriert seinen Ansatz auf die Eigentumsrechte. Gäbe man den Bewohnern der Slums Eigentumsrechte an ihren Häusern und Wohnungen, die sie als Kreditsicherheit einsetzen könnten, so de Soto, käme automatisch eine Wohlstandsspirale in Gang. Andere Sozialforscher und Ökonomen widersprechen allerdings dieser These: Privates Wohneigentum würde in bitterarmen Gesellschaften nur Streit und Zwietracht säen, die Slum-Kultur mit ihren starken zivilgesellschaftlichen Bindungen spalten. Einen anderen Aspekt betonen die Autoren von »Poverty Trap«, einer Untersuchung über die Armut als Strukturphänomen. »Dysfunktionelle Institutionen«, sagen sie, sind vor allem verantwortlich für Armutsenklaven, die sich heute auch in reichen Ländern (wieder) entwickeln und in denen negative Verhaltenscodes, fatale Armutsmeme, infektiös weitergegeben werden.[14] Der radikalste Denker an dieser Front ist womöglich der Ökonom Paul Romer. Er empfiehlt »Charter Cities«: Man errichte inmitten des Elends Brückenköpfe der Modernisierung, Sonderwirtschaftszonen, die unter internationaler Verwaltung stehen, gut organisierte Wohlstandsenklaven. Man bekämpfe die Slums durch Antislums und nutze den Zusammenprall zwischen den Systemen des Reichtums und den Gesetzen der Armut als dynamisierende Kraft. Frech schlägt Romer zum Beispiel der kubanischen Regierung vor, aus dem verlassenen Guantanamo ein neues Singapur zu machen.[15]

Die zwei Wandel-Modi

Fügen wir jetzt diese Beobachtungen und Überlegungen zu einem Modell zusammen. Grundsätzlich existieren zwei funktionierende menschliche Organisationsformen auf unserem Planeten. Man könnte sie »einfach adaptive« und »dynamisch adaptive« Gesellschaften nennen. »Einfach adaptive« Kulturen sind das Resultat der genetischen und sozialen Evolution. Solche Kulturen sind »an ihre Umwelt angepasst«, sie können in gewissen Grenzen auf

Knappheiten reagieren, Konflikte moderieren und Krisen überstehen. Unter folgenden Bedingungen vermögen sie über viele Jahrtausende stabil zu bleiben:

- Eine Überleben sichernde Umwelt: die Basisressourcen, die zum Überleben notwendig sind.
- Eine gemeinsame symbolische Sprache: Verständigung über fundamentale Gefühle und Probleme.
- Sinnstiftende und angstbannende Rituale: die Erzeugung von Gemeinschaft und Gemeinsamkeit ohne Angsteskalation.
- Ein »Cheating-Bestrafungs-System«: Sanktion von unsozialem Verhalten und eine einfache Gerichtsbarkeit.
- Ein kollektives Gedächtnis: Nur dann kann Erfahrungswissen weitergegeben und verbessert werden.

Einfach adaptive Kulturen findet man vor allem in den abgelegenen Gebieten der Erde, in den trockenen Savannengebieten, Gebirgen, Hochtälern, Dschungeln. Einige wenige dieser Gesellschaften entwickeln sich unter evolutionärem Druck oder besonders günstigen Bedingungen in Richtung auf höhere soziale Komplexität. Sie erweitern ihren Radius und ihre Produktivität, knüpfen Kontakte nach außen. Die Bevölkerungszahl wächst, die inneren und äußeren Konflikte nehmen zu. Es entsteht eine Übergangsgesellschaft.

An diesem Punkt wird es kritisch: Die alten Soziotechniken und Kulturformen funktionieren nicht mehr. Chaos entsteht, so wie wir es in vielen Übergangsgesellschaften (einschließlich unserer eigenen in der Vergangenheit) erleben konnten. Ein bisschen erinnern Gesellschaften in diesem Stadium an Pubertierende, die mit ihren Gliedern und Gedanken nicht so recht etwas anzufangen wissen. Damit daraus eine neue Stabilität erwächst, müssen neue Checks und Balances entstehen – Rückkoppelungsschleifen, die der höheren Komplexität gewachsen sind, die schnellere Adaptionen unter dynamischeren Verhältnissen ermöglichen. Dynamisch-adaptive Gesellschaften verfügen schließlich über:

- Verbindliche soziale Normen: ein Ethiksystem, das die Mehrheit der Menschen als verbindlich akzeptiert.
- Adaptive Gesetzgebung: straf- und zivilrechtliche Regeln, die sich in einem ständigen Rückkoppelungsprozess verändern und verbessern.
- »Objektiviertes« Verwaltungssystem: die Regelung öffentlicher Angelegenheiten ohne oder doch wenigstens mit wenig Korruption.
- Kontrolle der Gewalten: starke Gegengewichte gegen die Verselbstständigungen einzelner Interessengruppen, die auch in der Lage sind, Märkte zu zähmen und zu regulieren.
- Ein Ethos der individuellen Leistung: motivierende Kräfte, die den Einzelnen dazu bringen, seine Fähigkeiten zu verbessern und nach mehr materiellen Gütern zu streben.

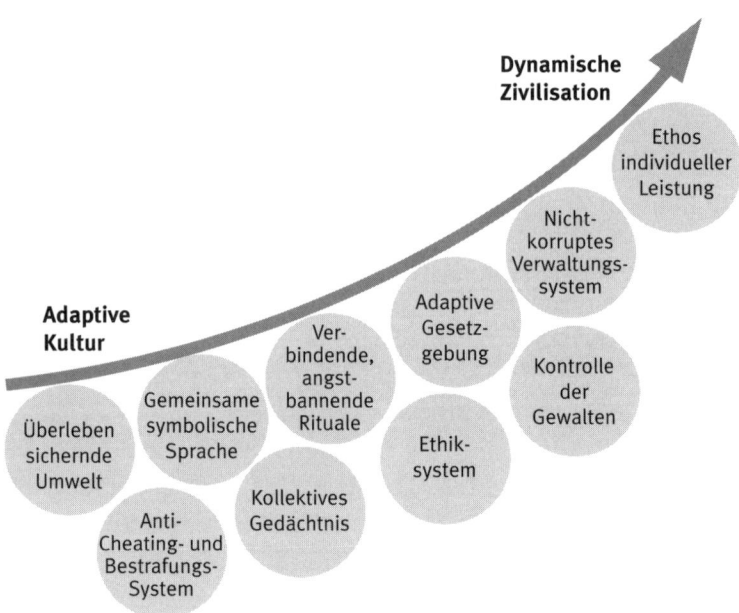

Abb. 5: Ein einfaches Modell der zivilisatorischen Phasen

Es ist völliger Unsinn, die eine oder andere Kulturform als »gut« oder »schlecht«, »rückständig« oder »fortschrittlich« zu bewerten. In der kulturellen Evolution geht es, wie in der biologischen, ausschließlich um Angepasstheit an die Umstände. Es ist, wie schon gesagt, nicht die *Beschleunigung,* die den Pfeil der Komplexität nach oben hebt. Doch Technologie und Globalisierung verknüpfen und verbinden immer mehr Kultursysteme und Lebensweisen. Wenn immer mehr Menschen sich auf diesem Planeten durch Internet, Reisen, Austausch, Information, Migration verbinden, steigt schlichtweg die statistische Wahrscheinlichkeit für jene Konvergenzen und Konjunkturen des Wandels, in denen »alles zusammenkommt«. Die Anzahl der Komplexitätssprünge nimmt zu – vorübergehend aber auch die Anzahl der Krisen und Konfrontationen.

Ist die höhere soziale Komplexität erst einmal etabliert (auf dem Wege der memetischen Replikation), kann sie, allen kulturpessimistischen Unkenrufen zum Trotz, erstaunliche Robustheit entwickeln. Wohlstands- und Fortschrittskulturen weisen Steuerungssysteme auf, die auch komplexe Organismen auszeichnen: Sie sind empfindlich und zugleich widerstandsfähig. Der Grund ist das, was man ein »gesellschaftliches Immunsystem« nennen könnte. Nach dem Psychoanalytiker und Archetypus-Forscher Clotaire Rapaille ein »Überlebens- und Erfolgsmanual für Zivilisationen«.[16] Und wodurch wird dieses Immunsystem trainiert, entwickelt, verbessert? Durch Krisen!

DIE WEISHEIT DER KRISE

Wie Brüche uns weiterbringen

*Eine Krise ist ein produktiver Zustand. Man muss ihr nur
den Beigeschmack der Katastrophe nehmen.*

Max Frisch

*Diese Krise stammt aus unserer Mitte, dem tiefsten Inneren,
dem Kern unseres Wesens.*

Financial Times 2009

*Denn keine Zeit und keine Macht zerstückelt
Geprägte Form, die lebend sich entwickelt.*

Goethe

Das Wunder im Norden

Im Jahre 1993 geriet im Norden Europas, wo die Sommer kurz
und die Winter dunkel sind, ein kleines Land in eine große Krise.
Finnland verlor innerhalb eines Jahres 17 Prozent seines Bruttosozialproduktes; etwa genauso viel wie das Deutsche Reich und
die USA in der Weltwirtschaftskrise von 1928 bis 1931. Die Arbeits-
losigkeit schnellte von 3 auf 19 Prozent empor.

Was war geschehen? Im Grunde war es ganz einfach: Eine
Wirtschaftsform hatte sich überlebt. In der Nachkriegsökono-
mie konnte die finnische Wirtschaft eine komfortable Nische
am Rande Europas besetzen. Stahlwerke und große Eisenhütten
prägten das Land, Forstwirtschaft und Papierindustrie beschäftigten Zigtausende Menschen. Eine Art Gentlemen's Agreement
zwischen Russland und Finnland machte die finnischen Werke
zu Dauerlieferanten der maroden und völlig unproduktiven

Sowjetökonomien. Und nun kollabierte nach dem Fall des Eisernen Vorhangs Russlands Wirtschaft.

Wie reagierten die Finnen auf das Desaster? Nein, sie grämten sich nicht, sie liefen nicht vor Angst auf die Straße, sie veranstalteten keine Angst- und Betroffenheitstalkshows. Sie begannen einen harten, fairen, pragmatischen Diskurs über die Zukunft ihres Landes, an dem viele Bürger aktiv teilnahmen, in Gemeinden, Bürgerversammlungen, Medienforen, im Fernsehen und im Parlament. Und dann handelten sie auf allen gesellschaftlichen Ebenen in konzertierter Aktion.

Finnland ist ein merkwürdiges Land. Die Temperaturunterschiede eines Jahres können bis zu 80 Grad Celsius betragen. Finnen verfügen über eine hartnäckige Arbeitsmoral, gepaart mit Neugier und Weiterbildungswillen, dazu kommt eine ausgeprägte sozialstaatliche Ader, die aber in einer ebenso ausgeprägten Bürgergesellschaft ankert. Dass Frauen so gut arbeiten können und *müssen* wie Männer, war in dem waldreichen Land an der Frostgrenze nie eine Frage – männliche Patriarchen kann man sich unter solchen Lebensbedingungen nicht erlauben. Die Bildungswege stehen den Frauen schon lange offen, ebenso wie die Karrierewege in Politik und Wirtschaft.

Die Finnen haben die höchste Selbstmordrate Europas, gehören aber gleichzeitig zu den glücklichsten Nationen der Welt. Wenn es darum geht, Emotionen zu zeigen, werden sie von einem heiligen Ernst erfasst. Wer jemals das Tangofestival von Senjanöki besucht hat, weiß, wie nordische Melancholie aussieht. Ernste Paare in pinkfarbenen Plissee-Kleidungsstücken, die an die *ferias* südamerikanischer Länder erinnern, zelebrieren stundenlang erotisch-leidenschaftliche Drehungen und Verrenkungen. Das Publikum ist frenetisch, herzzerreißend wohlwollend auch gegenüber den ganz schrägen Leistungen; Hauptsache *das Herz spricht*. Finnen feiern unglaublich viele Feste, saufen bisweilen zu viel, aber Ausgleich dazu finden sie massenhaft in naturnahen Sportarten wie Jogging, Skilanglauf, Schwimmen, Rudern und

Radfahren. Kaum ein Finne macht keinen Ausdauersport – wozu er von Krankenkassen, aber auch Nachbarn, Kollegen, Lehrern sanft genötigt wird.

Finnland ist eine Kulturnation, in der nicht nur die höheren Schichten gebildet sind. Das allgemein hohe Bildungsniveau führt zu starkem Interesse am Theater oder der Oper, an Literatur oder Musik. Der Anteil der registrierten Bibliotheksbenutzer ist Weltrekord, er lag in den neunziger Jahren bei rund der Hälfte der Gesamtbevölkerung![1] In den meisten Industriestaaten verbringen die Menschen immer mehr Zeit vor dem Fernseher. In Finnland wurde dagegen stets mehr Zeitung gelesen. Heute hat das Land die höchste aktive Nutzungsrate von Breitband-Internet. 71 Prozent der 15- bis 74-jährigen Finnen nutzen das Internet regelmäßig, bei den unter 40-Jährigen sind es fast 100 Prozent. Bereits 1987 schloss Finnland als erstes europäisches Land seine Universitäten an das Internet an.

Finnen sind heimattreu und kosmopolitisch zugleich, nicht nur weil finnische Firmen wie Nokia heute auf Weltniveau agieren, sondern weil Englisch eine allgegenwärtige Zweitsprache ist. Es gibt nur wenige synchronisierte Filme und nicht allzu viele Übersetzungen internationaler Literatur ins Finnische.

In der großen Krise von 1993 wurde der Sozialdemokrat Paavo Lipponen Premierminister. Und bildete die sogenannte Regenbogenregierung, eine Allparteienkoalition, die sowohl Grüne wie Sozialisten und die Konservativen integrierte. Damit konnte das Parlament schnell und entschlossen reagieren. Was folgte, war praktisch in allen Schritten vom Konsens der finnischen Bevölkerung, einschließlich der Gewerkschaften, getragen. Eine eiserne Sparpolitik, die Abwertung der Währung, drastische Privatisierungen, und enorme staatliche Investitionen in die Zukunftssektoren Forschung und Bildung.

So kamen die Finnen aus der Krise: Sie erfanden praktisch ein neues Gesellschaftsmodell. Eine Wissensökonomie mit hoher Bürgerbeteiligung und staatlicher Dominanz. Im finnischen

Schulsystem gibt es keine Klassenwiederholungen. Es gibt auch keine Privatschulen und keine Schulgebühren, aber dafür Gratismahlzeiten in jeder Ganztagsgesamtschule. Nach der Pflichtschule gehen 94 Prozent (!) in das dreijährige allgemein- oder berufsbildende Gymnasium – über 90 Prozent der jungen Generation machen ein Abitur. Jede Schule hat völlig autonome Möglichkeiten der Pädagogik und Unterrichtsgestaltung, Lehrer sind keine Beamte, sondern gut bezahlte Fachkräfte mit hohem Sozialprestige.

Wie konnte Finnland dieser Wandel gelingen? Die größte Ressource des Landes ist nicht Fichtenholz oder Eisenerz oder Handy-Technik, sondern das Vertrauen der finnischen Bürger. In den Staat, der nicht als korrupter Kleptokrat gesehen wird (obwohl die Steuern traditionell hoch sind), sondern als gewähltes Organ der Bürger. In die Wirtschaft. In die lokalen Strukturen der Bürger und der Verwaltungen. Und in sich selbst.

Vertrauen ist, wie wir auf unserem langen Weg von den Savannen Afrikas bis in die moderne Zivilisation gelernt haben, die kostbarste Ressource für das Gelingen des Wandels. Sie ist die Gegendroge zu Angst, Macht und Zynismus. Vertrauen reduziert den Aufwand der Komplexität, weil sie alle Wege verkürzt und alle Kommunikation mit der Aura des Gelingens versieht. Sie fördert Kooperation statt Hierarchie. Sie ist die einzige Ressource, die sich ständig vermehrt, während man sie »verschwendet«. Wo Vertrauen die Gesellschaft prägt, sind Prosperität und Stabilität fast eine automatische Folge. Diese kostbarste aller Ressourcen, so ahnen wir, entsteht nicht von allein. Ihre »Produktion« hat etwas mit Erfahrung zu tun. Wie Panik und Paranoia die Sedimente der Angst sind, ist Vertrauen ein Amalgam gemeinsam überwundener Krisen.

Die Schönheit der Blasen

Finanzblasen sind so alt wie der Geldkreislauf. Es gab sie in den alten Imperien wie bei den alten Ägyptern, die sich mit Rohstoffen und Gold verspekulierten, oder in Rom, wo 66 vor Christus das Finanzwesen zusammenbrach, weil reiche Bürger sich in Asien verspekuliert hatten (Cicero forderte einen Krieg zum Ausgleich). Im Florenz der Medici meldeten im Jahre 1345 die mächtigen Bankhäuser Bardi, Peruzzi und Accaiuoli Bankrott an, und die Ökonomie der oberitalienischen Stadtstaaten kollabierte daraufhin für mehr als ein Jahr.[2]

»Kredit« kommt vom lateinischen »credo«, »ich glaube«. Ich glaube, dass mir etwas zurückgezahlt wird – mit Mehrwert. Dieser Glaube ist eine radikalisierte Form des Vertrauens. Sie kann seltsame Blüten treiben. Wie bei den Holländern, die mit der »Tulpenhausse« des 17. Jahrhunderts die wohl spektakulärste und mit Abstand *schönste* Spekulationsblase produzierten.

1635 ging die Zwiebel einer »Semper Augustus«, einer rot-weiß-geflammten Tulpe, in Haarlem für 6000 Gulden über den Tresen. Beziehungsweise für »acht fette Schweine, vier fette Ochsen, zwölf fette Schafe, 24 Tonnen Weizen, 48 Tonnen Roggen, zwei Fässer Wein, vier Fässer Bier, 2000 kg Butter, 500 kg Käse, einen silbernen Kelch, einen Ballen Stoff, ein Bett mit Matratze und Bettzeug und ein Schiff im Werte von 500 Gulden«.

In den Jahren um 1635 glich Europa in seinem flachen Polderteil einem Tollhaus. Kaufleute aller Art, Marktschreier, obskure Gestalten, Halsabschneider, Claqueure, Trittbrettfahrer, aber auch viele ehrbare Bürger, die sich mühsam durch ganz Europa hierherbegeben hatten, drängten sich in den engen Gassen von Antwerpen, Haarlem, Leiden. Sie kauften Tulpenzwiebeln, hässliche, braune Knollen, bei denen man zunächst nicht wissen konnte, was »drin« war. Und bald darauf kauften sie bereits Optionen auf Blumenzwiebeln, die zu einem gewissen Zeitpunkt »reif« werden sollten. Andere Blumenbroker spekulierten auf Zuchtprojekte, die noch niemand tatsächlich gesehen hatte, auf sagenhafte geflammte, gezüngelte, gepunktete Exemplare, die man »zu erblicken geglaubt« hatte. Die Tulpen des 17. Jahrhunderts waren mit einer Viruskrankheit infiziert, und gerade das machte ihre zerbrechliche Schönheit aus; Musterbildungen, Formen und Farben mutierten teilweise innerhalb weniger Zwiebelgenerationen. Welch einen Kontrast bildeten diese vergänglichen Gewächse zur Wirklichkeit dieser Tage! Der Schwarze Tod, die Pest, hatte Europas Bevölkerung in manchen Regionen glatt halbiert. Eine Kälteperiode, die »Kleine Eiszeit«, ließ die Ernten schrumpfen und den Hunger steigen. Im Europa des 17. Jahrhunderts wurden um die 20 Kriege geführt, die religionspolitischen und dynastischen Spannungen erreichten im Dreißigjährigen Krieg ihren Höhepunkt. Diese chronische Kriegskatastrophe betraf nahezu den gesamten Kontinent, verwüstete und entvölkerte ganze Landstriche.

Die Tulpenmanie erzählte von einer poetischen Sehnsucht nach Kunstfertigkeit, Schönheit, Eleganz, von der Hoffnung, die Menschen auch und gerade in schweren Zeiten kultivieren können. Die Tulpen der Hollandblase waren überdies aber auch ein Symbol für jene Hinwendung zur Naturerkenntnis, mit der sich die Menschen vom Mittelalter und seinen religiös geprägten Weltbildern verabschiedeten. Sie symbolisierten eine Leidenschaft, die viel tiefer reichte als die Gier nach Geld.

Inzwischen ist der Verlauf von Finanz- und Spekulationskrisen der letzten Jahrhunderte gut untersucht. Die Verläufe ähneln sich: Einer langen Vorspielphase, in der goldene Zeiten versprochen und sensationelle Neuheiten verkündet werden, folgt eine kurze, rauschhafte Euphorie, die ungefähr bei einer Verzehnfachung der Kurse und Erwartungen in Panik umkippt. Finanzkrisen folgen dem Impuls der »animal spirits«, wie John Maynard Keynes diesen Trieb der opportunistischen Vermehrung genannt hat: animalische Leidenschaften. Auch John Kenneth Galbraith beschrieb die Blasenlogik schon in den achtziger Jahren in seinem Buch

»A Short History of Financial Euphoria« als eine Verkettung von »funktionalisierten Leidenschaften«.[3]

Aber dieses Leidenschaftsprinzip regiert eben nicht nur im fernen Reich der Banker und Broker und professionellen Bereicherungsagenten. Wir alle kennen aus unserem Alltag Spekulationsblasen der kleinen und großen Art. Ich selbst habe als Kind jahrelang meine spekulativen Energien fiebrig in Matchbox-Autos, Briefmarken, Weltraumbilder, Fußballbilder, komplizierte Papierschiffe, aufgespießte Schmetterlinge, Mineralien und schließlich seltene Pop-Alben investiert, mit dem festen, durch meinen Vater gestützten Hoffnungshorizont goldener Gewinne. Als ich mein prächtiges Briefmarkenalbum zur Finanzierung des Studiums verkaufen wollte, erlebte ich einen Schwarzen Montag.

Meine Großmutter schwor zeit ihres Lebens auf Schmuck und Perserbrücken. Die meist in öden Blassfarben gehaltenen, ornamental barocken Teppichläufer galten in der Nachkriegszeit als inflationsfreie Spekulationsware; womöglich in nostalgischer Reminiszenz an den »Glanz des Orients« (oder durch raffiniertes Marketing der Perserteppich-Mafia) glaubte man an gigantische Wertsteigerungen in der Zukunft und zahlte Fantasiepreise beim Erwerb einer Tabriz-Brücke oder eines Ghom. Gottlob war meine Großmutter so schlau, nicht alle Eier in einen Spekulationskorb zu legen. Aber schön war es doch. Und was wären wir ohne solche Illusionen?

Die moralische Gier

Gier! Neoliberaler Wahn! Die Herren des Geldes verwüsten die Welt! So tönt es seit Jahren aus allen Kanälen unserer medialen Erregungskultur. Wenn es nur so einfach wäre!

Am Ausgangspunkt jener Spirale, die in die Finanzkrise von 2008/09 führte, standen nicht die Banken und ihre Profitinteressen, sondern der Staat und ein Sozialprogramm. Jimmy Carters Administration startete in den frühen achtziger Jahren eine Eigentumsinitiative unter dem Motto »A Nation of Homeowners«. Damit sollte dem europäischen Sozialstaatsmodell, das in den siebziger Jahren seine Erfolge, aber auch seine ersten Strukturkrisen erlebt hatte, ein marktwirtschaftliches Modell gegenübergestellt werden. *The American way of Sozialstaat* gewissermaßen. Durch Bildung privaten Eigentums für jeden amerikanischen Bürger.

Amerika befand sich um 1980 in einer tiefen Identitätskrise. Rassenunruhen suchten das Land heim, es gab hohe Kriminalitätsraten, 900 Morde pro Jahr allein in New York, weite Teile der Städte waren verkommen. Was lag näher, als die Frage des persönlichen Hauseigentums ins Zentrum der sozialen Frage zu setzen und eine »Ownership Society« anzustreben? Als Teil des »New Deal« hatte man schon 1938 eine staatlich fundierte Bausparkasse, Fannie Mae, zur Förderung des Hausbesitzes bei Einkommensschwachen gegründet. 1977 verabschiedete man außerdem den »Community Reinvestment Act«, der das persönliche Eigentum der Bürger in den amerikanischen Kommunen massiv fördern sollte.

Der Rest der Geschichte ist bekannt. Der 11. September 2001 eröffnete Anfang des Jahrtausends eine Phase des extrem billigen Geldes – die Fed senkte die Zinsen bis an den Nullpunkt. Zu diesem Zeitpunkt waren die Hauspreise schon zwanzig Jahre gestiegen ... Und nun stiegen sie noch weiter ... und noch weiter ... Und die Banken gaben immer einfacher Kredite und verkauften diese dann gebündelt an europäische Landesbanken, die nach einer soliden Geldanlage mit »Triple-A-Ratings« suchten. Was konnte sicherer sein als Immobilien?

Natürlich spielten Gier, Ignoranz und Machtstreben eine Rolle in diesem System. Aber Gier allein kann nichts bewegen. Die Immobilienkrise war eine Kollektivproduktion aus falschen Bewertungen, idealistischen Fehleinschätzungen, sehr menschlichen Bedürfnissen und knallharten Interessen. Das ist der Stoff, aus dem solche Krisen gemacht sind: Sie sind sich selbst verstärkende Eskalationen, in denen sehr menschliche Hoffnungen das Regiment führen. Man kann in ihnen lesen wie in einem Buch.

Der Hochhaus-Index

Ist es ein Zufall, dass die Höhenrekorde im Hochhausbau mit dem Beginn einer Wirtschaftskrise korrelieren? Der sogenannte Skyscraper Index scheint dies nahezulegen. Als das 1927 geplante Empire State Building 1931 eingeweiht wurde, steckte Amerika in einer tiefen Rezession. Als das World Trade Center 1972 in den Himmel wuchs, stand die Rezession von 1973 als Folge der Ölkrise unmittelbar bevor. Auf die Petronas Towers in Kuala Lumpur wurden Gipfelkreuze gesetzt, als die asiatischen Börsen 1997 kollabierten. Und beim 560 Meter hohen Wüstenwahnsinnsturm The Burj in Dubai war eben die Rohbauphase beendet, als die Finanzwelt in die Krise rutschte und eine globale Rezession begann. In der ökonomischen Zukunftsforschung werden schnell wachsende Hochhausbauten inzwischen schon

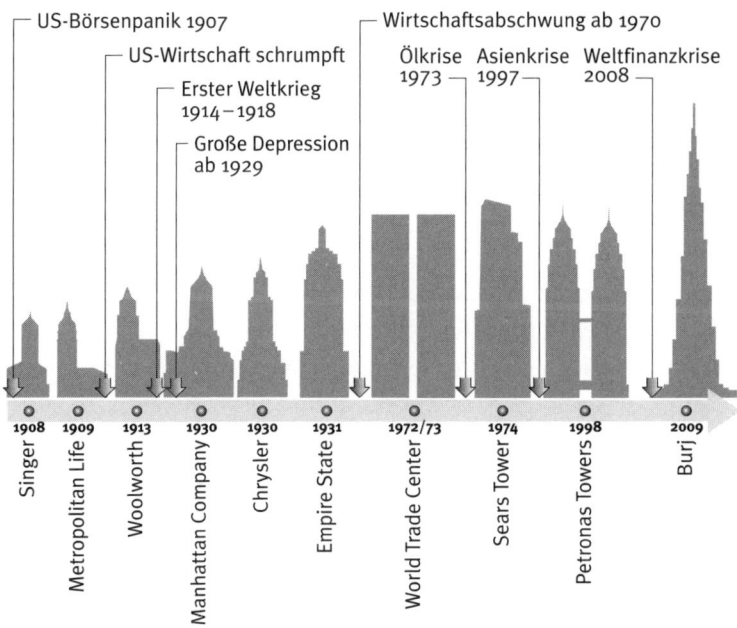

Abb. 6: Der Hochhaus-Wirtschaftskrisenzyklus

als Indikatoren für eine bevorstehende Rezessionsphase benutzt. Man spekuliere auf einen Crash, wenn irgendwo auf der Welt ein Bauinvestor einen neuen Höhenrekord ankündigt, und werde garantiert reich!

Das Phänomen lässt sich relativ einfach erklären – es entsteht aus dem besonderen Interagieren von freiem Kapital, Grundstückspreisen und Repräsentationsgier (sprich männlichem Größenwahn). Hochhäuser sind auf ihre Weise »Extremblüten« von Boomzeiten. Wenn in einem Aufschwung viel Kapital auf den Markt drängt, machen sich Investoren verstärkt Gedanken, wie sie das viele Geld anlegen können. Es treten große Unternehmen auf den Plan, die eine repräsentative Zentrale brauchen. Und Regierungen, die ihr Land auf der globalen Karte gern besser positioniert sehen wollen. Diese Interessen verbinden sich zu spektakulären Bauplänen, nationalen Machtbeweisen und/oder Potenzsymbolen von Tycoons, die von berühmten Architekturbüros umschwirrt werden wie das Licht von den Motten. Da im Boom die Grundstückspreise in Ballungsgebieten hoch sind, lohnen sich extrem hohe Bauten. Die Nachbargrundstücke werden ebenfalls teuer verkauft, denn neue Hochhäuser schaffen eine interessante Infrastruktur, um die sich andere Investoren sammeln.

Irgendwann flaut der Boom ab, die Wachstumskurve verflacht. Investoren bewerten ihre Portfolios neu. Baufirmen gehen pleite. Nun genügt eine winzige Irritation wie ein Börseneinbruch, dass die Bücher neu geschrieben werden müssen. Bald stellt sich heraus, dass einfach zu viele Marktteilnehmer auf dieselbe Idee gekommen sind: wie verrückt Büro- und Gewerberaum zu bauen. So viele Mieter kann es gar nicht geben! Schon machen die ersten Investoren pleite, die ersten Bauruinen entstehen. Die Statussymbole in der Mitte des ganzen Chaos jedoch werden immer zu Ende gebaut – notfalls mit staatlichem Geld.

Spektakuläre Hochhausbauten sind also nicht nur Zeigerpflanzen für Rezessionen, sie provozieren auch Wirtschaftseinbrüche. Solche Krisenmechanismen durchziehen unsere ganze Ökonomie, so wie es Turbulenzen in einem Fluss gibt. Ihre Grundformen lassen sich auf das »Sterman'sche Marktkommunikationsmodell« zurückführen.[4] Informationen verbreiten sich in Märkten stets verlangsamt; selbst wenn alle Marktteilnehmer über bestmögliche Informationen verfügen, bewerten sie diese aus unterschiedlichen Sichtwinkeln, und die Wahrheit setzt sich erst in einem kumulativen Prozess durch.

Es dauert sehr lange, bis die Einschätzung, dass der Boom endlich ist, von Teilnehmer zu Teilnehmer gelangt, bis plötzlich ein Wendepunkt erreicht ist, an dem bedingungsloser Glaube in Panik umschlägt. Der Prozess gleicht dem Stille-Post-Spiel, bei dem die Nachricht zeitlich verspätet und dazu verzerrt beim letzten Marktteilnehmer ankommt. Daraus entsteht das zyklische Auf und Ab der Miet- und Immobilienpreise, des Bauvolumens; die Schweinezyklen der Rohstoffe, die hektischen Fieberanfälle der Börsen. Es gewinnen all jene, die am schnellsten und zur richtigen Zeit in ein Geschäft einsteigen. Und am schnellsten wieder draußen sind. So siegt Intelligenz über Opportunismus. Aber nur wenn Opportunismus herrscht, kann sich Intelligenz als Motor von Hoffnungen und Erwartungen entfalten.

Wer all das abschaffen will – durch Kontrollen, Restriktionen, Steuern, Verstaatlichungen –, manipuliert die zentralen Marktmechanismen. Wer Wirtschaftskrisen abschafft, eliminiert im Grunde die Wirtschaft selbst.

Die Zyklen der Innovation

Noch deutlicher wird diese Überlegung, wenn wir die Finanzblasen mit den großen technologischen Zyklen in Beziehung setzen. Zu diesen Blasen kommt es immer dann, wenn jede Menge »vagabundierendes« Kapital auf dem Markt ist, das in einer Phase der Produktivitätssteigerung entstanden ist. Kapital kann sich nämlich, entgegen landläufiger Meinungen, sehr wohl selbst vermehren, es muss nicht anderen »weggenommen« werden, wie die klassisches Ausbeutungsthese besagt. Schlüssel zu dieser Vermehrung sind neue produktive Technologien.

In den Tälern der Innovationsgeschichte, wenn keine neue, durchschlagende, produktionssteigernde Technologie zur Verfügung steht, in diesen »Winter«-Phasen, wenn die wilden Rösser der Innovation ermüdet sind, sucht das Kapital verzweifelt nach einer Anlage, mit der es sich vermehren kann. Es beginnt dann um sich selbst zu kreisen. Es entwickelt Tricks, Tarnungen, Täuschungsmanöver. Es wird *spekulativ.*

Den Grundrhythmus dieses Systems bilden die Kondratieff-Zyklen, jene großen Wellen der technologischen Schlüsselinnovationen, die der russische Ökonom Nikolai Kondratieff schon in den dreißiger Jahren des vergangenen Jahrhunderts beschrieb. Dessen Überlegungen wurden von Schumpeter in seiner »Theorie der wirtschaftlichen Entwicklung« weiter ausgearbeitet. Zu Beginn des 19. Jahrhunderts, im ersten Kondratieff-Zyklus, liefen die Baumwollspinnereien heiß. Europa wurde von den napoleonischen Kriegen erschüttert, die nicht nur Verderben, sondern auch Gewerbefreiheit und Bürgerrechte in viele Teile des Kontinents brachte. Als die Welle der »Biedermeier-Prosperität« verebbte, folgten die politischen Unruhen der 1848er-Zeit. Das erstarkte Bürgertum verlor sein Kapital zum Teil wieder in der Telegraphenblase von 1840 und der großen Eisenbahnblase von 1857, zwei Spekulationswellen, in denen auch der »Kleine Mann« sein Geld in Eisenbahn- und Telegraphieaktien anlegte – und verlor. Der Gründerboom, der mit der Eisenbahn über Europa und Amerika kam, endete in einem großen Crash im Jahr 1873.[5]

Und so ging es weiter. Der nächste Boom folgte um die Jahrhundertwende mit dem Durchbruch der Elektrizität. Vielfältige Industrien und Infrastrukturen entstanden. Die Weltkriege beendeten die Euphorie des frühen 20. Jahrhunderts, bis nach dem Zweiten Weltkrieg die Petrochemie ihren Siegeszug antrat. Und das größte Innovationsprojekt aller Zeiten anhob, das dem westlichen Teil der Welt das »Wirtschaftswunder« brachte: das Auto-Straße-System.

Die Informationsrevolution der achtziger Jahre machte die alten Fließband- und Kommandosysteme, die bis dahin die Fabrikwirtschaft dominiert hatten, obsolet. Tausende alter »Fabrikanten« gingen bankrott; wer nun erfolgreich sein wollte, musste Marketing beherrschen, Prozesswirtschaft, Outsourcing, Kommunikation. Um eine neue Wirtschaftsdynamik möglich zu machen, müssen die alten Kartelle und Methoden zerstört werden. Mit anderen Worten: Krisen sind das Fundament des technisch-ökonomischen Prozesses. Daniel Gross, Autor des Buches »Finanzblasen – und warum sie so wichtig für die Wirtschaft sind« geht diesem Ansatz noch ein Stück weiter nach. Seine These: Spekulationskrisen erzeugen in einer Art Seiteneffekt jene Wissens- und Infrastrukturen, auf der sich die nächste Welle der Produktivität überhaupt erst entfalten kann. So legte die Tulpenblase von 1636 den Grundstein für die außergewöhnlichen Züchterkenntnisse der Holländer. Tausende von Gärtnern verfeinerten ihre Kenntnisse über die Pflanzenzucht, Dünger und Vermehrung, um der gewaltigen Nachfrage nach Tulpen Rechnung zu tragen. Dieses Wissen wurde zum Kapital für die Zukunft. Bis heute sind die Niederlande die exportstärkste Agrarnation der Welt, ihre industriell-agrarischen Methoden legendär produktiv (inzwischen schaffen die Holländer sogar Tomaten, die *schmecken*).

Die Eisenbahnspekulation des 19. Jahrhunderts kostete vielen Sparern beiderseits des Atlantiks, darunter auch Handwerkern, Händlern, sogar Dienstmädchen, das letzte Geld. Aber sie schuf innerhalb weniger Jahre ein durchgängiges Schienennetz. In England verbanden danach 9500 Meilen nagelneuer Schienenwege die industriellen Zentren in Schottland, Mittelengland und Wales mit der Metropole London. Sieben Prozent des gesamten Kapitals der englischen Wirtschaft flossen in den Schienenbau. Das war vermutlich der Hauptgrund dafür, dass England nie in die Revolutionswirren von 1848 geriet. Die Schienenwege machten Englands Industrie leistungsfähiger und führten zum Aufschwung um 1900. Das Platzen der Blase demokratisierte obendrein die

Technologie: Die Eisenbahnen konnten nach dem Crash auch von den Armen genutzt werden, weil die Fahrscheinpreise ins Bodenlose fielen.

Der Zusammenbruch des »Neuen Marktes« im Jahr 2001 hinterließ uns jenen Glasfaser-Daten-Highway, der eine Zeitlang nutzlos und völlig überdimensioniert schien. Doch genau auf dieser nun plötzlich billig gewordenen Infrastruktur bauten die Telekomfirmen den Internet-Handy-Boom auf. Das Internet 2.0, der Erfolg von iTunes und Myspace und YouTube, konnte nur durch gigantische Datentransfervolumen entstehen.

Die »Südseeblase« von 1720, in der mit Optionen auf Handelsgüter der frühen Globalisierung spekuliert wurde, hinterließ haufenweise Pleitiers und wertlose Papiere. Aber die Schifffahrtsrouten nach Asien waren nun etabliert, und wenige Jahre später waren die Handelsaktivitäten hoch wie nie.

Man kann die Finanzblasen als Beweis für das Nichtfunktionieren der kapitalistischen Wirtschaft begreifen. Aber wenn wir Ökonomie als lebendiges, adaptives, evolutionäres System verstehen, das auf vielfältige Weise mit der Gesellschaft kommuniziert, müssen wir genau andersherum denken: Krisen sind Störungen von Systemen, die sich *durch* diese Störungen neu erfinden. Wirtschaft braucht Krisen, wenn sie innovativ bleiben will. Sie bahnen auch neuen politischen Ordnungen den Weg, denn Wirtschaft und Politik sind symbiotische Systeme.

Die Französische Revolution war das Resultat einer feudalen Spekulation mit Brotpreisen, gegen die die Armen und die neu entstehende Bourgeoisie gemeinsam rebellierten. Als die »Gründerblase« um 1873 platzte – es war gleichzeitig das Ende der Eisenbahnspekulation –, führte dies zu einem Erstarken der Sozialdemokratie. Als Antwort verordnete der Reichskanzler Deutschlands, Bismarck, den Sozialstaat in Form der Renten- und Krankenversicherung, deren Umlageprinzip sich in der Folge in fast allen Industrienationen durchsetzte. »Die Heilung der sozialen Schäden«, so hieß es in einem Erlass Kaiser Wilhelms I., »ist nicht ausschließlich im Wege der Repressionen, sondern gleichmäßig auf dem Weg der positiven Förderung des Wohls der Arbeiter zu suchen.« Die Weltwirtschaftskrise nach 1929 mündete in einem Teil der Welt in den schrecklichsten Krieg aller Zeiten. In den USA jedoch legte der New Deal die Grundlagen einer neuen Gesellschaftsordnung, in der der Staat marktregelnde Funktionen übernahm, ohne die wirtschaftliche Dynamik zu sabotieren. Dieses Modell, in der Nachkriegsordnung im Weltmaßstab angewandt, führte zur größten Wohlstandsverbreitung aller Zeiten. Die 2009er-Krise beendet eine Phase unilateraler Globalisierung, in der rüde amerikanische Managementmethoden und primitive Kapitalmarktgesetze die Weltmärkte regieren.

Schumpeter sprach nicht nur von der »kreativen Zerstörung«, sondern auch von »neuen Kombinationen und Verbindungen«, mit denen Unternehmer die Welt voranbringen. In Krisen, die keineswegs, wie es uns die antikapitalistischen Vereinfacher weismachen wollen, immer kriegerischen Charakter annehmen müssen, werden jede Menge Karten neu gemischt. Nischenspieler wachsen rapide, schwache, opportunistische Wertschöpfungen segnen das Zeitliche. Aus den Raupen der alten Ökonomie werden die Schmetterlinge neuer Perspektiven.

Krise als Heilung

Das Wort »Krise« hat seinen Wortstamm im griechischen *krinein,* was so viel bedeutet wie scheiden, entscheiden. Krisen sind Störungen, die dann entstehen, wenn bestimmte Steuerungs- und Selbstorganisationen nicht mehr funktionieren. Weil sich die Umfelder geändert haben. Weil die Akteure sich selbst weiterentwickelt haben, so dass sie nun nicht mehr mit ihrer – stehengebliebenen – Umwelt zusammenpassen. Das ganze System wird krank. Das gilt gerade und besonders für das individuelle Leben.

Auf jede Krise gibt es immer zwei mögliche Antworten: Die eine ist die Regression, der Rückzug auf eine vorherige Stufe, in der die Komplexität geringer und der Umweltdruck reduzierter war. Doch diese Möglichkeit existiert fast nur in mechanistischen Systemen. In der realen Evolution – von Menschen, Ökonomien, Organismen – gilt meistens die Alternative: Weiter oder Tod!

Alle lebendigen Systeme sind in gewisser Weise »die Resultate ihrer Krisen«. Die Artenvielfalt auf diesem Planeten ist das Produkt unendlicher Aussterbeprozesse. Die »kambrische Explosion«, in der vor 600 Millionen Jahren innerhalb kurzer Zeit Hunderttausende neuer Spezies entstanden, markierte den Beginn der enormen Artenvielfalt auf der Erde. Seitdem sind 99 Prozent der damaligen Arten wieder ausgestorben, und dennoch hat sich die Artenvarianz weiter erhöht. In einem gigantischen Prozess von Auslese und Adaption – von ständiger Krise – überlebten die Organismen, die zu ihrer Zeit in ihrem Umfeld am besten angepasst waren. Der »Organismus Mensch« mit seinem übergroßen Gehirn ist das Resultat einer »Krise der Hirne«, die sich in vielen Umweltsituationen als zu klein, zu unflexibel, zu reflexhaft erwiesen.

Krise bedeutet einen besonderen Energieaufwand, in dem die Variabilität des Organismus erhöht wird. In größeren Krisen müssen wir uns »verpuppen«, um uns von allzu vielen Außenreizen abzuschirmen. Trauer, Pubertät, Depression, Midlife-Crisis, Alterskrankheit markieren solche Phasen. Aber auch positive Transitkrisen wie das Kinderkriegen, das Heiraten, auch Umzüge und Berufswechsel sind Herausforderungen. Die Dinge ordnen sich neu – und das schmerzt. Menschen versuchen, diesen Schmerz zu vermeiden. Aber gerade deshalb gilt: Menschen, die keine Krisen durchlebt und entschieden haben, wirken flach und »unwirklich«.

Die psychologische Choreographie einer Krise verläuft immer in drei aufeinander aufbauenden Phasen:

1. Erlaubnis – Zunächst müssen wir uns irgendwann Ohnmacht eingestehen. *Es geht so nicht weiter. Wir kommen nicht voran.* Das ist schwierig, denn wir werden von Erwartungssystemen gesteuert – und die meisten Erwartungen basieren auf Kompensationen vergangener Verletzungen, die wir mit dem Eingeständnisprozess aktualisieren. Wenn diese Erwartungen neurotisch überhöht sind, segeln wir auch dann noch stolz und größenwahnsinnig weiter, wenn die Wellen schon über uns zusammenschlagen (man denke an die Manager in der Finanzkrise). Die meisten Menschen (Gesellschaften) sehen ein Ding *nicht wie es ist,* sondern nur, wie es *sein sollte.* Mit allen Mitteln wird das Bedrohliche, Neue, Zumutende unterdrückt. Bis es zu spät ist. Dann wird aus der Wandlungskrise ein Niedergang.

2. Rekonstruktion – Im Rückblick müssen wir dann analysieren, was nicht funktioniert hat und wo die Gründe liegen. Wir müssen das System, das aus dem Takt geraten ist, kognitiv durchdringen. Wenn wir die krisenhaften Geschehnisse wieder und wieder Revue passieren lassen und dabei langsam zu einem neuen, distanzierten Blickwinkel finden, erreichen wir jene geistige Freiheit des Lernens und Verstehens, in der wir die Dinge neu bewerten können (das ist, nebenbei bemerkt, die Grundlage jedes psychoanalytischen Prozesses).

3. Perspektive – Irgendwann ist die alte Matrix im Kopf überwunden. Jetzt geht es darum, eine neue Vision zu entwickeln. Noch müssen wir nicht jeden Schritt des neuen Weges genau kennen (der Weg entsteht beim Gehen). Wir sollten jedoch unseren Bewegungsmodus, unsere Schrittfolge verändert haben, wenn wir uns auf den Weg machen.

Persönliche Krisen erzeugen ihre Wirkung durch alle diese Stufen hindurch, und manchmal kann man auch eine von ihnen zügig überspringen. Die Frage ist nur, wie tief man in die Störung absinken muss, bis die Verpuppung einsetzt.

Die Chance der Katharsis

Michel Vaujour könnte mühelos in den Sechzigerjahre-Gangster-filmen mitspielen, in der großen Zeit von Belmondo und Delon. Allerdings fand sein Gangsterleben in der Realität statt. Heute ist er in den Fünfzigern und im Hauptberuf Drehbuchautor. Und er berät die Polizei. Als Exverbrecher aus berufenem Mund. Vaujour hat 27 Jahre Gefängnis hinter sich, davon 17 Jahre Einzelhaft. Seine fünf Ausbruchsversuche gingen durch die Presse; klassische Räuberpistolen im Houdini-Stil. Einmal benutzte er eine aus Seife geschnitzte Pistole. Ein anderes Mal Apfelsinen, die er schwarz anmalte und als Bomben deklarierte. 1974 fabrizierte er den Abdruck des Zellenschlüssels in einem Käsestück. Schließlich hievte seine Frau ihn mit einem Hubschrauber vom Dach des Pariser Hochsicherheitsgefängnisses La Santé – seine spektakulärste und letzte Ausbruchsaktion.

Vaujour war in den späten sechziger Jahren ein Streetkid, wie es in den Städten auch damals schon viele gab. Aus einem kleinbürgerlichen Haushalt in Nordfrankreich stammend, plagte ihn die Langeweile. Er klaute Autos, auch um Aufmerksamkeit zu schinden. Als verhaltensauffälliges »wildes Kind« hatten ihn die Eltern früh zu einer Tante verschoben. Autoklau war seine Methode, mit der Welt und ihrer Fremdheit umzugehen.

Seine erste Verhaftung wegen Autodiebstahls wurde gleich verlängert, als er direkt nach der Entlassung beim Fahren ohne Führerschein erwischt wurde. Knastbrüder lehrten ihn die Kunst des Einbruchs, des Überfalls und der schnellen Flucht. Mit 24 kassierte Vaujour 25 Jahre Haft. Es folgten neue Ausbrüche, neue spektakuläre Banküberfälle. Der Bruch kam zu Beginn der neunziger Jahre. Bei einem Banküberfall traf eine Polizistenkugel Vaujours Kopf. Er nennt das heute »meinen schönsten Ausbruch«.

Vaujour ist danach halbseitig gelähmt und sprachunfähig. Doch er tritt eine nächste, eine entscheidende Reise an: Eine Reise nach innen. Mühsam lernt er, sich zu bewegen, zu sprechen, zu gehen.

»Nach meiner Verletzung war es die Entdeckung der inneren Freiheit, die es mir erlaubt hat, mich aus meinem eigenen Gefängnis zu befreien … Dieses Mal ging es um die Befreiung von mir selbst, und von der inneren Härte, die ich aufbauen musste, um die vielen Jahre zwischen Gefängnis und Flucht zu überstehen. Ich habe mir nur gedacht: Wir sind am Leben, und das ist doch schon ein Geschenk! Wenn man das erst im Augenblick des Todes merkt, ist das ein bisschen spät, oder?«[6]

Vaujours Geschichte ist ein Beispiel für jenen Prozess der *kathartischen* Selbstfindung, der in unzähligen Romanen, Filmen, Epen und Gesängen beschrieben wird. Krise funktioniert hier als ein totaler »Neustart« der Persönlichkeit. Es gibt kaum ein modernes Kulturprodukt, das nicht auf einer solchen Katharsiserzählung aufbaut, sei es der beliebte Psychokriminalroman, die Blut-Schweiß-Kotze-Zuckungen auf der Theaterbühne oder das Besessensein von der Idee der apokalyptisch-strafenden (Natur-)Katastrophe.

In all diesen Untergängen und Zusammenbrüchen der Ordnung vergewissern wir uns unbewusst dessen, was unsere Welt am Ende doch recht verlässlich zusammenhält. Solange diese Erzählungen sichtbar in der virtuellen Welt stattfinden, ist nichts gegen sie einzuwenden. Nur wenn sie nach dem Maya-Prinzip beginnen, ernsthaft auf unsere Wirklichkeitsdeutung überzugreifen, wird es gefährlich.

Vom Segen der Depression

Kaum eine Krankheit wird in unserem Kulturkreis so gefürchtet und dämonisiert wie die Depression. Von der neuen »Volkskrankheit« ist die Rede, der schrecklichen »Zivilisationsgeißel« der Neuzeit. Depression wird in vielen Diskursen als eine Art gerechter Strafe für die Sünden der modernen Zivilisation interpreticrt:»Immer mehr Stress, immer mehr Unsicherheit, immer mehr kapitalistische Leistungsanforderungen!«Depression steht für die finale Krise des Kapitalismus auf der subjektiven Ebene. Bei Licht betrachtet ist diese Ableitung Unsinn. Die Stressfaktoren waren in archaischen Zeiten um ein Vielfaches höher, und zwar keineswegs nur im Reich der paranoiden Maya. Mittelalterliche Bauern, antike Sklaven, Proletarier in der Fabrik des frühen 19. Jahrhundert und selbst Bürgersöhne in jener Zeit hatten ungleich mehr existentielle Zwänge, Risiken und Bedrohungen zu verarbeiten als ein heutiger Sozialhilfeempfänger. Aber natürlich ist»Stress« immer eine kulturelle Konstruktion. Was wir als »stresshaft« definieren, unterliegt verschiedenen Reizschwellen und Wahrnehmungspegeln. In einer sicheren Umwelt werden Bedrohungen von unserer Wahrnehmung anders selektiert – einerseits, indem nun auch kleine Risiken hoch bewertet werden (der sogenannte Fahrstuhleffekt: Bei steigendem Wohlstand steigt die Gefahrenwahrnehmung), anderseits durch die Virtualisierung und das»Storytelling«: Das mediale Sensationssystem erzeugt ständig neue Bedrohungsmythen.

Aus der Sicht der Kognitionspsychologie und der Neurobiologie ergeben sich in Beziehung auf die Depression auch noch andere Anhaltspunkte. Viele Untersuchungen weisen darauf hin, dass die chronische und vermehrte Ausschüttung von Stresshormonen einem neurologischen Zweck dient: Auf diese Weise versucht das Hirn,»falsch erlernte« Strukturen in den Synapsen wieder aufzulösen, was es uns erlaubt, neue Wege zu gehen.

Jerome Wakefield hat in seinem Buch»The Loss of Sadness« versucht, Depression in diesem Sinn als *Aktivität* des Hirns zu interpretieren.[7] Wenn wir in unlösbaren Konflikten stecken, wenn es scheinbar keine Chance auf Veränderung mehr gibt, versucht das Hirn einen Kurzschluss und einen Neustart.

»Ausgehaltene Traurigkeit« hat sehr viel mit Kreativität, mit Selbstwandel zu tun. Goethe sprach von sich als»einem, der nie einen Tag der einfachen Zufriedenheit erlebte«. Unzählige Künstler, Poeten, Kreative haben aus dem Gefühl der Traurigkeit, des seelischen Leidens heraus gelebt und gearbeitet.

»Der Kostenfaktor des Glücks ist Zufriedenheit. Unzufriedenheit hingegen treibt Wandel voran. Wir sollten Emotionen nicht abstumpfen oder ersticken – Emotionen sind Information!« So formuliert Terence Ketter, ein Psychiater an der Stanford Universität, den neuen Umgang mit den Emotionspotentialen der Traurigkeit. Natürlich kann es sinnvoll sein, schwere und pathologisch verhärtete Depressionen mit Medikamenten zu behandeln. Aber genauso wie Schmerz ein Warnsignal für den Körper ist, ist Traurigkeit ein sinnvolles Alarmsystem für die Seele. Die Depression könnte eine Art »Verpuppung der Psyche« sein und ein unbewusstes Instrument des persönlichen Wandels, der geistigen Metamorphose, das zum Beispiel hilft, sich von unrealistischen Zielen zu verabschieden. Auf diese Weise neu gedeutet, könnte sie ihren dämonischen Charakter verlieren.

Das Geheimnis der Resilienz

Ihr erster Mann starb, als sie 30 Jahre alt war, bei einem Unfall. Es war ein schrecklicher Autounfall, ohne jede Tröstung. Der »Knacks«, wie Roger Willemsen jenen Moment bezeichnet, in dem das Universum in einer persönlichen Katastrophe unwiderruflich in ein »vorher« und »von nun an« zersplittert.

Der zweite Mann starb im Alter von 50 Jahren an einem Aneurysma, einer Blutung im Kopf. Unvermittelt, über Nacht, in einem Hotel auf Mallorca, inmitten der olfaktorischen Pracht des mediterranen Frühlings. Sie war damals 38 Jahre alt, und sie hatten soeben gemeinsam beschlossen, ein spätes Kind zu bekommen.

Der dritte Mann starb mit 60 Jahren an Krebs, an »tödlich langweiligem Krebs«, wie sie es formuliert.

Mit keinem der drei Männer hatte sie Kinder. Der erste war zu jung, der zweite hatte es herausgezögert, bis es zu spät war, der dritte hatte zwei Kinder aus erster und zweiter Ehe und genug von der Reproduktion.

Anna, eine Frau im reifen Alter irgendwo zwischen 50 und 60, kurzhaarig, etwas ergraut, schlank, intensive Augen, ein scheues Lächeln, das sich aber ausweiten kann zu einem Flächenbrand. Sie arbeitet als freie Gutachterin in der Pharmabranche, unter anderem wertet sie Studien über chronische Krankheiten aus. Ihr Bekanntenkreis ist groß; mit mindestens 20 Menschen unterhält sie lange intime Beziehungen. Sie lebt allein in einer weiß und metallen (mit kleinen, romantischen Einsprengseln) eingerichteten Mietwohnung am Rande einer deutschen Großstadt. Sie reist viel. Sie liest anspruchsvolle Bücher. Sie verfügt über diverse »Hausfreunde«, wie sie sagt, aber eine feste Bindung kommt nicht mehr in Frage. »Ich scheine so etwas wie die ideale Sterbehelferin zu sein«, sagt sie mit Trockeneishumor. »Wenn ich einem Mann zu nahe komme, legt er sich garantiert zum Sterben nieder. Und das dauert mir dann inzwischen zu lange!«

Annas Geschichte erzählt uns eine Menge über die Fähigkeit von Menschen, die kostbare Eigenschaft der Resilienz zu entwickeln. Resilienz bedeutet die Fähigkeit, mit unerwarteten Ereignissen, Schicksalsschlägen, Verlusten, mit Krisen eben, widerstandsfähig und konstruktiv umzugehen. Resilienz ist mehr als nur »Robustheit«. Es ist die Befähigung, aus der bewussten Erfahrung von Verletzlichkeit und Verletztheit mentale Substanz aufzubauen. Lebenskatastrophen können uns dann zwar beeinflussen, aber nicht verkrüppeln.

Auch bei diesem Trainingsprogramm spielt unser endokrinneurologisches System wieder die Schlüsselrolle. Unser Hirn verfügt über eine Menge von Ressourcen, Realität so zu »drehen«, dass »Sinn« entsteht. Sinn ist nichts anderes als ein neurologisches Muster, in dem unser Neocortex die Herrschaft über die Amygdala und alle ihre Helfershelfer ausübt. Sinn heißt ein neurologischer Zustand von Kohärenz und Bewältigung. Mit anderen Worten: Nichtstress.

Menschen, die in extremen Armutsverhältnissen leben, können dennoch glücklich sein – siehe die Geschichte der Slums –, wenn sie kleine Fortschritte erleben und daraus Perspektiven schöpfen können. Selbst viele Krebspatienten haben, so sagen es Studien, wenige Wochen nach Bestrahlung und Operation ein ähnliches Niveau von Lebenszufriedenheit erreicht wie vor der Diagnose (viele berichten sogar von einer existentiellen Intensivierung des Lebens).

Oft bewirken gerade die blauen Flecken und Wunden, die man im Lauf des Lebens einsammelte, eine besondere Robustheit oder »aktive Sensibilität«. Wer in seiner Jugend besondere Handicaps wie Missbrauch, Gewalt, Armut, Einsamkeit, Isolation erfuhr, kann dies nicht nur überstehen, sondern daran wachsen. Allerdings nur, wenn einige Bedingungen erfüllt sind wie eine enge konstante Beziehung zu mindestens einer Person, die über das traumatische Ereignis hinweg erhalten bleibt, ein Freund etwa, ein Verwandter, ein »Mentor«, und eine unterstützende Freundes- oder Peer-Gruppe, die danach eine neue soziale Bezugsgruppe bildet. Hinzu kommen Vorbilder oder eine starke Idee, eine Vision.

Auf diese Weise können sogar Menschen, die Verfolgung oder schwere Haft überlebt haben, wieder »heil« werden. Man denke an Marcel Reich-Ranicki, an Nelson Mandela, den Hirnforscher Eric Kandel und sein ansteckendes Lachen, an die vielen, die Konzentrationslager überlebten und danach ihre Erfahrungen zu einem Teil eindrucksvoller Lebensbewältigung machten.[8]

Der französische Schriftsteller Daniel Pennac definiert das »offen versehrte Leben« als das einzige Leben, in dem Stabilität überhaupt möglich sei. Ein »volles« Individuum, so Pennac, zeichne sich dadurch aus, dass es gelernt habe, mit dem Schmerz zu rechnen. Depression lasse das Leben erstarren, aber »Kummer« (oder Melancholie) mache das Leben reicher.[9]

Untersuchungen an Erwachsenen, die eine durch und durch harmonische Kindheit hinter sich haben, bestätigen diesen

Befund von der anderen Seite her. Aus krisenlosen, harmonischen Kindheiten entspringen keineswegs immer stabile und glückliche Biographien. Im Gegenteil, Erwachsene aus behüteten Welten neigen sogar *eher* zu Depressionen.[10] Wer seine Identität nicht an Widerständen schärft, entwickelt oft eine Charakterschwäche. Deshalb fallen erfolgreiche Manager, die mit Einser-Noten in Harvard abgeschlossen haben, in tiefe Depression, wenn sich ein Bruch in der Karriere abzeichnet. Deshalb saufen sich Künstlergenies (vor allem Rockstars) frühzeitig zu Tode: Es gelingt ihnen nicht, produktiv mit ihrer Angst zu leben.

Resilienz ist, neben dem Faktor Vertrauen, die zweite Schlüsselressource positiven Wandels. Der Mensch ist ein Krisenwesen. So hat uns die Evolution gemacht. Resilienz bedeutet, dass wir Unglück, Krisen und Bedrohungen nicht als Weltprinzipien, sondern als Wegmarken und Herausforderungen verstehen können. Mit welchen Techniken wir dies am besten können, wollen wir im folgenden Kapitel erforschen.

DIE PSYCHOLOGIE DES WANDELS
Wie wir zu neuen Wegen kommen

Only babies in wet nappies want change.
Unbekannt

Die Leute erzählen mir immer, Wandel sei etwas Gutes.
Aber das heißt meistens nur, dass etwas passiert ist, was besser
nicht hätte passieren sollen.
Meg Ryan

Der Mensch kann sich nicht ohne Leiden ändern, denn er ist
beides, der Marmor und der Bildhauer.
Alexis Carrel

Wandel oder Leben

Stellen wir uns vor, wir stünden vor der Alternative »Wandel oder Tod«. Wir hätten nur zwei Möglichkeiten: *Uns gründlich zu wandeln, und zwar schnell!* Oder zu sterben – und zwar bald!

Immer mit der Ruhe, werden Sie wahrscheinlich sagen. In der modernen Welt sind solche Alternativen äußerst selten. Das ist ja gerade das Wesen einer Wohlstandswelt: dass sie die existentiellen Entscheidungen auflöst. Zu solchem Entweder-oder kommt es vielleicht im Krieg, auf der Flucht, in Ausnahmesituationen. Aber doch nicht *heutzutage.*

Irrtum. Es kommt immer wieder vor. Öfter, als wir denken. Genau genommen jeden Tag.

Eine Bypassoperation am offenen Herzen ist ein blutiges und teures Geschäft. Bis zu zehn medizinische Spezialisten werden gebraucht, um den Brustkorb mit Knochensägen zu öffnen und am schlagenden Herzen eine Art Klempnerarbeit auszuführen, bei der Venenteile aus dem Oberschenkel auf das Herz übertragen werden. Acht Stunden dauert die Operation, die aufgrund der notwendigen chirurgischen Feinarbeit immer noch keine Routine ist, obwohl sie in manchen Kliniken Hunderte Male jährlich durchgeführt wird. Komplikationen sind häufig, und nicht selten bleibt dem Patienten ein tiefes Trauma.

Eine solche Operation kostet mindestens 50 000 Euro; mit Komplikationen können es leicht 100 000 sein. In den USA, dem Mutterland des kardiovaskulären Risikos, haben bereits 600 000 Patienten den Eingriff durchlitten. Weitere 1,3 Millionen tragen Stents, kleine Röhren aus Metallgeflecht, mit denen der Blutfluss in den Herzkranzgefäßen aufrechterhalten werden soll. 30 Milliarden Dollar haben alle Operationen zusammen gekostet. Dabei sind die Ergebnisse nicht immer nur glänzend: Bypasseingriffe können zwar die unmittelbare koronare Krise beenden, Schmerzen lindern und dem Patienten wieder »Luft verschaffen«. Aber drohende Herzinfarkte werden nur selten verhindert. Durchschnittlich nach einem Jahr sind die meisten Stents wieder blockiert, die Operationen müssen in der Hälfte der Fälle innerhalb von drei Jahren wiederholt werden.

Die Gründe für diese Rückfälle sind komplex. Manchmal sind es traumatische Reaktionen auf die Operationen selbst, die zur Restenose führen, dem Wiederverschluss der Kranzgefäße. Zumeist aber ist es der Patient selbst, der seinen Rückfall organisiert. Indem er weiter zu fett und zu viel isst, zu viel Alkohol trinkt, sich zu wenig sportlich betätigt, mit seinem gestressten Leben einfach weitermacht wie zuvor.

Nur zehn Prozent aller Bypasspatienten schaffen es, nach der Operation ein gesünderes Leben zu führen – und damit ihre Chancen auf ein längeres Leben ohne Schmerzen, Todesangst und Atemnot entscheidend zu erhöhen![1]

Wissen die Patienten, die sich auf den Operationstisch legen lassen, über ihren eigenen Anteil an der Krankheit Bescheid – die arterienverstopfenden HDL-Fette, die sie zu sich nehmen, die gefäßschädigende Wirkung von zu viel Zucker und Salzen? Kennen sie die Ursachen dafür, dass sich an den Innenseiten ihrer Koronararterien langsam immer dickere Beläge wuchern? So gut wie immer! Leiden sie unter ihrer Krankheit? Sehr. Es gibt kaum eine existentiellere Gesundheitskrise als die koronare Herzinsuffizienz, allenfalls noch Krebs kann es mit den Schmerzen und den Ängsten aufnehmen. In den Wohlstandsnationen des Westens sind koronare Herzerkrankungen heute die Todesursache Nummer eins, mit weitem Abstand.

Warum, zum Teufel, leben wir dann nicht alle gesünder und glücklicher und länger und körperlich aktiver, mit höherem Muskeltonus, mehr Lachen, mehr sozialer Nähe? Wie die Hundertjährigen auf Okinawa oder die Bewohner der berühmten Bergdörfer in den Abruzzen, wo die 80-Jährigen nicht nur ausschließlich Olivenöl benutzen, sondern auch jeden Tag 500 Höhenmeter zu Fuß bewältigen? Warum ruinieren wir uns und obendrein auch noch gleich das Gesundheitssystem?

»Achtzig Prozent aller Gesundheitskosten werden von fünf negativen Verhaltensgrundmustern verursacht«, sagt Raphael Levey, einer der führenden globalen Gesundheitsexperten, Gründer der Organisation Health Care International, lapidar. »Zu viel Rauchen, zu viel Trinken, Essen, Stress und nicht genug körperliche Bewegung.«

So einfach ist das. Und doch so schwer. Und so entscheiden wir jeden Tag über unsere persönliche Zukunft. Mit winzigen, unscheinbaren, scheinbar harmlosen Entscheidungen. Mit jedem Bissen, den wir zum Munde führen, mit jeder sportlichen Betätigung, die wir unterlassen, mit jedem Sex, den wir *nicht* haben, fällen wir ein Urteil über unser Schicksal.

Komfortzonen des Ich

Mein Freund K. ist eine medizinische Wissenskoryphäe. Er arbeitete als Sprecher in der Pharmaindustrie, hauptsächlich jedoch im Management eines Konzerns, der große Rehabilitationskliniken im Alpenraum und in Osteuropa unterhält. Dort entwickelte K. Nachsorge- und Trainingsprogramme für Herzinfarkt- und Schlaganfallpatienten. Bewegung, gesunde Ernährung, Stressabbau waren die Themen, über die er gerne und häufig redete. Man konnte alles von ihm über die gefährlichen Apfeleffekte, die Bauchfettablagerungen bei Männern erfahren, über das metabolische Syndrom, an dem nach seinen Angaben fast ein Drittel der europäischen Bevölkerung leidet, ohne es zu wissen (besonders Belgier und Griechen). Über die Geschlechtsspezifik des Herzinfarkts, der bei Frauen andere Symptome zeigt als bei Männern. Und die Segnungen von Substanzen, die sich in Rotwein, gutem Olivenöl und Knoblauch finden. K. ist einer jener gar nicht mehr so seltenen Männer, die außerordentlich gut und dazu gern in Gesellschaft kochen können. Ein Genussmensch mit Gesundheitsfimmel.

Vor etlichen Jahren verbrachten wir ein Wochenende in den Alpen. K. war ungewöhnlich schweigsam, er fühlte sich den ganzen Freitag und Samstag müde und schlapp, sein Gesicht wirkte blass, was er auf eine verschleppte Grippe zurückführte. Am nächsten Morgen lag er auf der Intensivstation eines Krankenhauses, in einem Zustand, der dem Tod näher kam als dem Leben. Er hatte einen Schlaganfall erlitten.

K. hatte Glück – sein enormes Gedächtnis und seine motorischen Fähigkeiten kehrten nach einem Jahr intensiver Rehabilitation zurück. Allerdings ist er, wie alle Schlaganfallpatienten, »nicht mehr ganz der Alte«. Sein Wesen zeigt eine gesteigerte Empfindlichkeit gegenüber Störungen, Hektik, Unordnung. Er wirkt stiller und verwundbarer. »Das ist wie ein Kurzschluss in deinem Selbstwertgefühl«, sagt er und weiß in doppelter Hinsicht, wovon er spricht – schließlich hat er viele Jahre lang Studien zum Thema erarbeitet.

Im Rückblick fiel uns etwas auf, was wir bis dahin kaum wahrgenommen hatten. K. war extrem »sesshaft«. Wenn wir zum Wandern in die Berge aufbrachen, blieb er immer bei einem guten (!) Wein in der Talhütte sitzen. Seine Körperhaltung beim Sitzen schien irgendwie – demonstrativ. Als hätte ihn etwas auf seinem Stuhl festgeleimt und ihm befohlen, von dort aus die Welt zu kommandieren.

K. aß zwar »gesunde« Sachen, aber zu viel davon. Er war nicht sehr groß, etwa 1,75, und hatte seit Jahren 20 Kilogramm Übergewicht. Bei der geringsten Bewegung kam er heftig außer Atem. Was kaum aufgefallen war, schon deshalb, weil er sich so wenig bewegte! Dass er unter Stress litt, hatten wir wegen seiner jovialen, eloquenten Art nicht bemerkt.

Wieso ist ein hochintelligenter Mensch nicht in der Lage, das Unglück zu verhindern, in das er selbst hineinstolpert, obwohl er andere professionell davon abzubringen versucht? (Und warum sind seine Freunde nicht in der Lage, so etwas rechtzeitig anzusprechen?) Die Antwort lautet: Programmierung. Etwas lässt uns an negativen Verhaltensweisen festhalten. Und es funktioniert auf mehreren Ebenen.

Gewohnheitsprogrammierung: Eine Verhaltensweise ist viele, viele Male wiederholt worden, so dass sie sich als Routine eingeschliffen hat. Nicht unpassend sprechen wir davon, dass etwas »in Fleisch und Blut« übergegangen sei.

Soziale Programmierung: Eine Handlungsweise wird durch ein soziales Umfeld belohnt, bestärkt, verlangt. Viele problematische Verhaltensweisen wie das Rauchen sind Resultat von »Folgeverhalten« – das heißt unseres typisch menschlichen Bedürfnisses, in sozialen Bezugsgruppen akzeptiert zu werden.

Kompensationsprogrammierung: Menschen sind in vielerlei Hinsicht Produkte ihrer Defizite. In jedem von uns steckt ein verletztes Kind, das beim Älterwerden eine robuste Form von Beleidigtsein entwickelt. Wir wollen einen Ersatz, eine Belohnung, einen Ausgleich für eine erlittene Angst, einen unkontrollierbaren Stress, einen als schweren Mangel erlebten Zustand in unserer Vergangenheit. Kompensationen, die auf solchen Gefühlen fußen, werden von unserer Psyche auf eine ganz besondere Art und Weise als lustvoll codiert: Wir holen uns etwas zurück, worauf wir ein Recht haben! Auf diese »Lizenz zur Verwöhnung« lassen sich wahrscheinlich die stärksten und fatalsten negativen Verhaltensprogrammierungen zurückführen.

K.s Angewohnheit, »sitzen zu bleiben«, war, wie sich später in einem Gespräch herausstellte, Folge einer autoritären Angewohnheit seines Vaters. Der war das Prachtexemplar eines von der NS-Zeit geprägten Nachkriegspatriarchen. Eine seiner Spezialitäten bestand darin, K. mit körperlicher Ertüchtigung zu bestrafen. So musste er nach einem beliebigen Fehlverhalten dreimal um den Häuserblock rennen. Sein Vater nahm die Zeit mit der Stoppuhr. Anschließend gab es einen Tag lang kein Essen.

Ob K.s Hang zu komplizierten Scheidungen (er lebte in der dritten Ehe) etwas mit seiner außerordentlich schwachen Mutter zu tun hatte, fragten wir ihn allerdings nicht. Manche Dinge sind so kompliziert, dass sie schon wieder einfach sind.

Die Coping-Kaskade

Schauen Sie sich die folgenden Bilder an. Was sehen Sie? Na klar: Menschen im Drogenrausch! Allerdings auf körpereigenen Drogen. Der Fotograf Adrian Bischoff hat in seiner Serie »Marathon Faces« ganz normale Menschen fotografiert (ist man normal, wenn man einen Marathon läuft? – schwierige Frage), kurz nachdem sie die Ziellinie eines 42,195 Kilometer-Laufes überquert hatten.

Abb. 7: »Endorphinisten« direkt nach dem
Marathonlauf, fotografiert von Adrian Bischoff
im Rahmen seines »Marathon Faces«-Projekts

Die Substanzen, die sich in diesen glückstrunkenen Gesichtern spiegeln, sind vor allem Endorphine, also jene Moleküle, die das Hirn ausschüttet, wenn der Mensch eine besonders anstrengende Leistung vollbracht hat. Endorphine sind sogenannte endogene Opiate, deren chemischer Aufbau Stoffen wie Kokain, Heroin oder Morphium ähnelt, nur dass sie vom Körper selbst hergestellt werden. Sie haben eine körperliche Dimension – das Muskel- und Nervensystem entspannt und wird schmerzfrei –, wirken aber auch auf das Hirn ein, wo sie ein euphorisches Coping-Gefühl erzeugen.

Wir haben im zweiten Kapitel gesehen, wie fundamentale menschliche Verhaltensweisen von der Angstkaskade geprägt werden. Nun ist es Zeit, sich mit der anderen Seite dieses Mechanismus zu beschäftigen: der Belohnungskaskade. Dieser zweite Teil der Stress- und Angstreaktion soll uns dazu bringen, Routinen der Bewältigung zu etablieren und uns gewissermaßen auf Erfolg zu programmieren.

Immer, wenn wir etwas Besonderes geschafft haben – also Angst und Stress überwinden konnten –, schüttet unser Hirn einen hochwirksamen Belohnungscocktail aus, den wir als Gewinnereuphorie empfinden. Diese Kaskade hat einen komplexen Aufbau. Der Neurotransmitter Dopamin öffnet zunächst die Erregungsbahnen des Hirns. Dopamin macht wach und »freudig erregt«. Es kann zusammen mit den Angstmolekülen jenes Gefühl der Spannung herstellen, bei dem wir wie eine Feder gespannt sind. Dopamin ist ein »Wunsch-und-Begehr-Molekül«. Bei hyperaktiven und sehr leistungsbereiten, aber auch suchtaffinen Menschen ist es in besonders hoher Konzentration im Blut zu finden. Es motiviert uns, eine bestimmte Leistung zu erbringen, ein Vergnügen »abzurufen«, um danach belohnt zu werden – von den Endorphinen, den eigentlichen Euphoriemolekülen. Im Hintergrund wirkt Serotonin als »Bahnungsverstärker« im Gehirn. In sozialen Kontexten klingt die Kaskade dann mit den »Sozialhormonen« Oxytocin und Vasopressin aus, Substanzen, die uns entspannen und Geborgenheit vermitteln. Die Empfindungen von Sex, Liebe und »Heimat« sind mit diesen chemischen Substanzen verbunden.

Auf diese Weise bekamen die Jäger unserer Vergangenheit ihre Belohnung gleich in der doppelten Dosis: Dem Erfolgs-High nach dem Erlegen der Gazelle folgte das Sozial-High durch die Gemeinschaft beim Nachhausekommen. Nichts anderes geschieht auch heute.

Nehmen wir den Sport: Warum versuchen Menschen seit Jahrtausenden, immer neue Rekorde zu brechen? Hier wird der Jagderfolg auf der symbolischen Ebene nachgestellt. Die Endorphinbelohnung erhält man auch, wenn man allein über die Ziellinie läuft. Aber der Effekt wird natürlich durch eine jubelnde Menge tausendfach erhöht. Fast so schön ist es, den Kollegen oder Freunden am nächsten Tag davon zu erzählen. Darin spiegelt sich auch die menschliche Eigenschaft, Coping-Ereignisse als Statussymbole zu verwenden: Konkurrenz und Wetteifern treiben uns zu höheren Leistungen an, und auf diese Weise sorgt die Endorphinbelohnung für verbesserte evolutionäre Fitness. Die Belohnungskaskade funktioniert übrigens auch durch Delegation: Auf jedem Fußballplatz werden Unmengen von Dopaminen und Endorphinen ausgeschüttet, wenn die eigene Mannschaft gewinnt (und Stresshormone, wenn der Gegner triumphiert).

Modernes Entertainment – ein pathetisches Rock-Konzert, Michael Jackson, die religiöse Inszenierung von U2 – bildet eine Fusion von Akrobatik und Kunst. Für den Künstler, der sich kräftig verausgaben muss, um den Beifall einzufahren, bringt es die totale Überdosis an Coping (ein Grund, weshalb Popstars oft an Suchtproblemen leiden). Aber auch das Publikum wird an der Endorphinausbeute beteiligt – eine rauschhafte Symbiose, die sich gegenseitig hochschaukelt. Jeder Hollywoodfilm arbeitet mit Coping-Mechanismen, die wir in diesem Fall auf einen Leinwandstellvertreter übertragen. Die Autoverfolgungsjagd, das in letzter Sekunde besiegte Monster, die erfolgreiche Eroberung des Sexualpartners – all das ist nichts anderes als ein »Melken« unserer Endorphinkaskade.

Auch die Berufe haben viel mit Coping zu tun. Ein Geschäft abschließen, einen Kunden gewinnen, Geld vermehren – ohne den Coping-Effekt würden wir dieses Spiel nicht mit derartiger Begeisterung und Ausdauer betreiben. Für berufliches Coping sind Aufgabenprofile wichtig, die uns weder unter- noch überfordern, also eine Bewältigung ohne allzu großen Stress zulassen.

Und genügend Anerkennung (zum Beispiel durch Lohn, aber auch soziale Zuneigung) bieten.

Im Coping-Programm des Körpers findet sich der Urgrund dafür, warum wir uns *wandeln,* anstatt wie Seegurken vor uns hinzutreiben (wahrscheinlich ist das eine Beleidigung der Seegurken). Coping macht Menschen süchtig nach Erfolg, nach Angstbewältigung und Anerkennung, nach Überwindung von Grenzen. Schon im quietschenden Glück der Babys und Kleinkinder, wenn sie eine neue Fähigkeit »freigeschaltet« haben, zeigt sich das. Coping ist der Schlüssel für den Erfindergeist, den Mut, die Sehnsucht nach Abenteuern, die Neugier nicht nur der Kindheit (eine Eigenschaft, die man durch schlechte Pädagogik und stupide Schulen, wie wir alle wissen, leicht zerstören kann).

Wir sind das Produkt all unserer Niederlagen, aber eben auch das Konstrukt unserer Erfolge. Unser Selbstgefühl hängt existentiell davon ab, wie oft wir uns mit Herzklopfen etwas getraut haben. »Wenn eine Belastung sich als kontrollierbar erweist, kehrt sich plötzlich alles um«, so der Hirnforscher Gerald Hüther. »Aus Bedrohung wird Herausforderung, aus Angst wird Zuversicht, aus Ohnmacht wird Wille.«[2] Coping kann uns zu Höchstleistungen antreiben, wenn wir diesen Mechanismus im Laufe unseres Lebens trainieren und »hochtunen« – dann entsteht, was Psychologen »Selbstwirksamkeit« nennen. Menschen hingegen nachhaltig unglücklich zu machen, geht noch einfacher: Man muss ihnen nur jede Möglichkeit nehmen, etwas eigenständig zu bewirken.

Das neuronale Lernen

Während die Erregungs- und Belohnungskaskade aktiv ist, läuft in unserem Hirn ein interessanter Prozess der Reprogrammierung ab. Die hochdosierten Substanzen, die unser Hirn im Coping-Fall durchfluten, wirken gleichzeitig als Bahnungen in unseren neuronalen Strukturen. Sie überbrücken die Spalten zwischen

den Dendriten, jenen Schaltstellen, die zwischen den Nervenzellen Kontakte herstellen. Sie verlegen »Leitungen«, wo vorher
nur undifferenziertes neuronales Gewebe vorherrschte. Auf diese
Weise wird unser Hirn durch Erfolg regelrecht umgebaut. Schon
Freud erkannte diesen Effekt, obwohl zu seiner Zeit die Hirnforschung noch in den Kinderschuhen steckte: »In ihrem Übergang
von einem Neuron zum anderen hat die Erregung einen bestimmten Widerstand zu überwinden ... die Erregung bevorzugt in der
Folge den gebahnten Weg vor einem nicht gebahnten.«[3]
Hier haben wir den Schlüssel zu den Fundamenten der menschlichen Entwicklung. Wenn Kinder an der aktiven Entdeckung
und Bewältigung ihrer Umwelt gehindert werden, bleiben ihre
Hirne unreif. Bei Lottogewinnern übersteigt die Prozentzahl der
Depressiven den Durchschnitt der Bevölkerung erheblich. Trifft
das Geldglück eher die Unglücklichen? Nein: Weil Lottogewin-
ner den Erfolg nicht durch Leistung und Anstrengung *erarbeitet*
haben, geraten sie oft in eine Selbstabwertungsspirale. Es »nicht
verdient zu haben« ist so ziemlich das Gegenteil von Coping.

Die neuronalen Effekte des Coping bieten auch den Schlüssel
zu Suchtproblemen und diversen inneren Schweinehunden, mit
denen wir im Laufe unseres Lebens Bekanntschaft machen. Jeder,
der nachts durch geheimnisvolle neuronale Verschaltungen an
den Kühlschrank getrieben wird, weiß dies. Fette und Zucker wirken als Antistressoren. Machen wir zu wenig schöpferische, vitale,
erotische Erfahrungen (können, wollen), wird das Essen gern zum
Ersatz. Und schon haben wir ein Gewichtsproblem (das Ganze
funktioniert auch in die andere Richtung. Mit Nichtessen können
wir Aufmerksamkeit erzwingen; das Programm Magersucht).

Die Kehrseite der Bewältigungseuphorie besteht im Wieder-
holungszwang. Wenn wir in der Kindheit das erste Skirennen
mit einem Trick gewannen (wir haben den Konkurrenten mit
Schokolade bestochen), dann werden wir diesen Trick auf die
eine oder andere Weise wiederholen – durch subtile Bestechungs-
techniken, die wir selbst vielleicht nicht einmal bemerken. Haben

wir mit einer ausgefallenen Methode das erste Mädchen zum Küssen (oder mehr) bewegt, neigen wir dazu, dieselben Strategien immer wieder einzusetzen – auch dann, wenn das schnurstracks ins Liebesunglück führt.

Mit fortschreitendem Alter neigen wir häufiger dazu, den Weg abzukürzen. Schokolade macht zumindest kleine Dosen endorphinähnlicher Substanzen verfügbar. Alkohol kann eine kurzzeitige Euphorie hervorrufen, die einem Endorphinkick ähnelt.[4] Der Kauf von Konsumgütern der teuren Art erfreut uns deshalb so sehr, weil sich darin ein fernes Echo früherer Jagderfolge zeigt – statt des Speers zücken wir einfach die Kreditkarte. Die Konsumindustrie wäre schlecht beraten, wenn sie all diese Mechanismen nicht ausnutzte. Sie bietet uns eine schier unendliche Fülle von Endorphinersatz: Autos, in denen wir uns fühlen dürfen wie der stärkste und schnellste Jäger. Modelleisenbahnen, mit denen wir die Totalkontrolle über ein komplettes Universum übernehmen können (ich habe allerdings nie verstanden, warum so viele Männerhirne Endorphin ausschütten, wenn sie eine Lokomotive immer im Kreis herum fernsteuern). Cremes oder Parfüms, die jung, glücklich und begehrt machen. Hochdruckreiniger, mit denen man an Samstagen gnadenlos die Umwelt verschönern kann … *Yes we can!*

Können wir wirklich? Coping ist nur echtes Coping, wenn wir eine *selbstgewählte* Herausforderung bewältigen. Aber diese Wahrheit lässt sich ebenfalls austricksen. Jede fanatische Bewegung oder totalitäre Partei bedient sich des Übertragungsmechanismus auf den Großen Führer oder das endgültige magische Weltrezept. So beschreibt Diane Benscoter ihre Erlebnisse in der Mun-Sekte als eine »viral-memetische Infektion« – die Herstellung einer Pseudo-Coping-Erfahrung durch Gemeinschaft und Verzückung.[5]

So sehr uns die Coping-Kaskade auch antreibt und zum Wandel motiviert, so tückisch können ihre Verschaltungsfehler sein. Die Schmerzbahnen im Hirn liegen in unmittelbarer Nähe der Areale für Glücksgefühle, beides ist aus neurologischer Sicht manchmal nicht zu unterscheiden. Wenn in unserer Kindheit eine Coping-Erfahrung mit einer Schmerzerfahrung kombiniert war (eine negative Handlung, die an uns vorgenommen wurde, zu einem erstaunlichen Kontrollerfolg führte), empfinden wir unter Umständen später Lust am Misshandeltwerden – eine masochistische Struktur entsteht. Werden wir durch Gewalt und Fremdbestimmung an der Entwicklung eigener Coping-Routinen gehindert, übertragen wir das möglicherweise auf unsere Mitmenschen. Und so lassen sich die Endorphine und Dopamine, die molekularen Botschafter des Wandels, auch in den Augen von Kindersoldaten sehen oder im Gesicht des Amokläufers, der, nachdem er zehn Klassenkameraden und fünf Lehrer »abgeknipst« hat, bereit ist, sich selbst zu richten.

Wie kann man solchen Fehlsteuerungen entgegenwirken? Menschen machen sich nicht erst seit heute Gedanken über diese Frage. All unsere kulturellen Errungenschaften, all die Mühen unserer »Übungssysteme« und Disziplinarmaßnahmen, dienen immer dem Zweck, Coping in die weniger katastrophalen und asozialen Bahnen zu lenken. Fernöstliche Philosophie lehrt uns, den »Erregungsapparat« zurückzunehmen, der mit bestimmten Glücks- und Lusterwartungen verbunden ist, und dadurch das ständige Leiden, die Frustration an der Realität zu vermindern. Das stark gewachsene Interesse an Yoga zeugt von der tiefen Sehnsucht, unsere endorphinprogrammierte Psyche in den Griff zu bekommen. Aber haben wir gegen diese molekularen Mächte überhaupt eine Chance? Immerhin wurden sie in Millionen Jahre dauernder Evolution als Mittel zum Überleben geformt. Ziehen Menschen nicht am Ende immer den Coping-Ersatz dem echten Wandel vor? Muss eine Wohlstandsgesellschaft nicht zwangsläufig den ganzen Möglichkeitsraum mit Ersatzbelohnungen überschwemmen? Zeigt das Beispiel der Bypässe nicht, dass wir den Tod in Kauf nehmen, statt uns zu wandeln?

Wandel durch Freude: die Glückstherapie

Dr. Dean Ornish, Gründer des Instituts für präventive Medizin in Sausalito, Kalifornien, begleitet seit vielen Jahren Koronarpatienten bei Verhaltenswandelprozessen. Seine Ergebnisse sind beeindruckend: Eine maßvoll vegetarische Ernährung mit rund 10 Prozent Fettanteil plus mäßiger Sport plus definitiv weniger Stress kann eine beginnende Herzkranzgefäßverengung praktisch umkehren.[6] Man kann den Bypass also verhindern.

Im Jahre 1993 führte Ornish seine erste kontrollierte Großstudie durch. 333 Patienten mit Herzkranzgefäßverengung wurden ausgewählt und in mehrere Gruppen aufgeteilt, die mit verschiedenen Methoden versuchten, ihr Verhalten zu verändern. Einige nahmen Kurse in Meditation und Yoga, andere legten den Schwerpunkt auf Aerobic oder Joggen, alle gaben das Rauchen auf. Und alle stellten ihre Ernährung um. Das Programm selbst dauerte nur ein Jahr. Nach drei Jahren hatten 77 Prozent der Patienten ihre neuen Verhaltensweisen beibehalten, wobei die verschiedenen Strategien eine geringere Rolle spielten als die Ernährung. Millionen Dollar für Stents und Bypässe wurden gespart, Todesangst und Leiden vermieden.

Das klassische behavioristische Menschenbild, das derzeit in der Kindererziehung eine Renaissance zu erleben scheint, sieht menschliches Verhalten als logisches Resultat von Anreiz und Bestrafung. Aber Strafe erzeugt Trotz und Rebellion. Anreiz erzeugt Misstrauen. Und die Drohung mit dem Tod führt eher zur Regression als zur Anstrengung. »Negative Informationen über Gesundheit zu geben, ist meistens der falsche Weg«, sagt Ornish. »Leuten, die einsam, depressiv und gestresst sind, zu sagen, dass sie sterben werden, ist kontraproduktiv. Wer möchte schon länger leben, wenn er sich in ständigem körperlichem und emotionalem Schmerz befindet? Er will über den nächsten Tag kommen, und dazu greift er zu fetten Speisen oder zur Zigarette.«[7]

Ornish erkannte, dass hinter den koronaren Biographien, den inneren Fettablagerungen seiner Patienten, eine Depression steckte, die sich im Lauf eines langen Lebens in ein kompensatorisches Ess- und Bewegungsverhalten verwandelt hatte. Er behandelte daher nicht die Oberfläche, sondern das dahinterliegende Bewusstsein.

Anstatt mit Druck zu arbeiten, infizierte Ornish seine Patienten mit Lebenslust – und überzeugte sie durch Erfahrung. Erotik, Essen, die Wahrnehmung des eigenen Körpers, selbst einfache Spaziergänge erhielten eine neue Erlebnisqualität. Die Patienten entdeckten verschüttete sinnliche Genüsse und begannen sich plötzlich für neue Erfahrungen zu interessieren. Viele beschäftigten sich nun mit den »Anschlussstellen«, die sie in einer bestimmten Phase ihrer seelisch-geistigen Entwicklung verpasst hatten.

Das »Reframing« der Erfahrung

Machen wir ein Experiment: Wir füllen Zucker in eine Dose und versehen diese mit dem Schild »Zyankali«. Dann versuchen wir, den Zucker in unseren Kaffee zu tun. Natürlich wissen wir, dass normaler Zucker in der Dose ist. Trotzdem schmeckt der Kaffee anders.

Paul Rozin und Carol Nemeroff, zwei amerikanische Verhaltenspsychologen, haben verschiedene Experimente dieser Art durchgeführt. Sie legten Studenten Süßigkeiten vor, die wie Hundescheiße aussahen. Oder »labelten« Limonadeflaschen mit Radioaktivzeichen. Und sagten den Probanden einmal, dass garantiert keine Radioaktivität darin sei. Ein andermal sagten sie gar nichts. Ein drittes Mal führten sie einen Dialog, dass Radioaktivität eigentlich völlig harmlos sei.[8]

Wenn wir unsicher sind, wie wir ein Phänomen beurteilen sollen, nehmen wir die letzte mit dem Thema assoziierte Information und legen sie als Maßstab für alle weiteren Erkenntnisse und

Erfahrungen an. Dabei wird meist die Information vorgezogen, die die stärksten und eindrucksvollsten Bilder hinterlässt. Dies ist der sogenannte Ankereffekt. Einen ähnlichen Ansatz verfolgt die Framing-Theorie. George Lakoff hat in seinem Buch »Don't Think of an Elephant« beschrieben, wie Frames, also »kognitive Rahmen«, die Art und Weise formen, wie wir die Welt sehen.[9] Im Kontext von Frames erweisen sich viele Dinge anders, als sie scheinen. Eine Bypass-Operation zum Beispiel ist sicherlich ein schrecklicher Eingriff. Aber im Licht der amerikanischen Statuskultur betrachtet, bedeutet sie auch noch etwas anderes, eine Art Ritterschlag. Wer einen Bypass »vorweisen kann«, vermittelt die Botschaft: *Ich bin wichtig. Ich bin gestresst, weil ich viel mehr gearbeitet habe als andere! Ich bin ein harter Kerl, und deshalb hat man stolze 100 000 Dollar in mein Herz investiert!*

Im Umkehrschluss bedeutet dies jedoch, dass es erst gelingen kann, das koronare Leiden auf breiter Front zu verringern, wenn neue Frames entstehen. Wenn andere, stärkere Statuskriterien entstehen als die an den Hochaltären des Geldes und der Karriere. Wenn die Anker sich wandeln, die Kriterien, mit denen wir die Welt sehen, wird es oftmals einfacher, persönlichen Wandel zu vollziehen.

Wandel durch Freunde: die Soziale-Ansteckungs-Theorie

Was wäre also die beste Methode, um »unser Leben zu ändern«? Was tun, wenn wir glücklicher, gesünder, klüger, aktiver, intelligenter, gelassener, souveräner oder einfach nur dünner werden wollen?

Folgt man den Erkenntnissen des Sozialmediziners Nicholas Christakis von der Harvard Medical School, müssten wir lediglich unseren Freundeskreis ändern! Wir müssten uns mit glücklicheren, gesünderen, klügeren, aktiveren, intelligenteren, gelasseneren, souveräneren, sportlicheren Menschen umgeben. Und im Grunde wissen wir alle längst, dass das stimmt.

Christakis, der sowohl die sozialen Hintergründen von Herzerkrankungen erforscht als auch in der neuen Glücksforschung arbeitet, fand heraus, dass Lebenszufriedenheit, aber auch die Anfälligkeit für Krankheiten wie etwa Fettleibigkeit mit einer spezifischen Struktur sozialer Verankerungen verbunden ist. Jeder Zustand bildet dabei eine andere Sozialmatrix.

Die Matrix für »Lebensglück« sieht nach den Erkenntnissen von Christakis so aus: Nahe Freunde spielen eine erhebliche Rolle, aber auch Nachbarn, mit denen man Tür an Tür wohnt. Für das persönliche Lebensglück sind Geschwister hingegen wenig entscheidend. Sogar der Ehepartner bestimmt nur wenig unser Glücksempfinden! Glück scheint eher eine »Freundesangelegenheit« zu sein, bei Männern wie bei Frauen.

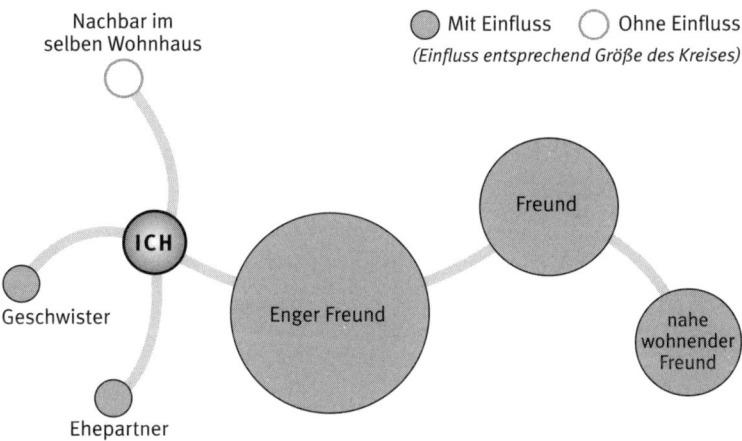

Abb. 8: Sozialer Einfluss für Glück, nach Christakis/Fowler, New England Journal of Medicine, Januar 2009

Auch im Falle von Übergewicht spielen Ehepartner und Geschwister keine allzu große Rolle (wenngleich eine deutlich größere als beim Thema Lebensglück). Wer Übergewicht hat, hat jedoch immer einen sehr guten, intimen Freund, der ebenfalls übergewichtig ist, und meistens noch einen weiter entfernten, ebenfalls schweren Freund (einen »Fernanker«). Es bildet sich offenbar eine »peer chain«, eine Beziehungskette, die das Übergewicht wenn nicht »produziert«, so doch stützt.

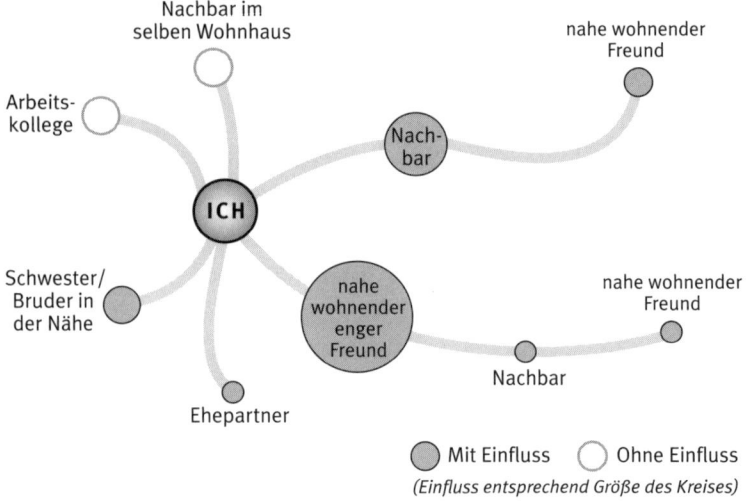

Abb. 9: Sozialer Einfluss bei Fettleibigkeit,
nach Christakis/Fowler

Diese Ergebnisse bestätigen viele Vermutungen der neuen Sozialforschung. In unserer Kultur werden verwandtschaftliche Bindungen offenbar zunehmend von selbstgewählten Freundschaftsnetzen überlagert. Ehepartner und Geschwister werden gewissermaßen »emotional neutralisiert« – sie sind zwar da und vorhanden, werden aber kaum als Bezugsinstanzen wahrgenommen (sie sind »selbstverständlich«). Als Orientierungshilfen dienen eher der Freund oder die beste Freundin, Cliquen, modische Zeichensysteme oder auch Stars, die man aus der Ferne bewundert.

Auf diese Weise entsteht eine neue Auswahl sozialer Verhaltensweisen. Fettleibigkeit entwickelt sich nicht von heute auf morgen, sie ist Ergebnis eines langen geistig-körperlichen Prozesses, in dem es auch um »Tröstung« und »Komfort« geht. Ehepartner werden eher versuchen, uns zum Halten unseres Gewichts zu veranlassen. Wenn wir jedoch sehen, wie unsere besten Freunde zunehmen, ändert das unsere Vorstellung (unseren Frame) dessen, was akzeptables Körpergewicht ist. Mit meinem besten Freund fühle ich mich wohl, er setzt mich (anders als der Lebenspartner) nicht sozial unter Druck. Und das »ankert« unser Dicksein psychologisch als Wohlsein.[10]

Im Modell der sozialen Ansteckung finden wir viele Alltagserfahrungen bestätigt. Wenn die Kinder sich mit den falschen Freunden treffen, sind wir völlig zu Recht besorgt – die Übertragung negativer Verhaltensweisen wird tatsächlich enorm beschleunigt (positiver gottlob auch). Werden Unternehmen von negativem Denken infiziert, ist es für das Management fast unmöglich, durch Motivation entgegenzuwirken. Besonders das Angestelltendasein mit seinen verdichteten, durch Statuskonkurrenz aufgeheizten Netzwerken führt zu regelrechten Epidemien, in denen sich die Mitarbeiter mit Opferdenken, Negativität und Mobbing unentwegt aufs Neue anstecken.

Das ist das eigentlich Besondere an modernen Gesellschaften: Die Verhaltensnetzwerke werden ständig variabler. Das ist, entgegen der allgemeinen Zerfallsklage, eine gute Botschaft. In Flexibilitätskulturen fällt persönlicher Wandel leichter, weil man seine sozialen Beziehungen leichter neu arrangieren kann. Wer ernsthaft mit dem Rauchen aufhört, wird auch seine rauchenden Freunde hinter sich lassen müssen. Wer Kinder bekommt, benötigt über kurz oder lang ein anderes Lebensnetzwerk als das der partyverliebten Singles. Wer seine negativen Welthaltungen, seine Depressionen und Opfergefühle überwinden will, wird nicht daran vorbeikommen, zunächst seine »Co-Abhängigen« zu verlassen, jene Ankerpersonen in seinem Umfeld, die sich mit ihm in einer Negativsymbiose befinden.

Während in traditionalen Gesellschaften diejenigen, die noch etwas wollen, kaum eine andere Möglichkeit hatten, als wegzu-

gehen, bietet unsere angeblich so haltlose Kultur neue Rahmenbedingungen des Wandels. Unsere Kinder, die ein Jahr ins Ausland
reisen, kommen verwandelt zurück. Wenn wir den Mut haben,
eine Reise um die Welt anzutreten (nicht nur als Touristen), verändert das unseren Horizont. Wer seine soziale Umgebung, seine
Berufsgruppe oder sein Milieu verändert, verändert damit auch
sich selbst.

Das Paradox des Optimismus

Fast vermissen wir ein wenig die hektisch auf Bühnen herum-
brüllenden Motivationsgurus, die vor nicht allzu langer Zeit die
Hallen füllten. Wie war das doch gleich? Alle Probleme sind
die Resultate von inneren Programmen. Demzufolge hätten die
Gurus mehr als recht gehabt. *Lerne, deinen inneren Adler freizu-
lassen! Du kannst das Unmögliche! TSCHAKA!*
   Wie wunderbar! Vom »Huhn« zum »Adler« in nur zehn Schnell-
kursen à 500 Euro! Sind wir nicht tatsächlich alle Opfer unseres
fundamentalen Mangels an Selbstwertgefühl, unseres mickrigen
Egos? »Positive Thinking« ist eigentlich alles, was wir brauchen, und
schon werden neue Erfahrungen von Ruhm, Erfolg, erotischer Karriere *über uns kommen!* Eine Menge Karrieren haben sich um diese
einfache und durchaus plausible Idee herum gegründet. Ganze
Sekten sind auf ihrer Grundlage entstanden, etwa Scientology, wo
es darum geht, durch ein deprogrammierendes Kurssystem zum
»Obersten Thetan«, zum echten Weltchef zu werden. Für 20 000
Euro Kursgebühr kann man dann so lachen wie Tom Cruise.
   Warum ist es um die Motivationsbewegung so still geworden?
Die Coping-Kaskade, zusammen mit der Framing- und der Ankerungstheorie, kann uns einige Hinweise bieten. Das Selbstwert-
gefühl ist in der Tat eine entscheidende Kategorie für den persön-
lichen Wandel. Aber der Mangel daran lässt sich nicht durch reine
Geisteskraft beseitigen. Sondern eben nur durch Coping selbst.

Man muss andere Erfahrungen machen, um zu jemand anderem zu werden. Ein lediglich simuliertes positives Denken ist sogar schädlich, weil es Coping-Erfahrungen eher sabotiert als ermöglicht. Der Verhaltensforscher Thomas Langens von der Universität Wuppertal experimentierte mit seinen Studenten und deren positiven Zielvorstellungen. Das Ergebnis schien auf den ersten Blick die klassischen Idee des Positive Thinking zu untermauern: Motivierte, selbstbewusste Studenten waren in deutlich abgrenzbaren Situationen, bei Prüfungen zum Beispiel, eindeutig leistungsfähiger. Aber Langens fand auch einen strategischen Negativeffekt bei *zu* optimistischer Denkweise. Da man bereits als geschafft vorwegnehme, was erst noch durch Arbeit erreicht werden müsse, könne die Motivation gelähmt werden. Die Probanden mit hoher Kompetenz und sehr gutem Selbstwertgefühl riskierten auf Dauer ihre Fitness, weil sie ihre Erfolge als gegeben voraussetzten und das Coping einfach »vorausbuchten«. Bei bestandener Prüfung stellte sich kein Euphoriegefühl mehr ein, die Belohnung blieb aus. Und damit ein selbstverstärkender Lerneffekt.[11] In dieselbe Richtung weist die Erkenntnis, dass Studenten, die eine sehr hohe Selbsteinschätzung besitzen, weniger Bewerbungen schreiben, weniger über Berufsbilder und Firmendetails recherchieren und sich weniger Mühe bei Bewerbungsgesprächen geben als ihre eher selbstkritischen Altersgenossen. Sie überinterpretieren ihre Chancen und bekommen prompt die schlechteren Jobs.

Optimismus ist im Grunde eine passive Haltung. Man vertraut darauf, dass alles schon irgendwie von alleine gut wird. Damit kann man schwer Schiffbruch erleiden. Bearbeitet man pessimistisch denkende Studenten vor einer Prüfung mit positiver Motivation, schneiden sie nicht besser, sondern *schlechter* ab. Deutlich besser werden sie, wenn sie ihre pessimistischen Erwartungen vorher im Geist durchspielen in Form eines Worst-case-Szenarios, von dem man sich danach leichter innerlich distanzieren kann: »Ich weiß, wie es ist, wenn es schiefgeht – das schreckt mich jetzt nicht mehr so sehr!«[12]

Aus all dem folgt, dass positives Denken wohldosiert angewendet werden muss: Disziplinierte, leistungsorientierte Menschen, die eine intrinsische Motivation in Richtung auf ein bestimmtes Ziel besitzen, sind mit konsequent optimistischem Denken gut beraten. Ein fleißig trainierender Sportler zum Beispiel, der sich den Sieg suggestiv vorstellt, kann dadurch seine Chancen verbessern. Er gewinnt den Wettbewerb tatsächlich »im Kopf«.

Begabte Menschen, die Schwierigkeiten mit kontinuierlicher Leistung und zielgerichteter Veränderung haben, sind mit Positive Thinking eher schlecht bedient. Ihr Hirn wird von einer positiven Selbstwahrnehmung eher berauscht – und nutzt die grandiose Fantasie als Legitimation, sich weniger anzustrengen.

Menschen mit starker Angst vor Misserfolgen und mangelndem Selbstwertgefühl lassen sich zwar kurzfristig mit heroischen Fantasien aufputschen. Aber wenn sich dann keine realen Erfolge einstellen, verstärkt das die pessimistische Grundhaltung und die Erfolgsangst nur noch mehr.

So lassen sich die vielen Pleiten in der Motivationsbranche erklären. Die Motivationstrainer hatten vor allem Menschen in ihren Kursen versammelt, die ein Problem hatten. Doch gerade bei dieser Klientel funktioniert das »Tschaka« am allerwenigsten. Diejenigen, bei denen es gewirkt hätte, haben einen Motivationstrainer eigentlich gar nicht nötig. Und Massenveranstaltungen sind zwar wunderbare Coping-Simulatoren, aber das Endorphin verrauscht relativ wirkungslos …

Martin Seligman, der Begründer der Positiven Psychologie, bringt das alles so auf den Punkt:

> »Wir haben herausgefunden, dass rein optimistische Statements, die man sich selbst gegenüber wiederholt, weder die Stimmungslage noch die Leistungsfähigkeit erhöhen. Die entscheidende Frage ist, wie man mit *negativen* Erfahrungen und Effekten umgeht.«[13]

Fatale Vergleiche

Dan Ariely zeigt in seinem Buch »Denken hilft zwar, nützt aber nichts«, wie neue Ankerungsprozesse in eine falsche, ja fatale Richtung führen können. Im Jahre 1976 verdiente ein Manager in den USA im Durchschnitt 36-mal mehr als ein Arbeiter. Im Jahre 1993 war es 131-mal, im Jahre 2007, kurz vor dem Finanzcrash, an die 500-mal so viel. Die Jahresgehälter in den oberen Etagen schossen dermaßen bizarr durch die Decke, dass die »irrationale Übertreibung« in den Abgrund führen musste, den wir dann 2008/09 erlebten. Die Firmen mussten schon allein deshalb ihre Profiterwartungen immer weiter nach oben schrauben, um die astronomischen Gehälter, Abfindungen und Boni ihrer Manager bezahlen zu können.

Aber warum konnten die Manager selbst, die Firmen, Unternehmenskulturen, Gewerkschaften, Shareholder das nicht verhindern? Gab es keine institutionelle Kontrolle? Warum versagten die Selbststeuerungsmechanismen der Wirtschaft, stimmten die Vertreter der Gewerkschaften regelmäßig für die völlig übertriebenen Gehälter?

Ariely zeigt, auf welche Weise Menschen Status immer im Kontext von Vergleichssystemen beurteilen. Zum Beispiel empfindet ein Mann sein Einkommen als »gut« oder »gerecht«, wenn er mit einer Frau verheiratet ist, deren Schwester mit einem Mann verheiratet ist, der deutlich *weniger* verdient als er selbst. Verdient der Schwager *mehr,* erhöht sich der Ehrgeiz, aber auch die Unzufriedenheit enorm.

Für Managergehälter galt lange Zeit ein moderater Rahmen als verbindlich, der zwar die Komplexität der Leistung anerkannte, diese aber in Relation zum langfristigen, sicher erzielbaren Gewinn und zur Größe des Unternehmens setzte. Der befreundete Kollege diente als Orientierung oder ein vergleichbarer Posten in einem andern Konzern. Verträge wurden oft diskret und per Handschlag abgeschlossen.[14]

In den späten neunziger Jahren wurde in den USA durch ein Börsengesetz zwingend vorgeschrieben, die Managergehälter zu veröffentlichen. Gleichzeitig erlebten boulevardeske Wirtschaftsmedien, die auf Service und Rankings setzten, einen Boom. Die Folge waren lange Listen von Managereinkommen unter der Schlagzeile: »Wer verdient am meisten? – Die reichsten und mächtigsten Manager der Welt!«

Damit erhielt das System der Managergehälter einen neuen Anker. Bei Gehaltsverhandlungen schalteten sich professionelle Agenten und Headhunter ein, die Tantiemen prozentual zur Höhe des Abschlusses kassierten. Sie nutzten Verhandlungstechniken, wie sie aus Pokerspielen bekannt sind: Bluffen, Übertreiben, Hochspielen. Bald wurden einfach immer astronomischere Forderungen erhoben, und man einigte sich dann auf einen »Kompromiss« irgendwo in der Mitte (was natürlich immer noch bizarr hoch war). Eine Rückkoppelungseskalation entstand. Kein guter Manager konnte jetzt ein moderates Gehalt akzeptieren, ohne seine Reputation zu riskieren. Sein »geringes« Gehalt wäre sofort von den Medien als Zeichen der Schwäche gedeutet worden. Alle an diesem Spiel beteiligten mussten mitspielen, denn gute Führungskräfte sind knapp und begehrt.

Von solchen Fehlankerungen sind viele unserer Wahrnehmungen betroffen. Das Gefühl etwa, dass »die soziale Frage immer schlimmer wird«, dass »immer mehr Menschen verarmen« und »die ganze Welt immer ungerechter wird«, hat eher hier als in der sozialen Realität seine Ursache.

Nehmen wir den Osten Deutschlands. Die Löhne und Gehälter befinden sich hier auf etwa dem Vierfachen des Niveaus wie in den letzten Jahren der DDR, wenn wir die Kaufkraft berücksichtigen. Obwohl es viele Arbeitslose gibt, ist die Infrastruktur heute um ein Vielfaches besser als im maroden Sozialismus. Trotzdem herrscht ein allgemeines Gefühl von Verarmung auch bei den Mittelschichten; etwa die Hälfte der Ostdeutschen empfindet die neue Sozialordnung als ungerecht, ein gutes Drittel wünscht sich einen neuen Sozialismus. Denn niemand vergleicht seine Situation mit der Ausgangsposition – dem Niveau im DDR-Sozialismus –, sondern mit den Verhältnissen in Bonn, Paris, New York. Selektive Wahrnehmung führt dazu, dass aus der Diktatur nur jene Erinnerungen wachgehalten werden, in denen es um Geborgenheit und Sicherheit »im Kollektiv« ging. Bewohner des Ostens ankern ihren Vergleich im Westen – und müssen sich zwangsläufig ärmer fühlen.

Für den Bewohner Westdeutschlands sind wiederum die Maßstäbe des Wohlstands in den Coping-Gefühlen verankert, die in den Perioden starken Wirtschaftwachstums zwischen 1960 und 1980 entstanden. Im Vergleich zu den Wundern der damaligen Zeit fühlt er sich heute »immer ärmer«. Vergleichsanker werden immer nach oben korrigiert, wenn sich eine Zeitlang ein neuer Trend durchsetzt. Wenn, sagen wir, der Umsatz in einem Restaurant drei Jahre lang exorbitant gestiegen ist – um 30 Prozent jährlich, weil im Finanzboom die Spesenritter sich die Klinke in die Hand gaben und eine Champagnerflasche nach der anderen köpften – und dann in einem Jahr der Umsatz um 50 Prozent einbricht, ist das unter dem Strich immer noch eine kräftige Umsatzsteigerung. In der Zeitung (in unseren inneren Alarmglockensystemen) leuchten aber nur die 50 Prozent Verlust knallrot auf.

Es sind also die Vergleichssysteme, die jene Kultur der chronischen Unzufriedenheit, der permanenten *Vergleichsfrustration* erzeugen. Selbst wenn es uns subjektiv bessergeht, reden wir von objektiver Verschlechterung. Da die Medien ständig neue Extreme in den Wahrnehmungsraum schaufeln, steigt unser Gefühl ständiger Eskalation. Und genau das ist gefährlich.

Die Ankerung des Wandels

Könnte man Ankerungseffekte auch in die andere, in eine positive Richtung drehen und sie sich *zunutze* machen? Wie die Arbeit von Ornish gezeigt hat, kann man das menschliche Verhalten auch an der Sehnsucht nach Glück, Liebe und Gesundheit ankern. Wie lässt sich dieser Prozess bewusster und wirksamer gestalten, so dass er frühzeitig und alltäglich funktioniert?

Nehmen wir das Rauchen. Eine simple Drogenabhängigkeit, die uns mehrmals am Tag einen kleinen Kick leicht euphorisierender Substanzen verschafft und uns bei der Scham- und Verlegenheitsbewältigung hilft, da man durch das Hantieren mit dem Glimmstängel die Gefühle verbergen und Souveränität suggerieren kann. Mit dem Rauchen sind zudem bestimmte Statuszeichen verbunden. In armen Gesellschaften rauchen diejenigen, die sich sozial im Aufstieg wähnen – sie können sich etwas »Überflüssiges« leisten und demonstrieren es. In reichen Gesellschaften wird die Qualmerei mehr und mehr zum Unterschichtsphänomen.

Wie kann man von dieser lästigen, ungesunden Gewohnheit lassen? Gibt es Methoden, Hilfestellungen, die mehr sind als Appelle, Drohungen oder Nikotinpflaster?

Das Raucher-Entwöhnungsprogramm CARES auf den Philippinen (Committed Action to Reduce and End Smoking) wird von der »Green Bank of Caraga« angeboten. Ein Raucher, der sich zum Aufgeben entschlossen hat, eröffnet ein Konto. Für sechs Monate deponiert er dort alles Geld, das er durch den Nichtkauf von Zigaretten spart (der Kunde kann sogar einen Angestellten der Bank beauftragen, zu ihm nach Hause zu kommen und das Geld dort einzusammeln). Danach macht er einen Urintest, der den Nikotinwert im Blut misst. Wenn er tatsächlich durchgehalten hat, wird das Geld in eine Altersversicherung mit sehr günstigen Zuwachsraten umgewandelt. Wenn nicht, wird das Konto geschlossen und das Geld an eine gemeinnützige Organisation überwiesen, die sich lokal um die Armen kümmert.[15]

Was ist an diesem System neu? Mit dem Rauchen aufzuhören ist eine Abwägung zwischen kurzfristigem Gewinn und langfristigem Schrecken. Aber dadurch entsteht in unserem Inneren leicht ein »Kreislauf des Schreckens«-Syndrom.

Angenommen, wir haben drei Tage durchgehalten. Wir hatten eben ein stressiges Gespräch mit dem Chef. Eigentlich möchten wir uns jetzt eine anstecken, um denn Stresspegel zu senken. Aber wir erinnern uns plötzlich an die Abwägung: Wenn wir jetzt weitermachen, liegen wir in zwanzig, dreißig Jahren in einem Krankenhaus, mit einem unheilbaren Lungenkarzinom ... Bei dieser Vision steigt unser Stresspegel zwangsläufig weiter. Nun müssen wir uns *endgültig* eine anstecken, um uns zu beruhigen!

Mit Hilfe von CARES wird die Situation psychologisch anders *verankert*. Das Aufhören wird plötzlich eine Win-win-Operation. Man wird nicht bestraft, wenn man es nicht schafft. Man wird zwar auch nicht belohnt, aber dafür bekommt ein Bedürftiger etwas Gutes! Ist das nicht beruhigend?

Mit dem Internet sind solche Verabredungen noch eleganter zu machen. Nehmen Sie stikk.com. Dort kann man sein Vorhaben, 10 Kilo abzunehmen (oder zu Kollegen freundlicher zu sein oder freiwillige soziale Arbeit zu leisten), einer selbstgewählten Community öffentlich mitteilen. Ein möglicher Einsatz wäre es, 1000 Euro auf ein Konto zu überweisen. Bleibt die Waage am Stichtag über dem gesetzten Ziel, wird das Geld zum Beispiel als Spende an den Fußballverein St. Pauli überwiesen, wenn man selbst HSV-Fan ist. Schafft man es, wird ein Zins ausgezahlt oder ein Bonus des Arbeitsgebers oder es gibt eine Reise mit der Liebsten ...

Das Stikk-System arbeitet stärker mit der herkömmlichen Idee der Bestrafung. Aber entscheidende Unterschiede bestehen trotzdem: Erstens wird das Vorhaben einer wichtigen Gruppe von Peers verkündet. Zweitens spielt es eine Rolle, dass man die Strafe selbst bestimmt. So wirkt das Strafgeld für St. Pauli wie eine Spende, in der auch ein kleiner Coping-Kick verborgen ist.

Damit wird der Kreislauf von Versagensangst durchbrochen, der viele Wandlungsprozesse von vornherein sabotiert.

Manchmal kann auch nur eine einfache Information helfen. Wenn man übergewichtigen Menschen mit Diabetes Typ 2 ärztlich verordnet, Gewicht zu verlieren und mehr Sport zu treiben, kommt meist nicht viel dabei heraus. Wenn man denselben Patienten allerdings einen Ausdruck ihres Gencodes zeigt, aus dem deutlich wird, dass ihr Diabetes-Typ in hohem Maß von den Eltern und Großeltern vererbt ist, steigt plötzlich die Bereitschaft zur Wandlung stark an.[16] Wäre es nicht andersherum zu erwarten: Wenn der Schaden vererbt worden ist, kann ich ja ohnehin nichts machen? Nein, denn das »Urteil der Gene« wirkt psychologisch entlastend, jetzt hat man endlich einen Anker und die Schuldgefühle (die Grund für das Kompensationsverhalten sind) schrumpfen. Es setzt eine Coping-Trotzreaktion ein: *Mal sehen, ob wir das nicht trotzdem schaffen!*

Die hinter all diesen Überlegungen stehende neue Wissenschaft nennt sich »Rational Choice Theory«, und wir werden ihr noch begegnen. Überall in unserer sozialen Umwelt lassen sich nun Wahlarchitekturen entwickeln, die »Entscheidungsentlastungen« ermöglichen. Das bedeutet nicht, dass jeder Einzelne nun garantiert »sein Leben ändert«. Aber es bedeutet, dass wir die Erfolgsraten von Wandlungsversuchen erhöhen können.

Auch die Spieltheorie kann uns dabei weiterhelfen, persönlichen Wandel besser zu gestalten. Der Physiker Len Fisher[17] hat aus ihr einige sinnvolle Alltags-Wandel-Hilfen destilliert: *Bleib, wenn du gewinnst, geh weiter, wenn du verlierst.* Wenn eine Kooperation mit Freunden, Verwandten, Kollegen, Geschäftspartnern funktioniert, vertiefe diese Beziehungen, denn Vertrauen schafft immer mehr Vorteile. Wenn das Gefühl überwiegt, die anderen Spieler überreizen ihre Optionen oder spielen unfair, verlasse die Situation (das ist oft leichter gesagt als getan, aber die Möglichkeit, das Spielfeld verlassen zu *können*, ist im Grunde immer die Voraussetzung für Erfolg und Wandel).

Bring einen neuen Spieler ins Spiel. Viele Konflikte und Probleme lassen sich lösen, wenn eine neutrale Figur das Spielfeld betritt, die plötzlich die Regeln und Bezugspunkte verändert. Dritte Spieler machen soziale Verträge stabiler, indem sie eine »Kontrollinstanz« bilden. Sie bilden Projektions- und Reflektionsflächen und üben nicht selten eine katalytische Funktion aus.

Reduziere deine Optionen. Oft scheitern wir in Wandelprozessen an einem Überangebot an Wahlmöglichkeiten. Wie das Wort »Entscheidung« aber schon sagt, geht es immer auch um den Verzicht auf das »andere Mögliche«. Als die spanischen Eroberer Südamerika erreichten, verbrannten viele Kommandanten ihre Schiffe, um der Mannschaft klarzumachen, dass es keinen Weg zurückgeben würde. Das ist drastisch, aber auch im privaten Leben kann es manchmal weiterhelfen »Brücken abzubrennen«.

Biete Vertrauen an. In normalen »Spielen« zwischen Menschen überwiegt das klassische Optimierungsstreben: Jeder möchte soviel wie möglich für sich selbst herausholen und seine Kosten minimieren. Wie wir in der privaten wie politischen Geschichte immer wieder sehen, führt das irgendwann zur Stagnation und zum miesen Kompromiss. Es gibt deshalb kaum eine bessere Methode des sozialen Wandels, als den Einsatz des Vertrauens zu erhöhen und in Vorleistung zu gehen.

Teile große Gruppen in kleine. Wandel hat es schwer, wenn der Grad der Vernetzung bei den Spielteilnehmern zu hoch ist. Deshalb der Satz »zu viele Köche verderben den Brei«, den man auch als »Wenn alle Senf hineinrühren, wird noch lange kein Pudding draus« übersetzen könnte. Die viel gelobten »sozialen Netzwerke« – Friendster, Facebook, Myspace –, in denen alle mit allen um siebenhundert Ecken »verlinkt« sind, sind mitunter nichts anderes als eine Taktik, nichts tun zu müssen (die !Kung-Strategie des permanenten Palavers lässt grüßen). Wandel fällt leichter, wenn wir ihn in überschaubaren, definierten Gruppen vollziehen, in denen jeder Einzelne Gesicht und Stimme und Präsenz aufweist.

HELDEN DES SELBST

Wachstum und Entwicklung unserer Persönlichkeit

*Wir haben nie nach uns gesucht – wie sollte es geschehen, dass wir
uns eines Tages fänden?*

Friedrich Nietzsche

*Die größte Gefahr für die meisten von uns ist nicht, dass unser
Ziel zu hoch ist und wir es verpassen, sondern dass es zu niedrig
ist und wir es erreichen.*

Michelangelo

*Derjenige, der andere kennt, ist weise. Derjenige, der sich selbst
kennt, ist erleuchtet.*

Laotse

Mein virtuelles Ich

Die wundersame Welt, die viele Jahre so etwas wie mein zweites
Zuhause war, begann direkt auf meinem Schreibtisch. Durch das
Fenster meines Computerbildschirms wanderte ich hinaus in ein
Abenteuer, *um mich selbst zu finden.*

Im November 2004 – ich weiß es noch wie heute – wurde mein
Avatar in der Nähe eines idyllischen Klosters geboren. Bekleidet
nur mit einem Wams, einer Hose, einfachen Lumpenschuhen,
stand ich mitten im idyllischen Wald von Elvyn, wo Vögel unter
riesigen alten Eichen zwitscherten und in den nahen Hügeln Bauern Weinstöcke bearbeiteten.

Anfangs war alles verstörend neu und ungewohnt. Die ungelen-
ken Bewegungen meiner Hände übersetzten sich nicht auf meinen virtuellen Körper. Das Laufen und Springen, der Umgang mit

Waffen und Kleidung, der Gebrauch von Kräutern und Getränken, der Umgang mit den »Questgebern«, den Auftraggebern der anderen Welt, all das verursachte Gefühle von Peinlichkeit und Not. Gleich zu Beginn teilte mir eine blonde Fee in der Kathedrale den Wunsch mit, im nahen Dickicht Wölfe zu töten und Räuber und Gnome zu fangen. Ich stellte mich schrecklich blöd an, starb unzählige Male, erwachte auf dem Friedhof, verirrte mich, wurde von Räubern verprügelt ...

Aber ich wuchs und gedieh. Lernte Alchemie und Kräuterkunde, spezialisierte mich mehrmals im Lauf meines avatarischen Lebens, erst auf dunkle Schattenmagie, dann auf die Kunst des Heilens. Mutig zog ich hinaus in die Spinnenwälder, überquerte die roten Gebirge, durchwanderte die gewaltigen Canyons, die Sumpfgebiete, die zerstörten Landschaften der Pestländer, schlug mich durch Katakomben und zerstörte Städte voller Zombies, besuchte die Oberflächen zersplitterter Monde, über denen die Farbnebel der Galaxie waberten. Ich schlug Schlachten ungeheuren Ausmaßes, rettete andere Helden, bekämpfte gigantische Drachen und Monster, deren grauenhaftes Aussehen jeden Sterblichen im Mark erschütterte. Ich lernte, auf einem gezähmten Purpurdrachen zu fliegen. Mich in ein Schaf zu verwandeln. Ich hortete Gold und wurde reich.

Ich zog aus, um das Fürchten zu lernen. Um die Angst zu überwinden und das Siegen zu verstehen.

Noch heute beginnt mein Herz zu klopfen, wenn ich auf meinem großen Flugdrachen in eine neue Landschaft eintauche, begleitet von den Klängen sphärischer Musik. Wenn am Beginn einer Schlacht die Fanfare ertönt. Wenn am Ende eines gewaltigen Raids (eines Feldzugs, den man mit bis zu 40 anderen Spielern unternimmt) das große Monster in den letzten Zuckungen liegt ...

World of Warcraft, kurz WOW, ist das größte virtuelle Simulationsspiel der Welt – und Anlass für einen der hartnäckigsten Kulturkriege, in dem von allen Seiten mit harten Bandagen gekämpft wird. Weit über zehn Millionen Menschen in 50 Ländern spielen es fast täglich, Kinder wie Erwachsene, Männer wie Frauen (der älteste Spieler, den ich persönlich kenne, ist 84 Jahre alt). Manches, was über das Spiel als Gerücht kursiert, ist purer Unsinn, etwa dass es zu Gewalt, Kriminalität oder asozialem Verhalten anhält (im Vergleich zu jedem beliebigen Fernsehkrimi ist die Gewalt eher symbolisch, in gewisser Weise abstrakt-mathematisch). Aber einiges ist sogar wahrer als wahr: Wer anfängt, sich in dieses Alternativuniversum zu begeben, ist in gewisser Weise verloren. Das Sozialleben verändert sich. Familien geraten in die Krise. Beziehungen zerbröseln (ich selbst konnte das nur vermeiden, weil ich *mit* meiner Familie spielte; zumindest mit meinen beiden Söhnen).

Um zu verstehen, wie WOW Menschen regelrecht in sich hineinsaugt, reicht es allerdings nicht, die üblichen Klischees der »Computersucht« zu bemühen. Das Spiel macht weder einsam, im Gegenteil, noch unsozial, weder dumm noch faul. Das Spiel ist vielmehr so etwas wie die Essenz menschlichen Lebens und Wandels. Es hat das Zeug, die Wirklichkeit komplett zu substituieren. Und gerade deshalb lehrt es eine Menge über das, was Wirklichkeit eigentlich ist.

Zunächst spricht WOW so gut wie alle Meme der Kulturgeschichte an. Alle archaischen Bilder und Mythen, die sich im Lauf der Menschheitsgeschichte herausgebildet haben. Es ist ein dreidimensionales Märchenbuch, in das man hineingehen kann. Es gibt fantastische Landschaften – bedrohliche, idyllische, üppige, karge. Bizarre Burgen und riesige Städte. Orks, Zwerge, Untote, Engel, Feen, Mammuts, Drachen – die ganze Palette der Sagengestalten, die man in religiösen Werken, in Opern, Epen, Sagenbüchern findet. Alle Kulturen der Erde, von den Jägern und Sammlern über die Maya bis zu den mittelalterlichen Heldenlegenden werden zitiert, variiert. Dazu heroische Musik, die irgendwo zwischen Wagner, Gershwin und Sibelius angesiedelt ist. Übrigens gespielt von einem echten Symphonieorchester.

WOW ist ein genuin soziales Spiel, in dem Kooperation die zentrale Rolle spielt. Angewandte Spieltheorie: Millionen von Spielern müssen mit ihren Avataren Aufgaben lösen, die sie allein nicht bewältigen können. Dabei nutzen sie eine Vielzahl von kommunikativen Symbolen und einen virtuellen Dialekt, den außerhalb des Spiels niemand versteht. Prinzipiell ist man frei, seinen Gefühlen und Prägungen zu folgen: Man kann »cheaten«, also betrügen. Oder kooperieren. Man kann unhöflich, kühl, raffgierig, warmherzig handeln. Das WOW-Universum bildet eine Kultur der sozialen (Selbst-)Reflexion.

Das Suchtprogramm des Spiels funktioniert direkt über die Coping-Funktion: Es geht um alle Dimensionen des Beutemachens, des Überwindens von Gefahr, des Meisterns von Rätselaufgaben. Den finstersten »dungeon«, ein riesiges Verlies voller tödlicher Gefahren, mit 24 Mitspielern zu überleben und dabei reichlich Gold, Waffen und Ornat einzusacken, schüttet gewaltige Mengen der in den letzten Kapiteln beschriebenen Neurosubstanzen aus. WOW-Spieler sind Dopamin-Junkies. Dieselben endokrinen Zustände, denen wir bei Sex, Arbeit, Liebe, Kunst begegnen, sind in dieser Welt in Hülle und Fülle und fast ohne Nebenwirkungen zu haben. Wer den Großdrachen besiegt, ist garantiert im Endorphin-Dopamin-High.

Noch Fragen?

Die zentrale Ankerung findet jedoch in der Figur des Avatars, des Stellvertreters, statt, den wir im jahrelangen Verlauf des Spieles zu einem eigenständigen Charakter ausformen. Nicht umsonst heißen Spiele wie WOW »Massive Online Role Playing Game«: Es sind Rollenspiele, in denen wir unsere Persönlichkeit in einer Rolle verdoppeln und gleichzeitig spiegeln. Man kann einen gehässigen oder gemeinen Charakter entwickeln, einen weisen oder magischen, einen starken oder raffinierten – alle Abstufungen menschlicher Charaktere stehen zur Verfügung. Man kann Gnom oder Troll sein, Schurke oder Blutritter, Untoter oder Schamane, heilig oder dunkel. *Wer bin ich? Und wenn ja, wie viele?* Wir spielen uns selbst. Wir werden, wer wir sind.

In der Maya-Kultur verfügte jeder Krieger, jeder Adlige, verfügten selbst Mitglieder der niedrigen Schichten über einen »ulay«, ein symbolisches Tier, das ihn das ganze Leben begleitete und eine Variante seines Charakters darstellte. Robbie Cooper, ein New Yorker Videokünstler und Fotograf, hat im Jahr 2007 Rollenspiel-Spieler und ihre Avatare fotografiert. Ein mehrfach behindertes Kind. Eine allein erziehende Mutter. Einen übergewichtigen Jungen. Selbst wenn man die Biographiedetails der Spieler nicht kennt, wird die produktive Spannung zwischen erster und sekundärer Identität deutlich. Der Avatar funktioniert wie ein Coach: Er zwingt uns zu einer Abwägung: *Kompensation* oder *Verstärkung*. Wollen wir unsere eigenen Prägungen und Charaktereigenschaften eher verstärken? Oder wollen wir versuchen, im virtuellen Raum ein ganz anderer zu sein?

Das Freischaltprinzip

Du musst dein Leben ändern! Dieser Schlachtruf klingt wie eine Drohung und ist doch gleichzeitig die Offenbarung der Moderne. Peter Sloterdijks gleichnamiges Buch aus dem Jahr 2009 verhandelt den historischen Sinn dieses Slogans: Menschen haben zu allen Zeiten Techniken des asketischen Übens praktiziert, um der Banalität und dem Schrecken des Lebens zu entkommen. Sie haben Räume konstruiert (Tempel, Ashrams, Enklaven), in denen die Regeln verändert und Zeit und Raum kontrolliert werden konnten.

Auch früher mussten sich Menschen ändern, wenn die Umwelt es erforderte und die Mitmenschen es erzwangen. Aber heute ist Selbstveränderung das zentrale Versprechen, aus dem unsere Hoffnungen, unsere Wünsche und Lebenserwartungen zusammengesetzt sind. Hinter der Sehnsucht nach Selbstentwicklung steht ein tiefer evolutionärer Impuls: Das Leben kann nicht »einfach nur gelebt werden«. Es braucht einen höheren Sinn, eine Vorwärtsdimension. Aus dieser vertikalen und horizontalen Spannung

Abb. 10: Reale Menschen und ihre Avatare
aus dem Buch von Robbie Cooper, Julian Dibbel und Tracy Spaight:
»Alter Ego: Avatars and Their Creators«. London 2007

entstehen Religion und Philosophie, wächst die Idee der Kunst, die Sehnsucht nach Überwindung der Grenzen. Im Schnittpunkt dieser Achsen entsteht die Utopie der Selbstentwicklung: Wir sind Primaten, aber wir wollen »Primus« werden – einmalig und unverwechselbar. Nur: Wie stellen wir das an?

Eines der zentralen Instrumente zur Einübung der Selbstwerdung sind die Medien. In einer Individualkultur bilden sie so etwas wie ein gigantisches Kaleidoskop, in dessen Tausenden Facetten wir unsere Persönlichkeit spiegeln können.

Seit Anbeginn haben Menschen ihre Identität in Geschichten gesucht. Die ersten »Selbsterfahrungsgruppen« fanden sich beim Storytelling unserer Ur-Vorfahren am Lagerfeuer zusammen (Humor, Spott, Auslachen inklusive). Im 18. Jahrhundert führte das Lesen von »skandalösen Romanen« zu einer Individualisierungswelle. Im Schreiben und Lesen wurden Normen und Sittlichkeit der Zeit infrage gestellt. Die elektronischen Medien multiplizieren nun diesen Effekt und tragen ihn in den hintersten Winkel der Erde. Sie bieten Petabytes von Storys, Geschichten, Dramen, Inszenierungen, in denen wir uns vergleichen können. *Sind wir so wie die? Können wir so sein? Wollen wir so sein?*

Selbstreflexion benötigt nicht, wie viele meinen, höhere Bildung und vornehme Ästhetik. Die viel geschmähten Trivialserien, die »Soaps«, haben großen Einfluss auf die Wertesysteme und ihren Wandel. Untersuchungen zeigen, dass die Telenovelas in Argentinien und die Bollywood-Dramen in Indien bei einem Millionenpublikum regelrechte Emanzipationsschübe auslösen, auch und gerade in den sozial schwachen Schichten: Durch die Dramatisierung von Rollenbildern zwischen Mann und Frau entstehen »Orientierungsleistungen«, die ganze Normensysteme ins Wanken gebracht haben. So sank in Gegenden Südamerikas mit hoher Sehbeteiligungen die Geburtenrate rapide, die Scheidungsraten erhöhten sich.[1]

Die interaktiven Massen-Rollenspiele treiben die Möglichkeiten des Medienspiegels nun auf die Spitze. Sie verwandeln den

Spieler in einen agierenden Helden, der in einem synthetischen Raum (fast) nach Belieben probehandeln kann – als könnte man jede Seite eines Romans mitschreiben und mitbestimmen. Die Spielsyntax von World of Warcraft besteht in einem geführten und garantierten Wandlungs- und Entwicklungsprozess. Das Ich, vertreten durch seinen Avatar, bewegt sich auf einer steilen Kurve des Kompetenzgewinns. Durch jedes Abenteuer, jedes gelöste Rätsel erreicht der Spieler die nächste Stufe der Kompetenzen, auf dem neue Fähigkeiten »freigeschaltet« werden. Das Prinzip heißt »level up«. Nun kann man plötzlich über Wasser gehen. Oder fliegen. Oder Blitze schleudern.

Anders als im richtigen Leben wissen wir Spieler im WOW-Universum immer, an welchem Punkt des Aufstiegs wir stehen. Das Rückkoppelungssystem funktioniert so, wie wir es uns im Alltag alle wünschen würden: prompt, verlässlich, ohne Fehlinterpretationen. Die Werte meines berühmten Heilpriesters Planetarius am 5. April des Jahres 2009 betrugen: Ausdauer 819, Intelligenz 848, Willenskraft 488, Rüstung 4419, Schadens- und Heilbonus 1956, Trefferwertung 82, Tempowertung 350, Regeneration 650.

Diese Zahlen repräsentieren nicht nur bestimmte Skills, Fähigkeiten, sondern eine spielinterne Hierarchie, ein Ranking. Ich kann mich auf diesem Wege mit Hunderttausenden anderer Spieler vergleichen. Ich weiß, wo ich stehe. Wunderbar! Wie oft würden wir uns im richtigen Leben wünschen, genau zu wissen, welchen Status wir in unserer sozialen Bezugsgruppe erreicht haben! Und welche »Quests« wir lösen müssen, um endlich weiterzukommen! Etwa »zehn Monster zu töten« oder »20 Kräuter sammeln« oder »den bösen Baraboig in der Klingenschlucht töten, mit 9 Freunden«.

Wir können gar nicht anders, als uns ständig selbst zu überwachen – 40 Prozent unseres Frontalhirns, so schätzt der Hirnforscher Ernst Pöppel, sind zur Selbstüberwachung abgestellt. Status- und Handlungsunsicherheit repräsentieren deshalb die häufigsten Nöte der Welt – und im WOW-Universum können sie auf perfekte Weise gelöst werden. So wie die technische Zivilisation erst durch die Erfindung der Messung entstehen konnte, entscheidet die Informationsrückkoppelung über die Fähigkeit, gezielt und strategisch zu handeln. Das war wahrscheinlich auch einer der Gründe für die Zahlenbesessenheit der Maya, die mit einem regelrechten Kalenderfanatismus und hochkomplizierten Symbolsystemen die Zukunft in allen Details auszurechnen versuchten – für jedes einzelne Individuum, für die Sippe, für die Welt. Alle möglichen magischen Systeme, einschließlich der Homöopathie, der Astrologie, selbst der modernen Medizin, arbeiten mit numerischen Rückkoppelungen, die allerdings oft viel zu undifferenziert und träge sind. In den Schulen existiert ein Notensystem – aber messen die Noten noch das »Richtige«? Weil wir keine Messalternativen haben, verwechseln wir unseren »Stand« mit unserem Gehalt, der PS-Zahl unseres Autos, unserem Vermögen – und stellen immer wieder fest, dass wir uns im Kriterium vertan haben!

Welche Konsequenzen solche Übungssysteme der »sofortigen Rückmeldung« für die Zukunftsgesellschaft haben, lässt sich nur erahnen. Die Online-Spiel-Generation wird, wenn sie ins Erwachsenenalter eintritt, das Prinzip des »ehrlichen Benchmarking« auch in der Realität erwarten. Bewusst oder unbewusst wird sie von Arbeitgebern, Geliebten, Partnern fordern: *Sag mir, wo ich stehe! Wie ist mein Score? Habe ich meine Ziele erreicht? Gib mir einen anständigen Quest!* WOW ist nichts anderes als das Trainingslager einer neuen Feedback-Kultur, in der wir unaufhörlich ranken, skillen und taktisch operieren. Mit dem Ziel der nächsten Stufe!

Sie halten das alles für viel zu weit hergeholt? Große Firmen wie IBM nutzen heute schon das World-of-Warcraft-Universum im Rahmen von Rekrutierungsverfahren. Das Spiel bietet eine wunderbare Messmethode für eine ansonsten schwer beurteilbare Fähigkeit: Führungskompetenz. Wer in WOW Gildenmeister ist und viele Spieler in großen Kampagnen koordinieren, führen und trotz endloser Fehlversuche und Niederlagen motivieren kann, zeigt seine Qualifikation für höhere Aufgaben.[2] Es ist nur eine Frage der Zeit, bis ein First-Class-WOW-Spieler Manager eines großen Konzerns wird. *Entweder der Boss (das Monster) fällt, oder er fällt nicht, und ein guter Raidleader ist das A und O* – wie wir im Raid zu sagen pflegen!

Die hedonistische Tretmühle

Am 1. Juli des Jahres 2009 galt Ben Southall der glücklichste Mensch der Welt. Weltweit porträtierten die Zeitungen den 34-jährigen Briten, der gegen 34 000 Mitbewerber den »Traumjob der Welt« gewonnen hatte. Als eine Art oberster Bade- und Hausmeister durfte er von nun an auf einer der landschaftlich schönsten Inseln der Welt, der tropischen Hamilton Island vor der Ostküste Australiens, leben. »Arbeit« bedeutete in diesem Job Tauchen, Inspektionsspaziergänge und Vorträge für Touristen. Southall erhielt eine eigene komfortable Villa und ein Honorar von 12 500 Euro pro Monat. Er durfte sogar seine Freundin mitnehmen. »Ich fühle mich überglücklich!«, sagte der siegreiche Kandidat in alle Kameras. »Das hier ist wirklich der Traum, den man sich nur einmal im Leben erfüllen kann!«

Ein halbes Jahr später führte ein Interview mit Southall in der britischen Boulevardzeitung »Sun« zu einem kleinen Skandal. Er vermisse seinen geliebten Rinderbraten und Yorkshire-Pudding, klagte der Abenteurer. Außerdem habe er Sehnsucht nach den langsamen Sonnenuntergängen Englands. »Diese Insel mag sich eines tropischen Klimas rühmen, aber dunkel wird es schon um acht Uhr abends.« Empört protestierten Australier vor der Tourismusbehörde ihres Landes und forderten Southalls sofortige Entlassung.

Das Phänomen, dem Southall zum Opfer fiel, nennt sich die »hedonistische Tretmühle«. Wir kennen das alle: Genüsse, die uns besonders lustvoll erscheinen, verlieren schnell an Wert. Was heute geil war, ist morgen fade. Die Dosis muss ständig erhöht werden, damit noch ein Genussreiz dabei herauskommt. Der Philosoph Thomas Metzinger sagte über dieses Dilemma: »Wir sind biologische Systeme, die dazu verdammt sind, ständig nach Glück zu streben, die versuchen müssen, sich so gut wie möglich zu fühlen – nur dummerweise erlauben das Belohnungssystem in unserem Gehirn und unsere Art von emotionalem Selbstmodell keine stabile Form des Wohlfühlens.«[3]

Was ist der Sinn des Lebens? Heute würden nicht nur viele junge Leute antworten: Spaß haben. In den Medien wimmelt es von hedonistischen Inszenierungen. Endlose Kochzeremonien. Reisen in Wellnesshotels mit Lotusölmassage durch drei Massage-meisterInnen. Wenn Boris Becker heiratet, erfahren wir die Serviettenmarke des Festessens. Welches Brautkleid trägt die Braut? Aus welcher Wassertiefe kam der Hummer? Welcher Promi ist anwesend – danach misst sich der Status des Bräutigams, wie in der Hirtengesellschaft die Anzahl der Ziegen für die Aussteuer. Klar wird auch kirchlich geheiratet. Aber selbst das geschieht aus sichtbar hedonistischen Gründen – tolles, blütenweißes Design und seeeehr romantisch.

Hedonismus, eine an materiellen Gütern und individueller Luststeigerung orientierte Lebenshaltung (von griechisch hédoné – Vergnügen), dominiert unser westliches Wertesystem. Er treibt unsere Ökonomie voran und ermöglicht eine Event-Lebensper-spektive: Wir wollen einmal im Leben die Luxusweltreise. Wir wünschen uns irgendwann einmal das kleine, rote, sexy Cabrio. Wir träumen vom echten Gourmetsex in einem einsamen Schloss im Wald. Oder eben einem tollen Job auf einer tropischen Insel.

Doch wenn wir unser Glück, unsere Lebenszufriedenheit nur an den Event binden, geraten wir in eine gefährliche Falle. Denn dieses Programm sabotiert sich selbst. Die Hölle wäre nichts ande-res als eine Ibiza-Strandparty, die nie aufhört, mit Ecstasy ohne Nebenwirkungen. Oder eine Ayurveda-Massage bis ans Ende der Zeit. Wahnsinnig viele tolle Frauen/Männer, schöne Autos, die bis zum Horizont reichen. Essen in 7000 Gängen.

Die Alternative zum Hedonismusprinzip ist das, was Ken Robinson das »Element« nennt. Jene kreative Tätigkeit, die uns von innen her glücklich macht, weil sie uns geistig wachsen lässt. Dort, wo Coping und individuelle Prägung zusammenkommen, befindet sich der Kern unserer Identität. Lebenskunst ist nichts anderes, als dieses persönliche »Element« aufzuspüren – und sich ihm konsequent hinzugeben. Paul Samuelson, der große Ökonom und Nobelpreisträger, bezeichnete sein Leben stets als »pures Vergnügen«. »Man sollte nie unterschätzen, wie wichtig es ist, früh im Leben jene Arbeit zu finden, die Spiel ist. Das verwandelt potentielle Minderleister in glückliche Krieger!«[4]

Von Wellness zu Selfness

Der Begriff »Wellness« taucht zum ersten Mal 1654 als »wealnesse« im »Oxford English Dictionary« auf – eine Bezeichnung für »gute Gesundheit«. Der englische Arzt John Travis entwickelte 1981 das Diagramm eines Zustandes, bei dem ein menschlicher Organismus sich in einer »salutogenetischen Balance« befindet. Auf der Seite links vom Mittelpunkt des Kontinuums werden Störungen bis hin zu akuten und chronischen Krankheiten durch medizinische Maßnahmen behandelt. Rechts vom Mittelpunkt können wir unser Potential erhöhen. Hier entsteht jener Raum der Fitness-, Verwöhn-, Spiritual-Dienstleistungen, die im Lauf der Zeit zum Wellness-Versprechen heranwuchsen.

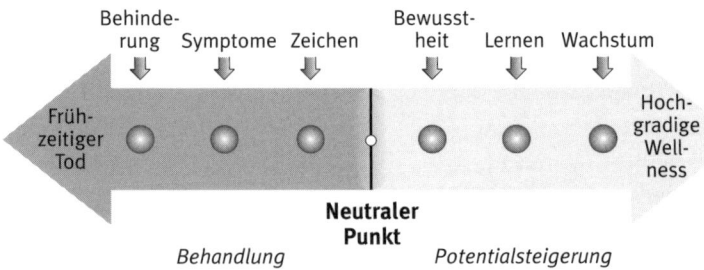

Abb. 11: Gesundheitskontinuum nach Travis

Wellness ist heute eine »Industrie«, deren Umsatz allein in Deutschland auf rund 70 Milliarden Euro pro Jahr geschätzt wird. Eine riesige Touch-and-Cash-Wirtschaft, die immer neue Moden und Methoden entwickelt: Reiki, Rolfing, Spinning, aurale Therapie und transzendentale Wadenwickel, Ayurveda für Anfänger und Aurobindo für Fortgeschrittene. Wellness gibt es inzwischen in allen Produktbereichen, weil der Begriff zu so gut wie allem passt – in mal romantischer, manchmal nur unverschämter Variante. Es gibt Wellness-Briketts, Wellness-Salamis, Wellness-Socken.

Der gewaltige Siegeszug, aber auch die Inflation des Wellness-Begriffs weist uns auf ein existentielles menschliches Bedürfnis hin: in Balance sein. Aber hier liegt auch die Crux: »Wohlfühlen« unterliegt derselben hedonistischen Tretmühle wie alle anderen Genüsse, und es tendiert zur Passivität, zum regressiven »verwöhnt werden«. Das Wort ist an die alte industrielle Logik gebunden und verkam zu einem verbalen Ersatz für das neutralere »Freizeit«. Statt Freizeit machen wir eben Wellness.

Erweitern wir also zunächst einmal das Wellness-Universum um einige mentale und seelische Dimensionen – im Sinne einer holistischen Wellness:

Gesundes und entspanntes Essen
Richtiges Atmen
Angemessene Bewegung
Zulassen und Ausdrücken von Gefühlen
Geistige Aktivität
Freude an Arbeit und Spiel
Soziale Nähe zu anderen
Erfüllte Sexualität
Den Sinn des Lebens suchen und finden
Spirituelles Bewusstsein
Selbstverantwortung und Liebe
Sensibilität der Sinne

Man sieht, wie in dieser Aufstellung der Begriff seine Tücken bekommt. Zumindest sind diese Faktoren etwas ganz anderes als das, was inzwischen allgemein unter »Wellness« verstanden wird – eher eine entspannte Gefühlslage, die ein bisschen an das »Relaxtsein« der Jugendlichen erinnert.

Wenn wir uns den qualitativen, aktiven Elementen der Wellness nähern, geraten wir schnell an die Grenzen des Begriffs. Wellness transzendiert sich irgendwann zu dem, was ich einmal als *Selfness* definiert habe – eine mentale Sozialkompetenz, das heißt die Fähigkeit, sich selbst im Kontext seiner sozialen Beziehungen, seiner Arbeits- und Familienwelt bewusst weiterzuentwickeln und sich mental, psychologisch, körperlich in Richtung auf eine reife, kooperierende Individualität zu verändern.

»Selbstverwirklichung« steht immer noch unter dem Generalverdacht des Egoismus; »Individualität« bedeutet für viele immer noch die schlichte Entkoppelung von Bindungen. Aber Selfness meint viel mehr. Hier geht es um persönliche Reife als Bedingung und Begleiterscheinung sozialer Kompetenz. Um die Navigationsfähigkeiten von Individuen, die zu ihrer Entfaltung und Vernetzung führen. Im Einzelnen:

Die Fähigkeit, die eigenen Talente zu verstehen und gesteuert zu entwickeln.

Die Fähigkeit, Krisen bewusst zu durchleben und gestärkt aus ihnen hervorzugehen.

Die Fähigkeit, die eigenen Glücksstrategien dynamisch anzupassen (und die hedonistische Tretmühle zu vermeiden).

Die Fähigkeit, die eigenen Grenzen anzuerkennen und nach sinnhaften Kompensationen für Enttäuschungen und Entbehrungen zu suchen.

Die Fähigkeit, sich als reifes Individuum in gegenseitigen Interessen mit anderen zu verbinden – »reziproker Altruismus« mit fairen Regeln und effektvoller Fehlerkorrektur.

Die Fähigkeit, die inneren widerstreitenden Charaktereigenschaften im Sinne einer »Selbstkomposition« auszubalancieren.

Der »Selfness«-Begriff versucht, die Metamorphose des Schmetterlings auf das menschliche Leben zu übertragen. Dabei müssen wir uns gleich mehrfach aus den »hart gewordenen Schichten« herauslösen und unseren »Organismus« (unsere psychische Gestalt) umbauen. In der Psychologie lautet der Parallelbegriff »Selbstwirksamkeit«. Allerdings müssen wir eingestehen: Die Idee, sich *selbst* zu verändern, behält in ihrem Kern etwas Absurdes. Sie birgt enormes Stresspotential. Sie erinnert uns an den armen Münchhausen, der sich an seinem eigenen Zopf aus dem Sumpf ziehen musste. Um den Begriff »erlösen« zu können, benötigen wir deshalb eine Orientierungslandkarte. Ein Level-up- und Freischaltsystem. Wo stehen wir gerade? Welches Ziel kann ich mir realistisch setzen, um voranzukommen?

Die Stufenleiter des Lebens

Die Klassiker der Entwicklungspsychologie wie Jean Piaget oder Eric Erikson beschäftigten sich vor allem mit den frühesten Entwicklungsstufen des Menschen, der Säuglings- und Kleinkindphase. Die Psychoanalyse spricht immer noch in Freud'scher Sprache von der Integration der zersplitterten Teile des Es, Ich und Über-Ich. Erwachsensein bedeutet in dieser Logik kaum mehr als ein Anpassungsprozess. Darin spiegelt sich ein Menschenbild, das unsere Kultur völlig durchformt hat und das tief in den Weltbildern des Industriezeitalters wurzelt: »Wachstum« wird definiert durch die Rollen der Arbeitsfähigkeit und der Reproduktion. Danach kommt Verfall und Akzeptanz des Alterns. That's it.

In den siebziger Jahren differenzierten Psychologen wie Robert Kegan die Subjektentwicklung des Menschen weiter aus. Die menschliche Metamorphose ist seitdem nicht mit der Volljährigkeit zu Ende. Sie verläuft durch das ganze Leben in einer Art Spiralbewegung zwischen den Polen der Autonomie und der Bindung. In den letzten Jahren wurde dieses Modell durch die neue Alterspsychologie ergänzt. Altersforscher wie Paul Baltes und Sherwin B. Nuland definierten neue Phasen der Reifung. Das Dritte und das Vierte Alter, die Auf- und Ausbrüche jenseits der 60-Jahres-Grenze, avancierten zum Medienthema (meistens in der Profanisierung von »Sex im Alter«). Es entstand die Vorstellung der »compressed morbidity«: Ziel wäre es demnach, die Phase von Zerfall und Siechtum so kurz wie möglich zu halten: »Länger fit bleiben, schneller sterben!«

Aus all diesen Ansätzen will ich ein Modell formulieren, demzufolge jeder Einzelne von uns folgende Stufen der Entwicklung durchlebt – oder verweigert:

Symbiose: Unser Leben beginnt im Zustand der Abhängigkeit und Bedürftigkeit. Menschen werden »unreif« geboren, ihr Überlebenserfolg hängt wie bei wenigen anderen Spezies von elterlicher Zuneigung ab. Wer sich aus einer stabilen Symbiose mit den Eltern Stück für Stück herauswagen konnte, der entwickelt meist auch die Grundlagen eines »operativen Ich«, einer stabilen Persönlichkeit. Wer hingegen in der frühen Kindheit verlassen, vernachlässigt, missbraucht, zurückgewiesen wurde, wird in seinem weiteren Leben fast unvermeidlich mit Formen von Bindungsneurosen konfrontiert, die nicht nur *ein* Leben fundamental unglücklich machen können. Er wird in seinen sozialen Beziehungen klammern, erpressen, vernachlässigen, unterdrücken.

Spontaneität: Schon mit zwei Jahren beginnt die Herrschaft der Wünsche. Wir lernen zu wollen und zu bekommen. Die diversen Trotzphasen dienen dem Training des eigenen Willens. Die Haben-Haben!-Phase ist notwendig für die Ausbildung eines autonomen Ich. Wer sie erfolgreich durchlebt, kann seinen Impulsen und Bedürfnissen eine Richtung geben. Er kennt die eigenen Wünsche und weiß, dass diese nicht immer zu erfüllen beziehungsweise nur im Verbund mit anderen Menschen zu erreichen sind. Er entwickelt Varianten beim Wünschen und weiß, dass es viele Wege zum Ziel gibt. Er kann auch riskieren, das Gewünschte einmal *nicht* zu bekommen, ohne innerlich zusammenzubrechen.

Autonomie: In der Pubertät beginnen wir, uns von den Erwachsenen abzukapseln. Wir entwickeln eine eigene Welt, eigene Sinnzusammenhänge, die sich per definitionem von dem als außen und als Zwang empfundenen Erwachsenenwünschen unterscheiden müssen. Diese Verpuppungsphase ist nicht nur normal, sie ist notwendig, damit wir unsere Selbstwirksamkeit entfalten können. Wer sie überspringt – wie etwa früher viele Männer, die vom Königreich der Mutter gleich in den Palast der Ehefrau überwechselten (oder Frauen, die sich schon als Mädchen an einen Partner binden) –, entwickelt nur schwer ein reifes Ich und steuert ziemlich sicher auf eine spätere Katharsis zu, bei der sich die Autonomiewünsche Bahn brechen.

Beziehung: Irgendwann erreichen wir jene Phase, in der der Horizont der Autonomie so weit wird, dass wir darin nichts mehr erkennen können. Aus den Aufbrüchen werden Routinen, aus den Reisen Eskapaden. Nun kommt jener Wendepunkt, an dem wir via Liebe und Bindung unsere Egozentrik zu relativieren lernen. Liebe kann in Form von Kindern Gestalt annehmen. Oder sich in Passionen ausdrücken, mit denen wir unsere Fähigkeiten in einen größeren Rahmen stellen: Beruf, Freundschaft, Kunst, Musik, soziale Verpflichtungen, Politik. Auf diese Weise entsteht ein neues Kontextsystem, in dem wir unsere Ich-Stärke vor allem in der Verbundenheit mit anderen erfahren und erweitern.

Autorität: Während die Integrationskraft unseres Ich weiter wächst, verwandeln wir unsere sozialen Rollen in Instanzen. Wir werden Eltern, Vorgesetzte, Nachbarn, Kollegen, Meister eines bestimmten Fachs. Wir ernten gesellschaftlichen Respekt und erlangen einen Status, der uns befähigt, unsere Selbstwirksamkeit auf größere Menschengruppen auszudehnen. Autorität bedeutet, anderen Menschen bei deren Vorankommen zu helfen. In dieser Phase entwickeln wir »Generativität« – unsere Stellung in der Generationsabfolge (oder in Berufs- und Passionsnetzwerken) beginnt, unsere Gefühle und Handlungen zu dominieren. Auf diese Weise können wir dem Älterwerden einen stabilen Sinn verleihen – und die Angst davor moderieren.[5]

Weisheit: In der alten Biographie endet der mögliche Aufstieg zum Selbst spätestens in der Autoritätsphase. Wer stirbt, wird folglich auch in seiner sozialen Rolle zu Grabe getragen – die Todesanzeigen geben lapidare Auskunft darüber: »Ein großer Kollege/Vater/Onkel ist von uns gegangen« – »Für unsere liebe Mutter, in ewiger Dankbarkeit«.

Wahre Selfness entwickeln wir jedoch erst durch Weisheit. In der Phase der Weisheit wachsen wir auch über unsere Statusdefinitionen hinaus. Nun geht es um unsere Urteile, unsere Sichtweisen, unser Erfahrungswissen. Wenn wir Weisheit entwickeln, schaffen wir es, die Grenzen unseres Ego-Gefängnisses endgültig zu überwinden.

Die radikalste Herausforderung unseres Lebens besteht wahrscheinlich im Umgang mit dem eigenen Alterungsprozess. Die

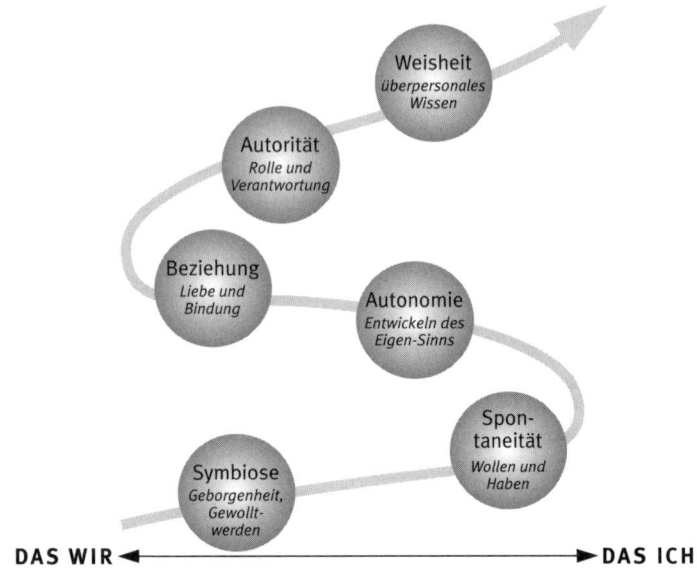

Abb. 12: Die Lebensspirale

Konfrontation mit dem Zerfall des Körpers ist die größte Kränkung, die wir als Individuen erfahren können. Echte Weisheit transformiert diese Kränkung in Gelassenheit – vielleicht die höchste mentale Übung, deren ein Mensch fähig ist. Am Ende können wir verstehen, was unsere Rolle im gigantischen Spiel des Lebens und der Evolution ist. Nicht mehr, aber auch nicht weniger.

Was ich hier beschrieben habe, ist kein statisches Modell, keine automatische Rolltreppe. Jederzeit können die Übergänge zwischen den Phasen scheitern. Nie geht der Weg geradeaus. Manchmal werden wir in die Wiederholung geschickt wie Skilangläufer in ihre Strafrunden. Die Aufgaben, an denen wir wachsen, können an den unmöglichsten Stellen auftauchen – dort, wo wir sie garantiert nicht vermuten. Aber schummeln gilt nicht, Umwege sind nicht zugelassen. Wer in der Kindheit keine Symbiose erleben konnte, wird spätestens beim Übergang in die Beziehungsphase auf diesen wunden Punkt zurückgestoßen. Wer nicht um seine Autonomie kämpfte, kann keine Rolle des Respekts erfüllen. Wer keine erwachsene Bindung und Liebe ausformt, wird Weisheit allenfalls simulieren können. Jedes Mal, wenn wir eine Stufe erreichen, beginnt wieder eine Krise, die zu einer nächsten führt. Persönlicher Wandel ist die Kunst, Abschiede zu vollziehen. Und sehr wahrscheinlich sinken wir mehrmals wieder hinab in frühere Phasen.

Das Regressionsprinzip

Als am 26. Juni 2009 Michael Jackson an einer Überdosis Medikamente starb, wurden die Datennetze tagelang von einer Welle von Trauer- und Verwirrungsgefühlen überschwemmt. Jackson war vielleicht das letzte große Popidol, Ikone einer Übergangszeit der Globalisierung, in der der Planet zu einem elektronischen Popuniversum zusammenwuchs. Bis in die Slums dieser Welt kannte man seine kieksigen Lieder und konnte dazu »moonwalken«. Seine Shows in den achtziger und neunziger Jahren waren vielleicht die letzten großen Hochämter der Popkatharsis, in der scharenweise Menschen ohnmächtig zusammenbrachen.

Michael Jacksons Leben ist ein typisches Beispiel für ein Scheitern an den Reifungsübergängen. Sein Kindheitstick sprach Bände: Auf dem Höhepunkt seiner Karriere baute er sich die Ranch »Neverland« (der Aufenthaltsort von Peter Pan, dem Ewigkind), einen pompösen privaten Vergnügungspark, in den er, wenn er gerade Lust dazu verspürte, »die Kinder der Welt« einlud. Er lud sie im Alter von 45 auch in sein Bett ein, um mit ihnen zu »kuscheln«. Was ihm quälende Prozesse wegen des Vorwurfs des Missbrauchs einbrachte. »Ich sage nicht, dass ich Jesus bin!«, formulierte er auf einer Pressekonferenz 1992, »ich imitiere ihn. Auch Jesus hatte ein besonderes Verhältnis zu Kindern!«

Michael Jacksons Musik transportiert die paradoxen Signale seiner Biographie. Seine falsettartige, piepsig-kindliche Stimme kontrastierte mit seinem unentwegten An-den-Schritt-Greifen und Gefährlich-mit-den-Armen-Fuchteln. Seine Plattentitel – »Thriller«, »Bad«, »Dangerous« – kokettieren mit der Gefahr, dem Verderbten, dem Dunkel-Erotischen, aber in den Texten geht es eher um die üblichen Liebessehnsüchte (mit aufbrausenden Einsprengseln der Empörung).

Während der Rock der siebziger Jahre klar und laut das spontanautonome, sexuell fordernde und begehrende Rebellionselement verklärte (Testosteron plus Dopamin, also eine geballte Mischung aus zweiter und dritter Phase), etablierte das Jackson-Popuniversum eine seltsame Geisterbahnwelt, in der alle mit grinsenden Kuschelmasken herumlaufen.

An Michael Jackson kann man studieren, wie wenig mitunter der äußere Erfolg, sprich Reichtum und Ruhm, mit innerem Wachstum, also der Entwicklung von stabiler Selfness, verbunden ist. Sein Schicksal symbolisiert die regressive Verkrampftheit, die nicht nur Individuen, sondern ganze Kulturen epidemisch befallen kann. Eine solche Spaltung führt fast immer zu Miss-brauchsphänomenen, die Spannung muss auf irgendeine Weise an Schwächere weitergegeben werden. Das künstliche Dopamin-Universum, in das er sich schließlich flüchtete, erinnert an die ständige Überdosis von Kalorien, Tröstungen, Kompensationen in der alltäglichen Konsumwelt. Die vergeblichen Versuche, das Äußere zu ändern, zeigen, wie sehr ihm innere Selbstwerte fehlten. Erklärbar ist das alles schon durch Jacksons Kindheit – sein Vater schlug ihn, die Familie war voller Konflikte und Nöte. Und aus diesem Verständnis rühren die tiefen Emotionen, die viele bei seinem Tod empfanden.

Die evolutionäre Funktion der Liebe

Liebe, wie wir sie heute kennen, ist eine Erfindung des 17. Jahr-hunderts, als die Idee einer »Schicksalsmacht des Gefühls« ent-stand. Bis ins frühe bürgerliche Zeitalter blieben die Bereiche des Gefühls, der Fortpflanzung und der Beziehung weitgehend voneinander getrennt. Man heiratete aus genetischen Gründen, pflegte diplomatische Beziehungen zum »Gatten« und liebte, wenn überhaupt, dann Jesus oder heimlich. Gefühle wurden auf Bühnen inszeniert; sie waren die Folie, auf der die Gesellschaft als Gegenentwurf ihre innere Ordnung behauptete.

Heute ist die romantische Liebe eine kulturelle Norm. Darun-ter, so kann man es lapidar formulieren, machen wir »es« nicht mehr (oder wenn, dann geben wir es ungern zu). Die romantische Liebe ist eine allgegenwärtige Inszenierung, aber gleichzeitig eine ständige Überforderung. Denn nur ganz selten gelingt es, alle drei existentiellen Ebenen des Lebens – Leidenschaft, Beziehung und Fortpflanzung – in einer Person, einer Beziehung zur Überein-stimmung zu bringen. Und das auch noch lebenslang!

Die endlose Menge der Männer-Frauen-Witze, mit denen Ka-barettisten ganze Sportstadien füllen, die Inflation der Ratgeber, in denen die Unterschiede zwischen Männern und Frauen wie eine Art Kochrezept behandelt werden, weisen auf unsere Verstricktheiten hin. Die Idee, dass »Männer sich eigentlich nicht mit Frauen verstehen«, ist eine wunderbare Schutzbehauptung und gibt uns einen Grund für das Scheitern, das wir alltäglich am Liebesideal erleiden. Man kann es immer auf den »kleinen Unterschied« schieben, wenn man es nicht schafft, eine reife Liebesbeziehung zwischen Erwachsenen einzugehen.

Eine wahrhaft moderne Liebeskultur müsste Liebe als das sehen lernen, was sie systemisch ist: eine selbstreferenzielle Schleife. Die psychologischen Untersuchungen zum Thema kommen immer wieder zu denselben erstaunlichen Schlüssen: Es kommt gar nicht so sehr darauf an, *wen* wir lieben (deshalb sind die komplizierten Auswahl- und Matchingverfahren der Internet-Partneragenturen auch nur begrenzt wirksam). Liebe entsteht in gegenseitiger Selbstverstärkung von Begehren und Akzeptanz. Menschen lieben, weil sie geliebt werden, und begehren, weil sie begehrt werden.[6] »Es funkt, weil es funkt« – diese Erfahrung machen wir immer wieder, wenn Menschen, die »eigentlich zueinander passen«, nichts füreinander empfinden können – und umgekehrt.

Wenn wir klug und vorsichtig damit umgehen, wird ein gegenseitiger Selfness-Prozess daraus. Denn Liebe heißt, dass wir uns in der Spiegelung durch den anderen selbst entwickeln. Allerdings funktioniert die Liebesschleife nur, wenn wir uns von den Romantikklischees verabschieden. Liebe bedeutet nicht die Herstellung von Nähe, Verschmelzen, Geborgenheit, sondern das genaue Gegenteil: das tiefe Akzeptieren der Differenz. Wahrhaft Liebende entschließen sich, auch die Unterschiede zwischen sich gutzuheißen und zu bejahen. Sie zum Thema des Kontraktes zu machen. Das ist harte Arbeit, nichts sonst.

In der Liebe überschreiten wir die Grenzen unseres Egos mit dem Ziel seiner Erweiterung in einen anderen Raum. »Romantik« hingegen bedeutet nichts anderes als verschleierte Regression. Man hängt einer Illusion von »total Verstandenwerden« und

»wahrem Aufgehobensein« an, die es jenseits des Mutterleibes (und selbst da nur unter Einschränkungen) nicht gibt.

Liebe heißt im Sinne unserer Entwicklungsspirale, den anderen als ein Sprungbrett für den Wandel in die nächste Reifungsphase zu benutzen. Sie macht klein und groß zugleich. Sie macht uns stark und weist uns verlässlich auf unsere Verletzlichkeit hin. Und damit geraten die Dinge ins rechte Lot.

Erlernte Hilflosigkeit: Waffen gegen den Wandel

Am Anfang jedes Selbstwandlungsprozesses – und jeder wahren Liebe – steht ein Entschluss: Man muss mit dem Jammern aufhören. Wer mit sich selbst weiterkommen will, braucht in zyklischen Abständen eine Art Glattstellung der Bilanz. Man muss die Welt so sehen, wie sie ist, ihre ganze Vielfalt, Ungeheuerlichkeit, Unberechenbarkeit. Und sich selbst mit den Augen liebevoller Akzeptanz betrachten: So bin ich geworden, und etwas anderes kann ich (bis jetzt) nicht sein.

Auf dieser Grundlage müssen wir »re-signieren«. Was wiederum im strikten Wortsinn gemeint ist: »neu unterzeichnen«. Wir müssen das Skript, die Signatur verändern. Erst dann werden Freiheit und Wandel wieder möglich.

Jammern ist eine lang erprobte und durchaus sinnvolle Kulturtechnik, sie garantiert (meistens) Aufmerksamkeit von außen und Entlastung nach innen. Alle sozialen Räume verfügen über »Klagezonen«, in denen Menschen ihre Enttäuschungen und Defizite verbal abbauen können. Und das ist auch gut so. In unserer nimmersatten Medienkultur wird das Jammern jedoch zu einem Kult aufgeblasen.

Eine allein erziehende Mutter von vier Kindern tritt in der Talkshow einer berühmten deutschen Talkshowmasterin auf. Sie sieht gut aus und wirkt eher intellektuell, eigentlich ganz fröhlich. Und nun beginnt sie zu klagen. Das Arbeitslosengeld II garantiert ihr nur 2500 Euro im Monat, was für vier Kinder nicht ausreiche.

Sie malt ihre Not aus. Sie sei verbittert, sagt sie schließlich, die Gesellschaft tue nichts für ihre Kinder, man werde von der Politik doch nur betrogen, wenn man Kinder in die Welt setze.

Die Moderatorin, die als Intellektuelle des Talkshowmarktes gilt, fragt nur opportunistisch nach: Ob das denn auch tatsächlich so sei, dass man sich keinen richtigen Urlaub leisten könne, zum Beispiel am Mittelmeer? Und ob die Kinder in der Schule oft enttäuscht seien, weil sie keine Markenklamotten kaufen können? Niemand der anderen Gäste, auch die kluge Moderatorin nicht, stellt die naheliegende Frage, wo eigentlich der Vater dieser Kinder abgeblieben ist – das wäre politisch-moralisch nicht korrekt. Eine naheliegende Beziehungsebene bleibt völlig ausgeblendet. Niemand fragt auch nach der Perspektive jenseits der Abhängigkeit. Wie sich eine solche Lebensgeschichte weiterentwickeln könnte – die Frau ist offenbar gut gebildet und hat Talente. Stattdessen wird das Problem als Problem des Staates definiert, der nicht genug Geld zahlt.

Jeder von uns baut sich im Laufe seiner Biographie eine Pufferzone auf, in der die Defizite gehortet, die Enttäuschungen gepflegt und in rachsüchtige Weltbilder umgeformt werden. Dieses Klagen hat die Funktion einer mobilen psychischen Komfortzone, in der wir uns regelrecht einwickeln: Im Jammern beruhigen wir unsere sprungbereiten Adrenaline und zapfen ein bisschen Belohnungsdopamin durch Selbsttröstung. Jammern ist nichts als eine Art verkrüppeltes Coping. Jammern stellt in einer zweiten Stufe auch eine Balance zwischen unserem Wünschen und unserem Wollen wieder her. So wie Linus saugen wir an unserer Schmusedecke und finden Entlastungen:

Ich bin zu dick – und deshalb habe ich Probleme, den richtigen Partner zu finden.

Ich habe die falsche Ausbildung – mein Leben ist verpfuscht, jetzt kriege ich keinen Job mehr.

Ich habe den falschen Partner geheiratet, der mich jetzt mit all meinen Wünschen im Regen stehen lässt.

Die Welt ist generell schlecht, der Kapitalismus erzeugt ein falsches Leben, in dem sowieso nur Entfremdung möglich ist! Ich habe doch nichts zu sagen. Wenn »die da oben« mit dem Finger schnippen, geht es uns »kleinen Leuten« schlecht.

Diese mentalen Zauberformeln sind eine verlässliche Barriere gegen den Wandel und seine Zumutungen. Als »kleiner Mann«, der nichts kann und den die anderen daran hindern, groß zu werden, kann man niemals mündig werden, man *muss* es ja nun auch nicht mehr. Erlernte Unmündigkeit hat Folgewirkungen, die sich selbst verstärken: Irgendwann muss man sich für das sinnlose Trösten trösten und über das Jammern jammern und so fort. Dann beginnen die Unmündigkeitszirkel sich zu perfektionieren.

Dicksein zum Beispiel bietet eine dreifache Komfortzone: Man kann viele Kalorien zu sich nehmen (Tröstung, Entspannung), muss nicht lieben und geliebt werden (das erfordert einen hohen Aufwand) und kann obendrein klagen (was durchaus soziale Zuwendung zu erzeugen vermag).

Sieht man sich als Sozialopfer, lädt man die eigene Unwilligkeit, sich im Leben weiterzubewegen, ausschließlich auf die Schultern des »großen Ganzen«, der Gesellschaft, oder noch einfacher: des Staates. Und lässt sich vielleicht noch dafür applaudieren.

Neben diesen klassischen Strategien zur Vermeidung persönlichen Wachstums gibt es noch die Selbsterschöpfungsstrategie: Man rackert und ackert an unrealistisch hoch gesetzten Zielen, an denen man nur scheitern *kann*. Die Folge ist irgendwann die gesundheitliche Katharsis, die nicht selten geradewegs in einen langen Siechtumsprozess übergeht. Der berühmte Herzinfarkt beziehungsweise Schlaganfall beendet den aussichtslosen Kampf. Besonders ehrgeizige Männer sind Meister dieser Strategie.

Der Prozess der Selfness beginnt am Ende immer beim »Kelleraufräumen«. Petterson, die von mir geliebte Kinderbuchfigur, findet im Keller die Micklas. Kleine, anarchische Wuselbewohner eines geheimen schlumpfigen Kosmos, über die Sigmund Freud bestimmt wohlwollend seinen Spitzbart geschwenkt hätte. »Kelleraufräumen« bedeutet, dass wir uns ernsthaft mit den Verletzungen der Vergangenheit konfrontieren. Dass wir sie noch einmal gewissenhaft inspizieren – und dann loslassen. Auch der alte Petersson konnte manche seiner Probleme nur lösen, indem er ins Land der Micklas hinabstieg und sich mit den kleinen Monstern unterhielt. Danach verstand er besser, warum er dort unten im Grunde nichts zu suchen hatte – und konnte sich wieder ungestört mit Kater Findus seinen komplizierten Basteleien hingeben.

Das Weisheitsprinzip

»Denn Weisheit ist letztlich nichts anderes als das Maß unseres Geistes, wodurch dieser im Gleichgewicht gehalten wird, damit er weder ins Übermaß ausschweife, noch in die Unzulänglichkeit falle.« So Augustinus in seiner Schrift »Über das Glück«[7]. Diese Definition von Weisheit verrät uns zunächst, was Weisheit *nicht* ist: Übermaß und Übertreibung. »Meden agan«, »Nichts im Übermaß«, so hieß das zweite Motto des Orakels von Delphi (das erste lautet »Gnothi seauton«, »Erkenne dich selbst«). Aber gibt es auch eine Definition, die uns diesen so altmodischen Begriff für die moderne Welt neu erschließen kann?

Unser Hirn ist eine Weltmaschine, in der – wie uns die Maya und World of Warcraft zeigen – gewaltige Simulationen stattfinden können. Dieses rund 1,3 Kilo schwere, aus 100 Milliarden Neuronen bestehende Gebilde verfügt über sehr differenzierte virtuelle Speichersysteme. Wäre es nicht pure Verschwendung, wenn wir sie zeitlebens nur als eine Art Reflexzone für Genuss, Sex und Essen nutzten?

Weisheit ist jener Zustand, in dem unser Hirn das zeigt, was es wirklich kann. Der Turbomodus, wobei es hier allerdings nicht um Tempo, sondern um Vernetzung geht. Weisheit ist eine Art »Superposition des Geistes«. Weisheit ermöglicht ein holographisches Sehen: Im Einzelnen ist das Ganze enthalten! Der Baum ist so wichtig wie der Wald! Aristoteles' Definition lautet wie folgt:

Weisheit bedeutet, die Ausnahme zu jeder Regel zu erkennen.

Weisheit heißt, zu wissen, wie man improvisiert.

Weisheit ist nicht vererbt, sondern wird erworben.[8]

Dilip Jeste und Thomas Meeks von der University of California haben in einer Pionierstudie das Phänomen der Weisheit zum ersten Mal neurobiologisch erforscht. Sie schlossen, um es grob zu vereinfachen, weise Hirne an Elektroenzephalografen an und maßen die Hirnströme. Ihr Ziel war es, auf neurobiologischer Ebene nachzuweisen, dass die verschiedenen Hirnareale im Zustand der Weisheit auf besondere Weise verschaltet sind. Dabei gingen sie von folgender Definition der Weisheit aus:

• Eine soziale Einstellung, die dazu befähigt, Allgemeinwohl dem Eigenwohl vorzuziehen.
• Eine tiefe praktische Menschenkenntnis.
• Emotionale Stabilität des Selbst.
• Die Fähigkeit zur Selbstreflexion
• Sinn für die Relativität von Werten, Meinungen, Bewertungen – Fähigkeit zur Toleranz.
• Ein wirksamer Umgang mit Ungewissheit.[9]

Und tatsächlich: Die Verknüpfungen und Interaktionen zwischen dem medialen präfrontalen Cortex – in dem die Funktionen des Altruismus verortet sind –, dem dorsalen Cortex – dem Stammsitz der Aufmerksamkeit und der Empathie – und dem anterioren cingulären Cortex – der die »Vorschläge« des limbischen Systems (der Amygdala, des Hippocampus und so weiter) aufnimmt und bewertet – sind deutlich erhöht, wenn die Träger des Hirns über eine außergewöhnliche Lebenserfahrung kombiniert mit besonders ausgeprägten kommunikativen Fähigkeiten verfügen. Gefühle sind im Zustand der Weisheit auf subtile Weise in das Denken und Wahrnehmen integriert, sie benehmen sich gegenüber dem rationalen Verstand nicht mehr wie Halbstarke in der Eisdiele. So, wie robuster Fortschritt die gesellschaftlichen Subsysteme auf der Ebene höherer Komplexität integriert, bedeutet Weisheit die Integration der verschiedenen Funktionen und Affekte unseres Hirns. Dieser Spur sollten wir ein eigenes Kapitel widmen: über das Denken, das Fühlen und seine mögliche Evolution.

DYNAMISCHES DENKEN

Vom kausalen zum komplexen Bewusstsein

Der Test für eine erstklassige Intelligenz ist die Fähigkeit,
zwei widersprüchliche Ideen zum selben Zeitpunkt im Kopf
zu haben – und dabei funktionsfähig zu bleiben.

Scott F. Fitzgerald

Die höchste intellektuelle Leistung, die das Hirn zu leisten
vermag, ist die Realität.

George Miller

Das beste Denken ist ein durch die Kälte des Weltraums
geschulter emphatischer Blick auf die Welt.

Eigenzitat

Die innere Stimme

Vor einigen Jahren kam ich von einer langen Vortragsreise nach
Hause zurück, als mich Oona, meine Frau, *vor* der Tür erwartete.
Was sie sonst nie tut.

»Du verheimlichst mir etwas!«, sagte sie schroff. »Kannst du
mir erklären, warum du, ohne mir etwas zu sagen, ein Apartment
kaufen willst?«

Um Himmels willen, dachte ich. Jetzt ist es passiert. Ich liebe
diese Frau seit vielen Jahren. Und jetzt ist sie verrückt geworden
(aber wir werden auch das durchstehen ... es gibt schließlich neue
Medikamente und verbesserte Therapien ... wir haben zwei Söhne
aufgezogen ... *Das* hier werden wir auch noch schaffen ...).

»Josef hat angerufen«, fuhr sie mit etwas flatteriger Stimme fort.
»Er fragt, wann du ihm die 50 000 Euro zurückgeben kannst, die

er dir gestern für das *Apartment* geliehen hat. Da kannst du dann ja mit deiner Geliebten einziehen!«

Josef ist ein alter österreichischer Bekannter. Mit ihm und seiner Frau hatten wir vor einigen Jahren den einen oder anderen Sommer gemeinsam in Italien verbracht. Ein eloquenter, emeritierter Ökonomieprofessor mit einem Hang zu Kunst, gediegenen Rotweinen und italienischen Opern jenseits der Kitschgrenze. Nach der Pensionierung hatte er endlich Zeit für das Theater, die Bücher und alle jene Interessen, die man im Berufsleben vernachlässigen muss.

Eines Tages, gegen 13 Uhr, bekam Josef einen Anruf von einem Menschen, dessen Stimme er im ersten Moment nicht erkannte (er ist ein klein wenig schwerhörig). Wir hatten uns zu diesem Zeitpunkt schon fast ein Jahr nicht mehr gesehen.

»Hallo Josef«, sagte die Stimme, »hier ist ein alter Freund aus Deutschland …«

»Ähhm«, sagte Josef, dem es ein wenig peinlich war, die Stimme nicht zu erkennen, »die Verbindung ist etwas schlecht. Matthias? Bist du das?«

»Ja klar«, sagte die Stimme am anderen Ende. »Dein alter Freund Matthias. Du, ich habe ein furchtbares Problem. Wir sind hier in einer Auktion für ein ganz tolles Apartment, und ich habe gerade den Abschluss gemacht! Altbau, drei Zimmer, beste Lage nahe der Innenstadt, ideal, ein echt guter Preis! Das Problem ist nur, dass wir das Geld *ganz schnell* auf den Tisch legen müssen! Der Makler besteht darauf, es innerhalb von drei Stunden haben zu wollen. *Sonst verfällt das Angebot.* Meine dringende Bitte: Kannst du mir auf die Schnelle fünfzigtausend Euro leihen??? Ich kann's dir am Wochenende gleich zurückgeben, du kennst mich ja!«

»Oha«, sagte Josef. »Kann ich dich zurückrufen? Ich weiß gar nicht, ob ich so viel Geld innerhalb dieser Zeit besorgen kann.«

In diesem Moment brach die Verbindung ab.

Eine halbe Minute später klingelte wieder das Telefon. »Ich bin hier auf dem Weg zum Notar«, sagte die Stimme. »Bitte, bitte sei so nett und gib das Geld meinem Bekannten, den ich jetzt vorbeischicke, sonst schaffen wir das nicht!«

»Gib mir doch mal deine Handynummer…«

»Ich telefoniere gerade vom Handy einer Freundin aus. Das Ding ist auch irgendwie kaputt…«

Und wieder brach die Verbindung ab.

Kaum vier Stunden später, um genau 16 Uhr 30 und nach weiteren fünf hektischen, sehr dringlichen und immer wieder abgebrochenen Gesprächen, stand Josef mit einem Umschlag, in dem 50 Tausend-Euro-Noten steckten, auf der Straße vor seiner Wohnung. Ein Mann bog um die Ecke, ein schwerer, großer Mann mit Lederjacke. Er kam näher. Und sagte mit fremdländischem Akzent:

»Kann ich bitte Geld für Matthias haben?«

»In diesem Moment«, sagte Josef später, als wir bei der zweiten Flasche Rotwein das Desaster bilanzierten, »wusste ich *natürlich schon,* dass das alles ein irrer Betrug war.«

»Und warum hast du's ihm dann gegeben?«

»Er war zu groß und zu stark.«

Die Polizei erzählte uns später, dass der raffinierte Betrug, auf den Josef hereinfiel, kein Einzelfall war. Organisierte Banden machten mit diesem Trick seit Monaten fette Beute. Opfer waren immer wohlhabende ältere Männer oder Frauen. Die Bande spähte sie aus und brachte einige grundlegende Dinge über sie und ihren Freundeskreis in Erfahrung. Zum Beispiel, in welchen Städten, Ländern oder Regionen sie alte Freunde hatten.

»Josef«, sagte ich einige Tage nach dem Desaster. »Eines verstehe ich nicht. Du kennst mich seit Jahren. Du weißt, dass ich nicht gerade arm bin. Ich würde nie auf diese Weise Geld von dir leihen. Und du kennst meine Stimme!«

Er sagte eine Weile gar nichts. Er überlegte und überlegte. Er quälte sich.

»Es war nicht deine Stimme, das weiß ich jetzt ganz genau«, erwiderte er dann. »Aber es war *deine* Stimme in *mir.* Ich *dachte* mir deine Stimme!«

Wir brauchten noch eine ganze Weile, um den Trick zu verstehen. Die Betrüger arbeiteten nach dem Konzept des »Priming«. Ein bestimmter Schlüsselreiz löst im Hirn eine Abfolge von Schaltungen aus, denen man sich nur schwer entziehen kann. Es funktioniert wie Hypnose, nur dass wir selbst die Agierenden sind. Von dem Moment an, als Josef »der Stimme« meinen Namen innerlich zugewiesen hatte (»ein alter Freund aus Deutschland« – wer könnte das sein?), simulierte sein Hirn meine Sprachmodulation. Meine Stimme kam komplett und konsequent aus seinen neuronalen Speichern. Den Rest erledigte der Stress, in den die Betrüger Josef versetzten. Alles musste sehr schnell gehen. Dem Opfer durfte keine Chance gelassen werden, nachzudenken oder etwaige Freunde des vermeintlichen Freundes anzurufen. Deshalb musste man in immer kürzerem Abstand hektische Telefonate inszenieren, bis das Opfer das Geld von der Bank geholt hatte und die Dinge endgültig »ins Rollen geraten waren«.

Der innere Zauberer

Was bedeutet es für unsere Vorstellung des Denkens, wenn vernünftige, erwachsene Menschen innere Stimmen hören können, die sie zu fatalen Dingen zwingen? Was verrät es über die Art und Weise, wie wir Realität betrachten und interpretieren, Informationen auswerten und uns ein »Bild von der Welt« machen? Es bestätigt, was Kognitionspsychologen seit Jahren erforscht und herausgefunden haben. Die Formbarkeit unseres Hirns ist größer, als uns lieb ist. Nur leicht vereinfacht ausgedrückt: *Wir denken uns, was wir wollen!*

Misst man die Datenflüsse auf der Netzhaut und in den Gehörgängen, die bei einer normalen Wahrnehmung von der Außenwelt ins Hirn gelangen, stellt man Erstaunliches fest. Nur rund 17 Prozent einer Wahrnehmung stammen tatsächlich aus der Umwelt. Den Rest, also 83 Prozent, »denkt« sich das Hirn dazu. Ein Haus, ein Baum, ein Mensch, ein Stuhl, Tante Frieda und alles andere sind immer auch – und vorwiegend – Vorstellungen in unserem Inneren.[1]

Menschen sind Meister der »dispositionellen Repräsentation«. In unserem Hirn haben wir Musterschablonen zur Verfügung, die durch einen Außenreiz aktiviert werden können. Träume etwa sind so etwas wie das »Durchspielen« dieser Repräsentationen, wobei die neuronalen Verknüpfungen entlang von Zufällen, aber auch entlang von Angstbahnungen stattfinden können. Weil die Amygdala immer ein Bildchen mitreden muss, haben wir mehr Alpträume als »normale« Träume. Dieser Fähigkeit der inneren Repräsentation verdankt unser Wahrnehmungsapparat seine ungewöhnliche Effektivität – und die Tatsache, dass er überhaupt funktionieren kann. Denn wenn wir ständig alle Daten aus der Umwelt eins zu eins aufnehmen und abspeichern würden, wären unsere Erinnerungsspeicher trotz der gewaltigen Kapazität unseres Hirns bald überfüllt. Erinnerungen würden sinnlos wie Müll gestapelt; auf diese Weise könnte nie eine Ordnung der Welt in unserem Kopf entstehen, wir würden ein chaotisches Leben führen (wahrscheinlich haben Pubertierende genau ein solches Müllhalden-Hirn).

Imagination ist also unmittelbarer Teil unserer Weltwahrnehmung und damit Bedingung unserer Kreativität, unserer Fantasiefähigkeit. Die Möglichkeit zu schneller symbolischer Kooperation sowie die Fähigkeit, eine italienische Großoper nicht nur zu ertragen, sondern zu genießen, hängen mit diesem erstaunlichen Talent zusammen. Manchmal allerdings führt es uns auch auf Abwege.

In den Filmen der frühen Marx Brothers zieht Harpo, der kleine blöde Bruder, immer etwas im Wortsinn *Unpassendes* aus seinem abgenutzten übergroßen Mantel. Ein Waschbecken, ein Schaf, eine heiße Tasse Kaffee. Das ist so komisch, dass wir uns dabei auch im reifen Alter noch kringeln können. Aber vielleicht ist es auch nur deshalb so komisch, weil unser Hirn eigentlich genau das ständig tut: den Harpo spielen. Wir ziehen dauernd etwas aus unserem mentalen Hut, was *eigentlich gar nicht reinpasst.*

Viele kognitionspsychologische Experimente zeigen, dass das Hirn im Moment der Reizauslösung eine Erinnerung und Reaktionsweise auch aktuell produzieren kann. Als säße ein kleines Filmteam in unserem Kopf, das bei bestimmten Anlässen auf einen neuen Dreh geschickt wird: »Nun macht mal, Jungs, wir brauchen dringend einen passenden Clip für die heutige Gemütslage!«[2] Diese »Spots« werden dann dem Hirn als »echte Erinnerungen« (oder Gedanken oder Eingebungen) verkauft – einschließlich der felsenfesten Überzeugung, dass diese Erinnerungen dort die ganze Zeit lagerten. In der Psychologie ist dieser Effekt schon lange als »False Memory Syndrom« bekannt.

Mit anderen Worten: *Wir sehen nicht, dass wir eine Interpretation sehen.* Wir sehen tatsächlich das, was unser Hirn uns sehen lässt, oder, wie im Beispiel des Josef-Betrugs, was uns »hören gemacht wurde«. Deshalb ist die Debatte um die Frage, ob religiöse Menschen eine Vision, eine göttliche Erscheinung »nur halluziniert« haben, ein Streit um des Kaisers Bart: Wir alle sehen ununterbrochen Dinge, die »nicht real« sind. In gewisser Weise drucken wir in unserem Kopf ständig Falschgeld in der Hoffnung, dass es von der »Realität« als echt anerkannt wird (könnte das etwas mit der Finanzkrise zu tun haben?).

Was wir an »objektiven Tatsachen« in unserer Umwelt wahrnehmen, ist Resultat einer selbsterzeugten Landkarte, in deren Tälern, Hügeln, Schluchten sich unsere im Lauf des Lebens (und durch die Kultur, in der wir aufgewachsen sind) erworbenen Sehnsüchte, Wünsche und Ängste widerspiegeln. Das Hirn versucht wacker, seine Zauber durchzuführen, um jenen »Sinn« zu produzieren, den wir für ein kohärentes Erleben der Umwelt brauchen. Sektenführer, Scharlatane, Ärzte, Betrüger, Populisten machen sich das zunutze. Mächtige Magier, wie sie heute auf allen Bühnen auftreten, können nur zaubern, weil wir *von innen* mitzaubern!

Im »Wizard of Oz« kommen unsere wackeren Helden – Vogelscheuche, Zinnmann, Löwe und die kleine Dorothee – am Ende zum Großen Zauberer. Der ist ein gigantischer schwebender Kopf. Toto, der Hund, schnüffelt in einer Ecke herum und findet plötzlich eine Apparatur, die das Trugbild an die Wand projiziert. Er legt einen Hebel um – und das Bild bricht zusammen. Dahinter kommt, in wahrer Gestalt als schüchterner Winzling, der Zauberer hervor.

Dorothee: »Dann ist der mächtige Zauberer nur ein Betrug?«

Zauberer: »Genau! Ich bin nichts anderes als eine Illusion.«

Dorothee: »Wissen die anderen nicht, dass du eine Illusion bist?«

Zauberer: »Niemand weiß es außer euch vieren – und ich selbst. Ich habe jeden an der Nase herumgeführt, und zwar für so lange Zeit, dass ich dachte, es käme nie heraus.«

Dorothee: »Aber ich verstehe das nicht. Wie konntest du als ein Riesenkopf erscheinen?«

Zauberer: »Das war einer meiner Tricks.«

Dorothee: »Du bist ein sehr böser Mensch!«

Zauberer: »O nein, meine Liebe, ich bin ein *guter* Mensch. Nur leider ein sehr schlechter Zauberer!«

Im Schweinesystem

In meiner Jugend war Marxismus nicht nur eine Mode, sondern *Mainstream*. Marx' kalte, schneidende, abstrakte und dabei so poetische Sprach- und Denkweise durchwaberte die Schulklassen, Hörsäle, öffentlichen Räume, die in den siebziger Jahren wie große Bühnen für die Konflikte des rasenden Fortschritts wirkten. Die Gesellschaft war im Auf- und Umbruch. Aber das Denken gerade der schärfsten Rebellen orientierte sich an einer Ideologie der Vergangenheit, in der alle Fronten klar und die Verhältnisse wie mit dem Messer gezogen erschienen.

Nie werde ich vergessen, wie ich in einer Studentenzeitung, in der ich damals als studentischer Redakteur arbeitete, einen Kommentar über die Gewalt veröffentlichte, die von den Befreiungsbewegungen der Dritten Welt gegen die Kritiker aus den eigenen Reihen ausgeübt wurde – Kambodscha und China und anderswo. Postwendend kam folgender Leserbrief, den wir natürlich prompt abdruckten (wir waren ja libertär):

horx, dieser völlig verkommene bourgeois, jammert uns hier wieder einmal einen von der herrschenden klasse bestimmten diskurs darüber vor, dass sich die unterdrückten des trikont am besten von den bonzen abschlachten lassen sollen, er wird zur gegebenen zeit in einem ordentlichen sozialistischen arbeitslager darüber nachdenken können...

Solche Eliminierungspoesie war damals ein völlig normaler Umgangston (»trikont« heißt übrigens »Trikontinentale«, was so viel bedeutet wie »die Unterdrückten der drei Kontinente Asien, Afrika und Südamerika«). Wer ein Verräter war, bekam was aufs Maul. Marx'sche Diktion, vermengt mit dem Sound einer inquisitorischen Gossengewalt. Unglaublich cool. Ein Denkmuster, das alle Zweifel, Unschärfen, Unsicherheiten radikal beseitigte.

Für die sensiblen, rebellischen Seelen der sechziger Jahre war Marx eine Art Supervalium und eine Aufputschdroge zugleich. Man konnte damit den anstrengenden Argumenten der Eltern »objektive« historische Prozesse entgegensetzen und den quälenden persönlich-emotionalen Konflikten ausweichen. Man konnte den Lehrern in der Schule, den Professoren an der Universität die eigenen Machtfantasien an den Kopf werfen, ohne dass sie sich wirklich verbal wehren konnten.

Man konnte die autoritäre Welt mit autoritären Fantasien ärgern – und so seine Angst verringern.

Zu wahrer Meisterschaft dieses Abstraktionskultes brachten es die Anhänger der »Marxistischen Gruppe« (MG). Das waren sauber gekleidete und ordentlich gekämmte Typen und adrette Frauen, die über eine unheimliche Ruhe und Disziplin verfügten. Sie waren auf jedem Campus vertreten und verteilten unermüdlich riesige Flugblätter in 8-Punkt-Schrift, in denen »Das Kapital« allen Ernstes weitergeschrieben wurde. Ihre Botschaft blieb auf einen simplen, fast metaphysischen Kern reduziert, und sie wurden nicht müde, sie auf jeder Versammlung, in jedem Seminar, in jedem Hörsaal mit unglaublich arroganter Miene zu wiederholen:

WIR LEBEN IN EINER FALSCHEN KAPITALISTISCHEN WELT. ALLES, WAS WIR ERLEBEN IST LÜGE UND ILLUSION.

Die MG hatte im Grunde ein bizarres Programm: Weltveränderung durch Abstraktion. Wo allerdings die »reale« Wirklichkeit anfing, erfuhr man nie. Für die schnöden Gefilde der Wirklichkeit und ihrer Details waren die MGler viel zu anspruchsvoll. Arbeiter waren keine realen Menschen, sondern »Klassensubjekte«. Nichts, was sich im sozialistisch-kommunistischen Wirklichkeitsraum abspielte, konnte ihre Sympathie erwecken. China, Russland, Vietnam, Kuba, das waren alles Verräter an der eigentlichen Idee des reinen Marxismus. Trotzkisten, Leninisten, Maoisten – alles bedauernswerte Abweichler. Nur die »Organisation« befand sich im Besitz der heiligen Lehre.

Wenn die marxistische Gruppe an die Macht gekommen wäre, so viel war klar, wären wir alle geradewegs in riesige Umerziehungslager geschickt worden. Aber allzu groß schien diese Gefahr nicht. Denn eigentlich hatte die MG nicht allzu viel Interesse an der Macht. Die Truppe beteiligte sich als friedlich-geschlossene Marschabteilung an Demonstrationen und zeigte die längsten Transparente der gesamten linken Szene. Aber auf diesen Transparenten gab es keine Forderungen, keine eigentlichen Parolen. Nur Zitate. Was man allerdings auf ihren Gesichtern lesen konnte, war eine ganz und gar unheimliche Form von *Glückseligkeit*. Die Typen strahlten auf eine unnatürliche Weise von innen. Ich höre noch die schönen blonden Frauen, die in jedem Seminar mit sanfter Stimme immer wiederholten, dass dies alles hier doch nur *objektiv* im Klasseninteresse der *Bourgeoisie* stattfinde … Und lächelten, unentwegt lächelten. In einem Stil, wie ich ihn danach erst viele Jahre später bei Tom Cruises Fernsehaufzeichnung seines Coming-out als Scientologe wieder gesehen habe. In Ideologien ziehen wir uns in ein virtuelles Reich zurück, in dem die Dinge auf das Wunderbarste geordnet sind. Hier üben wir vollkommene Kontrolle aus. Damals wie heute sind die Mantras des »Großen Dagegenseins« mächtige Waffen gegen die Komplexität der Welt:

Der Kapitalismus ist an allem Schuld.

Der Planet wird ruiniert, die Natur zerstört durch Kapitalinteressen.

Der kleine Mann wird vom System immer nur betrogen.

Heute gehört diese Klischeerhetorik zum guten Ton in so gut wie jeder Talkshow, in zahllosen Büchern und Filmen. So triumphiert in der Medienkultur der neuen Art ein »Biedermeier-Bolschewismus«, eine Verbindung von konservativem Spießertum (»Alles soll so bleiben, wie es früher mal besser war«) und populistischem Zorn (»Die Reichen sind schuld!«).

Das Resonanzsystem der Wahrnehmung

Warum neigen Menschen auch individuell zu Weltbildern, die gegenüber der Wirklichkeit eine ganz offensichtliche Unterkomplexität aufweisen? Warum präferieren wir Klischees, Karikaturen, Verkürzungen, Schwarzweißdenken – reduzierte Bilder der Wirklichkeit? Neurobiologie, Evolutions- und Kognitionspsychologie können uns auf diese Frage neue Antworten geben:

Erstens: *Das Hirn ist dumm, weil es schlau ist.* Es rationalisiert Komplexität aus ähnlichen Gründen, wie es Gefahren nach Relevanzkriterien »freischaltet«. Würde es alle Aspekte in die Abwägung einbeziehen, würde es verrückt beziehungsweise handlungsunfähig. Der Verhaltenspsychologe Gerd Gigerenzer hat mit seinem Konzept der »begrenzten Rationalität« einen damit zusammenhängenden Effekt beschrieben: Wenn wir vor Entscheidungssituationen stehen, in denen unsere Informationen nicht ausreichen *können,* greift unser Hirn zu »Heuristiken«. Damit bezeichnen wir die Art und Weise, in der wir mit begrenztem Wissen und wenig Zeit zu guten Lösungen kommen. In der Alltagssprache sprechen wir auch von »Bauchgefühl« oder »Instinkt«. Egal, ob es um Partnerwahl geht, Berufsentscheidungen, Rätsel des Alltags, wir sind im modernen Leben ständig mit Situationen konfrontiert, in denen unsere Anstrengungen, vollständig informiert zu sein, ins Leere laufen. Also machen wir es uns einfach. Wir entscheiden, ob wir jemanden mögen, auf den ersten Blick. Und bündeln vielschichtige Informationen unter »Gier« oder »Kapitalismus«, weil wir uns dann nicht auf komplizierte Operationen einlassen müssen.

Zweitens: *Gedanken sind in Wirklichkeit getarnte Bilder.* Und diese Bilder sind stark mit Gefühlen und dem Körper verknüpft. Antonio R. Damasio zeigt in »Descartes' Irrtum«, wie unsere limbischen, rationalen und körperlichen Systeme als ineinander verwobene Schaltkreise funktionieren. »Gefühle sind ›der mentale Effekt‹ eines inneren Gewahrwerdens von Körperzuständen, deren Veränderungen ihrerseits durch bestimmte, von äußeren Reizen ausgelöste mentale Bilder verursacht sind.«[3] Der Psychologe Thomas Fuchs bezeichnete in seinem neuen Buch das Gehirn als »ein Beziehungsorgan, das in ständiger Verbindung mit Nerven, Muskeln, Eingeweiden, Sinnen steht«.[4]

Klingt kompliziert? Vielleicht geht es so einfacher: Versuchen Sie einmal alle sinnlichen, mit Gefühlen verbundenen, körperlichen, bildlichen Aspekte aus den Sätzen »Ich werde ein Haus bauen« oder »Ich gehe einkaufen« oder »Meine Freunde kommen zu Besuch« zu eliminieren. Würden wir das schaffen, so Damasios These, bliebe vom Denken nicht einmal ein Torso übrig. Bei »Haus« entsteht vor unserem inneren Auge automatisch eine komplette Geschichte unserer Hauserfahrungen (dunkle Keller, Weihnachtsfeste, Gerüche etc.). »Einkaufen« ist immer mit Jäger-und-Sammler-Assoziationen verbunden, plus den wunderbaren Gefühlen der Üppigkeit, Sättigung, Aneignung. Unser »Denken«

ist eine innere Bildersprache, in die Wünsche, Ängste, Begierden, Erfahrungen eingewebt sind. Wir sind nicht, weil wir denken. Wir denken, weil wir fühlen, wollen, leiden, hoffen …

Drittens: *Wir können Zufall in keinem Fall Glauben schenken.* Menschen haben eine abgrundtiefe Abneigung gegen den Gedanken des Zufalls. Denn dies hieße ja, wir hätten keinerlei Kontrolle. Deshalb ist unser Hirn eine einzige Kontingenzmaschine: Wir suchen unentwegt nach Mustern und Erklärungen. Wenn Menschen Krebs bekommen oder einen Unfall erleiden, konstruieren sie sofort einen Sinn: Der Unfall »musste geschehen, weil …« Der Krebs ist womöglich Resultat einer schlechten Lebensweise oder negativer Gedanken oder »Karma«. Sinnlosigkeit ist unerträglich, weil sie uns keine Chance von gerichteten Handlungen lässt – und das ist schließlich das, worauf der Mensch evolutionär geeicht ist.

Viertens und daraus folgend: *Ideologie und kognitive Vereinfachungen binden Ängste.* Einfache, klischeehafte Denkmuster sind mentale Kontrolloperationen, die uns das Gefühl des Coping geben, obwohl gar keine Handlungen stattfinden. Polarisierungsbrillen, in denen alles in Schwarz und Weiß, Oben und Unten, Wahrheit und Verrat zerfällt, sind Teil eines Psycho-Immunsystems, mit dem sich unser Geist/Körper gegen Zumutungen und Überforderungen schützt. Wie mit allen Immunsystemen gilt auch hier: Sie können außer Kontrolle geraten. Ideologien, Fanatismus, Populismus sind nichts anderes als die »Allergien« unseres mentalen Systems. Unser geistiges Immunsystem läuft Amok und zerstört sich selbst.

Die Synchronisation der Meinung

Bereits in den sechziger Jahren entwickelten Sozialpsychologen Experimente, um menschliches Verhalten unter dem Aspekt des »Gruppendrucks« zu analysieren. Das Muzafer-Serif-Experiment zum Beispiel bildet bis heute einen Standard für die Synchronisation von Meinungen. Der türkische Sozialpsychologe ließ in verschiedenen Anordnungen Versuchspersonen in einen dunklen Raum führen und bat sie darum, die Bewegungen eines Lichtpunktes zu beschreiben, der in etwa zehn Metern Entfernung auf eine dunkle Wand projiziert wurde. Dabei erwies sich, dass jede Person diese Bewegungen in einer individuellen Weise wahrnimmt. Bei einigen flackert oder flimmert er, bei anderen macht er kreisförmige Bewegungen oder er pulsiert – Effekte der individuellen und unkontrollierbaren Vibrationen des Augapfels.

Bei allen Versuchsabläufen ergab sich das gleiche Bild. Sobald sich *mehrere* Personen im Raum befanden und über ihre Wahrnehmungen kommunizierten, bildete sich eine Mehrheitsmeinung, eine Gruppennorm: »der Punkt zittert« oder »der Punkt pulsiert«. Am Ende einer Sitzung sahen bis zu 90 Prozent die gleiche Bewegung des Punktes! Die Urteile der anderen bestätigen dann die eigene Abweichung von der ursprünglichen Wahrnehmung, die als »anfängliche Täuschung« definiert wurde. Bei späteren Befragungen behaupteten alle Versuchsteilnehmer trotzdem, ihr Urteil völlig eigenständig getroffen zu haben.[5]

Wie stark dieses Gleichrichterprinzip und die Illusion der autonomen Urteilsbildung[6] unsere tägliche Kommunikation prägen, lässt sich durch einen kleinen »Ehrlichkeitstest« schnell illustrieren. Beantworten Sie bitte folgende Frage: Welchem der folgenden drei Sätze stimmen Sie voll und ganz zu?

1. Politiker sind korrupt und unfähig.
2. Lehrer sind innovationsfeindlich und im Grunde ziemlich faul.
3. Beamte bemühen sich nicht bei der Arbeit.

Ich vermute, dass Sie mit diesen Formulierungen nicht wirklich konform gehen. Allzu offensichtlich sind dies Klischees der plattesten Sorte: Es gibt sehr gute Politiker und Lehrer, und auch Beamte leisten in unterschiedlichen Bereichen gute Arbeit. Jetzt aber die Ergänzungsfrage:

Wie oft haben Sie den obigen Formulierungen schon in größeren Runden oder beim Sehen von Talkshows, bei denen Ähnliches geäußert wurde, zugestimmt?

Die »selbstregulierende Konsensbildung« macht soziale Beziehungen einfacher. In der langen Geschichte der Menschheit bot sie unschätzbare Überlebensvorteile, weil sie Menschengruppen zu schnelleren Handlungen befähigte. Konsensbildung ist nichts anderes als eine »Heuristik der Gefahr«: Wenn alle in eine Richtung rennen, ist es besser, dies auch zu tun. Die Wahrscheinlichkeit, dass es dafür einen guten Grund gibt, ist relativ hoch. »Animal spirits« nennen die Ökonomen Akerlof und Shiller (unter Berufung auf Keynes) diesen Herdentrieb in ihrem gleichnamigen Buch und erklären damit unter anderem die Finanzkrise.

Dasselbe Phänomen bietet eine fantastische Möglichkeit für kollektives Priming und ist der Grund, warum Reichsparteitage funktionieren und Aufsichtsräte fatale Entscheidungen treffen. Andererseits sollte man auch seine positiven Aspekte nicht ignorieren. In gewisser Weise ist das Leben immer dem »Stress der Wildnis« ausgesetzt, unser endokrines System kann es gar nicht anders sehen. Deshalb imaginieren wir uns auch in Zeiten sicherer, demokratischer, humaner Verhältnisse jede Menge Bedrohungen, Verrat, Gefahren. Oder Gespenster.

Das Gespenst der Erwartung

Im Frühjahr 2009 kam einer der spektakulärsten Kriminalfälle Europas zu einem spektakulären Höhepunkt. Fast zwei Jahre lang hatten fünf Sonderkommissionen, sechs Staatsanwaltschaften in drei Bundesländern Deutschlands, Kriminalbeamte in Österreich, Frankreich und Belgien nach einer gefährlichen Frau gesucht, die an 40 (!) Tatorten deutliche DNA-Spuren hinterlassen hatte. Eine ungeheure kriminelle Energie sprach aus ihren Verbrechen, die von mehreren Profilergruppen monatelang analysiert worden waren. Die Kosten allein dafür beliefen sich auf zweistellige Millionenbeträge. Diese Frau, auch »das Phantom« genannt, brach in Gartenhäuser in Österreich, Frankreich und Deutschland ein, wo sie sich mit Zigaretten, Alkohol und Essen versorgte. Sie handelte offenbar im großen Stil mit Waffen bis hinunter nach Rumänien. Sie ermordete insgesamt sechs Menschen, die Serie begann mit einem Mord in Idar-Oberstein. Im April 2007 wurde in Heilbronn die Polizistin Michèle K. erschossen, an ihrem Dienstwagen klebte die DNS der unbekannten Frau. Sie war überdies drogensüchtig – ihre DNA wurde auf mehreren Spritzbestecken gefunden. Sie beherrschte viele Sprachen, denn sie arbeitete mit Albanern, Türken, Serben und französischsprachigen Chinesen zusammen. Und sie mischte sich offensichtlich auch in private Konflikte ein. So fand man ihre DNA auf den Projektilen eines Revolvers, der im Rahmen eines tödlichen Roma-Familienstreites abgefeuert wurde.

Wer konnte diese Frau sein? Wer stand hinter der ausgefeilten Logistik? Die Profilerköpfe rauchten. Nach Augenzeugenberichten sah sie aus wie ein Mann. Eine Killer-Lesbe, wie einige Zeitungen vermuteten? Eine tschetschenische Terroristin, die Nomadin des Verbrechens geworden war? Eine islamistische Terroristin, die aus der letzten Generation der RAF stammte? Insgesamt 312 Spuren wurden ausgewertet, im gesamten mitteleuropäischen Raum, mit der Ausnahme seltsamerweise von Bayern. Dort fand sich keine einzige DNA-Spur, als hätte die Route der Verbrecherin immer mit dem Flugzeug über bayerisches Territorium geführt.

Erst am 20. März 2009, nach fünf Jahren Suche und vielen Millionen investierter (Staats-)Gelder, fand man die Lösung. Die DNA gehörte zu einer gemütlichen Mittfünfzigerin, verheiratet, drei Kinder. Der Angestellten einer Firma, die Wattestäbchen herstellte und verpackte. Für die Polizei in Frankreich, Belgien, Österreich, Rumänien und einigen deutschen Bundesländern. Aber nicht für die bayerische Polizei, die einen anderen Wattestäbchenlieferanten hatte.

Das Beispiel der »Phantommörderin« zeigt, wie komplette »Erwartungsräume« entstehen, Räume für Projektionen, die von kollektiven Denkweisen und -systemen hervorgebracht werden.

Die Phantommörderin entstand wie eine Art Negativabdruck einer Fantasie der perfekten Verbrecherin. Solche Fälle kollektiver Projektionen ziehen sich wie ein gigantisches Maya-Mem durch die menschliche Geschichte. Sie steuern menschliches Verhalten bis in seine Katastrophen hinein.

Am 24. Juni 2009 betrat die junge chinesische Arbeiterin Huang Cuilian, die in einer Spielwarenfabrik beschäftigt war, aus Versehen das falsche Zimmer in einem Wohnheim in der südchinesischen Stadt Shaoguan. Als sie dort zwei uigurische Wanderarbeiter sah, stieß sie einen lauten Schrei aus und verließ den Raum. Am nächsten Tag verbreitet sich bei den örtlichen chinesischen Wanderarbeitern das Gerücht, man hätte die Schreie einer chinesischen Frau gehört, während sie von zwei Uiguren vergewaltigt wurde. Nein, es seien sechs Uiguren und zwei Chinesen gewesen. Wütende han-chinesische Männer erschlugen daraufhin am 26. Juni vor den Fabriktoren zwei Uiguren und verletzten 120 weitere. Anfang Juli tauchte ein Handyvideo mit diesen Ereignissen in der uigurischen Hauptstadt in der Provinz Xinjian auf. Die Folge waren mörderische Ausschreitungen von Uiguren und Gegenangriffe der Chinesen, bei denen nach offiziellen Angaben 197 Menschen ums Leben kamen.

Den »Erwartungsraum« dieser Eskalation bildet ein seit Jahrzehnten kursierendes ethnisches Klischee. Es handelt von der »Leichtigkeit« uigurischer Mädchen und der sexuellen Potenz uigurischer Männer. Die Uiguren sind eine Minderheit in China, die seit Jahrzehnten Geld mit Tänzen und leichtbekleideten Darbietungen verdienen. Sie gelten als »rassig« und »emotional«, ihre Kultur als »orientalisch«, »locker« – obwohl die meisten Uiguren Moslems sind. Auf dem chinesischen Reiseführer »Reisewissen Xinjiang« prangte 2007 die Überschrift: »Besuchen Sie endlos viele Mädchen, die endlos tanzen!« Darstellungen von Uiguren zeigen gerne halb verhüllte, verführerisch blickende Schönheiten, die auf Teppichen liegen, im Hintergrund Minarette, Kamele und Sonnenuntergänge. Für die erotisch eher verklemmte (han-)chinesische Kultur dürfte das eine ähnliche Wirkung haben wie die Mär von den leichten Französinnen und rassigen Italienerinnen auf die Landser im Zweiten Weltkrieg.

Ein Reporter der chinesischen Nachrichtenagentur Xinhua fragte Huang Cuilian später, warum sie im Wohnheim solche Angst gehabt habe. Sie habe die beiden Uiguren als »unfreundlich empfunden«, antwortete sie. Einer von ihnen habe mit dem Fuß aufgestampft. »Später ist mir klar geworden, dass er sich bloß über mich lustig gemacht hat.«

Kulturen des Denkens

Jede Zeit und jede Kulturform produziert eine eigene Denkweise. Jäger-und-Sammler-Gesellschaften »denken« über ihre Umwelt in Kategorien der Tierbewegungen und der »magischen« (weil nicht kontrollierbaren) Naturkräfte. Agrargesellschaften strukturieren ihr Denken in Zyklen und Rhythmen, analog zu Ernte- und Jahreszeiten, in den Kategorien der Planung und des Vorrats. Das mechanisch-industrielle Zeitalter, dessen Ende wir heute erreicht haben, nutzte als Grundfigur für das Denken die Maschine und die Mechanik, später den Computer. »Intelligenz« zum Beispiel wird auch heute noch als eine Art »Rechenkraft« definiert. Intelligenztests ähneln mathematischer Mustererkennung, wie man sie seit Jahrzehnten versucht, Computern beizubringen: »Finden Sie in fünf Sekunden die Unterschiede zwischen den Figuren!«

Um über die Zukunft, die möglichen Evolutionswege des Denkens, nachzudenken, müssen wir uns zunächst die verschiedenen Modi Operandi bewusst machen, in denen unsere kognitiven Operationen funktionieren:

Das magische Denken. In den archaischen Kulturen sind alle Erscheinungen der Umwelt unmittelbare Projektionen innerer Zustände. Warum hat der Mond eine so seltsame rote Farbe? Weil ein Stammesmitglied heute Nacht gewalttätige Gedanken hegt.

Warum hat es nicht geregnet? Weil die mächtigen Anakondas, die im Himmel hausen und den Regen mit ihrer Spucke erzeugen, bei der letzten Jagd gestört und irritiert wurden …

Veränderung kann in einem solchen Universum nicht durch direkte Handlung erfolgen, sondern nur durch Verbündung mit höherer Macht. Traditionen und Wissen bleiben unveränderbar, sie gehören immer den Älteren oder den ewigen Geistern. Magisches Denken bietet Tröstung, Gemeinschaft, Bewältigung und in den meisten Fällen auch Heilung – im Rahmen der Möglichkeiten eines prekären Mensch-Natur-Verhältnisses. In Afrika sind heute noch ganze Regionen vom Hexenglauben geprägt – mit fatalen Folgen für die Wandlungsfähigkeit dieser Kulturen. Denn sobald agrarische Techniken oder gar städtische Kulturen entstehen, wird Magismus zum Hemmschuh für die kulturelle Evolution. Hexerei wirkt als Terrorinstrument gegen jeden Versuch, sich aus den Zwangszusammenhängen von Kollektiv und Natur herauszulösen und eigenständige Coping-Routinen zu entwickeln.

In der modernen Welt sind wir der eitlen Überzeugung, wir hätten magisches Denken überwunden. Aber man muss nicht die Praxis des Tischerückens bemühen, das noch vor hundert Jahren im Bürgertum eine verbreitete Freizeitunterhaltung war, um das zu widerlegen. Ein flüchtiger Blick in den Fernseher, auf die Bestsellerlisten zeigt, wie tief wir im magischen Denken verstrickt bleiben. Uri Gellers Magieshows, X-Serien und »Wissenschaftswunder«-Zeitschriften zeigen drastisch, wie sehr wir auch in der Neuzeit Magisches lieben. Eine Konversation von gestandenen Akademikerinnen auf einer Party in Hamburg-Harvestehude verrät alles über unseren Hang zu jeglicher Form von Aberglauben wie Horoskope, Homöopathie, Wasseradern, Magnetstrahlen, Edelsteinmagie, Chakrawellen, Karma-Numerologie, Energieküche, Elementemedizin (ja, ich weiß, diese Phänomene sind natürlich alle »wissenschaftlich bewiesen«). Wir leben in einer semimagischen Kultur voller »shared illusions« (Leonard Mlodinow in »The Drunkards Walk«) – vielleicht gerade deshalb, weil es keine verbindlichen Normen, Religionen oder Lebensriten mehr gibt.

Das logische Denken. In der Antike kam es zum ersten Mal zu einer bewussten Trennung zwischen symbolischer und dinglicher Ebene. Denken wurde nun in Wenn-dann-Relationen geordnet, in Kausalitäten und Ableitungen strukturiert, Argumentationen auf ihre Gültigkeit und Folgerichtigkeit untersucht.

Aristoteles, Platon, Sokrates und all die anderen Philosophen des antiken Raumes waren strenge Logiker. Ihre Leistung bestand in der Entwicklung kompletter Metatheorien. Aber sie irrten oft, weil ihnen wichtige Bausteine naturwissenschaftlicher Welterkenntnis fehlten. Aristoteles entwickelte ein Weltmodell der Sphären, in dem alle Dinge, auch menschliche Körper, aus Luft, Wasser und Feuer zusammengesetzt sind. Er folgerte logisch aus Umweltbeobachtungen, dass die innerste Sphäre der Welt aus Stein sein müsse, weil Steine immer nach unten fallen, während Wasser in der zweiten Sphäre verbleibt, Luft in der dritten und Rauch (Feuer) in der obersten Sphäre. Aus diesem Weltmodell machten Ärzte der Antike ein völlig abwegiges, aber durchaus »logisches« Prinzipiengebäude der Behandlung, unter dessen Segnungen die Patienten reihenweise starben. Aber Ärzte konnten nicht irren, weil sie logisch arbeiteten. Der tote Patient bewies, dass man beim Nächsten die grausamen Anstrengungen noch erhöhen musste. Bis ins Mittelalter galten die griechischen Logiker als absolute Autoritäten im Reich der Medizin – auch Paracelsus bezog sich noch auf die Elementelehre. Bis sich mit der Renaissance langsam die Empirie und das Experiment durchsetzten, blieben die antiken Logiker absolute Autoritäten, ihre Weltgebilde Dogmen, an denen kein Detail verändert werden durfte.[7]

Das religiöse Denken. Auch religiöses Denken ist, obwohl dies zunächst wie ein Widerspruch in sich klingt, logisch. Da die Annahme Gottes (oder der Götter) keinesfalls widerlegt werden kann, ist alles, was auf diesem Axiom aufbaut, in sich kohärent. In der Grundannahme einer göttlichen Kraft liegt ein Ordnungssystem, das sich selbst bestätigt. *Weil* Gott so gütig / allmächtig ist, kann er auch den Unglauben und das Elend zulassen. Religion (von lateinisch re-ligare, anbinden, zurückbinden) stellt den Menschen in ein komplexeres Verhältnis zu den höheren Mächten als das rein funktionalistische magische Denken. Aus Riten werden Rituale, die den Alltag strukturieren, aus dunklen Mächten Bilder und Erzählungen, aus gemurmelten Formeln Schriften. Aus Schamanenkulturen entstehen institutionalisierte Priesterhierarchien, deren Deutungsmacht durch weltliche Kräfte begrenzt wird.

Die Götter der Maya waren, wie man schon an ihren Abbildern sieht, furchterregende Mächte voller Willkür und Unberechenbarkeit (eine Analogie zu den unberechenbaren Naturkräften). Religionen evolutionieren diese Mächte weiter und verwandeln sie dabei in verlässlichere Institutionen, die dem Leben einen Halt und einen Rahmen geben. Religiöses Denken unterscheidet sich vom Magischen durch seine Ordnungsfunktion: Zwischen Himmel und Hiesigem ist nun eine deutlich erkennbare Grenzlinie gezogen. In der Wechselwirkung zwischen Göttlichem und Weltlichem können nun durchaus Verfeinerungen und neue Komplexitäten der Erkenntnis entstehen.

Das moralische Denken. »Ach, der Tugend schöne Werke, / Gerne möcht ich sie erwischen. / Doch ich merke, doch ich merke, / Immer kommt mir was dazwischen.« So leichtfüßig fabulierte der Ironie-Guru des 19. Jahrhunderts, Wilhelm Busch, über die Sache mit den »Werten«, den Dauerbrenner des Moraldiskurses. Busch war schlauer als viele heutige Moralisten. Moral kann, will sie funktionieren, immer nur der Selbstverpflichtung entspringen, andernfalls wäre sie ein Zwangsregelungssystem, ein Gesetz. Aus diesem Spannungsverhältnis heraus entsteht der Tugenddiskurs, und nur so macht er (evolutionären) Sinn.

Der »Zerfall« der Moral wird schon seit Jahrtausenden beklagt und rhetorisch genutzt, um bestimmte Vorstellungen und Weltbilder auf normativem Wege durchzusetzen. Im Grunde läuft die moralische Forderung darauf hinaus, dass emphatisches Gefühl und Handlung übereinstimmen sollen. Aber genau hier liegt das Paradox: Wenn ich einen armen Menschen sehe, sagt mein Gefühl, ich müsste ihm »mein Geld geben«. Aber das wäre wahrscheinlich weder für mich noch für ihn die richtige Entscheidung (modern gesprochen: Es würde falsche Steuerungsanreize bewirken). Eine moralische Handlung kann also unmoralische Resultate erzeugen. Und das ist keineswegs ein Nebeneffekt – die schlimmsten Verbrechen der Menschheitsgeschichte wurden im Namen der Moral begangen!

Moralisches Denken ist ein Widerspruch in sich und wird gerade deswegen so gerne praktiziert, weil es sich so leicht funktionalisieren lässt. In den unentwegten Ruckreden, in der unaufhörlichen Klage über den Niedergang der Moral empfehlen sich vor allem die Tugendwächter selbst. Nur selten ist dieses Denken produktiv, im Sinne von Veränderung, auch wenn es das ständig behauptet. Das »Betroffenheitsgebot« ist eine mentale Geißel, die uns vom Verstehen und Verändern der Welt eher abhält.

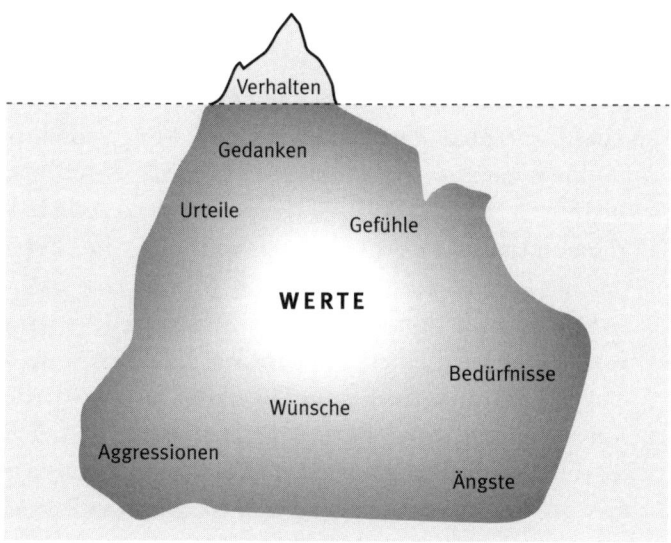

Abb. 13: Der moralische Eisberg

Moralische Argumentation ist immer eine Verknüpfung von Wunschdenken und normativen Modellen, und als solche lässt sie uns im besten Fall ratlos zurück, im ungünstigsten hinterlässt sie Scham und schlechtes Gewissen (womit man Menschen zwar fügsam, aber nicht »moralisch« machen kann). Unsere innere Verfasstheit lässt sich mit Moralkriterien nicht wirklich erfassen. Sie ähnelt eher dem Eisberg, in dem die einzelnen Instanzen unseres Denkens und Fühlens unter der Wasseroberfläche unserer Handlungen zu finden sind.

Das romantische Denken. »Die Antike lehrt uns Denken, setzt uns Maß und Ziel, begeistert uns für die Erkenntnis. Wo aber bleibt der Rest?« Dieser Stoßseufzer stammt von den emphatischen Dichtern und Denkern des späten 18. und frühen 19. Jahrhunderts. Und so kam die Romantik in die Welt. Ein Denken, das das Fühlen ins Zentrum der inneren Bühne setzt und die Innerlichkeit als eigentliche Welt behauptet. Mit Novalis gesprochen: »Romantik gibt dem Gemeinen einen hohen Sinn, dem Gewöhnlichen ein geheimnisvolles Ansehen, dem Bekannten die Würde des Unbekannten und dem Endlichen einen unendlichen Geschmack.«

Robert M. Pirsig hat den Unterschied zwischen klassischem und romantischem Denken in seinem Klassiker »Zen und die Kunst, ein Motorrad zu warten« anhand einer Motorradfahrt mit seinem Sohn erklärt:

> »Einer klassischen Anschauung stellt sich die Welt primär als innere Form dar. Einem Romantiker stellt sie sich primär als unmittelbar wahrnehmbare Erscheinung vor. Würde man einem Romantiker eine Maschine oder einen elektronischen Schaltplan zeigen, würde er höchstwahrscheinlich kein Interesse daran zeigen ... Würde man jedoch dieselbe Blaupause einem klassischen Menschen zeigen, wäre er wahrscheinlich davon fasziniert, weil er sehen würde, dass hinter den Linien und Formen und Symbolen eine ungeheure Fülle innerer Form liegt.«[8]

Die »Klassik« interessiert sich für die Prinzipien und Modalitäten, für das Detail, das Wie und Warum und den Zusammenhang. All das ist der Romantik vollkommen egal. Sie interessiert sich nur für das Ergebnis der Wahrnehmung. Romantiker wohnen normalerweise in hohen Türmen, weitab von den Profanitäten der Wirklichkeit. Dort bauen sie fröhlich an ihren Innenwelten. Ab und zu steigen sie hinab, um uns über das »Eigentliche« zu belehren.

Das idealistische Denken. Ende des 18. Jahrhunderts rüttelte Emmanuel Kant an der damals verbreiteten Gewissheit, das Gehirn sei eine Art Maschine, in das via Augen, Ohren, Geruch und anderer Sinne Realität »hineinfließt«, bis sie irgendwann vollständig darin abgebildet ist. Kants neue Theorie des »Idealismus« warf die »objektiven« Modelle über den Haufen, als hätte er bereits die Erkenntnisse der Neurobiologie verstanden: Nur aus dem Wechselspiel von Verstand und Sinnen könne Wissen entstehen.

Die Vertreter des Idealismus sehen in jeder Form von Materie sowie auch in menschlichen Handlungen (und damit in der gesamten Geschichte) nur ein Abbild von Ideen – eine Vorstellung, der schon die antiken Denker zuneigten. Damit ist, wie beim romantischen Denken, Wirklichkeit eher als ein Ergebnis von inneren Prozessen und »höheren Wirkkräften« definiert. Utopien und Zielbilder beherrschen diesen Denkmodus. Die komplexe Wirklichkeit kann so leicht zu einer störenden Banalität oder profanen Ableitung höherer Prinzipien geraten. Von hier aus ist es nicht mehr weit zur Ideologie, die ja auch denselben Wortstamm aufweist.

Das ideologische Denken. Karl Marx bezog sich auf Kant und Hegel, und er nannte seine logische Denkstruktur nicht umsonst »Dialektik«. In der Ideologie wird das Denken wie eine Art Spaltkeil benutzt. Dieser Keil wird so lange in die Wirklichkeit hineingetrieben, bis sie in ein *binäres* Raster passt. Alles ist Klassenkampf! Es gibt nur gut oder böse! Wenn du nicht für uns bist,

bist du gegen uns! Ideologie entsteht, wenn romantische und idealistische Grundmetaphern sich mit Reduktionslogiken zu einem einzigen hermetischen Diskurs verbinden.

Das fatale an Ideologien ist, dass sie auf der Ebene der Komplexitätsreduzierung unschlagbar sind. Nebenbei kann »das Problem« nur durch die Eliminierung der Gegner erledigt werden. So wird die Wirklichkeit zum Falschen erklärt und der Wandel zum Erfüllungsgehilfen einer vollkommen abstrakten Zielsetzung. Im Herzen jeder Ideologie wütet eine radikale Zerstörungsfantasie – echte Ideologien erkennt man daran, dass das (im reifen religiösen und aufklärerischen Denken überwundene) Menschenopfer wieder eingeführt wird. Hitler, Lenin, Mao, Stalin waren Romantiker, die die Massen im Sinn höherer Ideale begeistern konnten. Aber sie waren eben auch Logiker und Operateure des Terrors einer höheren Idee. Aus der Fusion von Romantik und Ideologie entstanden so die großen Verbrechen der Menschheit. Ideologien machen da weiter, wo die Maya aufgaben und sich in den Dschungel zurückzogen. Der alte Affe Angst legt noch einen Turbogang zu und verspricht die totale Kontrolle aller Verhältnisse. Was niemals gelingen kann.

Das rationale Denken. Es ähnelt dem logischen Denken, evolutioniert dieses jedoch weiter. Es trennt Wesen von Effekt, Erscheinung von Gestalt. Es »überprüft das Überprüfen« mit Hilfe des Messens und naturwissenschaftlicher Methodik: Experiment-Hypothese-Abweichung-Erkenntnis. Im echten rationalen Denken steht nicht die Wahrheit, sondern das Lernen im Mittelpunkt.

Der Rationalismus hat heute zwar eine gewisse Deutungsmacht über unsere politischen, sozialen, gesellschaftlichen Strukturen. Die großen Leistungen der Demokratie, der Marktwirtschaft sind Resultate aufklärerisch-rationalen Denkens (und eben nicht der Romantik oder der Ideologie). Doch genau dieses Erbe ist auch gefährdet, wenn sich das rationale Denken nicht selbst aus den alten Hülsen des Mechanischen fortentwickeln kann.

Das Denken neu denken

Alle diese Denkweisen haben ihre spezielle Schönheit und Berechtigung. Sie repräsentieren die verschiedenen Möglichkeiten des menschlichen Bewusstseins, sich ein Bild der Welt zu machen. Allerdings neigen Menschen dazu, die eine oder andere oder gleich ein ganzes Bündel von Denkweisen zum Tunnelblick zu entwickeln und als Absolutum zu verkaufen.

Romantisches, moralisches und idealistisches Denken zum Beispiel sind in unserem Kulturkreis weit verbreitet (etwa in der Variante des »ökologischen« oder des »kapitalkritischen«). Ohne Zweifel wollen Menschen, die so denken, das Beste. Sie haben hohe und hehre Ziele. Aber genau darin liegt das Problem, denn aus dieser Kombination wird leicht irgendwann das »Betroffenheitsdenken«, das alle Emotionen zu einem Brei verrührt und daraus eine selbstgerechte Haltung gewinnt, die so tut, als ob sie alles wüsste und dass weder Fragen noch Antworten nötig seien. Durch dauerhafte Enttäuschung dieses Versuchs entwickelt sich konsequent jenes »beleidigte Denken«, mit dem unser kognitives Ich sich endgültig in den Schmollwinkel zurückzieht und den anderen ausschließlich negative Absichten und große Unfähigkeiten unterstellt. Der eigene Anteil an Wandlungsprozessen wird dabei gern negiert.

Können wir also unser Denken in neue Bahnen lenken im Sinne einer Anpassung an eine komplexere Wirklichkeit? Anders gefragt: Können wir unser Denken selbst »evolutionieren«? Spontan lautet die Antwort: unmöglich. Dieselben Tricks, die unser Hirn zu dem machen, was es ist (eine Angst- und Wunschbildmaschine mit Hang zur Vernebelung von Tatsachen), müsste uns auch bei diesem Versuch wieder in die Irre führen. Die Evolution hat unseren Kognitionsapparat schließlich nicht »erfunden«, damit wir klug sind. Sondern damit wir unsichere Situationen überleben!

Aber vielleicht können wir die Tricks unseres Hirns doch ein wenig entlarven und Techniken der Gegensteuerung erlernen.

Daniel Kahneman und Amos Twersky, die beiden berühmten Verhaltenspsychologen und Pioniere der Kognitionswissenschaften, haben in ihren Experimenten das »verzerrte Denken« erforscht. Dies sind die zentralen Erkenntnisse ihrer »Prospect Theory«, der »Neuen Erwartungstheorie«.[9]

Vermessenheitsverzerrung: Wir überschätzen ständig unsere eigenen Fähigkeiten und unseren Mut in brenzligen Situationen. Viele Menschen neigen auch zu einer Art positivistischem Aberglauben, sie glauben, mit bestimmten symbolischen Handlungen tatsächlich Realität beeinflussen zu können (Tragen eines T-Shirts beim Spiel der eigenen Mannschaft etc.).

Ankereffekt: Eine einmal getroffene Vergleichsaussage wird zur Norm für alle weiteren Definitionen. Selbst wenn sie falsch ist und aus einer sehr fragwürdigen Quelle stammt, bildet sie den Maßstab für spätere Entscheidungen.

Nähe-Verzerrung: Wenn wir eine bestimmte Problematik allzu sehr »von innen« beurteilen, neigen wir gerade deshalb zu Fehleinschätzungen. Wir können das Phänomen nicht mehr im größeren Kontext sehen. Deshalb irren sich ausgerechnet Fachleute und Spezialisten, wenn sie Prognosen über ihr eigenes Genre aufstellen sollen.

Status-quo-Fanatismus: Menschen werden sehr aktiv, wenn es gilt, ihren einmal erreichten Status zu bewahren. Das führt zu den bekannten Phänomenen des Klammerns an falsche Strategien: Ein Bankmanager, der zuvor hohe Gewinne erzielt hat, ist in der Krise praktisch unfähig zu sehen, dass die Strategie so nicht mehr funktioniert. Er wird eher Kollegen denunzieren, lügen oder Zahlen schönen, als einen neuen Anfang zu suchen. Phänomene wie der Burn-out haben auch mit diesem panischen »Drang zur Bewahrung des einmal Erreichten« zu tun.

Gewinn- und Verlustvermeidung: Menschen fürchten Verlust mehr, als sie sich von Erfolgen begeistern lassen. Sie investieren mehr Energie darin, Übel zu vermeiden als Chancen aufzubauen. Das bedeutet, dass sie eher zu konservativen Strategien und damit zu Nichtwandel neigen. Für das alltägliche Leben heißt das, dass die fatalen Komfortzonen ständig wachsen.

Wenn wir uns solche Fallstricke nun bewusst machen, welche Taktiken und Strategien, welche mentalen Übungen könnten ihnen entgegenwirken?

Warum intelligente Menschen selten streiten

Hin und wieder werde ich in eine Talkshow eingeladen. Meistens verlaufen die Vorgespräche mühsam, weil der Moderator etwas aus mir herauskitzeln möchte, was er als »Story« im Sinne der Einschaltquoten verkaufen kann. »Sind Sie nicht auch der Meinung, dass die Jugendlichen heute immer mehr verwahrlosen und der Egoismus ein echter Megatrend ist?« – »Glauben Sie nicht, dass der Dritte Weltkrieg bevorsteht?«

Glaube ich nicht. Schweigen. »Können Sie Ihre Thesen vielleicht in einem knackigen, prägnanten Satz ausdrücken?« Kann ich nicht. Oha.

Und schon bereuen sie es, mich eingeladen zu haben. Aber noch kann man ja versuchen, die anderen Talkshow-Gäste so gegeneinander aufzuhetzen, dass dabei ein »interessantes« Gespräch herauskommt.

Ich habe festgestellt, dass Menschen mit einem komplexen Bewusstsein nicht wirklich streiten. Sie beleuchten die Dinge in ihren verschiedenen Aspekten. Sie loten die Zusammenhänge aus, helfen sich gegenseitig auf die Sprünge, fügen die Teile des Puzzles zusammen, das sich »Wirklichkeit« nennt. Sie sagen nicht »Das ist Unsinn«, sondern »Man könnte dem einen anderen Aspekt hinzufügen«. Sie formulieren nicht nur »Sie sind auf dem Holzweg«, sondern beschreiben den Duft anderer Hölzer. Die Wahrheit ist im Grunde unteilbar, und sie ist vor allem nicht binär, schwarzweiß. Ein solcher Stil hat seine Gründe nicht in Höflichkeitsfloskeln, sondern in einigen Denkweisen, die man üben kann.

Furchtloses Denken: Die erste Taktik besteht in dem, was Norbert Bolz die »Entübelung des Bösen« nannte. Wir sollten in der Lage sein, Phänomene, die uns Angst machen, aus einiger Distanz zu betrachten. Dafür müssen wir uns ein Stück weit von Affekten trennen können.

Nehmen wir zum Beispiel Ehescheidungen. Im Licht unserer Verlassensangst (im »romantischen Denken«) ist Scheidung grundsätzlich negativ. Bei Scheidungen werden Bindungen zerstört, Kinder zu Scheidungswaisen. Daraus folgt der Umkehrschluss: Wenn die Bindungsmoral von »früher« wieder eingeführt wird, kann unser gesellschaftliches Leben wieder stabiler, glücklicher werden. Ein klassischer moralischer Fehlschluss.

Der Sozioökonom Tim Hartford weist in seinem Buch »The Logic of Life« nach, dass hohe Scheidungsraten für die Qualität von Liebe, Beziehung, Ehe und Elternschaft positive Auswirkungen haben. In einem Beziehungsmarkt, in dem die Frauen vorsichtiger den Partner wählen und sich häufig scheiden lassen, müssen sich Männer mehr anstrengen, aktive Väter und gute Liebhaber zu sein. Die Frauen können in Scheidungskulturen differenziertere Rollenmodelle leben und dabei mehr Partnerschaftserfahrung gewinnen – all das führt zu besserer Lebensqualität, mehr Liebe und Zuwendung. Wenn Scheidung »geübt« wird, entstehen weniger psychologische Folgeschäden – die meisten Paare trennen sich einvernehmlich und nehmen auch danach ihre Elternrollen aktiv wahr.[10]

Warum können wir die Idee, hohe Scheidungsraten seien positiv, so schwer »denken«? Für unser romantisches Hirn, das Analyse mit Gefühl verwechselt, wirkt das Ganze wie eine Beleidigung. Statt eine Liebeskultur der Freiheit und moderierten Trennung zu entwickeln, eskalieren wir den romantischen Anspruch, den moralischen Druck. Paare, die scheitern, scheitern meistens an überhöhten Erwartungen an den anderen, an Idealisierungen und Verklärungen. Und so erzeugt der moralische Diskurs eine ständige Verstärkung des Problems.

Angstfreies Denken heißt, dass wir die schnellen Emotionen zumindest für eine Weile von der Front unserer Denkoperationen abziehen. Das ist immer ein wenig ein Tabubruch. Wer es tut, handelt gegen das Betroffenheitsprimat. Aber es lohnt sich. Wenn man zum Beispiel den islamistischen Terrorismus als eine Ohnmachtskompensations-Strategie versteht, kommt man unter Umständen zu ganz anderen Strategien, den »Krieg gegen den Terror« zu gewinnen.

Faires Denken: Im fairen Denken beziehe ich Empathiegefühle bewusst in meine Denkoperation ein. Während ich einen Sachverhalt zu verstehen versuche, springe ich von Perspektive zu Perspektive: Was bedeutet dies für diese Person, für jenen Teilnehmer, für jene Partei? Welche Interessen stehen hier und dort dahinter, wie kann man womöglich mehreren Interessen gerecht werden? Wo zeichnen sich Synergien, Synthesen, Fusionen ab? Und dann entscheide ich mit einem gut trainierten Bauchinstinkt für einen Kompromiss, den ich dann auch so nenne.

Faires Denken ist die Basis jeder erfolgreichen Beziehung. Freie Marktwirtschaft ist ohne faires Denken unmöglich. Eine konstruktive Debatte bedingt die Bereitschaft, sich in den anderen hineinzuversetzen, seine Motive aufzunehmen. Funktionierende Demokratie setzt voraus, dass die Mehrheit der Menschen den Willen zu dieser geistigen Operation pflegt. Und echte Liebe geht schon gar nicht ohne.

Evolutionäres Denken

Sind Menschen Produkt ihrer Erziehung oder ihrer Gene, ihrer Umwelt oder ihrer Anlagen? Noch bis vor kurzem tobte um diese Frage ein erbitterter Streit. In meiner Jugend war die Antwort klar: Es ist die Gesellschaft! Wir sind alle Opfer! Man schaffe »den Kapitalismus« ab, und Menschen werden völlig anders – solidarisch, fröhlich, optimistisch. In den neunziger Jahren kippte die

Meinung ins radikale Gegenteil. Jede Woche wurde ein neues Gen für Intelligenz, Talent, Verbrechen entdeckt. Sie haben keine Chance, Ihrem Schicksal zu entkommen! Hoffen Sie darauf, dass in Zukunft unsere Kinder gentechnisch zu optimieren sind! Beide Meinungen sind schlicht und einfach unterkomplex, falsch und blöde. Und genau deshalb halten sie sich so zäh.

Oder nehmen wir die Geschlechterrollen. Konservative Feministinnen (oh ja, die gibt es!) sind nach wie vor frenetisch davon überzeugt, das Mädchen und Jungs sich nicht einen Millimeter unterscheiden. Selbst wenn ihre Töchter Spielzeugbagger nachts im Bett schlafen legen und streicheln, wie ich das öfters erlebt habe, und hochfeministisch erzogene Jungs rund um die Uhr wahre Orgien von Laserschwertattacken loslassen. Über das Gegenteil, die Mars-und-Mond-These, nach der zwischen den Geschlechtern kosmische Abgründe klaffen, machen Proll-Kabarettisten unentwegt blöde Witze.

Sind Männer anders als Frauen? Die neueren Forschungen verzweifeln schon an dieser Fragestellung, weil gar nicht klar ist, auf welcher Ebene man überhaupt Unterschiede definieren soll. Alle psychologischen Differenzen – die virile Gewalttätigkeit, die große Empathiefähigkeit der Frauen – erweisen sich bei näherer Untersuchung als äußerst relativ. Da, wo sich echte Verschiedenartigkeit messen lässt, spielt sie entweder keine Rolle für den Alltag oder ist unbedeutend klein. Wenn man alle Studien zusammennimmt, kommt heraus: In 80 Prozent aller Eigenschaften gleichen sich die Geschlechter *sehr*. Unter dem verbleibenden Fünftel an Unterschieden finden sich vor allem physische Talente wie die Weitwurfweite.

Welche Theorien wir aus dem weiten Angebot an Welterklärungen als »wahr« auswählen und dann auf dem Weg einer Mem-Epidemie kollektiv vervielfältigen, hat, wie wir wissen, ja auch etwas mit unserem Bedürfnis nach Entlastung zu tun.

Wie wäre es also mit der Antwort: Sowohl als auch? Warum können wir kein dynamisches Modell entwickeln, das sowohl den kleinen Unterschieden als auch den Gleichheiten gerecht wird? Männer können »weibliche« Aspekte entwickeln und ausprägen, Frauen »männliche«. Was wir unter »männlich« und »weiblich« verstehen, unterliegt gleichzeitig wiederum selbst kulturellen Bewertungssystemen. Sogenannte »männliche« Aspekte – Durchsetzungsvermögen, Autorität, Dominanz, Entschlossenheit – können in manchen Situationen hilfreich und sinnvoll sein. Aber diese Eigenschaften können auch Frauen zugehören. In anderen Kontexten sind »weibliche« Aspekte – Ausgleich, Loyalität, Konfliktmoderation – äußerst angebracht. Robust im Sinne von zukunftsfähig wird eine Entwicklung vor allem dann sein, wenn beide Aspekte zum Zug kommen können.

Evolution ist nach unserem heutigen Kenntnisstand nicht zielgerichtet, führt aber dennoch in bestimmte Richtungen, sie lebt gleichermaßen von Adaption, Selektion und Varianz, sie schafft über sehr einfache Prozesse aus dem Partikularen das Verbundene, aus dem Simplen das Komplexe.

Ebenso funktioniert die Welt. Im Großen und Ganzen, aber auch im Detail.

Das genetische Missverständnis

Als am 26. Juni des Jahres 2000 der US-Präsident Bill Clinton mit den Genforschern Craig Venter und Francis Collins im Weißen Haus vor die Presse trat, schien ein neues Zeitalter nicht nur angebrochen, sondern beinahe schon abgeschlossen. Verkündet wurde auf dieser legendären Pressekonferenz die erste vollständige Decodierung der menschlichen DNA, jener 100-Milliarden-Basen-Sequenz, die in jeder Zelle unseres Körpers für Ordnung, Wachstum und Wandel sorgt. Von nun an könnten wir uns und unsere Kinder einfach »screenen« und herausfinden, welche Krankheiten wir haben oder ob das Talent zum Klaviervirtuosen reichen würde. Und die Zukunft der Medizin lag glasklar vor Augen: Individuelle

Medikamente für jeden einzelnen Patienten seien nur eine Frage der Zeit und würden einen Megamarkt begründen.

Wie wir heute wissen – oder langsam ahnen –, basierte das Ganze wieder einmal auf einem Framing-Fehler. Im Jahr 2000 war die Computerwelle auf ihrem Höhepunkt angelangt. Da es auch Computer waren, die die Entschlüsselung der Gensequenz überhaupt möglich gemacht hatten, übertrug man das Bild eines Computers einfach auf den Menschen, eine klare und äußerst verführerische Metapher: Wir sind durch den Gencode schlichtweg »programmiert«. Die DNA ist das festverdrahtete Betriebssystem unseres Körpers, unseres Wesens – that's it.

In seinem Buch »Der Zweite Code« fasst der Neurobiologe Peter Spork die aktuellen Erkenntnisse der neuen Wissenschaft der Epigenetik zusammen.[11] Jede Zelle hat nicht nur eine, sondern zwei Methoden der Wandlung. Der (starre) Code der DNA wird von bestimmten Botenstoffen abgelesen und produziert via RNA jene Eiweiße, die für die Funktion der Zelle nötig sind. Dieser Expressionsprozess verläuft keineswegs, wie im alten, starren Genmodell angenommen, als reine Kopie. Eine Vielzahl von Botenstoffen und Wirkweisen auf zellularer Ebene moderieren diesen Prozess. Und geben der Zelle viel mehr Varianz und damit (Wandel-)Kompetenz, als man früher dachte.

»Organismen erhöhen ihre Komplexität nicht nur über eine Abwandlung der Gene, sondern auch über die Veränderung der Genregulation, die den Gentext unberührt lässt«, schreibt Spork.[12] Damit können wir das alte Modell über den Haufen werfen. Die DNA, die Gene sind nicht das Betriebssystem, sondern nur eine molekulare Hardware, auf der die Software der Genmodulationen läuft. Und diese wird direkt durch Umwelteinflüsse beeinflusst! Durch das, was wir essen und trinken, wie wir lieben und lernen, uns bewegen, arbeiten verändern wir die Funktionsweisen unserer Zellen! Diese Schalter bleiben im Individuum lange aktiv, und sie können sich, so die neuesten Forschungen, auch teilweise *vererben*.

Die Epigenetik ist eine der wichtigsten Synthesewissenschaften der Jetztzeit – ein spannendes Bindeglied zwischen Genforschung, Neurobiologie, Soziobiologie, System- und Evolutionstheorie und Evolutionspsychologie. Sie deckt die oft geahnten, aber nie bewiesenen Wechselwirkungen zwischen menschlichen Verhaltensweisen und genetischen Programmen, der psychologischen und der biologischen Ebene auf. »Das Epigenom ist die Sprache, in der das Genom direkt mit der Umwelt kommuniziert«, heißt es in Sporks Buch.[13]

So geht es uns früher oder später mit allen Phänomenen. Je genauer wir versuchen, Prozesse zu sezieren, Faktoren zu isolieren, desto weniger klar umrissen verstehen wir die Welt. Die Theoreme, mit denen wir die Welt beschreiben, die Ursache-Wirkungs-Ketten, an denen wir uns verzweifelt festhalten, weil sie so schön einfach sind, erweisen sich als nicht ausreichend komplex. In der Konsequenz bedeutet das das endgültige Aus für den genetischen Determinismus. Und eine kräftige Überarbeitung des darwinistischen Weltbildes. Die Rückkoppelungen zwischen Umwelt und Organismus enthüllen eine Evolutionsmöglichkeit, die in der klassischen Vererbungslehre nicht vorgesehen ist. *Wir werden nicht nur von unseren Genen bestimmt, wir beeinflussen auch die Kontexte, in denen die Gene arbeiten!* Das macht den Weg frei zu einem anderen Bild des Wandels.

Die Utopie des fluiden Denkens

In einer Stadt stehen zwei Glockentürme. Beide schlagen mit einem Abstand von etwa zwei Sekunden. Was würde ein Alien (ein »fremder Denker«) denken? Natürlich: Beide Phänomene sind kausal verbunden. Der eine Glockenschlag löst den anderen aus.

Genau so funktioniert unser Hirn nur allzu oft. Und lässt sich ungern widerlegen. Wie auch? Man müsste vielleicht den einen Kirchturm abbauen, in eine andere Stadt transportieren und dann schlagen lassen. Aber auch das würde noch nichts beweisen. Denn vielleicht, so denkt unser Alien, gibt es eine Funksignalverbindung, eine spukhafte Fernwirkung... Man könnte natürlich auch das Schlagen der ersten Glocke verhindern und warten, was dann passiert...

Jede Reaktion, jedes Wandelphänomen auf dieser Welt lässt sich mit folgenden Begriffen beschreiben:

Kausalität: Etwas entsteht aufgrund von etwas anderem.

Koinzidenz: Etwas entsteht zufällig mit etwas anderem.

Kohärenz: Etwas hängt mit etwas anderem zusammen – in Wechselwirkung.

Resonanz: Etwas erzeugt eine höhere Wahrscheinlichkeit für etwas anderes.

Von all diesen Interpretationen wählt unser Hirn am liebsten die erste Variante. Warum? Weil es von der Evolution als »Mustersucher mit Handlungsoption« geprägt worden ist. Wir sind neurologisch verliebt in die Idee der Kontrolle. Wenn-dann lässt sich kontrollieren. Also sehen wir die ganze Welt als Uhrwerk. Und verstehen sie falsch.

Wenn wir die Welt in ihrer ganzen Komplexität verstehen wollen, müssen wir lernen, viel mehr in Prozessen, Resonanzen, Wechselwirkungen zu denken als in Wenn-dann-Ketten. Ein solches Denken in Verschränkungen möchte ich »fluide« nennen, analog zur Fließfähigkeit von Flüssigkeiten. Es ist gleichzeitig selbstevolutionierendes Denken: Es nutzt die Erkenntnisse der neuen Synthesewissenschaften für eine Weltbetrachtung, die sich aus der Erkenntnis speist, dass viele Systeme, die unser Leben tragen, selbstregelnd sind. Evolution hat nicht das Ziel, irgendetwas »auszurotten«. Sondern nur einen simplen Zweck: Leben zu organisieren. Dafür gibt es millionenfache Strategien, die nicht nur »Kampf« bedeuten, sondern auch Kooperation, Synergie, Ergänzung, Koexistenz.

Auch wenn wir nicht »parallel denken« können (Multitasking im Hirn ist nach den Ergebnissen vieler Forschungsarbeiten unmöglich; wir können nicht gleichzeitig lesen, Musik hören und kommunizieren), können wir doch lernen, Denken auf mehreren Ebenen zu üben. Fluides Denken ist prozesshaft orientiert, multiperspektivisch, kann zwischen verschiedenen Betrachtungsebenen und Modellen hin- und herwechseln. Die Wissenschaftsphilosophin Sandra Mitchell bezeichnet in ihrem Werk »Warum wir erst anfangen, die Welt zu verstehen« eine solche Denkweise als »integrierten Pluralismus«.[14]

Neuroplastizität: Wie das Denken in Bewegung bleibt

Bleibt am Ende die Frage offen: Kann sich unser Denken auch dann verändern, wenn wir über einen längeren Zeitraum »mental programmiert« worden sind – durch Kultur, durch Kindheitserfahrungen oder den unweigerlichen Alterungsprozess?

Auch hier gibt es wenig Ausreden. Hirne sind enorm flexibel – und zwar weit über das bislang bekannte Maß hinaus. In den USA lebt ein Mädchen, das nur eine Hirnhälfte hat, aber außer einigen sporadischen Gesichtszuckungen überhaupt keine Symptome entwickelte – die im Jahr 2009 Zehnjährige lebt völlig normal und geht aufs Gymnasium.[15]

Andererseits können Erfahrungen und Erlebnisse Hirnstrukturen tatsächlich sehr nachhaltig negativ verändern. Studien mit rumänischen Waisenkindern, die jahrelang völlig vernachlässigt in Gitterbetten eingesperrt waren, belegen, dass die meisten dieser Kinder ihre kognitiven Fähigkeiten selbst dann nicht voll erlangten, wenn sie von liebevollen Adoptiveltern betreut wurden.[16] Bei einem EEG-Test der University of California mit zehnjährigen Kindern aus Armutsfamilien zeigten sich erschreckende Muster im Neocortex: Die Kinder wirkten teilweise, als hätten sie einen Hirnschlag erlitten.[17]

Umgekehrt entwickelten Ratten, die in ihrer frühesten Kindheit täglich für 15 Minuten – nicht mehr, nicht weniger – aus ihrem Käfig entfernt worden waren, auf Dauer ein besonders stabiles und differenziertes Hirn. Sie waren experimentierfreudiger und weniger ängstlich. Ihre Stressrezeptoren im Gehirn hatten sich durch die Erfahrung, dass die Trennung von der Mutter keine dauerhafte Katastrophe bedeutet – eine Coping-Erfahrung –, deutlich dichter entwickelt als bei vernachlässigten oder überbetreuten Tieren. Damit konnten diese Tiere in späteren Jahren deutlich besser Stress absorbieren, sie waren resilienter.[18]

Der Biologe und Alzheimerforscher Fred Gage (nicht zu verwechseln mit dem berühmten Phineas Gage, dem Bauarbeiter, der durch eine Eisenstange schwer am Kopf verletzt und danach ein lebender Zombie wurde, ein Präzedenzfall der Hirnforschung)[19] machte in den neunziger Jahren eine bahnbrechende Entdeckung: Im Hippocampus, unserer Gedächtnis-Steuer-Zentrale, werden bis ins hohe Alter neue Stammzellen gebildet, die völlig neue (Lern-)Strukturen ausbilden können. Damit war dann auch noch das Bild vom »altersfixierten Gehirn« ad acta gelegt. Freiwillige (nicht durch Stress veranlasste!) körperliche Bewegung, so stellte sich in den zahlreichen Experimenten heraus, ist ein Schlüssel für die Ausbildung dieser Zellen. Und: eine komplexe, anregungsreiche Umwelt.[20]

Dass sich diese Prinzipien auf den Menschen übertragen lassen, lässt sich heute in vielen Versuchen beweisen. »Neu denken lernen« scheint im Licht dieser Untersuchungen eigentlich ganz einfach zu sein. Wir müssen schlicht das tun, was unsere Vorfahren, die Jäger und Sammler, ihr Leben lang taten: freiwillig laufen! Und reisen. Und Zuneigung durch andere Mäuse und Menschen organisieren. Und, nicht zu vergessen, uns Herausforderungen bis ins hohe Alter wählen.

Die Kultur der Reflexion

Einmal im Jahr findet in der alten Zeppelin-Halle am Bodensee ein merkwürdiges Ritual statt. Hier baute einst Graf von Zeppelin seine riesigen Flugmobile, die von Rio bis New York die Welt eroberten. Hier scheiterte er auch mit seiner Vision eines Luftreiches von Stavanger bis Timbuktu. Doch der Genius Loci des Ortes bleibt bis heute bestehen. Graf Zeppelin war ein Kreativer seiner Zeit. Heute finden hier die »Aufnahmeprüfungen« einer kreativen Universität statt (an der ich das Glück habe, einen Lehrauftrag zu absolvieren), der Zeppelin-Universität Friedrichshafen. Wobei »Aufnahmeprüfung« das falsche Wort ist. Es handelt sich eher um eine Art gegenseitiges Kennenlernen, ein freundliches Auswahlverfahren in der guten Absicht, dass diejenigen, die zueinander passen, auch zueinander finden können.

In dieser Halle sitzen sie nun, die Kandidaten. Und die Fragen, die jedem Studenten in gleicher Wortwahl vorgelegt werden (sie sind vorher bekannt), scheinen etwas irritierend.

1. Gibt es einen heute ähnlich großen Irrtum wie die Vorstellung der Welt als Scheibe? Wenn ja, welchen?
2. Empfehlen Sie unseren ProfessorInnen zwei Bücher oder Filme, damit sie eine bessere Lehre machen.
3. Wirtschaft: Warum lernt die Wirtschaft nicht aus ihren Krisen?
4. Kultur: Wird das Theater sterben, nur weil keiner hingeht?
5. Kommunikation: Wird die Tageszeitung eines Tages im Internet beerdigt?
6. Politik: Woher weiß der Staat, was privatisiert werden soll – und was nicht?
7. Bildung: Aktuell findet die größte Bildungsreform seit Humboldt statt – was würden Sie verändern?
8. Wo irrt Ihr Abiturzeugnis?
9. Ihre Studierenden-Generation gilt als überangepasst. Welchen Unterschied machen Sie nach dem Studium?
10. Was ist das beste Argument gegen die Zeppelin-Universität?

Hier ist alles anders, wie in Alices Universum hinter den Spiegeln. Also wie in der Wirklichkeit. Man muss schnell rennen, um auf der Stelle zu bleiben. Oder sehr langsam sein, um sich kräftig zu bewegen. »Durchfallen« wird hier nur, wer eine richtige, eine endgültige und *korrekte* Antwort geben will.

Dann allerdings ist er sofort draußen.

Kurzanleitung für fluides Denken

1. Vergessen Sie den Hauptwiderspruch. Komplexität bedeutet eben, dass keine eindeutige Achse zwischen Punkt A und B existiert, sondern eine Vielfalt von Verbindungen zwischen vielen Punkten. Die Welt hat mindestens elf Dimensionen und ebenso viele Achsen. (Warum elf? Habe ich mir so ausgedacht!)

2. Denken Sie ruhig mit Gefühlen. Und mit dem Körper. Mit dem Bauch sowieso. Die Wahrheit ist: Wir können gar nicht anders. Denken und Gefühle sind miteinander verbunden, und um diese Verquickung zu nutzen statt an ihr zu leiden, müssen wir sie verstehen. William James sagte: »Wenn wir uns ein starkes Gefühl vorstellen und dann versuchen, in unserem Bewusstsein jegliches Empfinden für seine Körpersymptome zu eliminieren, stellen wir fest, dass wir nichts zurückbehalten.«[21] Dass unser Körper am Denken beteiligt ist, kann uns ein realistisheres Bild von uns und unserer Umwelt geben.

3. Haben Sie keine Angst vor Irrtümern. Wer nicht irrt, kommt nicht voran. Simulatives Denken hilft, die Folgen zu mildern. Simulieren Sie, versuchen Sie, die Dinge in vielfältiger Hinsicht durchzuspielen. Die Szenariotechnik, die aus den Traditionen der neueren Zukunftsforschung stammt, hat hier ihren Ursprung. Ihr Kopf ist eine Simulationsmaschine. Schon seit einer Million Jahren!

4. Machen Sie eine Klischeediät. Klischees sind Positionierungen des Selbst. Wir möchten uns unterscheiden, und deshalb können wir gar nicht anders, als Muster zu Bildern zu kollektiven Stereotypen zu machen. Da die Political Correctness keine Alternative ist, empfehle ich Humor und die »reverse« Klischeetaktik: Klischees lassen sich nur mit einer Überdosis bekämpfen. Lassen Sie sich selbst als Klischee »von anderen erkennen« – Sie weißhäutiger deutscher Pumpernickel oder bajuwarischer Holzkopf oder irischer Trottelkopf oder wer auch immer Sie sein mögen!

5. *Üben Sie »sowohl als auch«.* Ganz selten ist ein Phänomen nur einer Kausalität geschuldet. Das macht natürlich unruhig: Man kann es nicht mehr »auf den Punkt bringen«. Aber das ist es ja, was die Welt so spannend macht: Beim Fußballspiel will man ja den Ball auch nicht immer nur aus einer Kameraperspektive sehen. Und das Leben ist ein verdammt großes Fußballspiel!

6. *Denken Sie in Systemen.* Natürlich kann es auf den ersten Blick verwirrend sein, dass »alles mit allem« zusammenhängt. Aber man gewöhnt sich dran. Irgendwann sieht man die Welt als das, was sie ist: ein wunderschöner Fluss von Wechselwirkungen. Wenn man das einmal geschafft hat, erscheint einem alles Lineare als dröge und leer.

7. *Verlassen Sie die Kausalität.* Die Welt ist nicht »logisch« in dem Sinne, dass »eines aus dem anderen zwangsläufig folgt«. Die Welt ist das Ergebnis zahlloser Spiele – ökonomischer, kultureller, mentaler, erotischer, kognitiver Spiele, die alle miteinander vernetzt und verbunden sind.

Womit wir geradewegs beim nächsten Kapitel angelangt wären.

SPIELE DES LEBENS

Die Evolution der menschlichen Kooperation

Gesellschaft ist im Wesentlichen die Bezeichnung für
eine Gruppe von Individuen, die durch Interaktionen
verbunden sind.

Georg Simmel

Menschen zum Mond und wieder zurückzubringen, war
eigentlich eine einfache Übung – verglichen mit einigen
anderen Zielen, die wir uns gesetzt haben – zum Beispiel
eine humane Gesellschaft oder eine friedliche Welt.

Herbert Simon

Menschen spielen mit allem, das sie umgibt, mit Worten,
mit der Macht, mit der Liebe, der Musik.

Bernward Thole

In der Wohngemeinschaft

In meiner Jugend habe ich viele Jahre in Wohngemeinschaften gelebt. Fast zwei Jahrzehnte lang, bevor auch ich mit der für meine Generation typischen Verspätung eine Familie gründete, war ich der Meinung, dass mein Leben niemals in der Enge einer spießigen Zweierbeziehung enden dürfe. Und so schloss ich mich den Hunderttausenden an, die damals ein ziemlich anstrengendes soziales Experiment rund um die Uhr wagten.

Wohngemeinschaften, abgekürzt »WGs«, waren in den siebziger Jahren des vergangenen Jahrhunderts nicht jene Zweckgemeinschaften, wie wir sie heute massenhaft in den Universitätsstädten finden. Sie waren durchdrungen von einem rebellischen und gleichzeitig bedürftigen Geist. Wir wollten nicht nur uns, sondern auch die Welt auf den Kopf stellen. Wir gründeten ein soziales Laboratorium, in dem wir uns ein wenig wie jene jungen Ratten verhielten, die die Verhaltensforscher so gerne erforschen.

Wenn ich heute an diese Zeit zurückdenke, findet sich in meinen Gedächtnisspeichern ein seltsames Archiv aus zuckersüßer Nostalgie und Bitterkeit. Da ist der süß-modrige Geruch im Hauseingang der diversen Achtzimmer-Altbauwohnungen in den Studentenvierteln von Berlin, Hamburg, Frankfurt, vollgestellt mit ineinander verhakten Hollandfahrrädern und Kinderwagen. Der Duft von Sandelholz-Räucherstäbchen und der Sound von Popkonzerten. Der Geschmack etwas billigen Rotweins und selbstgedrehter Zigaretten. Das Gefühl von Entspannung, wenn wir auf der riesigen Matratzenlandschaft vor dem Fernseher lagen und ein Spiel der Weltmeisterschaft (Paul Breitner!) sahen. Meine Geschmacksnerven sind wahrscheinlich für alle Ewigkeit auf den Geschmack von Spaghetti Bolognese mit einer Überdosis Knoblauch konditioniert.

Dazu Ulrikes unglaubliches Lachen. Sarahs sanfte, braunäugige Art. Ulis bescheuerte Weise, »Du Reaktionär!« zu sagen.

Giovannis, unseres italienischen Mitbewohners (ein Arbeiter!), dröhnender Bass, wenn er durch den Gemeinschaftsraum mit dem großen Küchentisch rief: »Beruhige dich!« und »Duuuu denken zu viel!«

In der Tat dachten wir ein bisschen zu viel; über alles zwischen Sex und Popmusik und Dritte Welt. Und waren reichlich aufgeregt. Und damit beschäftigt, krampfhaft jeden Anschein von »Angepasstheit« zu vermeiden. »Nee, ich will nicht werden, wie mein Alter ist!«, sang die Rockband der romantischen Rebellion, Ton, Steine, Scherben. Wir mochten, ja liebten uns wirklich (ich habe bis heute tiefe Bindungen an manche meiner damaligen Mitbewohner, auch wenn wir uns räumlich aus den Augen verloren haben). Aber irgendwie waren wir unentwegt voneinander bitter enttäuscht. Immer kam es zu Streit, Schreiereien, Diskussionen vom Typ end- und gnadenlos. Am Ende hatten viele von uns wohl nicht das Gefühl, eine gute Zeit durchlebt zu haben. Sondern etwas vergeudet zu haben.

Die Tragödie des Gemeinschaftsraumes

Das Problem begann immer im Gemeinschaftsraum. Dort, im Zentrum des Gruppenlebens, verbreitete sich das Verwahrlosungschaos wie eine schwelende Glut. Es wuchs und wucherte, und alle Putzregeln und Abwaschpläne, Einkaufskassenlisten und »revolutionären Haushaltsregeln« halfen nicht. Nach ein paar Tagen stapelte sich der Abwasch in der Küche. Niemand reinigte das Katzenklo. Die Katzen fingen an, aufs Sofa zu pissen. Geld verschwand aus der Haushaltskasse. Einer sagte immer: »Ich fühle mich ausgebeutet…« »Du hast wieder nicht…« »Du bist heute dran mit…« Endlose Debatten folgten, mit blödsinnigen politischen Formeln aufgeladen. *Schmutzuntoleranz ist reaktionär!*
Ich kann mich noch an den Abend erinnern, als Sarah, die schöne Sarah, alle Teller fallen ließ. Ein riesiger Polterabend-Protest. Sie schrie und tobte, was für unsolidarische Schweine wir seien, die immer nur den ganzen politischen Schwachsinn im Kopf hätten, anstatt sich ernsthaft um andere und ihre *Gefühle* zu kümmern. Dann weinte sie hemmungslos einige Stunden lang. Wir ahnten, dass »mehr dahintersteckte«. Beziehungsprobleme. Psychozeug.
Das Grundgefühl der WG-Zeit war reziproke Enttäuschung. Alle hatten ständig das nagende Gefühl, mehr zu geben als zu bekommen. Sich unheimlich zu bemühen und gleichzeitig immer über den Küchentisch gezogen zu werden. Es war, als ob wir uns ständig gegenseitig testeten, wie weit der andere bereit war, uns auch dann noch toll zu finden, wenn wir uns danebenbenahmen. Sartres »Die Hölle, das sind die anderen« inszenierten wir *life*. Oder das, was die Sozialforscher später »Terror in unstrukturierten Gruppen« nennen sollten.

In der sozialen Spiel- und Systemtheorie nennt sich dieses Syndrom »Tragedy of the Commons« – die Tragödie des Allgemeinguts oder der Allmende.[1] Im 15. Jahrhundert begannen die Dörfer und Kommunen Europas, ein größeres Stück Land auf Gemeindegebiet als kommunalen Bereich auszuweisen. Auf diesem Land durften die Schäfer und Tierhalter der Umgebung kostenlos ihre Schafe und Rinder grasen lassen – zum Wohle aller. Doch es erwies sich, dass praktisch immer eine Überweidung die Folge war. Der gemeinschaftliche Grund mutierte innerhalb weniger Jahre zur Wüste. England war eine der ersten Nationen, die die Commons wieder weitgehend abschaffte (und seine berühmten Hecken zum Schutz des Privateigentums hochzog).

In seinem Essay »Tragedy of the Commons«, veröffentlicht 1968 in der Zeitschrift *Science,* beschrieb der Biologe Garrett Hardin einst den Mechanismus dieses Gemeinschaftsversagens – und bezog sich dabei auch auf die damals neu aufkommende Spieltheorie:

> »Der örtliche Schäfer stellt fest, dass die einzig sinnvolle Weise, seinen Wohlstand zu mehren, das Hinzufügen eines Schafes zu seiner Herde ist … Aber alle anderen Schäfer kommen zu demselben Schluss. Das ist die Tragödie: Jeder ist in einem System eingeschlossen, das ihn nötigt, seine Herde zu erweitern – in einer begrenzten Umwelt führt diese Logik zum tragischen Ruin.«[2]

Kommt uns das nicht allzu bekannt vor? Illegale Downloads aus dem Internet, die ganze Branchen zerstören. Spam-Mails, die eins der effektivsten Medien praktisch unbrauchbar machen, Paarbeziehungen, in denen die ständige gegenseitige Defizitdeklaration herrscht (»Ich erwarte von dir … Wenn du nicht zuerst …!!!«). Die Überfischung der Weltmeere … Die Banker der Finanzkrise, die die Schulden aus ihren Fehlspekulationen bei der öffentlichen Hand abladen und dann auf ihren Yachten verschwinden. *Sorry, Jungs, wir haben ja nur das Beste gewollt.*

Was verband uns alle im WG-Experiment? Wenn ich mir die Gesichter und Gestalten meiner damaligen WG-Mitbewohner heute ins Gedächtnis rufe (oder auf den wenigen verblassenden Schwarzweißfotos betrachte), scheint sich ein psychologisches Muster abzuzeichnen. Die meisten von uns WG-Bewohnern kamen aus Familien, in denen irgendeine Krise stattgefunden hatte. Der Vater war aus dem Krieg nicht zurückgekehrt, die Mutter depressiv. Manchmal spielte Alkohol eine Rolle oder Scheidungen, in denen man damals keine Übung hatte. Nicht wenige stammten aus Flüchtlingsfamilien, die aus dem Osten Deutschlands in den Westen geflüchtet waren.

Wir waren Getriebene, Versehrte von gesellschaftlichen Brüchen, die sich in unseren Herkunftsfamilien abgespielt hatten. Wir trugen alle eine unerlöste Wut im Bauch. Einen Schmerz der Enttäuschung. Die Wohngemeinschaften waren nichts anderes als der – unbewusste – Versuch, jene familiäre Harmonie wiederherzustellen, die wir in unserer Kindheit vermisst hatten. Zuneigung, Unterstützung, Nähe, Verstehen – wir nannten das später in ironischer Sponti-Sprache »Streicheleinheiten«. Und so »überweideten« wir konsequent die emotionalen Ressourcen der Gruppe. Und kleideten unsere Defizite in die Politsprache des Solidaritätsanspruchs. Wir forderten von den anderen unbewusst Kompensation für das emotionale Defizit unserer Kindheit. Wir forderten 12 Stück Kuchen, obwohl die ganze Torte nur 10 Portionen hatte.

Das erste Spiel: Kuchenschlacht

Stellen wir uns einen Kuchen vor. Einen schönen, leckeren Schokoladenkuchen, aufgeteilt in genau zehn gleiche Stücke. Zwei Spieler sitzen sich gegenüber. Ein Schiedsrichter verkündet die Regeln: Jeder darf einen bestimmten Anteil des Kuchens fordern. Dazu legt jeder Spieler seine Forderung auf einem verdeckten Zettel auf den Tisch. Dann werden die Zettel aufgedeckt. Der Kuchen darf nur gegessen werden, wenn sich der Bedarf nicht widerspricht. Wenn also beide 5 Stücke gefordert haben oder der eine Spieler 8 und der andere 2 Stücke, darf jeder so viele Stücke essen wie gewünscht. Wenn jedoch einer 4 und der andere 8 Stücke fordert, die Summe also über 10 liegt, verschwindet der Kuchen (oder sagen wir: er wird umgehend recycelt). Falls die Summe unter 10 liegt, bekommt der Schiedsrichter den Rest.

Wir wissen alle, wohin dieses Spiel steuern würde: Nach einigen Zock- und Kommunikationsversuchen (den Kuchen schlechtmachen / auf den besonderen eigenen Hunger und besondere Verdienste bei der Bekämpfung der Schokoladenmafia verweisen / den Schiedsrichter bestechen / weinerlich sein / wahnsinnig freundlich sein) würden sich die Parteien auf die naheliegende Gerechtigkeitsregel einigen: fifty-fifty. Bei 5 zu 5 Stücken hätte jeder den maximalen Nutzen. Es entsteht, wie man in der Sprache der Spieltheorie sagt, eine Stagnation bei aufgeklärtem, rationalem gegenseitigem Selbstinteresse.

Eine solche Pattsituation bildet die Grundform dessen, was man in der Spieltheorie das *Nash-Equilibrium* nennt, nach dem berühmten Mathematiker und Spieltheoretiker John Nash (seine tragische Geschichte erzählt der Film »A Beautiful Mind«).

In einem Nash-Gleichgewicht hat keiner der Spieler einen Anreiz, von der einmal gewählten Strategie abzuweichen. Wenn einer von ihnen die Strategie wechselt, wird sich das Resultat für ihn sehr wahrscheinlich verschlechtern. Da er das weiß (und der andere weiß, dass er es weiß), bleibt der Wandel aus. Das Nash-Gleichgewicht wird oft auch »perfektes strategisches Gleichgewicht« genannt. Wahrscheinlich verdanken wir ihm alle unsere heutige Existenz, weil dank der Einsicht in dieses Gleichgewicht der Atomkrieg zwischen den USA und Sowjetrussland ausblieb, anders als andere Spieltheoretiker vorausgesagt hatten.[3]

Für unsere WG-Situation lässt sich nun festhalten, dass wir das Spiel deshalb so schlecht spielten, weil wir alle Regeln in den Wind schrieben. Wir akzeptierten keinen Schiedsrichter. Wir legten so viele Zettel auf den Tisch, dass man keine Zahlen mehr erkennen konnte. Und so ging der ganze Kuchen unserer Wünsche und Sehnsüchte ununterbrochen das Klo hinunter. Weil wir krampfhaft versuchten, *den Kuchen zu essen und gleichzeitig zu behalten*, bekamen wir alle nur karge Kost.

Neues Spiel, neues Glück

Ich habe mich oft mit der Frage gequält, warum meine damaligen Mitbewohner so bereitwillig ihre (unsere) Ideale aufgaben – so schien es mir jedenfalls damals. Hannes und Sarah gingen nach 1980 in die Kommune von Bhagwan, dem bärtigen Sexguru im indischen Poona. »Sanyassin«, Bhagwan-Anhänger, blieben sie fast ein Jahrzehnt, und ich konnte es schwer aushalten, die beiden in ihren roten Gewändern und glückselig lächelnd zu treffen, wenn sie sich einige Zeit in Deutschland aufhielten.

Bhagwan, das war etwa so, als würde man bereitwillig einen Zettel mit »ein Stück vom Kuchen höchstens!« auf den Tisch legen. Während der bärtige Guru demonstrativ in sieben Rolls-Royce vor seinen Jüngern vorfuhr (und natürlich mit den schönsten Frauen seines Harems schlief), durften seine Adepten Böden schrubben, Gemüse anbauen, Küchendienst im Ashram schieben und zehnmal am Tag zum gemeinsamen Om-Singen antreten. Ab und zu gab es zum Ausgleich ein wenig Tantrasex, immerhin. Aber wie konnten kluge Menschen wie meine beiden Exmitbewohner, die sich selbst als Anarchisten, Libertäre, Rebellen gesehen hatten, einem solch tyrannischen spirituellen Daddy-Typen verfallen?

Ulrike, die feministische Kämpferin (»Schwanz ab ist eine milde Strafe!«), besuchte ich 15 Jahre später in einem schwäbischen Vorort. Sie wohnte in einem nach Kampfertee und nassem Bio-Hund riechenden Haus mit vier Kindern, zwei eigenen, zwei adoptierten, und ihrem Mann Martin, einem Grundschullehrer. Und sie verkündete, sie brauche ihr Ego nicht so sehr, wie sie früher dachte:»Für Martin und die Kinder bin ich rund um die Uhr da. Und das macht mich einfach glücklich. Das ist für mich der Sinn des Lebens.«

Nach mehr als einem halben Leben glaube ich, etwas mehr von den Wandelmotiven meiner Mitbewohner verstanden zu haben. Sie hatten noch eine Rechnung offen. Die Sehnsucht nach Sekten hatte mit ungeklärten Autoritätskonflikten zu tun. Meditation diente der inneren Distanzierung von den übermächtigen Gefühlen, denen wir uns ausgeliefert fühlten. In der Reduktion auf die Rolle der sorgenden Hausfrau liegt ja auch eine starke Entscheidung für ein klares Gebrauchtwerden und Gewolltsein. Im Kern ging es darum, *das Spiel neu spielen zu lernen* – damit der Kuchen (des Glücks) nicht ständig im Abfall landete.

Erweitern wir also das Kuchenspiel. Stellen wir uns vor, in einem Raum hielten sich nicht zwei, sondern hundert Spieler rund um unseren begehrten Kuchen auf. Unter ihnen befinden sich einige»Hungrige«: Sie verlangen stets 7 Stücke. Eine weitere Gruppe sind die»Gierigen«: Sie machen es nicht unter 9 Stücken. Es findet sich auch eine Gruppe von»Bescheidenen«: Sie möchten eigentlich immer nur 3 Stücke vom Kuchen. Und dann gibt es noch eine Reihe von»Superbescheidenen«: Sie geben sich mit einem einzigen Stück zufrieden. Sie sind schüchtern. Oder sehr schlank und wollen es bleiben.

Nun spielen alle Spieler abwechselnd mit allen. Wenn Hungrige und Gierige aufeinandertreffen, wird ihr Erfolg gleich null sein – der Kuchen löst sich in Luft auf. Mit der Zeit finden sich aber die Hungrigen mit den Bescheidenen zusammen. Und auch einige Gierige mit Superbescheidenen. Für diese Konstellationen geht das Spiel auf – der volle Kuchen wird verzehrt. Die»Matches« zwischen Gierigen und Superbescheidenen enden ebenfalls positiv – allerdings wird der Schiedsrichter dabei langsam ziemlich rund und satt.

Wie viel Kuchen insgesamt real verzehrt wird, hängt von drei Parametern ab: erstens der Verteilung der einzelnen Spielcharaktere bei Beginn; zweitens dem Wissen der einzelnen Spieler über die Wünsche (den Charakter) der anderen und drittens von der Lernkurve oder auch Kommunikationsquote. Sprechen sich die Spieler ab? Lernen sie sich kennen? Stimmen sie sich aufeinander ab?

Stellen wir uns noch eine weitere Stufe vor: Die einzelnen Teilnehmer könnten ihre Forderungsstrategien verändern, wenn sie längere Zeit beim Kuchenessen erfolglos blieben. Wir ahnen, wie schnell in diesem Modell die Komplexität explodiert. Wird dieses System mehr Extremspieler hervorbringen, also mehr »Gierige« und »Superbescheidene«? Oder endet es wieder im Nash-Gleichgewicht? Wird am Ende mehr Kuchen recycelt oder gegessen? Es fällt nicht schwer, das Simulationsmodell allegorisch auf die verschiedenen Dimensionen des menschlichen Lebens zu übertragen – dem Kuchen die Gestalt von »Berufserfolg« oder »Liebesglück« oder »akzeptierter Demokratie« oder »Wohlstand« zu verleihen.

Das Kuchenspiel symbolisiert jenes Regelsystem, in dem in einer Gesellschaft Ressourcen verhandelt und verteilt werden. In den Veränderungen der Regeln und Absprachen spiegelt sich gesellschaftlicher Fortschritt oder Rückschritt. Aber lassen wir die eher primitive Tortenschlacht einstweilen hinter uns. Bringen wir noch etwas mehr über die Conditio humana in Erfahrung.

Kooperativer Egoismus

Menschen haben als einzige von 180 Primatenarten eine begrenzte Iris und darum herum Weißes im Auge. Bei allen anderen Tieren geht die Pupille nahezu nahtlos in die Augenränder und -lider über. Hat diese Tatsache einen biologischen Sinn? Allerdings: Sie bildet einen zentralen evolutionären Vorteil des Menschen.

Affen beobachten zwar andere Affen. Aber Menschen *sehen auch das Sehen des anderen* – sie blicken dorthin, wo der andere hinblickt. Um auch in dämmerigen Lichtverhältnissen leicht auszumachen, wohin der andere blickt, ist eine begrenzte Iris ein klarer evolutionärer Vorteil. Das Weiße im Auge ist das Selektionsmerkmal unserer Kooperationsfähigkeit! Es ist die Bedingung für das, was Verhaltensbiologen das Prinzip der geteilten Aufmerksamkeit nennen.

Zwei Schimpansen befinden sich in zwei isolierten Käfigen, die sich in Sichtweite voneinander befinden. In jedem Käfig befinden sich jeweils zwei Hebel, bei denen der eine eine Futtergabe für beide Käfige auslöst, der andere nur Futter im eigenen Käfig »produziert«. Was passiert? Die Schimpansen drücken die Hebel immer per Zufall. Egal, wie der andere schreit und zetert und ob überhaupt jemand im anderen Käfig ist.[4]

Gibt man zwei Schimpansen einen Apparat, mit dem sie nur dann Futter bekommen, wenn sie beim Bedienen kooperieren – etwa zur gleichen Zeit an einem Hebel ziehen, damit sich ein Gitter über einem Bündel Bananen öffnet –, dann kooperieren sie in der Tat. Wenn es allerdings danach um die Verteilung geht, herrscht ausschließlich das Gesetz des Stärkeren. Der Schnellere und Stärkere nimmt sich und lässt dem anderen nichts übrig. Mit der Folge, dass in allen Experimenten der Apparat nach spätestens zwei Versuchen stillgelegt wird. Weil »Affe B« dann nicht mehr mitspielt. *Ich bin doch nicht blöd, Mann.* Affen können also, ein scheinbares Paradox, lernen, nicht zu kooperieren. Aber sie haben Schwierigkeiten, das Kooperationsspiel zu entwickeln.

Gibt man zwei kleinen Kindern denselben Apparat (natürlich nicht mit Bananen, sondern Bionicle-Teilen oder politisch unkorrekten Süßigkeiten gefüllt), teilen sie sich die Aufgabe *und* die Beute. Allerdings selten im Sinne des Equilibriums und auch nicht beim ersten Verhandeln. Die stärkeren Kinder nehmen mehr, geben aber so gut wie immer auch etwas ab. Spätestens dann, wenn sie merken, dass nur Kooperieren *und* Teilen zu langfristigem Erfolg führt (und wenn die Belohnung von einigem

Interesse ist), verständigen sie sich über die Beuteteilung. Dann kommt es oft sogar vor, dass der Größere dem Kleineren mehr verspricht, damit das Spiel weitergeht.

Solche Experimente, durchgeführt vom Verhaltensforscher und Entwicklungspsychologen Michael Tomasello, machen den Unterschied zwischen Menschen und Primaten klar: Die kommunikative Reziprokität.[5] Menschen sind Egoisten wie andere evolutionsfähige Organismen auch (wären wir als Individuen »selbstlos«, hätten unsere Gene niemals überlebt). Doch irgendwann vor rund 10 Millionen Jahren entwickelte sich in den Genen und Hirnstrukturen einiger Primaten ein kleiner, aber entscheidender Komplexitätsgewinn. Es entstanden Hirne mit besonders vielen Spiegelneuronen. Spiegelneuronen sind jene Nervenzellen, die im Gehirn eine unmittelbare Reflexion der Gefühle des anderen hervorrufen. Wenn Menschen lachen, lachen andere Menschen unwillkürlich mit. Wenn mein Gegenüber traurig oder voller Angst ist, muss ich schon ziemlich gestört sein, um nicht in irgendeiner Weise Empathie zu empfinden. Wir haben einen »simulierten Anderen« in uns![6]

Was Menschen von Schimpansen, den ihnen genetisch nahestehendsten Verwandten, unterscheidet, ist nicht so sehr die formale Intelligenz. Auch Affen können »rechnen«; sie haben, wie viele Experimente beweisen, sogar die Fähigkeit zu symbolischer Sprache. Sie können Werkzeuge benutzen und Wenn-dann-Relationen herstellen. Was uns unterscheidet, ist die Fähigkeit, aus geteilter Aufmerksamkeit kooperative Aktivitäten mit geteilten Absichten (Wir-Intentionalität) zu entwickeln.

Wer sozial lebt, muss sich nicht über alles selbst den Kopf zerbrechen. Wir-Intentionalität bedeutet, dass wir in der Lage sind, die Absichten anderer Menschen als Grundlage eigenen Handelns zu betrachten. Daraus entsteht im Grunde alles, was wir in den ersten Kapiteln dieses Buchs als aufsteigende Bewegung des Wandels dargestellt haben. Gemeinsame Jagd, Arbeitsteilung, Machtkontrolle, die Sprache, die das kooperativ erworbene Wissen »speichern« kann, schließlich die Zivilisation mit ihren Interessenausgleichssystemen, Kontrollen und Restriktionen. Wir-Intentionalität birgt in sich jedoch auch mögliche Konsequenzen, die wir nicht verschweigen sollten.

Die Schattenseite der Empathie

Wie kann ein Wesen, das geradezu eine Empathieautomatik aufweist, Auschwitz verantworten oder die Killing Fields des Pol Pot oder all die anderen Grausamkeiten, die Menschen an Menschen tagtäglich begehen?

Die Antwort findet sich womöglich weniger in moraltheoretischen Abhandlungen als etwa in den langen, unbeholfenen Legitimationsreden der Angeklagten der Nürnberger Prozesse. Oder in der zentralen Verteidigungsphrase des »Henkers von Pol Pot«. Der Polizei- und Geheimdienstchef des Regimes der Roten Khmer, Kaing Guek Eav, alias Duch, verantwortlich für Zigtausende schrecklicher Folterungen und Tötungen, sagte bei seiner Vernehmung immer und immer wieder: »Ich habe es für mein Volk getan, für die Zukunft meines Volkes.«

»Ich habe es für mein Volk getan.« Dieser Satz ist keineswegs »kalt« oder »grausam«. Die NS-Schergen waren keine gefühlskalten Roboter. Sie konzentrierten ihre Gefühle, ihre Loyalität, ihre Kooperationsbereitschaft und Empathie, ihre ganze Energie und Aktivität lediglich auf *eine* Gruppe. Auf ein imaginäres, in langer Konditionierungsarbeit »herausgearbeitetes« Wir-Kollektiv – die »arische Rasse«. Ihre Gestörtheit lag darin, dass alle anderen für sie keine Menschen, sondern Nichtmenschen darstellten.

Diese Art der Selektion hat zwei Dimensionen: eine emotionale und eine evolutionäre. Die emotionale Seite wird deutlich, wenn wir die Biographien von Massenmördern im Pol-Pot- und Hitler-Reich studieren. Goebbels, Göring, Eichmann oder Hitler selbst waren Produkte hoher emotionaler Vernachlässigung und psychischer

Übergriffe in der Kindheit. Es waren unsicher gebundene Menschen, die ihre psychische Sicherheit in der Überidentifikation mit einem verherrlichten Kollektiv suchten. Gebrochene Menschen sind in jeder Hinsicht gefährlich.

Die evolutionäre Dimension ist weitaus schwieriger zu formulieren. Charles Darwin hat in seiner Schrift »Die Abstammung des Menschen und geschlechtliche Zuchtwahl« die ersten Vermutungen darüber angestellt, wie es zu diesem Effekt der »Total-Loyalität auf Kosten anderer« kommen kann. Er sah denjenigen Stamm über die meisten anderen Stämme den Sieg davontragen, der in hohem Maße vom Geist des Patriotismus, der Treue, des Gehorsams, Mutes und der Sympathie beseelt und daher immer bereit sei, zu helfen und sich zu opfern. Für Darwin ein Fall der natürlichen Zuchtwahl.

Die Selbstorganisation der »Stämme«, so vermutete Darwin, erfolge über »Lob und Tadel, einsichtigen Verstand sowie Religion«. Doch diese Theorie der »Gruppenselektion« (von Hitler begeistert adaptiert) hat zumindest Lücken. Wäre sie in ihrer einfachen Form richtig – die stärkere Gruppe pflanzt sich fort –, dürfte es auf dieser Erde lediglich militärische Kriegerkulturen geben, und das millionenjährige Reich wäre längst angebrochen. Wahrscheinlich hielten sich zwei Kriegergruppen im finalen Nash-Equilibrium in Schach …

Das Spiel muss noch andere Regeln haben.

Das zweite Spiel: Gewinne und Verluste

Kehren wir wieder zum Kuchenspiel zurück, überwinden dabei aber seinen reinen Konsumcharakter (Kuchen macht sowieso dick). Betrachten wir die ganze Gesellschaft als ein Interaktionsfeld für soziale »Molekularteilchen« (frei nach Houellebecq). Jeden Tag, jede Minute spielen Individuen Spiele, in denen es unentwegt um den Versuch geht, Vorteile zu erringen: In der

Liebe, im Beruf, in der Arbeit, auf der Straße (man denke an das beliebte Autobahnspiel Überholspur versus rechte Spur). Grundsätzlich existieren drei Ergebnisvarianten dieser Spiele:

Lose-lose-Spiele: Dies sind Interaktionen, bei denen keiner der Akteure einen Vorteil davonträgt – die Summe des Ergebnisses ist eindeutig negativ. Beispiele wären Vernichtungskriege, bei denen beide Parteien schwere Zerstörungen von Dauer erleiden. Scheidungskriege, in denen alle Beteiligten einschließlich der Kinder beschädigt werden. Pleiten, in denen sich zwei Konkurrenten gegenseitig fertiggemacht haben, bis der gesamte Markt zerstört ist.

Win-lose-Spiele: In Nullsummenspielen erringt eine Seite einen deutlichen Vorteil auf Kosten der anderen. Ein Eroberungskrieg gelingt für die eine Seite,»The winner takes it all«. Ein Diebstahl wird nicht entdeckt. Eine Firma triumphiert am Markt, verfügt danach über das Monopol und kann unendlich viel Geld verdienen. Oder nehmen wir Sportwettkämpfe in den K.O.-Runden: Hier kann jeweils nur eine Seite gewinnen, die andere fliegt aus dem Turnier. Man merkt gleich, dass die Beurteilung schwierig wird: Solche»harten« Spiele sorgen meist dafür, dass tausendfache »Sekundärspiele« eröffnet werden – die Emotionen der Zuschauer führen zu großen Verdienstmöglichkeiten durch Fernsehrechte, Würstchenverkauf, Fanartikel, die auf der Win-Seite zu verbuchen sind, selbst wenn man die Hirnzellen abrechnet, die durch den gesteigerten Alkoholgebrauch verlustig gehen.

Win-win-Spiele: In diesem Spielausgang tragen beide Teilnehmer Vorteile davon. *Der Kuchen wird nicht nur gegessen, er vermehrt sich sogar!* Der Evolutionsphilosoph Robert Wright nennt diese Art von Spielen auch »Non-Zero-Sum-Games«, Nicht-Nullsummenspiele. Die Summe des Ergebnisses (nach Abzug aller»Kosten«, sozialer wie anderer) ist deutlich positiv. Typische Win-win-Spiele sind: freier Handel, Liebe (echte), Demokratie (funktionierende), Kunst, Natur, Kultur. Eigentlich alles, was wir lieben und womit wir uns gerne beschäftigen …

Nun können wir spieltheoretisch definieren, was »Fortschritt« oder »gelungener sozialer Wandel« in seinem simplen Kern bedeutet: »Fortschritt« herrscht dann in einer Gesellschaft oder Gemeinschaft vor, wenn die Win-win-Spiele die Win-lose- und Lose-lose-Spiele in der Summe kontinuierlich übertreffen. Wenn also unter dem Strich mehr Menschen Vorteile aus sozialer Kooperation erleben als Nachteile!

Basteln wir, um dies zu illustrieren, ein einfaches Spielfeld. Auf einem Spielfeld werden unentwegt Spiele ausgetragen, die nach einem Zufallsprinzip Win-win-, Win-lose- oder Lose-lose-Ergebnisse erbringen. Die Summe aller Spiele auf diesem Feld beträgt ungefähr null. Zum Beispiel sähe das Spielfeld in einem Zufallsmoment so aus:

WW	WL	WL	WW	WL
WW	LL	WW	WW	WL
WL	LL	WL	WL	WW
LL	LL	WL	WW	WL
WL	LL	WL	WL	WW
LL	WL	LL	LL	WL
WW	WW	WL	LL	WL

Abb. 14: Eine »Nullsummengesellschaft«

In der nächsten Grafik tragen wir der Tatsache Rechnung, dass der Ausgang von Spielen kontextabhängig ist. Alle sozialen Erfahrungen zeigen, dass ein Umfeld, in dem Erfolge und Kooperationen vorherrschen, motivierend wirkt. Führen wir nun eine Regel ein, die dieser Tatsache Rechnung trägt: die »Umfeld-Regel«. Man kann sie folgendermaßen formulieren: »In jedem Feld, das von zwei direkt anschließenden Win-win-Feldern umgeben ist, steigt die Wahrscheinlichkeit eines Win-win-Ergebnisses im nächsten

Zug um 50 Prozent. Bei drei Feldern verdoppelt sich die Chance. Ist ein Feld von drei Win-win-Ergebnissen umgeben, wird im nächsten Zug automatisch Win-win angezeigt«.

	WW	
LL	WW-Chance verdoppelt	WW
	WW	

Abb. 15: Die Umfeldregel

Wir können natürlich auch eine entsprechende Negativregel einführen: Lose-lose-Umgebungen erhöhen die Chance auf weitere Verluste. Nun hängt der Ausgang des Spiels von der Ausgangssituation ab. Überwiegt Win-win, wird sich das Spielfeld im Laufe der Züge kontinuierlich in Richtung auf Überschüsse entwickeln, bis am Ende nur noch Win-win-Züge stattfinden. »Wohlstand« wird evolutionär vorprogrammiert.

WW	WL	WL	WW	WL
WW	WL	WW	WW	WL
WL	WL	WL	WL	WW
LL	WL	WL	WW	WL
WL	WL	WL	WL	WW
WL	WL	WW	WW	WL
WW	WW	WL	WL	WL

Abb. 16: Eine »Nicht-Nullsummengesellschaft«:
Es riecht nach Fortschritt und Wohlstand.

Das Modell ist deshalb durchaus lebensnah, weil die Chance für positive Kooperation in einem Umfeld positiver Kooperation verstärkt wird (siehe auch die »Infektionstheorie« im 5. Kapitel). In der sozialen Welt nennen wir diesen Verstärkungsfaktor *Vertrauen*.[7] Die Parteien sparen sich nun eine Menge Aufwand und Ressourcen: Schiedsrichter, Moderatoren, Absicherungsverträge, Risikoklauseln, Gefängnisse, Militärkosten für den Ernstfall, Krankenhauskosten nach der Schlägerei – you name it. Vertrauen schiebt das gesamte Spielfeld in Richtung auf Win-win-Ergebnisse.

Irgendwie kommt uns das bekannt vor. Wenn in einer Gesellschaft kein grundlegendes Vertrauen herrscht – zum Beispiel weil dieses durch chronische Kriege, ethnische Konflikte, koloniale Unterdrückung, Korruption und Ähnliches zerstört wurde –, verhalten sich die »Molekularteilchen« so, dass der Kooperationsgrad tendenziell weiter sinkt – mit der Folge weiterer Lose-lose-Spiele …

Wir könnten auch mit weiteren Einflussparametern experimentieren. Wir können zum Beispiel »Korruptionsagenten« einführen, in deren Umfeld die Lose-Wahrscheinlichkeiten deutlich steigen. Oder »Subventionsspots«, Ecken des Feldes, in denen die Win-Chancen vorübergehend erhöht werden, allerdings mit dem Preis, dass sie nach einigen Durchgängen kräftig abfallen. Oder »Ressourcenturbos«, die ebenfalls den Anteil der Gewinnerresultate in die Höhe treiben. Oder »Cheat-Joker«, die aus einem Win-win sofort ein Win-lose machen …

Kleiner Exkurs: Das Entenspiel

Eigentlich handeln alle Mythen und Märchen und »Storys« der Menschheitsgeschichte von solchen Spielen. Viele von uns, vor allem die Jungen, haben einen Teil ihrer Kindheit in einem lustigen virtuellen Universum verbracht, in dem es von interessanten Spielagenten nur so wimmelt: Entenhausen, die Heimat von Donald Duck und Micky Maus. In Entenhausen sind die sozialen Spiele ganz besonders interessant. Onkel Dagobert spielt das Spiel des geizigen »Alles-haben-Wollens-und-alles-Behaltens«

(also Win-lose auf mindestens 100 Feldern). Donald, der Neffe, fristet sein Leben mit Hilfe von Gelegenheitsjobs und spielt den typischen Loser, gecoacht und stabilisiert von Tick, Trick und Track, den Botschaftern der pragmatischen Vernunft und des ewigen Pfadfinderwissens. Die Neffen drehen Donalds Lose-Spiele immer in ein Win- oder wenigstens Nullsummenspiel um. Daisy, die klassische Frauenrolle, schwankt zwischen weiblicher Empörung über Aufmerksamkeitsdefizite und gütiger Sozialintegration (sie kümmert sich um die Tanten Eusebia & Co). Und dann sind da noch die Gegenspieler, die Panzerknacker und die Hexe Gundel Gaukely, die in endlosen Operationen ihren Teil vom Kuchen abzuzwacken versuchen. Und Gustav Gans, der den Glücksjoker spielt: Win-win-win.

Der Donaldismus hat Bände über die Sozialpsychologie Entenhausens hervorgebracht, die immer wieder die Parallelen zwischen dem Kapitalismus und der Donald-Welt betont (dafür spricht vieles: wir haben es mit echten Patchworkfamilien zu tun, und auch die Bösewichte werden menschlich dargestellt – herzzerreißend, wie die Panzerknacker heulen können, wenn sie den Geldspeicher nicht knacken können; wir fühlen mit). Interessant wird das Entenhausen-Spiel aber immer dann, wenn die Rollengrenzen überschritten werden. Der geizige Onkel Dagobert spendet plötzlich gütig sein ganzes Geld an eine Wohltätigkeitsorganisation (dessen Chef sich prompt als der getarnte Konkurrent entpuppt). Donald ergattert die Boss-Rolle im besten Restaurant der Stadt (die drei Neffen sind noch besorgter als sonst). Gundel Gaukely entdeckt ihre häusliche Seite (wir ahnen Schlimmes). Spätestens, wenn Donald zu Super-Donald wird, wird das Ganze allerdings wieder öde …

Das Schöne am Entenhausen-Spiel ist, dass es mit all dem arbeitet, was wir im richtigen Leben ach so gut kennen. Mit Affekten. Mit Humor. Mit Zufall. Hier wird nichts beschönigt, und den Verlierern wird immer eine nächste Runde spendiert. Menschen lieben soziale Regelsysteme, in denen sie sich durch verlässliche Kontinuität zurechtfinden können. Aber wir lieben auch Abweichungen, und zwar vor allem deshalb, weil sie uns die Regeln verdeutlichen. So gut wie jedes Drama, jedes Theaterstück, jedes »Bühnenspiel« – die älteste soziale Reflexionskunst der Menschheit – inszeniert das Drama zwischen Ordnung und Rebellion, Hierarchie und Abweichung. Das japanische Kabuki-Theater spiegelt die endlosen Rituale des Hofes, in die plötzlich eine interessante Irritation einfällt. Homer testet in seinem virtuellen Sagenuniversum die sozialen Ordnungen der Antike durch Krieg und Verrat. Shakespeare konfrontiert aristokratische Konflikte mit »dem Schicksal«. Auf diese Weise entsteht jener virtuelle Proberaum der Regeln und Rollen, in denen Menschen ihre Spielregeln prüfen, darstellen und unentwegt weiterentwickeln.

Das dritte Spiel: Wie man nicht im Gefängnis landet

Und nun sind wir beim letzten Spiel angelangt. Dem *Gefangenendilemma*. Dem Klassiker der Spieltheorie, bei dem es allerdings wenig verspielt, eher bitterernst zugeht.

Zwei Gefangene werden verdächtigt, gemeinsam eine Straftat begangen zu haben. Die Höchststrafe für das Verbrechen beträgt fünf Jahre. Wenn die Gefangenen sich entscheiden zu schweigen, reichen Indizienbeweise nur dafür aus, beide für zwei Jahre einzusperren. Gestehen sie jedoch die Tat, erwartet beide eine Gefängnisstrafe von vier Jahren.

Diese Ausgangsposition ist, zugegeben, etwas deprimierend. Schließlich sind wir nicht alle Gangster und Ganoven. Dennoch ist das Gefangenenspiel lehrreich und gehört unbedingt in unsere Werkzeugkiste des Wandels, weil es die Kooperationsmöglichkeiten zwischen Menschen unter nüchternen Bedingungen prüft. Hier geht es um das Dilemma zwischen Kooperation und Verrat oder auch um Egoismus versus Gemeininteresse. Das Leben ist eben nicht nur Kuchenessen, sondern auch Überlebenmüssen. Die Realität sieht nun einmal so aus:

- Wir wissen nie *ganz* genau, wie der andere reagieren wird. Auch wenn er sich schon seit langem als verlässlicher Vertragspartner / Ehemann / Mitspieler erwiesen hat – eine Chance, dass er plötzlich sein Verhalten ändert und uns betrügt, bleibt bestehen. Wir können nicht – um im Bild des Gefangenendilemmas zu bleiben – durch die »Zellentüren schauen«.
- Wir verfügen nie vollständig über alle Informationen für unsere Entscheidungen. Das Leben bringt eine Menge Unschärfen und Unsicherheiten mit sich. Auch diese Tatsache berücksichtigt das Gefangenenspiel.
- In Wirklichkeit sind es oft nicht die Chancen (»Kuchen zu essen«), die unsere Entscheidungen prägen. Sondern das Vermeiden von Risiken, die Ängste.

Um die Strategie des Schweigens zu brechen, wird beiden Gefangenen nun ein neuer Handel angeboten, worüber auch beide informiert sind. Wenn einer gesteht und somit seinen Partner mitbelastet, kommt er ohne Strafe davon, der andere muss die vollen fünf Jahre absitzen. Davon abgesehen bleibt das Szenario gleich: Entscheiden sich beide, weiter zu schweigen, führen die Indizienbeweise beide für zwei Jahre hinter Gitter. Gestehen aber beide die Tat, erwartet jeden weiterhin eine Gefängnisstrafe von vier Jahren.

Zukunftsforscher nutzten das Dilemma bereits in den Zeiten des Kalten Krieges, um die Wahrscheinlichkeit eines Atomkrieges zu berechnen und die Operationen des Gegners vorauszusehen.[8] Aber auch für die Frage der Wandlungsfähigkeit einer Kultur lässt sich hier eine Menge lernen. Was kommt dabei heraus, wenn man das Spiel nicht nur einmal, zweimal, sondern tausendmal spielt? Genau dieser Frage hat sich der Spieltheoretiker Robert Axelrod bereits in den achtziger Jahren an der Universität von Michigan verschrieben.[9] Er lud Kollegen aus der damals noch jungen Zunft der Spieltheoretiker ein, Programme zu schreiben, die menschliches Verhalten im Gefangenendilemma simulieren, wobei jeder Spielzug immer auf den jeweils letzten bezogen stattfinden sollte. Alle Mitspieler wandern also immer wieder sinnbildlich in die

Untersuchungszelle und treffen ihre Entscheidungen dann auch aufgrund der vorherigen Erfahrungen. Die Auswertung der Programme ergab: »Eingesparte Knastjahre«, also erfolgreiche Kooperation, bildet das Erfolgskriterium.

Bei den ersten Versuchen erwies sich eine sehr einfache Strategie als die erfolgreichste: »Tit for tat« oder auf Deutsch »Wie du mir …« (WDM), entwickelt von Axelrods Kollegen Anatol Rapoport. Rapoports Programm eröffnete mit einem »Vertrauenszug« und echote dann stur bei jedem Zug den Zug des Gegenübers.[10] In Alltagsregeln übersetzt:

Sei nie der Erste, der *nicht* kooperiert!

Reagiere immer wie dein Gegenüber!

Sei nicht zu schlau!

Sei nicht neidisch!

Aber lass dich nicht über den Tisch ziehen!

Martin Nowak und Karl Sigmund nahmen in den frühen neunziger Jahren Axelrods Ansatz auf. Sie ließen das Spiel von »Agenten« im Computer spielen und machten daraus einen Kurvenverlauf, der die Stabilität und »Fitness« bestimmter Strategien im Verlauf visualisiert. Steigt die Kurve, werden Gefängnisjahre optimal vermieden. Übertragen auf die Wirklichkeit: Der soziale Kooperationspegel steigt.[11]

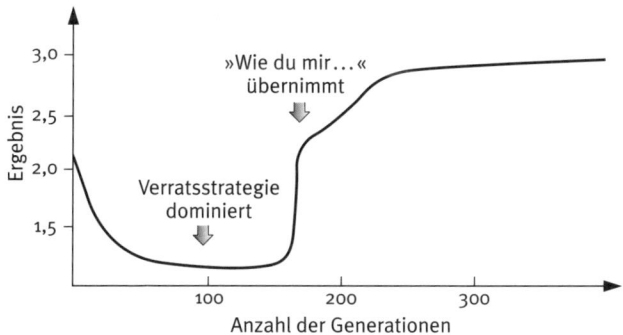

Abb. 17: Die Evolution der Kooperationsstrategien versus Verrat: Die »Wie-du-mir«-Strategie gewinnt und stabilisiert das System nach circa 150 Spielzügen.

Zu Beginn einer Gefangenendilemma-Sequenz, die mit lebendigen Teilnehmern gespielt wird, dominieren meist die Verratsstrategien. Das spontane »Ich bin doch nicht blöd« testet zunächst einmal den schlimmsten Fall: Man glaubt nicht, dass der Mitgefangene in dieser Situation auf den Verratsvorteil verzichten könnte. Doch nach rund 150 Runden des Spiels dominiert sowohl in »realen« Runden (mit menschlichen Spielern) als auch in computersimulierten die alttestamentarische Wie-du-mir-so-ich-dir-Strategie. Darin spiegelt sich so etwas wie die erste gesellschaftliche Regel, auf die sich Menschen einigen konnten: vorsichtige Kooperation, wenn auch der andere kooperiert.

Bald stießen Nowak und Sigmund allerdings auf eine Grenze ihres Spielsystems. Die Überlegenheit der Wie-du-mir-Strategie war nur unter *perfekten* Ausgangsbedingungen gewährleistet – keine Missverständnisse, keine Störungen, keine Zufälle. Aber die Wirklichkeit funktioniert anders. Und deshalb bauten Nowak und Sigmund nach und nach Fehler (Mutationen) ein. Sie ließen einige Agenten ab und zu eine abweichende Strategie spielen, so wie Außenseiter in menschlichen Gemeinschaften bisweilen die Grenzen der Regeln testen. Sie erhöhten das »Rauschen«, wie in komplexen Biotopen, wo mehr Mutationen und schnellere Adaptionen stattfinden. Oder bei komplizierten politischen Verhandlungen, wo durch Übersetzungsschwierigkeiten oder Nervosität manchmal Missverständnisse entstehen (man denke an das wunderbare Chaos beim Fall der Berliner Mauer, als der Sprecher der DDR-Regierung, Schabowski, vor lauter Schusseligkeit das Ende des ostdeutschen Staates einläutete).

In einer solchen turbulenten Umwelt erwies sich die WDM-Strategie plötzlich als weniger erfolgreich. Da sie auf jede Abweichung mit sofortiger Kündigung der Kooperation reagierte, brach die Stabilität des Systems ständig zusammen. Besser behauptete sich nun eine erweiterte WDM-Strategie, *WDM generös,* die zweimal einen negativen Zug hinnimmt, bevor sie negativ reagiert. In dieser Variante manifestiert sich eine menschliche Haltung, die wir in allen komplexeren Kulturen vorfinden: Verzeihen. Diese Steigerungs-form des Vertrauens ist ein wichtiger Stabilisator gegen den »Terror der Angst« (das Christentum hat diese Wahrheit früh erkannt).[12]

Nowak und Sigmund experimentierten nun mit weiteren »Abweichlern«. Hier eine unvollständige Übersicht:

WDM generös – Das WDM-System verzeiht zwei negative Züge und reagiert erst negativ beim zweiten.

WDM revers – Der Agent akzeptiert einen negativen Zug, wenn er selbst vorher negativ reagierte (er akzeptiert gewissermaßen eine Bestrafung, wie in einem menschlichen Rechtssystem).

Böser Killer – Ein System, das nur einen Zug lang kooperiert, nach nur *einem* negativen Zug des Gegenübers jedoch von nun an *immer* negativ reagiert, egal was passiert.

Smarter Killer – Ein System, das erst nach zwei negativen Zügen *für immer* negativ reagiert.

Pawlow – lernender Opportunismus. Eine adaptive Strategie, die »kalte« strategische Elemente beinhaltet. Es wird nur koope-riert, wenn das bei den letzten zwei oder drei Zügen zu Erfolg geführt hat – ansonsten wird gnadenlos auf Verrat geschaltet. Und umgekehrt: Wenn Nicht-Kooperation dauerhaft nichts bringt, schaltet Pawlow auf Kooperation ...

Stellen wir uns nun vor, alle diese Strategien würden gegenein-ander antreten – alle Schurken und Killer und Kooperateure in *einem* Spiel.

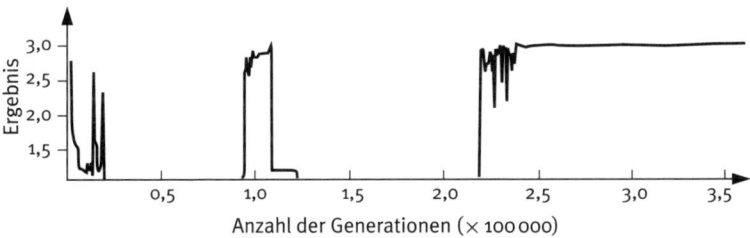

Abb. 18: Kooperationsniveaus im simulierten Gefangenendilemma über 100 000 Generationen mit differenzierteren Strategien und höherem »Rauschen«

Die Kooperationen brachen über viele Generationen komplett zusammen, um sich temporär und schließlich über längere Zeit zu erholen. Unwillkürlich fühlt man sich an die menschliche Geschichte erinnert, mit ihren »dunklen Zeitaltern«, Renaissancen und Blütezeiten. Das Modell zeigt, wie schnell die Übergänge von Kooperation zu Konflikt (und umgekehrt) unter komplexen Bedingungen stattfinden können. Ersetzen wir die »ersparte Knastzeit« durch »Frieden«, erinnert das Ganze an den israelisch-palästinensischen Konflikt. Oder die Konfliktlage in manchen Ehen oder Beziehungen. In den verschiedenen Agenten lassen sich allzumenschliche Reaktionsweisen erkennen: Der Nachbar, mit dem wir uns unentwegt über die Fliederhecke streiten, steht für den »Bösen Killer«. Der amerikanische Weltpolizist, der nach Vorwarnung mit B-52-Bombern kommt, wenn Saddam nicht kooperiert, erinnert an den »Smarten Killer«…

Noch einen Schritt weiter in Richtung eines echten Evolutionsmodells ging in den neunziger Jahren der Physiker Kristian Lindgren von der Universität Göteborg. Er kombinierte das Gefangenenspiel mit »Conways Life«, einem Computerspiel, das einen zellulären Automaten simuliert und dem Win-lose-Raster ähnelt. Lindgren führte in den Konflikt der Agenten einen »Gencode« ein, der im Verlauf mutieren und »ausgelesen« werden konnte. Jede Strategie / jeder Agent erhielt einen binären Code. So repräsentierte zu Beginn die »01« die Strategie »Wie du mir«, stand »11« für »immer kooperieren«, »00« für »immer Verrat«. Durch einen Zufallsgenerator wurde nun manchmal eine 0 oder 1 angehängt, oder Teile des Codes wurden zufällig ausgetauscht, so dass immer längere Codierungen entstanden, die immer komplexeren Reaktionsmustern entsprachen (»1101« könnte zum Beispiel heißen: »Reagiere positiv, wenn dein Gegenüber nur einen negativen Zug gemacht hat, nachdem du zweimal positiv reagiert hast …«).[13]

Die folgende Grafik zeigt, wie sich daraus eine regelrechte *Evolutionslandschaft* entwickelt. Zwischen Phasen längerer Stabilität, in der zwei oder drei Strategien dominieren, kommt es zu heftigen Turbulenzen und Auf und Abs. Der Verlauf ähnelt auch den Transformationen der Zivilisationen, mit »Hot Spots« des Wandels zwischendrin.

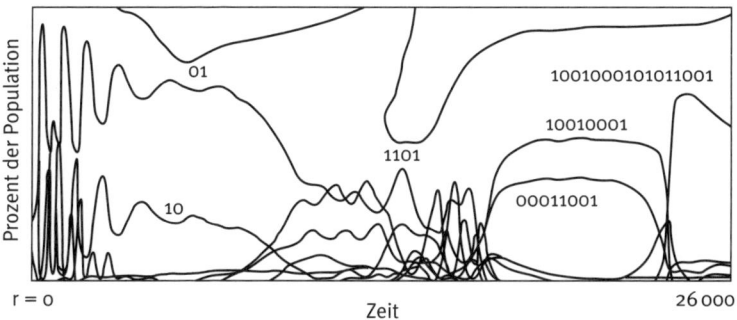

Abb. 19: Erweitertes Evolutionsmodell des Gefangenendilemmas mit »mutierenden Codes« von Lindgren

Der Pawlow-Effekt: Stabilität durch Sabotage

Gehen wir noch einmal zurück zum Nowak-und-Sigmund-Modell: Je mehr »Rauschen« die beiden Forscher in das System einbauten, desto erfolgreicher schlug sich »Pawlow« (benannt nach dem berühmten Pawlow'schen Hund), eine Strategie, die auf »flexible response« beruhte. Wenn der Pawlow-Agent vom Aufbau von Kooperationsstrategien profitiert, verhält er sich kooperativ. Wenn er sich dann aber in einer Umwelt von generellen Kooperateuren bewegt, wechselt er gnadenlos in die Verratsstrategie, um noch mehr »herauszuholen«. Wir kennen diese Strategie aus dem profanen Leben, sie heißt »Das-Fähn-chen-geschickt-nach-dem-Wind-hängen«. In modernen Öko-nomien wimmelt es von solchen flexiblen Opportunisten wie Börsenbrokern, Spam-Mail-Versendern und Strukturvertriebs-organisationen. Massenmedien sind geradezu Pawlow-Maschinen – man denke an die Boulevardpresse und ihre Vorliebe für 80-Punkt-Schlagzeilen wie »Skandal! Sitten und Moral verfallen!« über nur mühsam schambedeckten Pornobildern. Doppelmoral hat eine lange, profitable Tradition. Auch ganz normale Konzernstrategien bergen Pawlow-Elemente. Mit Konkurrenten zu kooperieren, wenn es sich auszahlt, sie aufzukaufen oder niederzukonkurrieren, wenn sich das besser rechnet, das ist ein völlig normales und rationales Marktverhalten.

Unser moralischer Impuls hält solche Strategien eher für moralisch verwerflich. Im Kontext des Gefangenenspiels hatten sie aber eine erstaunliche Folge: Pawlow-Agenten waren in der Lage, ein »abgleitendes« Kooperationsniveau im Gesamtsystem wirkungsvoll zu stabilisieren! Sie hielten das ganze System ständig auf Trab, verhinderten eine allzu reibungslose Mechanik. Daraus lässt sich eine Lehre für den Wandel ziehen: Eine »gute Gesellschaft«, in der alle aus lauteren und kooperativen Motiven handeln, wäre gar nicht entwicklungs- und differenzierungsfähig. Eine gewisse Anzahl von »schlauen Bösewichtern« ist vielmehr sogar förderlich für den Fortschritt. Wie heißt es so schön in Goethes Faust? »Ich bin die Kraft / die stets das Böse will / und doch das Gute schafft.«

Und damit kommen wir zu einer Erkenntnis von enormer Bedeutung:

Nicht jeder einzelne Akteur in einem System muss sich intelligent und kooperativ verhalten, damit das ganze System intelligente und kooperative Ergebnisse erzeugt!

Und in der Folge:

Jedes System braucht ein gewisses Ausmaß an Störungen, um sich dynamisch stabilisieren zu können!

Connectivity – Die Macht der Netzwerke

Sie befinden auf einer Party. Vierzig Personen sind anwesend, die sich allesamt nicht oder kaum kennen. Plötzlich springt jemand auf einen Stuhl und schreit:

ALLE MAL HERHÖREN! Ich wette 1000 Euro, dass in diesem Raum mindestens zwei Menschen am gleichen Tag Geburtstag haben! Wer wettet dagegen?

Nehmen wir an, der Rufer ist ein Fremder und Sie könnten ausschließen, dass er die Geburtsdaten auch nur von zwei der Anwesenden kennt. Wäre diese Wette lohnend? Bei 40 Leuten im Raum und 365 Tagen im Jahr hört sich die Gegenwette wie eine sichere Bank an. Doch Sie werden, falls Sie einschlagen, mit an Sicherheit grenzender Wahrscheinlichkeit verlieren.[14]

Die Wahrscheinlichkeit, dass zwei Menschen in einer zufälligen Menge ein Geburtsdatum teilen, überspringt bereits bei 23 Personen die 50-Prozent-Hürde. Ab hier würde sich eine Wette also locker lohnen.

Anzahl der Personen	Wahrscheinlichkeit eines »Geburtstagspaars«
10	11,7 %
20	41,1 %
23	50,7 %
30	70,6 %
50	97 %
57	99 %
100	99,999 %
367	100 %

Die Wahrscheinlichkeit für zwei gleiche Geburtstage bei 40 Personen liegt also bei über 80 Prozent. Aber warum wissen wir das nicht spontan?

In einer Gruppe von fünf Menschen sind die Verbindungen untereinander überschaubar, 25 ergeben sich, wenn wir alle möglichen Konstellationen zeichnen.

Bei zehn Personen steigt die Zahl der möglichen Verbindungen auf 45 Verbindungen.

Bei 40 Personen müssen wir 1600 Verbindungslinien ziehen, um alle Möglichkeiten abzubilden.

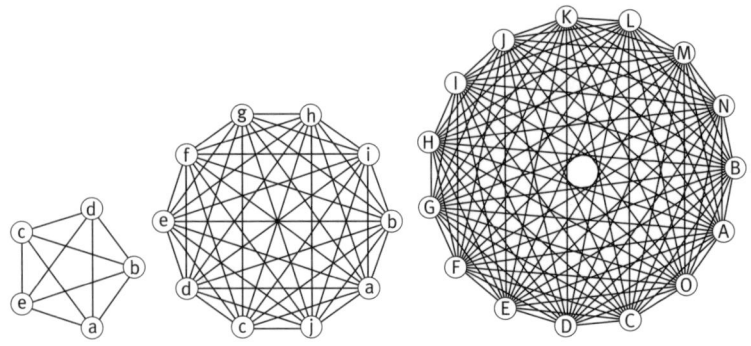

Abb. 20: Die möglichen Verbindungen
bei unterschiedlichen Zahlen von Teilnehmern

Warum tun wir uns so schwer mit dieser gar nicht so hohen Mathematik? Menschen sind evolutionär geprägt, sich auf kleine Verwandtschaftsgruppen zu beziehen. Solange wir jedes Mitglied unserer Sippe, unseres Clans, unseres Stamms noch beim Namen kennen (und wissen, dass Acht-Morgen-Mund vor drei Jahren von einer Schlange gebissen wurde und deshalb humpelt), fühlen wir uns in einem sinnhaften Beziehungsverhältnis.

Verantwortlich ist auch unsere »Normeinstellung«, die uns stets von uns selbst aus denken (und unbewusst rechnen) lässt. Wir schätzen unsere individuelle Chance ein, mit den anderen 39 im Raum einen gemeinsamen Geburtstag zu haben, und hier wäre das Ergebnis in der Tat rund 1 : 8 (365 dividiert durch 39).

In diesen Wahrnehmungsmustern liegt womöglich der Grund für unsere Verwirrung gegenüber dem Wandel, den wir heute im

Übergang von der alten, überschaubaren Industriegesellschaft zu einem elektronisch vernetzten Hypersozialraum erleben. Buchdruck, Radio und Fernsehen, die alten »One-to-many«-Medien, strukturieren die soziale Umwelt durch Sender-Empfänger-Strukturen, die sich unserem tribalen Stammhirn noch leicht erschlossen. Nun verändert die kulturelle Querschnittstechnologie des Internets so gut wie alle Spielregeln. Zumindest ahnen wir, dass das so kommen wird, wenn wir unsere Kinder und ihren Umgang mit elektronischen Medien beobachten. Man kommuniziert simultan auf mehreren Ebenen mit mehreren Multioptionssystemen. Man verabredet sich nicht mehr zu einer bestimmten Uhrzeit, sondern flexibel (»geh schon mal los, ich SMSe, ob ich dann auch komme«). Aus räumlich, zeitlich und hierarchisch geordneten sozialen Verhältnissen entstehen Schwarmlogiken. Aus Plänen und Operationen entwickeln sich spontane Kooperationen, die alte Strategien zerstören.

Der Physiker Philip Anderson brachte diesen Netzwerkeffekt auf die Formel: »Mehr ist Anders!« Interaktive Mediensysteme verändern die Spielregeln, indem sie zunächst einmal die Anzahl der möglichen Spiele stark erhöhen. Sie hebeln tendenziell die Hierarchien aus, die die Zahl der Spieler auf dem sozialen Spielfeld kanalisierten. Ob in der Partnerschaftssuche oder in der Berufswahl, im Gestalten unserer Freundschaften oder der Organisation unserer Leidenschaften: Die Wahlmöglichkeiten steigen nicht nur »ein bisschen« oder »graduell«. Sie explodieren! Es liegt auf der Hand, dass wir für diese neue Welt neue Regelsysteme, Heuristiken, Instinkte ausbilden müssen. Elektronisch-soziale Netzwerke sind nichts anderes als Evolutionsbeschleuniger für die Kultur. Sie erhöhen die Taktgeschwindigkeit der Spiele, aus denen sich Gesellschaft formt. Schon John Stuart Mill formulierte: »Komplexität entsteht nicht durch die Anzahl der Gesetze ... sondern durch die außergewöhnliche Anzahl und Variabilität der Elemente – der Agenten, die, den Gesetzen verpflichtet, zugunsten des erwünschten Effekts kooperieren.«[15]

Die Botschaft der weißen Fahrräder

Springen wir noch einmal zurück in die sechziger Jahre, jene Zeit, in der die Spielregeln ähnlich drastisch umgeschrieben wurden. Bereits Mitte des wilden Jahrzehnts erregte in Amsterdam die sogenannte »Provo-Bewegung« mit symbolischen Guerilla-Aktionen zur Veränderung der bürgerlichen Moral Aufmerksamkeit. Eine legendäre Aktion war die Einführung der »Weißen Fahrräder«: Die Provos platzierten Hunderte von weiß angemalten Kollektivfahrrädern an verkehrsreichen Plätzen der Stadt. Damit wollte man aktiv gegen den »Verkehrsterrorismus einer motorisierten Minderheit« demonstrieren. Im Weiße-Fahrrad-Manifest schrieben die Provos im idealistischen Tonfall der Epoche: »Das weiße Fahrrad symbolisiert Einfachheit und gesundes Leben in Opposition zur geschmacklosen und schmutzigen Lebensweise des autoritären Automobils!«

In einer Zeit, die weder »Global Warming« kannte noch die Ölknappheit (die erste Ölkrise kam erst 1973, die Provos lösten sich 1968 auf), war das eine prophetische Aktion. Doch innerhalb weniger Wochen lagen alle weißen Fahrräder zertrümmert und verbeult in Kanälen, waren für eigene Zwecke »requiriert«, ausgeschlachtet oder nach England verkauft worden. Die *Trägodie des Allgemeinguts* in Aktion ...

Seitdem wurde der Versuch eines kommunalen Fahrradssystems in verschiedenen Versuchsanordnungen vielerorts wiederholt. Europäische Großstädte sehen sich im Verkehrschaos gezwungen, neue Wege der Nahmobilität zu entwickeln. Die Klimakrise und die Knappheit in öffentlichen Haushalten verschärfen die Dringlichkeit solcher Versuche. Wenn man auch nur ein Prozent des städtischen Verkehrs auf Fahrräder umleiten könnte, wäre das eine gewaltige Entlastung.

In Paris, neben London die Metropole mit dem chaotischsten Innenstadtverkehr, ging man am konsequentesten vor. In Abständen von wenigen hundert Metern findet man seit 2007 die »Vélibs«, weiße robuste Fahrräder mit soliden Gepäckträgern und dicken Reifen. Die 20 000 »Vélos libres« sind für jeden Bürger oder Gast zu einem eher symbolischen Preis (aber einem Preis!) verfügbar – 29 Euro für ein ganzes Jahr (Abo per Internet). Bis 30 Minuten Nutzung sind sie kostenlos, die nächste Stunde kostet am Automaten einen Euro. 53 Millionen Fahrten wurden in zwei Jahren unternommen, 7 Millionen Abonnenten sind registriert, etwa 1 Million Tonnen CO_2 wurden der Atmosphäre erspart, ganz zu schweigen von der Verbesserung der körperlichen Fitness. Die Stadt wandelt durch das Vélib-System ihre innere Topographie, was die Lebensqualität enorm erhöht.

Doch auch in der Welt des 21. Jahrhunderts gelten die Gesetze menschlicher Kooperation und Nichtkooperation. 8000 Fahrräder wurden seit Beginn des Programms gestohlen, etwa 2000 dauerhaft zerstört. Die Polizei verhaftete allein im Jahr 2008 1349 Vélib-Diebe – ein einfacher Fang, denn die Fahrräder sind deutlich auszumachen. Manche fanden sich als Dekoration auf Balkonen oder wurden als Souvenirs in andere Landesteile mitgenommen. Mindestens hundert landeten in der Seine. Man fand heraus, dass es sich bei den Vandalen nicht um die eigentlichen Stammnutzer handelt, die urbanen »Bobos« (von »bourgeois bohemian«; 69 Prozent aller Nutzer haben ein höheres Einkommen, viele arbeiten in kreativen Berufen). Die meisten Klauereien und Zerstörungen gingen auf das Konto von Kids, die nie Fahrrad fahren, aber ihre Wut an irgendetwas auslassen müssen. Langeweile, Verwahrlosung, emotionale Überschüsse …

Gegen den Vandalismus formierte sich eine Art Bürgerbewegung. Die Vélibs wurden noch einmal technisch verbessert – stärkere Rahmen, besserer Diebstahlschutz. Prominente aus der Künstlerszene solidarisierten sich, berühmte Comiczeichner und Sprayer spendeten Kunstwerke zur Verteidigung der Vélibs. Adressen und Namen von erwischten Vélib-Dieben wurden im Internet veröffentlicht. Die Zerstörungen und Diebstähle gehen langsam zurück.

Um menschliche Kooperationssysteme zu stabilisieren, benötigt es Regeln, Straf- und Kontrollsysteme. Die Dinge müssen, wie viele Beispiele zeigen, etwas kosten. Aber wenn wir die menschlichen Kooperationssysteme weiterentwickeln wollen, benötigen wir neue Werkzeuge. Rückkoppelungsinstrumente, in denen die intrinsischen Motive der »Spieler« besser abgebildet werden können und die eine Tendenz zur *Autopoiese* stärken – zur Selbststeuerung und Selbststabilisierung. Die Commons, die öffentlichen Wiesen, können nur zum Wohle aller blühen, wenn wir neue, intelligente Feedback-Schleifen entwickeln.[16]

Als eBay wenige Jahre nach seiner Gründung von Betrügern geradezu überrannt wurde, reagierte es nicht mit den üblichen Zugangskontrollen. Es forderte seine Kunden auf, ständig die Händler zu bewerten. Die Daten wurden dann für ein permanent aktualisiertes Rankingsystem genutzt. EBay schuf auf diese Art ein Selbstregelungssystem, das nicht nur die Betrüger automatisch »ausweist«, sondern auch noch die »guten« Händler mit immer mehr Kunden belohnt.

James Watt entwickelte die Dampfmaschine von einem klobigen Explosionsapparat zu einer Welttechnologie, indem er neben einer Unterdruckkammer ein zentrifugales Regelungsventil einbaute. Dieses Steuersystem verhinderte verlässlich, dass die Umdrehungsgeschwindigkeit über einen bestimmten Wert anstieg – ein simples Rückkoppelungssystem. Wenn die Drehzahl einen bestimmten Wert erreicht, öffnet das Ventil sich« automatisch, kühlt den Dampf und senkt die Geschwindigkeit der Kolben.

Wenn uns in unserer WG nur auch so etwas eingefallen wäre!

Die Werkzeugkiste des Wandels

Wir haben in den bisherigen Kapiteln den Wandel als Spiel und als Prozess, als *Dynamik* und als *Stasis* betrachtet. Wir haben versucht, dynamische Systeme in ihren gesellschaftlichen, psychologischen, wirtschaftlichen, spieltheoretischen Dimensionen zu durchdringen. Langsam schälen sich Grundregeln heraus.

Zunächst: Wandel findet nicht »zwanghaft« statt, als vorgefer-
tigtes Programm, dem Menschen, Gesellschaften, Ökonomien
folgen müssen. Obwohl es Epochen, Situationen, historische
Knotenpunkte gibt, in denen Veränderung sich schubweise beschleunigt – wie in der Chrysalis-Phase des Schmetterlings –,
bleiben die meisten Formen des Wandels langsam, graduell.
Hier zeigen sich die Gesetze der biologischen Evolution: In
äonenlangen kleinen Veränderungen der Natur bildeten sich die
Voraussetzungen für Algen, Einzeller, Organismen, Hirne. Im
langsamen Wirken der zufälligen Abweichungen, im Experiment
mit Koppelung und Rückkoppelung, entstehen die Grundlagen
für die nächste Stufe der Gesellschaftsorganisation. Erst wenn
eine Menge systemischer »Passungen« entstanden sind, kann das
System auf eine Stufe höherer Komplexität springen. Es kann,
muss aber nicht.

Stellen wir uns jetzt eine Kiste vor. Eine Werkzeugkiste des Wandels, in die wir gut geordnet unsere Wandel-Tools einordnen.

Ganz unten in der Kiste lagern die großen, schweren Geräte
unseres anthropologischen Erbes. Die Reflexe, Instinkte, dazu
genealogische Verbindlichkeiten, evolutionär gewachsene Codes:
»Behandele deine Verwandten bevorzugt!«, »Kämpfe um dein
Territorium!«, »Kooperiere mit Leuten, die ähnlich sind wie du!«,
»Renne vor Drachen und anderen großen Tieren davon! Oder
bringe eine große Menschenmenge dazu, gemeinsam gegen sie
zu kämpfen.«

Gleich darüber liegen die kulturellen Werkzeuge: die erlernten Verhaltensmuster, die erprobten Kommunikationen: »Einige
dich auf einen Kontrakt!«, »Red mit ihm / ihr!«, »Schließe einen
Kompromiss, wenn die Vorteile daraus größer sind als aus Total-
verlust!«, »Versuche, die Regeln in deinem Sinne zu verbessern!
Wenn du alleine nicht weiterkommst, suche dir Hilfe in Institutionen, neutralen Dritten, mächtigen Verbündeten«.

Ganz oben schließlich das Kleinzeug: die Nägel und alten
Dübel unserer Wünsche und Träume, der Leim unserer sozia-

len Gewohnheiten. Das ganze Zeug, das sich zufällig und nicht immer sehr geordnet hier angesammelt hat. Die Daumenregeln, mit denen wir das Leben bewältigen. Die Tricks, aber auch die Schönheiten und Verrücktheiten, mit denen wir versuchen, noch etwas mehr herauszuholen. Das Lachen, das Weinen und all der Rest.

Mit diesen Gerätschaften bearbeiten wir ständig unsere Umwelt. Dabei kommen uns immer wieder Instrumente abhanden, sie brechen ab oder werden stumpf. Aber wir sind einfallsreich und erfinden immer neue Tools, flicken hier das eine, kombinieren das andere. Wandlungsprozesse sind nicht zuletzt aus Fehlern geboren. Wir kommen fast nie dorthin, wo wir hinwollten. Aber das liegt nicht daran, dass Menschen »nun einmal so sind« – böse, dumm oder unfähig. Sie vergreifen sich nur öfters in der Werkzeugkiste. Sie benutzen den schweren Hammer, wenn es der kleine Schraubenzieher tun sollte. Sie nehmen die Säge, statt den intelligenten Kleber einzusetzen. Sie benutzen das Brecheisen, wenn ein feines Instrument die bessere Wahl wäre.

»Leben lässt sich definieren als ein auf dem ›Prinzip Eigennutz‹ basierender Prozess der Selbstorganisation«, schreibt Michael Schmidt-Salomon in seinem »Manifest des Evolutionären Humanismus«. Das ist genau die Botschaft, die wir aus der Spiel- und Systemtheorie, aber auch aus der Evolutionsbiologie gewinnen können: Positiver Wandel entsteht nicht nur aus Tugenden und strikten Ordnungen, sondern aus Chaos, aus Emergenzen und Improvisationen, die sich selbst stabilisieren. Wir können lernen, unsere Werkzeugkiste besser zu sortieren, ohne dass wir für alles ein perfektes Instrument haben müssen. Ich möchte diesen Faden nun in die Zukunft weiterspinnen. Dafür müssen wir vor allem die richtigen Fragen stellen:

- Auf der Basis welcher sozialen, ökonomischen Grundlagen und Regelsysteme können wir uns besser zum »sanften kooperativen Tier« weiterentwickeln, das wir ohne Zweifel auch sind?

- Welche Korrekturinstanzen können wir einrichten, welche Kontroll- und Regelsysteme? Wie können wir Leitplanken so aufstellen, dass die chaotischen Prozesse der menschlichen Evolution weniger zu fatalen Brüchen führen?

Gelungener Wandel ist das Resultat klug geführter Spiele mit differenzierten Regeln und lernenden Schiedsrichtern. Und diese Schiedsrichter sind wir selbst.

DIE KREATIVE ÖKONOMIE

Wie die Wirtschaft des 21. Jahrhunderts funktioniert

Die zentrale Frage großer Organisationen ist nie Strategie, Struktur oder Kultur. Der Kern des Geschäftserfolges liegt in einer einzigen Frage: Wie ändert man die Verhaltensweisen von Menschen?

John Kotter

Darum geht es bei der Neuen Ökonomie: die Ausweitung der Möglichkeiten, Chancen und Fähigkeiten des Individuums, die Schönheit ständiger Innovation und die transzendierende Energie von Informations- und Kommunikationstechnologien.

»Fast Company«, Ausgabe September 2001

Die Wirtschaft ist kein geschlossenes Gleichgewichtssystem, sondern ein offenes Ungleichgewichtssystem, ein komplexes adaptives System.

Eric D. Beinhocker

Detroits Botschaft

Vor rund einem Jahrhundert, anno 1911, war die Buick-Fabrik in Flint im amerikanischen Bundesstaat Michigan das unbestrittene Zentrum des modernen Kapitalismus. 8000 Arbeiter produzierten in der bestorganisierten Fabrik der Welt auf 230 000 Quadratmetern Fläche die besten Autos der Welt. Jeder von ihnen führte genau bemessene, getaktete, geführte Handgriffe aus, um die »Wunder der Autokunst« in »unvergleichlicher Qualität und Präzision« herzustellen. In riesigen, lichtdurchfluteten modernen Hallen, auf deren Boden »kein Staubkorn für Verwirrung sorgte«. In einem Prospekt des Unternehmens hieß es:

»Viele Millionen an Wert sind hier zu sehen: Tausende
von arbeitssparenden Maschinen, eine halbe Million Werkzeuge, Werkbänke, Büros, Designräume, Musterwerkstät-
ten, Färbereien, Ölbäder, Heißluftöfen, Polsterwerkstätten,
Chemielabore, eine Fabrik für Graueisen, ein Presswerk,
eine Schneiderei, eine Reifenfabrik, ein Achsenwerk,
Aluminiumwerk, Mühlwerke, Kraftwerke. Jedes Teil ist
austauschbar, exakt gleich wie alle anderen Teile seiner Art.
Sogar die Schrauben und Muttern werden hier gegossen
und gefertigt. Diese Fabrik repräsentiert die höchste Form
der Standardisierung! Es ist ein Faktum, dass an einem
Buick-Auto jedes Teil aus der eigenen Fabrik stammt!«[1]

Von dieser »homebase« trat die amerikanische Automobilindustrie
ihren Siegeszug um die Erde an. Die Flint-Fabriken waren die
Keimzelle von General Motors, dem größten Autokonzern der
Welt. Die Gebäudekomplexe wuchsen, bis um das Jahr 1960 der
Höhepunkt erreicht war. 200 000 Menschen lebten nun in der
Industriestadt Flint (20 000 am Anfang des 20. Jahrhunderts), fast
50 000 Menschen fanden ihr Auskommen in den »plants«. Erfolgreiche Streiks und starke Gewerkschaften brachten die Löhne
einfacher Automobilarbeiter in stolze Höhen. Krankenversicherung, Rentenversicherung, Alterszulagen – soziale Errungenschaften, um die heute die amerikanische Gesellschaft mühsam ringt,
waren eine Selbstverständlichkeit. Flint, das war der Traum einer
sauberen, effizienten, sich selbst ständig verbessernden Produk-
tionswelt, in der sich der »amerikanische Traum« gleich in mehreren Dimensionen verwirklichte:
• In der perfekten Disziplin und Arbeitsteilung eines Produk-
tionssystems, das seine Produktivität ständig erhöhen konnte –
gesteuert von leistungsfähigen Managern.
• In der Kultur einer von männlichen Arbeitern und Angestellten dominierten Erwerbswelt. Männer mussten, konnten und
wollten in dieser Welt eine Familie »ordentlich« ernähren und

erarbeiteten sich in den Hierarchien der industriellen Pyrami-
denorganisation einen Status.

• In der Vision eines ständig steigenden, für alle Schichten und
Gruppen der Gesellschaft erreichbaren Wohlstands.

Eine Ruinenlandschaft erhebt sich heute über weite Strecken dort,
wo die modernen Hallen standen. Das Ganze erinnert an die
Ruinen der Maya, wirkt aber weder pittoresk noch monumental.
Die Einwohnerzahl von Flint befindet sich im freien Fall und mit
ihr die Bevölkerung des gesamten »Rostgürtels« um die beiden
Zentren Flint und Detroit. Wie konnte die moderne amerikanische Autoindustrie derart tief in die Krise rutschen, dass ihr Ruf
als Avantgarde solchen Schaden nahm? Wie konnten Amerikas
glorreiche Manager, Techniker, Designer, Ingenieure die Zukunft
derart verschlafen, dass sie, als Ölteuerung und CO_2-Debatte auch
Amerika erreichten, nur veraltete Motoren und klobige Automobile anzubieten hatten?

Adam Smith' Idee der »Produktivität durch radikale Arbeitsteilung« wurde im »Fordismus« gnadenlos und weitaus konse-
quenter als im eher patriarchalisch geprägten Industrialismus
Europas verwirklicht: kein Arbeitsschritt zu viel, kein Handgriff
ohne Anleitung, keine Schraube, die nicht exakt ihren Ort fand.
Funktionalisierung, Spezialisierung, Beschleunigung, Controlling –
alle Ingredienzien des Taylorismus finden sich hier in voller Fahrt.
Die US-Autoindustrie strukturierte aber nicht nur Produktions-
prozesse in innovativer Weise. Sie entwickelte auch das lineare
Wertschöpfungsmodell einer klassischen Angebotsindustrie. In
seiner inneren Logik war dieses Modell konsequent dem »von
innen nach außen« verpflichtet. Autos werden entworfen, pro-
duziert, vermarktet – in dieser Reihenfolge und mit aufwendigen
Planungssystemen, die meist in 5-Jahres-Zyklen funktionierten.
Das Ganze wirkt wie eine Perlenschnur, an dessen Ende der
»Konsument« oder »Verbraucher« aufgereiht ist. In jedem der
Segmente Planung und Vermarktung lässt sich gutes garantiertes
Geld verdienen.

Das Ende der linearen Wertschöpfung

Dieses enorm erfolgreiche System hatte allerdings einige Voraussetzungen: Erstens benötigte es eine verlässliche Nachfrage des Konsumenten. Man muss unter hohem Kapitalaufwand langfristig Kapazitäten erschaffen, und dazu muss der Bedarf des Gesamtmarkts ständig und berechenbar steigen. Zweitens benötigt das System ein enorm großes Verwaltungs-, Kontroll- und Managementsystem, das *alle* Teilbereiche vom Einkauf bis zum Verkaufsraum ständig im Griff hat.

In der amerikanischen Autoindustrie war die Organisation des Unternehmens praktisch identisch mit der Organisation der Fabriken. Um Fabriken mit extrem hohen Arbeitsteilungsgraden zu betreiben, benötigt man ein striktes, hierarchisches Planungsregiment. (Es gab sogar, wie in der sozialistischen Wirtschaft, Fünfjahrespläne. Wenn man so will: kapitalistische Planwirtschaft.) Verwirklicht wurde es von Alfred P. Sloan, dem legendären CEO von General Motors in den zwanziger Jahren. Von nun an war GM ein »Management-Feudalschloss«. Die Aufgabe des Managements bestand darin, die Automodelle festzulegen, das Produktionssystem zu planen, und Lösungen für mögliche Produktionsprobleme zu finden. Wachstum bewältigte man neben der Produktionsausweitung mit Firmenkäufen und -fusionen.

Lange Zeit blieb dieses System unschlagbar. Die Weltkriege verliehen der Maschinerie noch einmal gewaltigen Schub. Die Alliierten gewannen den globalen Konflikt nicht zuletzt aufgrund des gigantischen Flugzeug-, Schiff- und Fahrzeug-Outputs amerikanischer Fabriken. Die »Innen-außen-Logik« wurde dabei nie in Zweifel gezogen – über Kundenwünsche, Detailinnovationen, Sonderwünsche musste man sich wenig Gedanken machen. Es ging um Stückzahlen, Akkorde, Materialschlacht.

Auf der anderen Seite des Atlantiks entwickelte sich die Autoindustrie völlig anders. Bis zum Zweiten Weltkrieg baute man Autos für Privatleute in Europa eher in Kleinserien, die unter

Manufakturbedingungen gefertigt wurden. Nach dem Krieg begann die Autoindustrie der großen europäischen Länder Deutschland, Italien und Frankreich mit Fahrzeugen, die aus der materiellen Not geboren wurden – vom Goggomobil über den Käfer bis zur »Ente« und dem Fiat 500. Mercedes hatte zunächst mit den Massenmärkten wenig zu tun, auch BMW bewegte sich in winzigen Nischen. Japans Automobilbranche, die nach dem Zweiten Weltkrieg aus dem Nichts anfing, entwickelte derweil Kleinwagen für die überfüllten Ballungsgebiete Japans. Dagegen dachten die Amerikaner immer schon in Weltmaßstäben – und in Kostenrelationen. 1985 brachte GM alle seine Modelle auf eine einzige Chassis-Plattform und versuchte, ein »Weltauto« zu entwerfen. Doch die Kunden waren alles andere als begeistert von der Gesichtslosigkeit der neuen Modelle. Die Absätze fielen. Als Antwort wurden die Stückzahlen erhöht, um die Preise zu senken – der alte Trick des Henry Ford, über den Preis einen neuen Markt zu schaffen. Die großen Fabriken, die nun auf die neue Weltnorm und riesige Stückzahlen eingestellt waren, mussten um jeden Preis ausgelastet werden. Das verkündete der Plan. Listenpreise für Neuwagen waren bald nicht mehr das Schild wert, auf dem sie standen, unter 30 Prozent Rabatt ließ sich kein Auto verkaufen. »Sie bauen keine Autos, die sich die Kunden wünschen, sondern Autos, die sie bauen *müssen,* um ihre Fabriken auszulasten«, so Nick Gidway, der Gründer des Autoportals CarZen. »Sie müssen sie bauen, weil sie eine feste Kostenstruktur haben, die sie amortisieren müssen!«[2]

Als die vier CEOs der großen amerikanischen Autofirmen im November 2008 zur Krisenanhörung vor dem Kongress erschienen, zelebrierten sie wie degradierte, aber noch in vollem Ornat befindliche Könige noch einmal die untergehende Herrlichkeit des Produktionsindustrialismus. Kein einziger der Manager konnte auf die wütende Frage von Kongressabgeordneten, ob er *nicht* mit dem Privatjet gekommen sei, die Hand heben. Die Öffent-

lichkeit war empört. Und genau diese Empörung war *wirklich*
neu. »Wenn die Amerikaner sich plötzlich für die Bescheidenheit
der Verkehrsmittel ihrer Bosse interessieren«, schrieb »Newsweek«,
»dann beginnt in der Tat ein neues Zeitalter.«

Das magische Automobil

Sind Sie in der letzten Zeit einmal Auto gefahren? Ich meine,
ein richtiges Auto, so ab 200 ordentlichen PS? Über eine längere
Strecke?

Schon allein wie es dasteht und ständige Bereitschaft signalisiert; materialisierte Geschwindigkeit, geformt im Windkanal,
mit Linien, die etwas Organisches haben. Die Fernbedienung
entlockt ihm ein sanftes Schnurren; eine Bestätigung unbedingter
Bereitschaft. Drinnen umwölkt uns der Geruch von ätherischen
Ölen und Leder: der Duft herber Männlichkeit. Ein schmeicheln-
der Sitz, der sich unserem Rücken anpasst. Ein Raum, der dem
mütterlichen Uterus ähnelt; gebogen, sanft gekurvt, uns von allen
Seiten umfassend. Rund um uns die Instrumente, die nur auf
unsere »Eingaben« warten, Fenster des dienenden Gehorsams.

Der sanfte Druck, wenn wir durch ein leichtes Fußwippen
beschleunigen, weckt die Adrenaline, öffnet die Dopaminkanäle
und verheißt endorphinische Freuden. Ohne auch nur einen größeren Muskel anzuspannen, überholen wir in Windeseile jeden
Konkurrenten. Jedem Raubtier, jeder Beute sind wir tausendfach
überlegen. Dann, auf der Autobahn, wummert der Sound, der
uns mit den Lustgefühlen unserer Kindheit oder den erotischen
Erinnerungen unserer Adoleszenz verbindet. Mit erhöhtem Herz-
schlag gleiten wir dahin, unangreifbar, mächtig, uneinholbar …

Nein, dies war keine leicht vertextete Werbung für einen
Sportwagenhersteller. Sondern der Versuch, das Erlebnis Autofahren aus dem neuronal-evolutionsbiologischen Blickwinkel zu
schildern.

DIE KREATIVE ÖKONOMIE

Autos sind Fortbewegungsmittel. Aber das Auto ist auf einer metaphorisch-metaphysischen Ebene viel, viel mehr. Natürlich fahren wir in ihnen von A nach B, und oft befördern wir Familienmitglieder oder Möbel. Aber ihr magisches Wesen beziehen Autos aus einer ganz anderen Sphäre. Vor allem Männer sind mit Autos auf einer geradezu zerebralen Ebene verbunden. Sie befinden sich mit ihnen in einer Art Hirn-Gerät-Symbiose.

Bis vor kurzem war die Coevolution zwischen (vorwiegend männlichen) Hirnen und dem Automobil stürmisch und dynamisch. Als hätte das Auto (beziehungsweise sein »Meta-Organismus« aus Straßen, Tankstellen, Autofirmen, Autohändlern) seinen Protagonisten, den Autofahrer, regelrecht »gezüchtet« (und »melkte« das System Auto unser Dopamin), wurden immer mehr, immer schnellere, schwerere, schönere, teurere Autos gebaut und gekauft. Doch seit einiger Zeit scheint diese Dynamik gebrochen.

Da ist, einerseits, die CO_2-Debatte. Aber das ist, wie wir aus Erfahrung wissen, nur ein beschränktes Argument. Ökologische Motive werden in allen Umfragen euphorisch hochgehalten, in Alltagsentscheidungen spielen sie eher eine geringe Rolle. (Viele Autofanatiker haben in den letzten Jahren sogar schnelle Autos mit dem Argument gekauft: »Noch mal kräftig Gas geben, bevor auch das verboten wird.«)

Ein wichtiger Grund für die Konditionsschwäche des Automobils als primären Statussymbols hat jedoch auch mit einem sozialen Wandel zu tun. Genauer: mit der Krise einer bestimmten sozialen Gruppe. Und mit einer Veränderung der Zeitökonomie.

Autos fressen neben wertvollen Energieressourcen auch gewaltige Zeitkontingente. Das fiel in einer Zeit, in der Arbeitszeit eher kürzer und die Ökonomie ständig produktiver wurde, kaum auf. Wer aber sitzt über längere Zeiträume in wunderbarer endorphiner Balance am Autosteuer? Das Dienstwagenprivileg stattet die »Organisation Men«, die Festangestellten der industriellen Karrierehierarchien, mit vielen PS aus. Nun aber, da die westliche Wirtschaft schrumpft oder nur noch sehr langsam wächst, unterliegen Beamte, Manager und Politiker plötzlich einem öffentlichen Verhör. Ärzte werden gefragt, ob sie genug heilen. Lehrer werden gefragt, ob sie Kindern wirklich etwas beibringen. Führungskräfte werden heftig mit der Frage angegangen, ob das, was sie tun, wirklich produktiv ist. Und Frauen fragen ihre Männer immer hartnäckiger, ob sie das, was sie seit den 68er-Tagen versprochen haben, nicht auch mal einlösen könnten: mehr Zeit mit den Kindern zu verbringen.

Irgendwann kommt man darauf, dass das ausgiebige Autofahren eine eigentlich unproduktive Verschwendung von Zeitressourcen ist. Millionen Mannstunden im Jahr! Nimmt man hohe Verbrauchs- und Unterhaltskosten für große Wagen hinzu, dann wird verständlich, wie gleichsam über Nacht die kollektiven Bewertungssysteme kippen und dicke, schnelle Limousinen zu Karossen für reiche Russen und impotente Angeber umcodiert werden. Wer nun ein PS-starkes Auto besteigt, erinnert uns nicht mehr an Sieg, Prestige und Macht. Sondern an Übertreibung, Verschwendung, Scheitern.

Der Einbruch des Autoabsatzes im oberen Segment ist deshalb mehr als nur eine vorübergehende Absatzschwäche. Er markiert einen beginnenden Wertewandel, in dem die Dominanz eines bestimmten Männertypus zu Ende geht. Der Organisation Man war der Aufsteiger des letzten Halbjahrhunderts, und sein Aufstieg verlief parallel zu den Verkaufszahlen der schnurrenden Boliden im Oberklassesegment. Wenn es Anfang des 21. Jahrhunderts einen Archetypus für Erfolg und Karriere gab, dann war es die Figur des Finanzanalysten. Doch genau die Banker und Broker, die die schnellsten Autos fuhren, erlitten den größten Prestigeverlust.

Anfang Dezember 2008 traten die Bosse der amerikanischen Autogiganten erneut in Washington an. Diesmal fuhren sie mit einem kleinen Auto vor, in dem alle vier CEOs hockten, etwas gedrängt, um nicht zu sagen gebückt. Es war ein Chevrolet VOLT, ein Elektroauto-Prototyp. Wenig später saßen die mächtigsten

Männer der US-Industrie wie Schulbuben vor dem Kreditvergabe-Ausschuss des Senats und bettelten um Milliarden. Sie versprachen, ihre Privatjet-Flotte zu verkaufen. Und für einen Dollar pro Jahr zu arbeiten!

Die Evolution der Organisationen

Wozu gibt es überhaupt »Unternehmen«? Bis in die frühe Neuzeit hinein blieben unternehmerische Tätigkeiten in Gilden, Handwerksassoziationen und Verbindungen freier Händler organisiert. Allenfalls die Kirchen ähnelten in ihren Organisationsstrukturen dem, was man »zielgerichtete Organisation« nennt. Erst in der industriellen Welt entstanden jene kapitalgetriebenen Strukturen, die wir als »Firmen« bezeichnen.

Jedes Unternehmen besteht in seinem produktiven Kern aus einer aufwendigen Mobilisierung von Disziplin, Struktur, Technologie und Kontrolle. Jede Operation, die ein Unternehmen unternimmt – eine Überweisung, Bestellung, die Errichtung eines Gebäudes, eine Einstellung, jeder Vertrag, jedes Patent –, schlägt zunächst auf der Kostenseite zu Buche.

Die Kosten, die man zum Betrieb eines Unternehmens aufwenden muss, nennt man Transaktionskosten. Dies meint alle Kosten, die durch die Benutzung des Marktes oder die »Bedienung« einer innerbetrieblichen Hierarchie entstehen. Hohe Transaktionskosten sind die Folge der unvermeidlich begrenzten Rationalität der Akteure in jedem ökonomischen Prozess: Sie steigen durch ungenügende Informationen, mangelndes Wissen über Zusammenhänge, durch Trägheit, Fehler, Koordinationsprobleme, Schlamperei, Nachlässigkeit. Korruption ist nichts anderes als der Versuch, Transaktionskosten zu sparen, indem man sie »überspringt«.

Nehmen wir nun eine klassische Industrieorganisation nach dem Vorbild der amerikanischen Autoindustrie – der Matrix für die Großorganisationen unserer Wirtschaft. Diese Pyramide erzeugt in jeder Hierarchiestufe stetig Kosten, weil Kommandos von oben nach unten weitergegeben werden und ihre Einhaltung überwacht werden muss. Besonders das Management mit seinem ausufernden Bedarf an Kommando- und Statussymbolen, vom Firmenflieger bis zum Mahagonischreibtisch, von der vom Stararchitekten designten Firmenzentrale bis zur Visitenkarte, verschlingt gewaltige Kosten. Je steiler die Organisation ist, das heißt je mehr Zwischenstufen sie aufweist, desto höher wachsen die Transaktionskosten. Der Vorstand muss dem mittleren Management Direktiven geben, das mittlere Management den Abteilungleitern, diese der operativen Ebene – und so fort. All das will mit endlosen Meetings, Powerpoint-Präsentationen, Scorecards gemessen, kontrolliert, abgesegnet werden. Es entstehen Reisekosten, Schulungskosten, Tagungskosten, Eventkosten, Verhandlungskosten, Abwicklungs-, Absicherungs-, Durchsetzungskosten. Je verzweigter das Gebilde, desto mehr affenteure Berater sind im Gebäude unterwegs, die dem Management beim ständigen Neusortieren und Umorganisieren helfen. Und desto mehr Mitspieler gibt es, die sich aus der unmittelbaren Produktivität verabschiedet haben (oder die verabschiedet wurden), aber dennoch ein Anrecht auf Alimentation einklagen. Jedes Traditionsunternehmen kennt das: Altgediente Shareholder wollen mit gewissen Vergünstigungen, Rabatten, Privilegien belohnt werden. Verdiente Kollegen aus der Führung, deren Karriere in eine Sackgasse führte, sind zu teuer zum Kündigen. Leute, die zu viel wissen, müssen mit Cash beruhigt werden ... Das alles führt im Lauf der Zeit zu einem gewaltigen Overhead – die Organisation wird, im Vergleich zu ihren operativen Ergebnissen, teurer und teurer.

Je mehr große Unternehmen ihren Produktionskreislauf entstofflichen – je weniger die industriellen Produktionskosten, Rohstoffe, Energie etc. in der Gesamtbilanz eine Rolle spielen –, desto dramatischer wird das Transaktionskostendrama. Es überwuchert irgendwann das Unternehmen und zwingt es zu immer steileren Wertschöpfungsmodellen. Hierarchische Großorganisationen wie die amerikanischen Autokonzerne oder die globalen Banken gerieten lange *vor* dem Stocken des Kapitalflusses in eine Strukturkrise (die durch billige Kredite lediglich verdeckt wurde). Sie mussten schon deshalb die Rendite immer weiter steigern, um sich selbst aufrechterhalten zu können. Das ging nur so lange gut, wie die Marktnachfrage unter Volldampf und ohne Störung lief. Krisen wie die Finanzkrise von 2008/2009 sind nichts anderes als evolutionäre Auslesepunkte, an denen die Unternehmen mit geringer Adaptivität und hohen Transaktionskosten »ausgelesen« werden – es sei denn, sie werden durch den Staat künstlich am Leben gehalten.

Natürlich versuchen viele Unternehmen, dieser Drift in immer höhere Kosten durch neue Managementmethoden entgegenzuwirken. Eine der klassischen ist das Outsourcing. Während in der Flint-Fabrik bis zum Bolzen und dem Teppich in der Kantine jedes Detail selbst produziert wurde – und damit keiner direkten Marktkonkurrenz unterlag –, besann man sich seit den achtziger Jahren auf die Delegation von Teilprozessen. Es begann zaghaft mit internen Dienstleistungen wie der Kantine, dem Einkauf, der IT. Diese Funktionen konnten problemlos ausgelagert werden, weil sie nicht in einen direkten Wertschöpfungsprozess integriert waren.

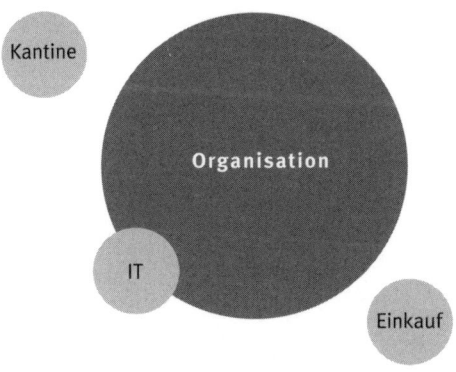

Abb. 21: Der Beginn des Outsourcing: Im Kern
befindet sich immer noch eine große Anzahl von Angestellten
in der klassischen »gebundenen Hierarchie«.

Doch bald schon reichte das nicht mehr aus. Die Verzweiflung über die Kosten wuchs bei weiter steigendem Marktdruck durch die Globalisierung. Kostenintensive Produktionsunternehmen wie die Autoproduzenten stellten nun »Killer-Manager« an, die die ganze Organisationen auseinandernahmen und wie ein Frankenstein-Gebilde neu zusammensetzten: das magische Re-Engineering. Dabei schmolzen die Stammbelegschaftskerne ab, immer mehr Teile der Produktion wurden gnadenlos nach außen delegiert, der Druck auf die Zulieferer stieg. Und man begann sogar, mit Konkurrenten zu kooperieren. Ergebnis waren »leane« Unternehmen mit flacherer Hierarchie.

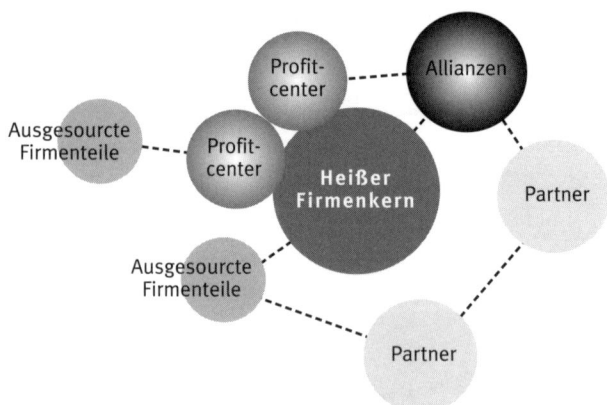

Abb. 22: Die verschlankte Organisation: ein kleinerer Kern
von Festangestellten, mehr Joint Ventures und Allianzen

Doch auch hier bleibt die organisatorische Evolution nicht stehen. Unternehmen sind nach einem Umstrukturierungsprozess zwar schlanker, geraten aber oft in neue Turbulenzen. Ihre Dynamik ist nicht stabil, sie neigt zu ungeregeltem Chaos, weil nun die Zentrifugalkräfte des Marktes an allen Ecken und Enden zerren. Die Bindungen der Mitarbeiter werden lockerer. In der Tendenz führt die Entflechtung der inneren Wertschöpfungskette zu neuen Transaktionskosten, weil man jetzt die Kontrollfunktionen, die vorher innerhalb des Unternehmens angesiedelt waren, an den Nahtstellen nach außen installieren muss. Der Kostendruck kann dabei in eine gefährliche Spirale führen; man erkauft Kosteneinsparungen mit Qualitätsproblemen, die man mühsam durch Controlling ausgleichen muss. Die Controlling-Abteilungen quellen zu wahren Monstern auf. So entsteht der »Baustelleneffekt«, in dem eine Restrukturierung die andere jagt – bis das Management verschlissen ist und die Seele der Firma am Boden liegt. Das Ende vom Lied ist die Zombie-Organisation, die von Consultern oder Finanzjongleuren in lauter kleine Happen zerlegt wird.

Wie kann man diesem systemischen Druck begegnen? In jeder wachsenden Organisation gilt derselbe Grundkonflikt wie in wachsenden Organismen: Durch die zunehmende innere Komplexität entstehen Zielkonflikte, die ein höheres Maß an Koordination und Kooperation erfordern. Meistens spielen wachsende Unternehmen aber nur auf dem Klavier der Kontrolle, und so kommt es zur »Komplexitätskatastrophe«: Die Organisation wird starr statt beweglich, langsam statt schnell.

»Indem eine Organisation *wächst,* nehmen ihre Möglichkeitsgrade exponentiell zu, während ihre Freiheitsgrade exponentiell abnehmen. Deshalb muss jede erfolgreiche Organisation in Zukunft klein *und* groß gleichzeitig sein können!«, schreibt Eric D. Beinhocker in »Die Entstehung des Wohlstands«.[3] Wie soll das gehen? Wie kann eine Organisation klein und groß zugleich sein?

Einen vielversprechenden Weg des Wandels bilden hier die Vernetzungsmöglichkeiten des Internets. Locker koordinierte Organisationen können sich in Zukunft Transaktionsmethoden bedienen, die sowohl kostengünstig als auch hocheffektiv sind, und in Märkte vorstoßen, die von alten Unternehmensformen nicht erreicht werden konnten.[4]

Das Internet bildet ein hervorragendes Experimentierfeld. Kooperierende Wissensproduktion, man denke an Linux, Wikipedia, Flickr und andere, sprießen aus dem digitalen Boden und zeigen, wie man »die Kreativität der vielen« nutzbar machen kann. Moderne Unternehmen organisieren auch ihre Innovationsprozesse als offene Plattformen, als »kollaborative Kreation«. Auch wenn viele dieser Modelle noch kein tragendes Mehrwertmodell haben oder getarnte Ausbeutung sind – der Paradigmenwechsel des Ökonomischen wird in diesen neuen Strukturen mehr als sichtbar.

Komplexe, schnelle, globale Märkte verlangen einen anderen Kreislauf der Informationen und Kooperationen. Denn in ihnen geht es nicht mehr um Produktion vieler gleicher Dinge, wie in der glorreichen Zeit des Industrie-Taylorismus, sondern um »adaptierte Innovation«. Es geht darum, so Steven Spear, ein amerikanischer Lean-Production-Spezialist, »Probleme von vielen Seiten schwärmen zu lassen, um möglichst viele Hochgeschwindigkeitslernprozesse mit niedrigen Kosten zu generieren«.[5] Netzwerke haben genau diese Eigenschaft: Sie sind klein und groß zugleich. Sie kommen am besten mit Instabilitäten und Brüchen zurecht. Das logische Firmenorganigramm der Zukunft ist deshalb ein Spinnennetzmodell.

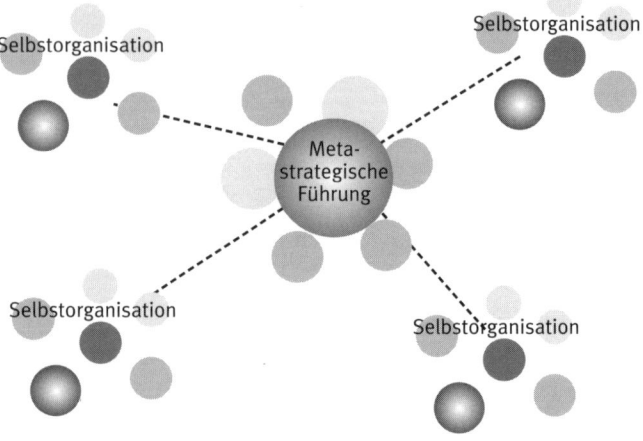

Abb. 23: Moderierte Netzwerke: Vielfalt in der Verbindung

Die Grenzen des Netzwerks

Könnte man nicht gleich noch einen Schritt weitergehen und ganz auf Organisation, Hierarchie und Führung verzichten? Lesen wir nicht überall von »Schwarmintelligenz« und »Autopoietischen Netzwerken« und »Crowdsourcing« und »Distributed Innovation«? Könnte man nicht theoretisch *alle* Dienstleistungen, Teile eines Produktes, einschließlich der Innovation selbst, auf dem Netzwerkmarkt zusammenkaufen, bequem per Internet und Bieterversteigerung?

Schon in den dreißiger Jahren wies der Wirtschaftswissenschafter Ronald Coarse nach, dass die »direkte Marktassoziation«, die Wirtschaftsaktivität ganz ohne Organisationsstruktur, nicht gut funktionieren kann.[6] Der Grund liegt in der im letzten Kapitel geschilderten Mehr-ist-Anders-Regel. Netzwerke haben nicht nur eine Effektivitätsfunktion. Sie können auch Entscheidungen bremsen und Mobilität behindern.

Jeder, der schon einmal ein Unternehmen gegründet hat, kennt diesen Effekt. Wenn man zu zweit ist, lassen sich alle Entscheidungen schnell und effektiv treffen. Deshalb wächst die kleine Firma schnell, alle Entscheidungen werden quer über den Flur getroffen. Bald werden die ersten Mitarbeiter eingestellt. Da man den Geist des Unternehmens bewahren will, versucht man weiterhin, die Entscheidungen auf kurzen Wegen und im Konsens zu treffen. Aber der Alltag verhindert das. Bei fünf Leuten beträgt die Anzahl der nötigen Koordinationstreffen schon 25. Bei 30 Mitarbeitern wären fast 1000 Einzelabstimmungen nötig, damit alle Mitarbeiter sich mit allen koordiniert hätten. Die kommunikativen Transaktionskosten werden in nichthierarchischen Systemen so hoch, dass sie jede Aktion komplett blockieren. Genau das war der Punkt, an dem sich in den WGs und den Alternativkollektiven der siebziger Jahre Cliquen oder »Gurus« herausbildeten, die sich langsam den ganzen Laden unter den Nagel rissen mit dem Argument: »Wir wollen ja eigentlich gar keine Macht, aber wir stehen zu unserer Verantwortung, weil's sonst nicht vorangeht.« Das Prinzip Politbüro entsteht aus lauter guten Wünschen, aber uneffektiven Organisationsformen.

Komplexere Lebewesen wie auch Organisationen funktionieren letztlich auf der Basis einer Priorisierung von Kommunikation. Gene werden an- oder ausgeschaltet – und nicht beides zugleich. Zellen kommunizieren nach bestimmten Input-Output-Regeln miteinander. Synapsen werden aktiviert oder beruhigt. Es sind *Ordnungen von Kommunikationen*, die Komplexität überhaupt erst möglich machen. Wäre es anders, würde jeder Organismus zu einer amorphen Masse zerfließen, zu »grey goo«.

Unternehmensnetzwerke können in steigender Umweltkomplexität nur dann (dynamisch) stabil bleiben, wenn sie erstens die Autopoiese und Autonomie jeder einzelnen Abteilung drastisch erhöhen. Und wenn sie synchron einen neuen Typus von Führung hervorbringen. Dieser Typus ist als »Manager des Chaos« oder »Poet der Führung« schon hinreichend hymnisch beschrieben worden. Letztlich gibt es dafür keine Standardregel: Jedes Unternehmen tickt anders, und jedes reagiert anders auf bestimmte Schlüsselimpulse. Jedenfalls ist »Kontrollführung« an ihrem Ende angelangt. Die Kernaufgabe besteht in einem völlig anderen Umgang mit Menschen, die zur Selbstentfaltung innerhalb ihrer Möglichkeiten, Kompetenzen und Kontexte gebracht werden wollen. Dirk Baecker, Professor an der Zeppelin-Universität, spricht in diesem Zusammenhang von »postheroischem Management«, weil »grandiose Gesten nicht geeignet sind, andere zur Mitarbeit anzuregen.«[7]

Führung von morgen: das Dr.-House-Prinzip

Um dies zu illustrieren, müssen wir uns in eine Fantasiewelt begeben, die dennoch in vielerlei Hinsicht äußerst real ist. In das allgemeine Krankenhaus von Princeton in den USA, eines der besten Krankenhäuser der Welt (auch wenn es so nur in der Fiktion existiert). Hier arbeiten Dr. Gregory House und sein Team im Stellungskrieg zwischen Leben und Tod.

Der Name »Dr. House« ist, wie Kenner einer der erfolgreichsten Fernsehserie der Welt versichern, eine stille Hommage an »Dr. Seltsam«, den verrückten Wahrscheinlichkeitstheoretiker in Kubricks »Dr. Seltsam oder wie ich lernte, die Bombe zu lieben«. Und seltsam ist Dr. House in der Tat. Er hinkt aufgrund einer schlecht verlaufenen arteriellen Operation. Er ist drogenabhängig (von euphorisierenden Schmerzmitteln, wie Michael Jackson). Er hat ungeheuer schlechte Laune. Er fährt Harley-Davidson-Maschinen und interessiert sich für Frauen allenfalls wie ein Ornithologe für exotische Vögel. Krebspatienten im Terminalstadium behandelt er wie lästige Bittsteller und asoziale Querulanten. Als ein unheilbarer Krebspatient eine Behandlung verweigert mit dem Argument »Ich war zu lange in diesem Körper gefangen, ich möchte hier endlich herauskommen und erlöst werden«, antwortet House: »Herauskommen? Wohin? Glauben Sie, es wachsen Ihnen Flügel und Sie fliegen mit anderen Engeln herum? Seien Sie kein Idiot. Es gibt kein ›danach‹, alles, was ist, ist *das* hier!« Danach entfaltet sich folgender Dialog mit Wilson, seinem besten Freund:

Wilson: Du kannst einem sterbenden Menschen keinen Trost in seinem Glauben finden lassen?

House: Sein Glaube ist bescheuert!

Wilson: Warum kannst du ihm nicht einfach sein Märchen lassen, wenn es ihn erleichtert, sich seine Liebsten vorzustellen, das Meer und ein Leben außerhalb des Rollstuhls?

House: Und dann sind da wahrscheinlich 72 Jungfrauen ...

Wilson: Es ist vorbei. Er hat vielleicht noch einige Tage zu leben. Was ist so schlimm daran, wenn er diese Zeit mit einem friedlichen Lächeln verbringt? Was für eine kranke Befriedigung ziehst du daraus, sicherzustellen, dass er voller Angst und Verzweiflung ist?

House: Er sollte keine Entscheidung treffen, die auf einer Lüge basiert. Verzweiflung ist besser als nichts![8]

House ist der Inbegriff des »polychromen« Menschen der Neuzeit. Er ist radikal und konservativ zugleich (er ist irre neugierig, wohnt aber seit 15 Jahren im selben Apartment). Er trägt fast nie Arztkleidung und hat nicht den geringsten Respekt vor »bewährten Methoden« (er verschreibt einem Mann mit Darmproblemen Zigaretten, einem Patienten, der auf Viagra besteht, gibt er Vitamintabletten, und einen Patienten mit Schlafproblemen behandelt er mit Placebo-Bonbons). Er ist ein exzentrischer, atheistischer Zyniker vor dem Herrn. Und ein Wahrheitssucher antiker Färbung. Anders als in Prozessen »nach dem Lehrbuch« (analog zu Produktionsproblemen in einer Fabrik) gibt es im House-Universum keine Routine – die Komplexität des »Systems Mensch« (der nörgeligen Kunden) produziert am laufenden Meter neue Unberechenbarkeiten. Seine Patienten kollabieren, schießen um sich, erleiden von einer Sekunde auf die andere einen Anfall, der ihnen das Blut aus den Ohren spritzen lässt – das Leben, so ahnen wir, ist eine prekäre Angelegenheit. Um Forrest Gump zu zitieren: Man weiß nie, was in der Pralinenschachtel drin ist. Die harmlose Infektion erweist sich als Tumor, der scheinbare Krebs als tropischer Parasit. Und manchmal ist das Symptom für eine in den nächsten 24 Stunden garantiert tödlich verlaufende Krankheit *außergewöhnlich gute Laune.*

House ist ein hochkooperativer Autist. Er organisiert seinen kognitiven Prozess durch ein Team, das er (scheinbar) tyrannisch beherrscht: Da ist vor allem Chase, der blonde Schönling aus Australien, Allison Cameron, die sensible Ärztin mit Hang zu versterbenden Patienten. Und Foreman, ein schwarzer Spezialist. Und sein bester Freund Wilson.

In Wirklichkeit agieren die Teammitglieder ebenso eigensinnig wie House selbst. Das Team funktioniert nach dem System »Schlacht der Ideen« – Theorien, Vermutungen, kreative Lösungen werden hin und her geworfen, verworfen, zynisch und radikal zerpflückt. House beleidigt, provoziert und ignoriert seine Mitspieler – und schenkt ihnen gerade auf diese Weise Aufwertung und

Aufmerksamkeiten. Ständig reißt er das Team aus der Komfortzone einfacher Erklärungen. Leute, die seiner Meinung sind, setzt er sofort vor die Tür. Und als er nach allzu vielen Konflikten und Beleidigungen sein Team verliert, beginnt er, Fehler zu machen.

Diversität als Führungsprinzip

Das »System House« ist nichts anderes als eine Allegorie für das Wesen des Führungsprozesses in der Kreativen Ökonomie. Sinn aller Operationen ist das *Verstehen der Zusammenhänge*. Das, was produziert wird, ist kein Produkt mehr, sondern Wissen. Ständig muss man Rätsel lösen, auf neue Irritationen eingehen. Kommando- und Kontrollaktionen nutzen nichts, Hierarchien sind sinnlos, und deshalb kann man allenfalls mit ihnen spielen (Menschen sind nun einmal Statustiere). Gute Führung heißt, Teammitglieder, die Mitarbeiter und Kunden, zum Leuchten zu bringen. House sagt: »Gehe immer davon aus, dass jemand im Raum besser ist als du!«[9]

Führung im 21. Jahrhundert ist die Fähigkeit, verschiedene Experten multiperspektivisch zu einem Erkenntnisprozess zu ordnen und daraus Strategie zu generieren. Weil der Einzelne nicht alles wissen kann, muss er sich durch andere Spezialisten ergänzen, aber diese Spezialisten müssen nach einem Prinzip der »ergänzenden Differenz« zusammengestellt sein, sonst wird die Gruppe keine guten Leistungen erbringen und dem eigenen Tunnelblick anheimfallen. Bei jedem klassischen Scifi-Film haben wir dieses Prinzip des »multikognitiven Teams«: Immer werden die besten Wissenschaftler der Welt von Geheimdienstagenten von zu Hause abgeholt. Meistens steht ein dunkel gekleideter Agent vor der Tür (es regnet in Strömen) und sagt:

»Sind Sie Dr. Aubrey Smith, Professorin für Astrophysik?«

»Das bin ich. Was wollen Sie?«

»Kommen Sie bitte mit, dies ist ein nationaler Notstand!«

»Aber ich muss doch noch / mich um mein alleinerzogenes Kind kümmern / meine Scheidung einreichen / mein Leben neu ordnen / meinen Nobelpreis feiern / Frieden mit meinen alten kranken Eltern schließen (Zutreffendes bitte anstreichen).«
»Wir werden Ihnen später alles erklären. Sie müssen jetzt mitkommen, sofort!« – und ab geht es in den Army-Hubschrauber, der zu einem atomsicheren Bunker fliegt, wo schon der gütige und / oder verwirrte amerikanische Präsident wartet, der dringend Rat von all den herbei geflogenen Astrophysikern, Stammzellenforschern und Spezialisten für Extrabiologie, Terraforming und fortgeschrittene Neurobiologie erwartet. Allesamt Exzentriker, Individualisten der schwierigen Sorte. Aber nur sie können die Menschheit retten. In Dr. Houses Patientenkörpern können jederzeit Immunsysteme verrücktspielen. In der realglobalen Wirtschaftswelt Märkte ausflippen, Kunden durchdrehen, Lieferanten sich in Konkurrenten verwandeln, Regulatoren riesige Investitionen zunichtemachen. Um sich fit zu machen für diese Welt der Unsicherheit, muss die Wirtschaft eine »Kultur des Scheiterns« entwickeln.

»Problemlösen fängt für Psychologen deshalb bei der Überprüfung des eigenen Standpunktes an. Und diese Fähigkeit entwickelt man am besten, wenn man sich einer großen Zahl unbestimmter, komplexer und heterogener Probleme konfrontiert. Eigene Schwächen und eigenes Versagen zu erleben ist dabei schon die halbe Miete.«[10]

Fehler der Selbststeuerung

Ende März 2008 ereignete sich einer der interessanten Fälle eines Scheiterns im Reich des Luftverkehrs, ohne dass Menschen ums Leben gekommen wären. Bei der Eröffnung des neu erbauten Terminals 5 in London-Heathrow kam es zu Stockungen und Staus bei der Gepäckabfertigung. Obwohl sofort ein Krisenstab eingerichtet wurde, eskalierten die Probleme über mehrere Tage, bis sie, nach drei Wochen, mit völligem Chaos und der Stilllegung des gesamten Terminals endeten. 30 000 Gepäckstücke gingen verloren oder blieben unauffindbar. 300 Millionen Pfund wurden verbrannt. Der Flughafendirektor musste einige Monate später seinen Hut nehmen. Wie konnte das geschehen? Vor dem Anlaufen des Komplexes war ein Höchstmaß an Checks und Gegenchecks ausgeführt worden, viele Übungsläufe hatten stattgefunden. Man hatte sogar einen Systemspezialisten für Flughäfen aus Deutschland einfliegen und komplette Systemsimulationen durchführen lassen. Das Problem begann am ersten Morgen mit einer marginalen Knappheit. Es gab zu wenige Parkplätze für die Techniker und Arbeiter des Gepäcksystems. Einige von ihnen mussten meilenweit vom Flughafengelände entfernt parken und kamen genervt zu spät. Einige der Fahrstühle funktionierten noch nicht, worauf sich beim Eingang lange Staus bildeten. Die Gepäcksysteme waren nicht mit dem Gesamtsystem des Londoner Flughafens synchronisiert, so dass »durchgehendes Gepäck« von Hand gekennzeichnet werden musste. Das kostete Zeit. Derweil stauten sich die Koffer auf den Bändern, fielen herunter und mussten von hastig von benachbarten Baustellen zusammengerufenen Hilfsarbeitern beiseite geräumt werden. Überall im Terminal entstanden daraufhin »Gepäcktürme«, die den Wartungstrupps den Weg versperrten. Schließlich endete das gestaute Gepäck in großen Containern in Italien.[11]

Nicht obwohl, sondern weil so viele Simulationen durchgeführt worden waren, funktionierte das System nicht. Denn diese Probeläufe suggerierten dem Management Kontrollfähigkeit, Linearität. Woran es fehlte, war spontane Flexibilität und Improvisationsvermögen. Das System war »überplant«.

Hochkomplexe Systeme verlangen eine andere Kultur als statische. Es ist etwas anderes, ein Auto Stück für Stück geplant zusammenzusetzen, als ein laufendes System mit hohen Input-

raten zu managen, dessen Parameter ständig von äußeren Faktoren verändert werden (ankommende Flüge haben Verspätung,
Gepäckmenge variiert etc.). Die Mittel des Kontroll- und Kom-
mandomanagements versagen ab einem gewissen Grad von Rückkoppelungsschleifen. Im Sinne der Netzwerklogik benötigt dann
jedes Subsystem höhere Eigenintelligenz und Autonomie; unsere
Leber, unser Herz, unsere Nieren arbeiten auch ohne ständigen
bewussten Eingriff. Wie im Körper die Organe »emergente Kompetenzen« besitzen, müssen in komplexen Organisationen hohe
Flexibilitäten auf den operativen Ebenen existieren.

Der Grund, warum ausgerechnet das hochkomplexe System des
zivilen Flugverkehrs so enorme Stabilitäten entwickelt (zumindest
in der Luft), liegt darin, dass seine Betreiber, die Flugzeugbauer
und Systemkonstrukteure, dieses Problem frühzeitig verstanden
haben. Entweder das System ist adaptiv genug, um die Zahl der
Flugunfallopfer bei steigendem Flugverkehr weiter zu reduzieren,
oder es hat sich überlebt. Dieser Evolutionsdruck führte zu kon-
sequenten Verbesserungen der Redundanzmechanismen. Jedes
Subsystem des Flugverkehrs hat hohe Autonomiegrade. Piloten
zum Beispiel haben auch heute noch das letzte Wort, wenn es
um blitzschnelle Entscheidungen geht. Flugzeugkonstrukteure
sind ein ganz bestimmter Menschenschlag, der mit einer gewissen Paranoia gesegnet ist. Sie konstruieren Maschinen, bei denen
eine Menge kaputt oder schiefgehen kann (die 12-Fehler-Regel).
Fluglotsen sind, wie ich mir habe sagen lassen, »eitle, kluge, para-
noide Zicken« (O-Ton ein Pilot). Zusammen mit Regulierungen,
Sicherheitsnormen, Kontrollmechanismen bietet dies ein kom-
petentes, sich selbst kontrollierendes und optimierendes System
von erstaunlicher Robustheit. Ich jedenfalls kann inzwischen völlig ohne Flugangst im Flieger schlafen, ich weiß die Kräfte des
Dr. House unter und neben mir.

Das adaptive Unternehmen

Was haben der Klimaanlagenhersteller Semco, der Möbelanbieter Ikea, der Discounter Aldi, die Svenska Handelsbanken, der Billigflieger Southwest Airlines, der DM-Drogerie-Markt, der Autohersteller Toyota und der Computerhersteller Dell gemeinsam? Sie alle betreiben ein postheroisches, post-tayloristisches, mitarbeiterorientiertes, kundengetriebenes Management. Noch einmal zum Mitschreiben: *postheroisch, post-tayloristisch, mitarbeiterorientiert, kundengetrieben.* Die Zusammenfassung dieser vier Punkte hört auf den eher schüchternen Namen »Beyond Budgeting«. In seinem Buch »Führen mit flexiblen Zielen«[12] beschreibt der ehemalige Controller Niels Pfläging die »umgekrempelten« Unternehmen des 21. Jahrhunderts. In den alten »Top-Bottom«-Organisationen wird die Steuerung in Form von Zielvorgaben, Budgets und anschließendem Controlling ausgeübt. Der Erfolg und die Karriere eines Angestellten hängen von seiner Fähigkeit ab, punktgenau zu »liefern«. In diesen Unternehmen werden auch die Menschen konsequent taylorisiert, wie die Schrauben in der Buick-Fabrik.

Aber so funktioniert das Unternehmen der Zukunft nicht mehr. Erstens, weil sich die Marktumwelt und die Mentalität der Konsumenten verändert haben. Zweitens, weil das alte System in seinem Inneren gefährlichen Opportunismus züchtet. Banken in der Vorkrisenzeit waren typische Push-Organisationen: Ständig mussten Mitarbeiter neue »Vertriebsziele« unterschreiben, deren Einhaltung dann über den berühmten Bonus entschied. Die fatalen Hebelwirkungen dieses Systems haben zur Finanzkrise geführt. Und die dazugehörende Kultur zerstörte die Motivation von Menschen von innen heraus. Der Grund ist einfach: Niemals können die Mitarbeiter echtes Coping erleben, das Bewältigen selbstgesetzter Ziele. Und die Kunden sind nur Spielbälle in einem Großpoker, das sie nicht mehr durchschauen können.

In den neuen Firmen gibt es hingegen folgende Regeln:

- Von Inside out zu Outside in: Die Kunden und ihre Probleme geben die generelle Strategie und alle Innovationen vor. Götz Werner, der charismatische DM-Chef: »Erfolge kommen immer dann, wenn man wahrnimmt, was der Markt wirklich will!«
- Vertrauensdelegation: Den einzelnen Abteilungen wird ein Höchstmaß an Autonomie nicht nur zugebilligt, sondern es wird von ihnen verlangt, eigenständig und kreativ zu agieren – im Rahmen eines zuvor gemeinsam erarbeiteten Zielkonsenses.
- Keine Entlassungen in Krisenphasen: Adaptive Unternehmen versuchen immer, ihre Leute zu halten, verlangen aber von den Mitarbeitern auch Flexibilität weit über die tariflichen Möglichkeiten hinaus.
- Möglichst späte Entscheidungen: Neue Produktionsstätten oder Maschinen oder Mitarbeiter werden erst in allerletzter Minute geordert, wenn die alten Büroräume oder Fertigungsstätten schon aus den Nähten platzen. So wird der Fluch der Transaktionskosten beschränkt, und man muss kein Geschäft machen, nur weil man eine zu große Fabrik hat.
- Nie andere Firmen aufkaufen: Ihr Wachstum steuern die kreativen Firmen durch eigene Dynamik und Expansion, aber manchmal zerlegen sie sich auch in kleinere Einheiten. Größe ist nicht das Ziel, sondern Marktfitness. Aufkäufe anderer Firmen vermeiden sie, weil die Integration in den seltensten Fällen gelingt (jede Firma hat eine eigene Seele).
- Keine »Incentives«: Die klassischen Instrumente der Motivation haben im Unternehmen der Zukunft keinen Platz, weil sie Mitarbeiter in Pawlow'sche Hunde verwandeln. Es gilt die Devise: Gutes Geld für gute Arbeit. Das Management kann die Mitarbeiter nicht »kaufen«, sondern muss Arbeit so organisieren, dass sie möglichst viel *Sinn* produziert (was nicht heißt, dass nicht einmal eine Gratifikation ausgeschüttet oder eine rauschende Party gefeiert werden kann, wenn es gut läuft).

• Adaptive, relative Ziele: Zwar gibt es auch Zielvereinbarungen, aber sie sind nicht mit fixen Nummern verbunden. Es geht eher um generelle Richtungen wie »Wir wollen diesen Bereich ausbauen«. Mitarbeiter und Abteilungen sind jederzeit autorisiert, die Ziele zu variieren.

Das japanische Kaizen-System revolutionierte Anfang der neunziger Jahre die Fabrikproduktionen, indem es einen Rückkoppelungskanal zwischen den Mitarbeitern und der Organisation etablierte. Sämtliche Verbesserungsvorschläge der Mitarbeiter wurden nun ausgewertet, gewichtet, konsequent umgesetzt. Die Organisation entwickelte ein »Nervensystem«. Die konsequente Einführung von Kaizen in den Fabriken konnte Toyota am Ende nicht davor bewahren, in die weltweite Krise des Automobilmarktes zu rutschen, obwohl der japanische Autoriese viel früher als andere die Möglichkeiten des Hybridantriebes erkannte. Aber das Beispiel zeigt, dass man selbst Fabrikorganisationen im Sinne der Kreativen Ökonomie transformieren kann. Unternehmen tun das nicht, weil sie »moralisch« oder »human« geworden sind oder weil sie Angst vor Gewerkschaften haben. Sondern weil sich die Regeln des ökonomischen Spiels grundlegend wandeln, vor allem durch die Kunden selbst.

Die neue Rolle der Kunden

Gehen wir noch einmal zurück zum Perlenkettenmodell der Wertschöpfung. Am Ende aller Produktionsanstrengungen haben wir noch jemanden vergessen. Dort sitzt froh und glücklich der Abnehmer des Produktes, der »Verbraucher« oder »Konsument«. Und kauft, was man ihm anbietet.

Er hat ja auch sonst nichts zu tun!

Längst sind die meisten Märkte gesättigt, herrscht ein gnadenloser Kampf um die Köpfe der Kunden. Während ein Teil der Konsumenten zu NOsumenten mutiert – also Kaufenthaltung oder radikalen Schnäppchenkauf übt –, entwickelt sich der andere Teil zum PROsumenten. Dieser Begriff für einen penetrant kompetenten und hyperaktiven Kunden wurde schon in den achtziger Jahren von Alvin Toffler geprägt. Gemeint ist ein Kunde, der längst nicht mehr als passiver Abnehmer fungiert. Er produziert einen Teil der Wertschöpfung selbst, indem er zum Beispiel IKEA-Regale aufbaut, Einkaufswagen zusammenschiebt oder gar als aktiver Marktteilnehmer auftritt: als Händler bei eBay. Aber gerade weil er all dies tut, wandelt er sich zum Experten der Wertschöpfung. Er würde nicht einen hohen Preis *und* eine Eigenleistung akzeptieren. Er klaubt alle Informationen aus dem Internet und tauscht sich dort mit anderen Kunden über Beurteilungsrankings aus. Ansonsten zeichnet er sich dadurch aus, dass seine Aufmerksamkeitsspanne ständig schrumpft. Kaufen langweilt ihn im Grunde. Er hat schon alles. Er will *Problemlösungen.*

Mit dem PROsumenten wird die Linearität der Wertschöpfungskette langsam von hinten aufgebrochen. Der PROsument überspringt ganze Wertschöpfungssegmente, indem er zum Beispiel direkt beim Hersteller ordert (und damit den Zwischenhändlern das Geschäft wegnimmt). Oder sich neue, flexiblere und effektivere Intermediäre sucht (das Amazon-Prinzip). Oder aber er mischt sich direkt bereits in die Planung des Produktes ein:»Product on Demand«.

Gegen diese Erosion der alten Angebot-und-Nachfrage-Logik kämpfen Unternehmen seit Jahren verzweifelt an und machen sich dabei nicht beliebter. Damit jeder Akteur der linearen Wertschöpfungskette – Planer, Werber, Händler, Zwischenhändler, Transporteur – seinen Teil vom Kuchen behält, müssen immer mehr Tricks aufgefahren werden: Quersubventionen, Extremrabatte, Marktabsprachen. Aber der PROsument ist wie der Hase beim Hase-und-Igel-Spiel: Warum soll er sein Auto beim örtlichen Händler kaufen, wenn man es über den Umweg des Re-Imports billiger bekommt? Wieso muss die Duschwanne beim Baumarkt

2000 Euro kosten, wenn sie beim Handwerker zum halben Preis zu haben ist? Wozu braucht man Zeitschriftengrossisten, Verleger, Kioske, schweres Papier, wenn man im Internet lesen kann, was man möchte? Einige Hersteller verabschieden sich aus diesem aussichtslosen Abwehrkampf, indem sie die Wertschöpfungskette »vertikalisieren«. Sie nehmen Planung, Produktion, Vertrieb, Läden wieder ganz in die eigene Hand. Auf diese Weise kann man sogar die Marktforschung sparen, wenn man selbst die Kunden befragt und ihr Kaufverhalten analysiert. Produziert wird dann direkt, was der Kunde wünscht. Auf diese Weise rollen manche Unternehmen (in der Modebranche zum Beispiel Zara, Hennes & Mauritz) ganze altehrwürdige Branchen auf. Auf Dauer lässt sich aber auch hier die evolutionäre Konsequenz absehen. Wenn wir den Kunden als PROsumenten tatsächlich in den Mittelpunkt stellen, bricht das angebotsorientierte System des Taylorismus endgültig in sich zusammen. Aus riesigen Organisationen, die die Märkte mit Ware überschwemmen, werden Kundenkommunikateure. Aus »Verbrauchern« werden Marktakteure. Aus einer Produktökonomie wird eine Nutzungswirtschaft.

Die Treppe empor

Von Uwe Jean Heuser, einem Autor der »Zeit«, stammt ein prägnanter Satz, der den Hintergrund der Wertschöpfungs-Evolution noch einmal von einer anderen Seite betrachtet:
Die Globalisierung treibt uns nicht aus dem Haus,
sondern die Treppe hinauf!
Unternehmen sind menschliche Öko-(im Sinne von griechisch oikos, das Haus)Systeme, die menschliche Bedürfnisse mit Angebotssystemen koordinieren. Diese Systeme entwickeln sich analog zur Evolution der weltweiten Marktwirtschaft entlang einer aufsteigenden Achse von Komplexität.

Am besten nähern wir uns diesem Gedanken, wenn wir Wertschöpfung als Kultursystem begreifen. Zunächst erfordert Jagen und Sammeln eine Verfeinerung der Sinne und Verbesserung der sozialen Kooperation in Kleingruppen – es geht um Beute. Es folgen die Kulturtechniken der agrarischen Gesellschaft: Arbeit bedeutet Pflanzen, Hegen, Ernten, Kenntnis der Natur, das Ziel ist die Ernte. Dabei entstehen neue Austauschformen von Überschüssen (Handel), und es entwickeln sich professionelle handwerkliche Arbeitsformen, die immer ein Einzelstück erzeugen. Kein Schrein, kein Schrank, kein Karren, kein Schwert gleicht dem anderen. In der industriellen Logik regiert hingegen das Kopierprinzip: Möglichst hohe Stückzahl des möglichst gleichen Produktes. Produktiv ist in dieser Umwelt, wer Tätigkeiten in möglichst viele Einzelschritte zerlegen kann (das Taylorismus-Prinzip).

Doch irgendwann ist auch diese Produktionsweise gefährdet. Spätestens wenn alle Produkte zu »commodities« werden,

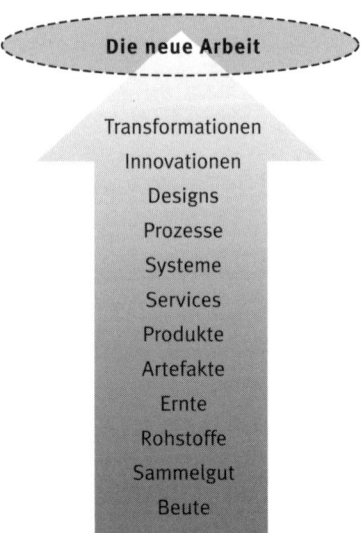

Abb. 24: Die Hierarchie der Wertschöpfungen
in der Menschheitsgeschichte

Massengütern, die man ohne große qualitative Differenzierung zu billigsten Preisen an jeder Straßenecke findet, springt das Nachfragesystem auf eine neue Stufe.

Geldwert und begehrt wird nun Service: die Anwendung einer Dienstleistung auf ein eher immaterielles, von Zeit- und Raum-Knappheiten geprägtes Bedürfnis. Und so geht es weiter. Im Wirtschaftsprozess wird jeweils das massenhaft verfügbare entwertet und das Komplexere, Knappe geldwert. Systeme und Prozesse sind das, was in der nächsten Stufe der wirtschaftlichen Evolution am knappsten ist. Wer managt ganze Fertigungsstraßen, wer organisiert Flughäfen, Verkehrssysteme, Gesundheitssysteme? Bald geht es um das Design – aber nicht so sehr im Sinne äußerer Formgebung, sondern im Sinne der klugen Gestaltung von Abläufen und Bedienungsoberflächen (das iPhone gegen den Rest der Handywelt). Und in der obersten Stufe geht es um Innovationen und Transformationen. Motivationsgurus, Manager und Berater in Großunternehmen verdienen deshalb ein so unverschämtes Geld, weil in ihrer Tätigkeit das Versprechen einer Verwandlung enthalten ist. *Wir ändern die Dinge, wir machen sie neu.* Wer in einer postindustriellen Ökonomie ein solches glaubhaftes Versprechen geben kann, dem wird das Geld regelrecht hinterhergeworfen.

In dieser aufsteigenden Linie haben wir zugleich die evolutionäre Logik der »kreativen Zerstörung« erfasst, von der Joseph Schumpeter schon vor rund 80 Jahren sprach:

»Die Eröffnung neuer, fremder oder einheimischer Märkte und die organisatorische Entwicklung vom Handwerksbetrieb und der Fabrik zu Konzernen wie dem U.S.-Steel illustrieren den gleichen Prozess einer industriellen Mutation – wenn ich diesen biologischen Ausdruck verwenden darf –, der unaufhörlich die Wirtschaftsstruktur ›von innen heraus‹ revolutioniert, unaufhörlich die alte Struktur zerstört und unaufhörlich eine neue schafft.«

Dieser Prozess ist sowohl faszinierend als auch brutal. In ihm manifestiert sich das Wunder des Fortschritts ebenso wie eine ganze Kette der Entwertungen von Tätigkeiten, Sicherheiten, Gepflogenheiten. Die Polarisierung der Einkommen, wie sie in postindustriellen Ökonomien droht, lässt sich mit dieser Dynamik erklären: Das Komplexe, Kreative ist plötzlich nicht mehr nur »etwas mehr« wert als das Einfache, Wiederholende. Sondern tausendfach mehr. Wer Systeme, Innovationen und Designs beherrscht, erzeugt auf den neuen Märkten gigantische Hebelwirkungen. Der Facharbeiter sieht sich um den Lohn seiner schweren Arbeit gebracht, weil er nicht nur mit Maschinen und chinesischen Kollegen, sondern auch mit der »kreativen Klasse«, den Protagonisten des Wandlungsversprechens konkurriert. Rund um das höchste Versprechen, Transformation, tummelt sich eine globale Kaste Hyperkreativer und, häufig genug, sich hyperkreativ gebender Scharlatane, die Millionengehälter abgreifen. Ihr Versprechen lautet: Wir können ganze Firmenkonglomerate verwandeln, ganze Märkte aus dem Nichts erschaffen! Ökonomie wird auf diesem Wege irgendwann *schwarze Magie*. Manager werden zu Gurus, denen man magische Fähigkeiten zutraut – bis sie im nächsten Gefängnis landen oder einfach auf der »Versager«-Seite der Wirtschaftszeitschriften. Ist es Zufall, dass die »Manager des Jahres«, die in den letzten Jahren auf den Titelseiten der Wirtschaftszeitungen enthusiastisch gefeiert wurden, kurz darauf als Falschspieler oder einfach Überschätzte entlarvt wurden?

Die »Treppe der Wertschöpfungskomplexität« verändert auch ein Grundverhältnis des Kapitalismus: das Machtverhältnis zwischen Kapital und Arbeit. Der Schlüssel dazu liegt in der Frage der Austauschbarkeit. Wer über Kapital verfügt, konnte sich in der tayloristischen Ökonomie Menschenkraft fast nach Belieben kaufen. Arbeiter und Angestellte, die immer denselben Handgriff machen, sind einfach zu kontrollieren und auszubeuten, weil man immer jemand anderen findet, der die gleiche Arbeit ebenfalls erlernen kann. Aber wenn nicht mehr die Herstellung des

Gleichen, sondern die Erzeugung des Neuen das Kraftwerk der Ökonomie ist, werden die Karten neu gemischt. Natürlich kann ein Unternehmen Designer, Erfinder, Tüftler, Forscher, Logistiker, Freaks und Nerds einstellen. Aber um aus Dr. House und seiner Truppe Ergebnisse herauszubekommen, braucht man viel mehr als nur Geld. Man braucht eine Vision, die sich unterscheidet, ein Ziel, das fasziniert, eine Erzählung, der wahrhaft kreative Menschen bereit sind zu folgen. Der »Krieg um die Talente« kehrt die Frontsysteme der Ausbeutungen um. Nicht selten saugen nun die kreativen Supertalente die Firmen aus, statt umgekehrt.

Die vierte Globalisierung

Analysieren wir zur Vervollständigung einen weiteren Wandelfaktor, die Globalisierung. Rekapitulieren wir noch einmal die vergangenen Phasen:

Globalisierung 1.0: In den polynesischen Inselarchipelen entstanden Handelsbeziehungen bereits vor 10 000 Jahren, ebenso in Europa im Zeitalter der Bandkeramik-Kulturen und der Kelten. Seit der Antike wuchsen die Handelswege über Europa, Afrika und Kleinasien hinaus, die Seidenstraße verband China mit dem Mittelmeerraum. Diese Urform der Globalisierung bringt schon seit Jahrtausenden »Preziosen« von einem Ort der Erde zum anderen und war die Grundlage für viele Wandelprozesse, die ich oben beschrieben habe.

Globalisierung 2.0: Die europäische Kolonialisierung der Welt seit dem 15. Jahrhundert war der rohe und eher gewalttätige Teil des Globalisierungsprozesses mit der Ausbeutung von Rohstoffen, der Ausmerzung und Versklavung ganzer Völker. Daneben steht die Etablierung von dauerhaften Handelsrouten und -verbindungen, die zu einer europäischen Kultur des Handels führten.

Globalisierung 3.0: Der Ausgang des Zweiten Weltkrieges brachte das Ende der Kolonialreiche. Japan wurde Teil der westlichen

Wirtschaftsdynamik, Europa profitierte vom Aufstieg Amerikas, doch viele andere Länder fielen in sozialistische Unterentwicklung zurück. In den Jahren ab 1990, vom Fall des Eisernen Vorhangs bis zur Finanzkrise von 2008, beschleunigte sich die Dynamik erneut. In den Jahren nach dem Zweiten Weltkrieg verzehnfachte sich das Volumen der Weltwirtschaft. Eine Turbo-Globalisierung schwemmte die letzten Barrieren hinweg. »The World is Flat« – so lautete der Weltbestseller zur Globalisierung von Thomas Friedman. Natürlich war die Welt nie wirklich flach im Sinne einer völligen Gleichheit der Lebensbedingungen. Aber sie ist auch nicht mehr wirklich »rund« im Sinne der alten Trennungen, Teilungen und Distanzen, die die vergangenen Jahrhunderte geprägt hatten. Im Jahr 2007 fuhren 22 Millionen Normcontainer auf 200 Millionen Fahrten pro Jahr über die Weltmeere, und die elektronischen Netze und Finanzmarktstrukturen wirkten bis in den letzten Winkel des Erdballs hinein.

Vergegenwärtigen wir uns noch einmal die Gesetze, nach denen dieser gewaltigste Wirtschaftsaufschwung aller Zeiten funktionierte. Angetrieben wurde er von der Ungleichzeitigkeit der Verhältnisse zwischen Erster und Dritter Welt und der Dynamik der Kapitalmärkte. Immer mehr Produktions-, aber auch Dienstleistungen wurden unter dem Kommando amerikanischer oder europäischer Konzerne nach China, Indien, Brasilien ausgelagert. Lange, gespreizte Wertschöpfungsketten mit enormen Hebelwirkungen wucherten quer über den ganzen Planeten. Das in den Schwellenländern erwirtschaftete Kapital floss zurück in die Kapitalmärkte vor allem Amerikas. Die »Krise« signalisiert nun das Ende dieser Epoche. Im Übergang zur vierten Phase der Globalisierung wird das planetare Machtgefüge neu sortiert.

Man kann diese Tatsache schon an den Arrangements der Mächtigen erkennen. Auf dem offiziellen Foto des G8-Gipfels in Petersburg 2006 waren sieben (plus zwei) Männer und eine Frau (Angela Merkel) zu sehen. Zum Gipfel der mächtigsten Wirtschaftsnationen im November 2008 – dem Krisengipfel – fanden sich 25 Personen, darunter einige mit nichtweißer Hautfarbe, ein. Der »Climate Summit« in Italien 2009 versammelte schon 48 Staatslenker auf ein Foto, darunter Männer in bunten Gewändern und mit dunklen Hautfarben sowie fünf Frauen. In der neuen Wirtschaftsordnung nach der Krise werden Länder und Regionen Sitz und Stimme erhalten, die über Jahrhunderte zur Peripherie der Weltgeschichte zählten.

Globalisierung 4.0: Jeff Rubin und Benjamin Tal, zwei amerikanische Ökonomen, die für die kanadische Investitionsbank arbeiten, schreiben in einer Untersuchung über die Auswirkungen steigender Rohstoffpreise und das Entstehen neuer Wirtschaftsordnungen: »In einer Welt der dreistelligen Ölpreise kostet Entfernung Geld. Und während Handelsliberalisierung und technischer Fortschritt die Welt flacher gemacht haben, wird sie durch steigende Transportpreise wieder runder.«[13] In der kommenden Phase werden dennoch mehr Nationen als früher aktiv in die Globalisierung integriert. Die alte, von Amerika dominierte »Flachwelt« hat sich überlebt.

Die Löhne in den Schwellenländern steigen weiter, und damit verringert sich die Differenz zu den Industrieländern der alten Welt. China wird wahrscheinlich schon im Jahre 2030 die mächtigste Wirtschaftsnation der Erde. Der nächste Boom wird von den neuen Mittelschichten der Schwellenländer vorangetrieben, nicht mehr von verarmten Wanderarbeitern, die in den hastig hochgezogenen Fabriken für jeden Lohn arbeiten.

In den letzten Jahren »ausgesourcte« Jobs kehren zurück nach Europa und Amerika. Es wird wieder lukrativer, im Inland zu produzieren, die Transferkosten in die Schwellenländer und dortige Gestehungskosten rechnen sich in vielen Fällen nicht mehr. Regionale Wirtschaftskreisläufe und transregionale Netzwerke gewinnen damit wieder an Bedeutung: »Vom Offshoring zum Nearshoring« lautet die Devise.

Die Schwellenländer entwickeln eigenständige Innovationsprozesse, anstatt vom »Westen« einfach nur Technologie und

Know-how zu übernehmen. Sie investieren in Forschung und Entwicklung vor allem auch von Zukunfts- und Umwelttechnologien. Ihre Binnenmärkte werden zu eigenständigen Wachstumstreibern. Die »grüne Globalisierung«, der Siegeszug der grünen Technologien, wird zum Motor für die Weltwirtschaft.

Die Geschichte hat Europa und Amerika jahrhundertelang zu privilegierten Avantgardisten des Wandels gemacht. Nun verlieren wir unser Privileg auf Wirtschafts- und Wohlstandsdynamik. Weil Milliarden Menschen in anderen Teilen der Erde im Eilschritt ähnliche Wohlstandsprozesse durchlaufen haben und durchlaufen wie Amerika und Europa im 19. Jahrhundert, weil sie ebenso fleißig, innovativ, optimistisch sind wie wir zu unseren »besten Zeiten«, verschieben sich die Machtlinien erneut. Auch in unserer Ökonomie.

Die Meister der Veränderung

Die Sessel sind runde Kugeln, rot, lila, pink, bunt. Dazwischen kleine Plastiktischchen, die an Eiswürfel erinnern. Elegante Holzverblendungen in gebeizter Eiche vor einer Wand aus edel strukturiertem Beton. Darauf befindet sich das Logo in fröhlichen Kinderbuchstaben: G (blau), o (rot), o (gelb), g (blau), l (grün), e (rot). Eine Edelstahlrutsche führt vom oberen Stockwerk hinab. Vom Zentralflur aus zweigen die Räume ab, deren Funktionen an avantgardistische Erlebnismuseen erinnern. In einem Raum sieht man wabenförmige Kapseln, in denen Monitore leuchten. In einem anderen liegen Gymnastikkugeln vor Spiegeln. Etwas weiter gibt es kokonrunde Vorhänge, beigefarben, hinter denen sich Massagesessel verbergen. Anderswo Zusammenrottungen von Billard- und Kickertischen. Irgendwo stehen eine Seilbahngondel und ein altes amerikanisches Taxi mitten im Raum. Es gibt eine große Kissenlandschaft; hier spielen drei Leute juchzend ein E-Gitarren-Simulationsspiel: Jeder ist ein Rockstar auf einer Bühne

vor 1000 virtuellen Zuschauern. In einem anderen Raum herrscht
dunkelblaue Stille, Menschen liegen auf raumschiffähnlichen Kon-
turliegen vor Aquarien voller langsam driftender Fische.

Wer hier arbeitet, ist meistens jung, neugierig, zumeist auch
hübsch oder zumindest bärtig. Er hat es geschafft, in einer der
kreativsten (und inzwischen auch umstrittensten) Firmen des derzeit bekannten Universums sein Geld zu verdienen. Bei Google,
dem »Nervensystem des Internets«.

Bei der Formulierung »Er hat es geschafft« sollten wir allerdings
einen Moment verweilen. In der Industriegesellschaft heißt das:
Er verfügt über eine unkündbare »Stellung« in einem gehobenen
Beruf mit garantierten Beförderungsaussichten und einem Gehalt,
das die nächsten Jahrzehnte ausreicht, eine Familie zu ernähren.
Und »er« ist durchaus wörtlich gemeint: »Es geschafft haben« ist
männlich. Bei Frauen weiß man nie, wie das so wird, mit dem
Job und den Kindern ...

Sozial bietet Google seinen Mitarbeitern echte Rundumver-
sorgung: von Kleidung (man kann sich zweimal pro Woche ein
T-Shirt aus einem Kleiderkorb nehmen) bis zum Essen (es gibt
drei All-you-can-eat-Mahlzeiten am Tag). Dazu kommen Reinigung und Fitnessstudios, Ärzteservices, Nahverkehrstickets, in
einigen Filialen auch Kindergärten und freie Mountainbikes. Die
Google-Prinzipien, niedergelegt in der »Corporate Information«,
lauten:

»We care for you. You care for yourself – and us.

You can be serious without a suit.

You don't need to be at your desk to need an answer.

Fast is better than slow.

Great isn't just good enough – always deliver more
than expected.«

»Es geschafft haben« sieht trotzdem anders aus. Die Fluktua-
tion ist hoch, viele verbringen hier nur Stationen ihres Lebens. »Es
ist eine gute Zeit, aber ich werde auch bald wieder etwas anderes
machen«, sagen erstaunlich viele. Und wollen es auch so.

Das Selbstgefühl von Google-Mitarbeitern ist sicher durch den Stolz geprägt, zu einer Elitefirma zu gehören, die sich andererseits völlig unelitär geriert. Hier signalisiert niemand mit bestimmten Anzugmarken oder Krawattenfarben seine Position. Viele kommen mit dem Fahrrad. Wie schrieb der Wirtschaftsguru Peter Drucker schon in den achtziger Jahren?

»Wissensarbeiter sehen sich selbst als Gleichberechtigte gegenüber ihren Auftraggebern oder Arbeitgebern. Sie fühlen sich nicht als Angestellte, sondern als ›Professionals‹. Die Wissensgesellschaft ist keine Gesellschaft von Bossen und Befehlsempfängern mehr, sondern von Juniors und Seniors.«

Die meisten Google-Angestellten haben längst das Konzept der festen Arbeitszeit aufgelöst. Arbeit und Freizeit gehen ineinander über. Zwanzig Prozent seiner Arbeitszeit darf, nein *muss* er für ein eigenes kreatives Projekt verwenden. Etwas, das nur ihn persönlich interessiert, aber etwas mit dem Google-Universum zu tun haben könnte; eine Innovation. Das Gros »lebt« von 10 bis 18 Uhr im Büro, fast jeder ist 24/7 (rund um die Uhr 7 Tage pro Woche) per E-Mail erreichbar. Viele verbringen auch ihre Abende zu Hause mit Arbeit. Projektarbeit, Portfolioarbeit, Kreationsarbeit. Und haben dennoch Familien.

Wie die !Kung an ihre Umwelt, die karge, wüstenähnliche Savanne, perfekt angepasst sind, so ist das »System Google« perfekt an eine global-digitale Wissensökonomie angepasst. Es ist prekär, lebendig, adaptiv. Und es zeigt uns: Das Jagen und Sammeln, das Schöpferische und Gemeinschaftliche, das Singen und das *Fleisch auslachen* kehrt in die Arbeits- und Lebenswelt der Zukunft zurück.

Die Meister der Veränderung mögen heute noch eine kleine soziale Avantgarde darstellen. Aber das galt vor 150 Jahren, als die industrielle Revolution Fahrt aufnahm und »alles Stehende verdampfte«, auch für das Bürgertum mit seinen suspekten modernen Sitten. Die »kulturell Kreativen« oder die »kreative Klasse« oder die »Super-Symbolanalysten« oder die »artistischen Arbeiter« oder das »positive Prekariat« – wie immer man die Bewohner des neuen Wertschöpfungsuniversums auch nennen mag, das da inmitten unserer alten Ökonomie heranwuchert: Ihr Lebens- und Arbeitsstil wirkt längst wie ein Super-Mem, das unsere Auffassung von Leben, Arbeit, Karriere von innen heraus verwandelt. Ihre Arbeitswelt ist ein Prototyp, eine Symbiose aus Handwerk, Kunst und übender, konzentrierter Disziplin, bei der man sich nicht selten in den Kokon der Kreativität, in die »Klausur des Schöpferischen« begibt. Organisiert nicht mehr an Werkbänken und den Schreibtisch-Hierarchien von vertikalen Großorganisationen, sondern in einer enormen Vielfalt von Lebens-, Verdienst- und Scheitermöglichkeiten. Unternehmen, bei denen Menschen gerne arbeiten und sich entwickeln, haben Kunden, die das zu schätzen wissen, ein sich-selbst-verstärkender Kreislauf des Positiven. Die alten Pyramiden des Industrialismus werden, wie die imperialen Monumente aus Stein, nicht sofort zusammenbrechen. Aber sie werden fröhlich als Steinbruch für das Neue genutzt.

Gibt es eine neue Utopie?

Im Jahre 1956 benutzte Robert Solow das Wort »Wissensökonomie« zum ersten Mal. In den sechziger Jahren wurde die magische Formel für »das, was nach der Industriegesellschaft« kommt, durch Peter Drucker und Fritz Machlup auch in die Managementsprache eingeführt (Nico Stehr, heute Professor an der Zeppelin-Universität, brachte den Begriff in die ökonomiewissenschaftliche Diskussion Europas ein). Heute darf das Buzzwort Wissensgesellschaft in keiner Politiker- oder Managerrede fehlen. Warum hat es sich trotzdem nicht im öffentlichen Sprachraum durchgesetzt? Warum bleibt es so seltsam fern und abstrakt?

Ähnlich wie »Dienstleistungsgesellschaft«, »Informationsgesellschaft« oder der von Daniel Bell entwickelte Topos »postindustrielle Ökonomie« benennt »Wissensgesellschaft« nur einen kleinen Teilaspekt des ökonomisch-sozialen Wandels. Zudem wurde der Begriff oft missverstanden (und auch missbräuchlich benutzt). Die Rede schien eher von einer Verwissenschaftlichung der Ökonomie zu sein: Der technische Fortschritt und die Erkenntnisse der Wissenschaften würden »immer mehr unsere Wirtschaft und unser Leben beherrschen und beschleunigen«. Auf diese Weise wurde das poetische Wort technokratisch verbogen. Es wurde zum Drohwort. *Lasst alle Hoffnung fahren, denn die Zukunft gehört nicht in Eure Hand!* »Wissen« kling immer nach etwas, das der »normale Mensch« nicht erreichen kann. Eine Spur Elitismus schwingt in der Vokabel mit und eine (von der Klassengesellschaft geschürte) Angst: Wir werden immer zu blöd sein, um auf den letzten Wissensstand zu kommen!

Menschen wollen Wandel jedoch selbst bestimmen und gestalten. Sonst machen sie nicht wirklich mit.

Auch die Kultur der !Kung ist eine Wissensgesellschaft, deren Überleben entscheidend vom Erfahrungswissen abhängt. Solange es Menschen gibt, gibt es auch Wissen. Und haben wir nicht gelernt, dass Wissen »alle fünf Jahre überholt ist«? Dass es »immer schneller zerfällt«? Das ist alarmistischer Unsinn, wird aber gerne geglaubt. Derjenige, der es behauptet, kann damit allenfalls den eigenen Wissensvorsprung besser behaupten.

Mein Vorschlag ist, den Begriff des Kreativen ins Zentrum der Debatte um die Zukunftsökonomie zu stellen.

Kreativität von *creare* – schöpfen.

Kreativität auch im Sinne von *crescere* – wachsen, wachsen lassen (das vielleicht den Wortstamm mit *creare* teilt). Ein eher der östlichen Philosophie entsprechender Wachstumsbegriff, der die inneren Prinzipien der Schöpfung benennt.

Kreativität im Sinne neuer, intelligenter, komplexer Problemlösungen auch für soziale und mentale Prozesse.

Kreativität ist, anders als Wissen, kein Herrschaftsbegriff. Jeder kann kreativ sein, ohne drei Studienabschlüsse zu benötigen. Kreativität ist das, was uns mit der natürlichen Welt verbindet: Die Natur ist kreativ, indem sie mit Formen, Farben, Prinzipien spielt. Kreativität ist aber auch das, was Menschen *eigentlich lieben*. Wenn sie ihre Komfortzonen verlassen können, ohne von Angst überwältigt zu werden, suchen alle Menschen nach der Befreiung ihrer schöpferischen Kräfte. Kreativität weist keinen verkrampften Appellcharakter auf, wenn wir das Wort richtig gebrauchen. Obwohl in der Industriekultur nicht selten denunziatorisch benutzt (»Kreativ sein können wir selber« – »Wer keine Ahnung hat, wird kreativ« – »Ist doch alles nur Makramee-Hobby mit Schleiertanz«), bietet sie einen zugänglichen Raum der Erkenntnis. Kreativität ist im Kern ein demokratischer, weltoffener Begriff. Kreativität ist in vielerlei Hinsicht das, was alle Menschen über alle Irrtümer und Prägungen, alle Fehler und Unzulänglichkeiten hinweg verbindet. Wir können *neu beginnen,* das zeichnet uns als Menschen aus.

Zum Kreativsein brauchen wir keinen »Genius«, keine erleuchtete, rasende Schaffenskraft. Wir müssen nicht alle Künstler sein. Wie formuliert es Mihaly Csikszentmihalyi in seinem Standardwerk »Kreativität«?: »Ein kreativer Mensch ist eine Person, deren Denken und Handeln eine Domäne verändert oder eine neue Domäne begründet.«[14] Das geht eben nicht nur durch »Kreativität« im Sinne des Überragenden, sondern auch durch Zähigkeit, Glück, Zufall, graduelle Veränderung. Es entsteht im Handwerk ebenso wie in simplen Dienstleistungen, in der geistigen Arbeit wie im moralischen Business. »Soziale Entrepreneure« können kreativer sein als heiße Startups. Nicht die Utopisten haben die Welt positiv verändert, sondern die Bastler, die Tüftler, die »Nicht-Aufgeber« – diejenigen, die wissen wollten, wie es anders gehen kann.

Gut 150 Jahre nach dem Kommunistischen Manifest, dessen Pathos und schneidende Kälte die Geschichte fatal beeinflusste, ist es deshalb an der Zeit, ein neues Manifest zu formulieren.

Das kreative Manifest

Ein Gespenst geht um in Europa, in Amerika, und längst auch in der ganzen Welt. Es ist das Gespenst der kreativen Gesellschaft. Viele Mächte des alten Denkens haben sich dagegen verbündet. Die Medien, die nur an Krawall und Negativität interessiert sind. Die alten und die jungen Ideologen, die wieder vom »Hauptwiderspruch« träumen und vom Klassenkampf à la 19. Jahrhundert. Die Reaktionäre und Kurzdenker aller Lager, die Vertreter der alten industriellen Interessen, die immer noch in den gleichen Kategorien denken wie im Zeitalter der großen Maschine.

Doch längst wird die Macht der Kreativität auch von ihren Gegnern anerkannt. Und deshalb ist es hohe Zeit, dass die Kreativen aller Länder ihre Absichten und Werte bekunden.

Viele Jahrhunderte, wenn nicht Jahrtausende, war die Gesellschaft vom Widerstreit abgrenzbarer Klassen und Interessen bestimmt. Oben und Unten, Kultur und Gegenkultur, Avantgardisten und Reaktionäre kämpften gegeneinander. Wer über die Macht verfügte, verfügte über die Ressourcen. Nahrungsmittel, Bodenschätze und Kapital waren die Träger der Knappheiten und der Macht. Wer Geld hatte, der konnte viel, wenn nicht alles bewegen. Glück war definiert in den Kategorien des monetären Erfolges, der Matrix der Waren und des Verbrauchs.

Aber das Glück der Menschen besteht in weit mehr als nur der Sattheit und Zufriedenheit, der Sicherheit des durch eine »Arbeitsstelle« garantierten Konsums.

Das Zentrum dieser alten Welt war die Lohnarbeit, in der das »eherne Gehäuse der Hörigkeit« der alten Feudalgesellschaften weiterlebte. Diese Lohnarbeit wurde in vielen Kämpfen gezähmt und moderiert, sie entwickelte sich für den größten Teil der Bevölkerung zur Matrix des Lebens, zum Fetisch des Seins. Was wir – oder besser die *Männer* – verdienten, wo, in welcher Position der industriellen Maschine wir standen, mit welchen Chancen auf Aufstieg, Verdienst und »Be-förderung«, das definierte unsere Identität, unsere Hoffnungen und Befürchtungen. Unser Lebensprinzip folgte dem Fetisch der Karriere, weil wir nichts anderes gelernt hatten als das Prinzip der materiellen Steigerung. Doch das eiserne Korsett bricht von innen und außen auseinander. Die freie Assoziation der Arbeit wird im Internet-Zeitalter nicht nur realistischer, sondern auch notwendiger denn je. Die aus der ubiquitären Verfügbarkeit der Waren hervorgegangene Freiheit, sich nicht mehr um den geringsten Lebenserhalt sorgen zu müssen, führt zu neuen Möglichkeiten für den Einzelnen, die Familie, die Gruppe, das Individuum, die Nachbarschaft. Die Informationstechnologien machen heute für jeden an jedem Ort einen anderen erkennenden Zugang zum Großen Ganzen, zur Welt des Wissens und der Zusammenhänge möglich, wenn er über die nötigsten geistigen Bedingungen dafür verfügt. So entstehen neue Assoziationen des Wissens, des Werdens, der Veränderung.

Heute leben wir nicht mehr in einer Welt der objektiven materiellen Knappheit, sondern in einer Welt prekären Überflusses. Nur die hungrigen Völker der Schwellenländer und die wirklich Armen der Welt brauchen mehr Fernseher, Hemden, Nahrungsmittel, Entertainment-Angebote. Selbst der Hartz-IV-Empfänger ist kein Opfer von bedrohlichem »materiellem Mangel« mehr. Das verändert die Gesetze von Angeboten und Knappheiten, das verändert die Regeln des Spiels. An die Stelle der alten, durch Massenprodukte befriedigten materiellen Bedürfnisse treten nun die Bedürfnisse des humanen Selbst: das Bedürfnis nach Verwirklichung, nach Schönheit, nach Selbstheit und Gerechtigkeit. Hunger und Not sind keine Frage materieller Ressourcen mehr, sondern der Intelligenz, mit der wir unsere sozio-ökonomischen Systeme gestalten und moderieren. Armut ist dort bekämpfbar, wo wir hartnäckig Menschen helfen, sich selbst zu helfen.

Wer Arbeit nahm und wer Arbeit gab, das war in der Industriegesellschaft ganz und gar vom Geld, vom Kapital abhängig. Aber wer gibt in der Ökonomie der Talente die »Arbeit«? Derjenige, der die Ideen entwickelt, die Konzepte vorantreibt! Der seinen Geist als Instrument für die Erzeugung von *Unterschieden* verwendet!

Welche Kraft ist es, die diese Welt, die Welt nach dem Industrialismus vorantreibt? Es ist die menschliche Schöpferkraft selbst, die Macht des menschlichen Geistes. Die Industriellen haben die Welt beherrscht und unter sich aufgeteilt. Die Kreativität wird die Macht in tausend bunte Fraktale zersplittern ...

Für die Prosperität der Zukunft sind *Ressourcen der Selbsterneuerung* entscheidend. Bildung in einem erweiterten, weltmächtigen Sinne. Gesundheit in einem produktiven, nicht mehr funktionalen (»Abwesenheit von Krankheit«), eingeengten Verständnis. Geistige, mentale, kommunikative Potenzen treten in den Mittelpunkt des »Produktionsprozesses«. Emotionale Prozesse übernehmen das Regiment auch im Bereich der Ökonomie. Das, was in der Maschinenwelt an der Peripherie des Wohlstandsprozesses stand – menschliches Wohlergehen, geistige Kapazität, menschliche Integrität –, rückt nun ins *Zentrum* aller Wertschöpfung.

Wir sind von einer Gesellschaft der Bauern zu einer Gesellschaft der Fabrikarbeiter und schließlich zu einer Gesellschaft der Wissensarbeiter und Dienstleister geworden. Und nun geht es weiter voran zu einer Gesellschaft der Kreativen, der Muster-Erkenner, der Meinungsmacher, der Empathieproduzenten, der neuen Handwerklichkeit und wiederentdeckten Würde des Produkts.

Die Kreativen verschmähen es, ihre Ansichten und Absichten zu verheimlichen. Sie erklären offen, dass ihre Zwecke nicht durch Umsturz, Putsch oder Revolution zu verwirklichen sind. Sondern nur durch sorgsame, langsame, bewusste Evolution (sowie durch die allmähliche Einführung der Weiberherrschaft). Wir alle haben nichts zu verlieren als unsere Langeweile, unseren Überdruss und unseren Pessimismus!

Kreative, Glückssuchende, Wandlungsbewusste aller Länder – vereinigt Euch!

DIE POLITIK DER ZUKUNFT
Auf der Suche nach einem neuen Zivilisationscode

Wir wollen keine in einem Wahn gefangenen Glückseligkeits-
maschinen sein, sondern bewusste Subjekte, die aus einem Grund
glücklich sind und die deswegen ihre eigene Existenz als etwas
Erstrebenswertes erleben.

Thomas Metzinger

Der Schritt verrät, ob einer schon auf seiner Bahn schreitet.
Wer aber seinem Ziele nahe kommt, der tanzt.

Friedrich Nietzsche

Beim Tanzen gibt es keine Fehler, nur Variationen!

Flavio Alborino

Tanzen lernen

Wir schreiben das Jahr 1984. In England herrscht Klassenkampf.
Der längste Bergarbeiterstreik des zwanzigsten Jahrhunderts entwickelt sich zur Kraftprobe zwischen der »Eisernen Lady« Margaret Thatcher und der Bergarbeitergewerkschaft des Arthur Scargill.
Die Kohlenminen Nordenglands, das Herzstück des proletari-
schen Stolzes, sind von Schließung bedroht, und die klassenbe-
wussten Kohlenarbeiter begehren verzweifelt dagegen auf. Auf
den Hügeln rund um die Zeche steht bewaffnete Polizei, und
jeden Tag kommt es zu Straßenschlachten.

Inmitten dieses letzten großen Abwehrkampfes der alten industriellen Klassenwelt lebt Billy, ein elfjähriger Junge. Seine Erfahrung mit Erwachsenen ist von Abwesenheiten geprägt: Vater und
älterer Bruder sind meistens »unter Tage«, er selbst muss auf seine

verwirrte Oma aufpassen, seine Mutter ist gestorben. Der Kultfilm »Billy Elliot – I will dance« zeigt Billys Metamorphose von einem Bergarbeiterkind zum Künstler.

Der Sport des Proletariats ist das Boxen. Auch aus Billy soll nach dem Willen seines Vaters ein guter Zuschläger werden. Aber heimlich liebt er das Tanzen. Er tanzt zu »Cosmic Dancer« von T. Rex. Er tanzt vor dem Spiegel, er tanzt, statt zu boxen, mit dem Sandsack. Natürlich gilt das in der Kultur des Arbeitertums als peinlich und schwul. Doch die Ballettlehrerin des Ortes, die resolute Mrs. Wilkinson (auch sie eine zerrissene, von Sehnsüchten geplagte Gestalt), erkennt sein Talent und stärkt ihm den Rücken.

Als Billys Vater erfährt, dass er den Boxunterricht geschmissen hat, reagiert er mit einem Tobsuchtsanfall. Billy fährt trotzdem nach London, um bei der »Royal Ballet School« vorzutanzen. Die Autofahrt ist eine Elegie des Wandels. Tschaikowskys Schwanensee erklingt, eine Allegorie auf die Verwandlung durch Liebe. Wir lassen das Alte hinter uns und begeben uns auf eine Reise ins Ungewisse. Während die Vergangenheitsgeprägten ihre letzte Energie darauf verschwenden, das Überkommene zu retten, sind es zunächst einzelne Individuen, die via Rebellion, Hoffnung und Ausbruch das Neue suchen. Sie gehen Risiken ein. Sie müssen das Vertrauen aufbringen, dass am anderen Ufer des Flusses auch eine Welt existiert.

Aber, so zeigt uns der Film: Die Pioniere des Neuen sind nicht allein. Sie finden Unterstützung durch Mentoren und Helfer, die ihren Weg begleiten. Denn in jeder Gesellschaft existiert die Zukunft schon in einer latenten Hoffnung, die zunächst durch isolierte Einzelgänger verkörpert wird. Wenn diese Einzelgänger zu kooperieren beginnen, entsteht Bewegung und schließlich jene Resonanz, die die Verhältnisse auf breiter Front zum Tanzen bringt.

In »Billy Elliot« wird der Vater schließlich zum Streikbrecher, um seinem Sohn den Ausbruch aus der alten Klassenordnung zu ermöglichen. In diesem Verrat zeigt sich der endgültige, der eigentliche Wandel: Das Neue transformiert das Alte.

Ist es Zufall, dass Tanz in vielen Erzählungen über den menschlichen Wandel eine so große Rolle spielt? »Der letzte Tango in Paris« – die Geschichte einer Metamorphose des Alters. »Dance for all« – die wunderbare Geschichte der Tanzschulen in den Townships von Südafrika, betrieben von William Forsythe. Die Arbeit von Royston Maldoon mit »Problemjugendlichen« (»Rhythm Is It«). Die dunklen Sehnsuchtsgeschichten des finnischen Tangos in Kaurismäki-Filmen. Die Geschichte des Wiener Walzers als Rausch und Verheißung des ausgehenden 19. Jahrhunderts. »Die Verhältnisse zum Tanzen bringen« ist eine erfüllbare Hoffnung, auch in schweren Zeiten.

Wenn die Verhältnisse ins Tanzen geraten, müssen wir unsere Schrittfolgen ändern. Wir beginnen, uns zu einer Melodie zu bewegen, die uns fremd erscheint. Das ist zunächst immer tastend und ungelenk. Aber irgendwann entsteht ein neuer Rhythmus. Bisweilen kann dabei eine Instanz helfen, die wir in unserer Apologie des Wandels bislang vernachlässigt haben: die Politik.

Abschied vom Bruttosozialprodukt

Wenn Menschen etwas verändern wollen, suchen sie nach Maßstäben, an denen sich Fort- oder Rückschritt messen lässt. Wenn wir unser Gewicht reduzieren wollen, stellen wir uns auf die Waage. Wenn wir den Erfolg einer Firma beurteilen, schauen wir auf Kennziffern. Messkriterien sind das A und O des Wandels: Erst seit es PISA gibt, diskutieren wir ernsthaft über das Bildungssystem: Wir können vergleichen!

Aber welches Messkriterium legen wir an, wenn es um die zentrale Kategorie unseres Lebens geht? Das, was wir *Wohlstand* nennen?

Bislang schien das einfach: Unsere Zukunftserwartungen orientierten sich am Bruttosozialprodukt. Wann immer dieser Wert, von den Auguren der Ökonomie verkündet, stieg, hellte sich unsere Stimmung auf. Wenn das Bruttosozialprodukt stagnierte oder gar sank, machte das Wort von der Krise die Runde. Angst, ja sogar Panik breitet sich aus, wenn die Gesamtwirtschaftsleistung nicht mehr wächst.

Die Fixierung auf Bruttosozialprodukt und quantitative Wachstumsraten erscheint heute in vielerlei Hinsicht fatal. Erstens gehen die Wachstumsraten in unseren Breitengraden seit Jahrzehnten stetig zurück – und diese Tendenz wird sich weiter fortsetzen. Betrug das westeuropäische BSP-Wachstum in den sechziger Jahren noch 5 bis 6 Prozent (die Hälfte des heutigen Wachstums von China), sank es in den Siebzigern auf 4, in den Achtzigern auf 3, in den Neunzigern auf 1,5 Prozent und jenseits der Jahrtausendwende auf unter 1 Prozent. In einer entwickelten Konsum- und Wohlstandsgesellschaft wird es immer schwieriger, die Wirtschaftsleistung nominell zu steigern.

Zweitens liegen schon in der Mathematik des Wachstums Tücken. Im BSP werden zum Beispiel alle Autounfälle, Begräbnisse, Umweltverschmutzungen, Katastrophen, psychiatrische Behandlungen als *positive* Wertschöpfungen geführt. All das sind »Wirtschaftsleistungen«. Wenn wir unsere Alten in Heime stecken, gilt das als Steigerung des Bruttosozialproduktes – wenn sie sich zu Hause wohlfühlen, nicht! Damit werden Fehlanreize gesetzt, die verhängnisvolle Auswirkungen haben können.

Drittens aber trifft der Wachstumsfetischismus nicht mehr die tieferen gesellschaftlichen Gefühle. Immer mehr Menschen ahnen, erfahren, erleben, dass die Vermehrung der materiellen Güter nicht mehr den empfundenen Wohlstand steigert. Eher im Gegenteil. Das Glücksversprechen des Konsums ist an eine deutliche Grenze gestoßen.

Die neuere Glücksforschung bietet uns hier eine Alternative. Woran sollen, woran können sich gesellschaftliche Zielvorstellungen orientieren, wenn nicht am Glück der Menschen? Aber ist Glück nicht etwas zu Ehrgeiziges, um es ins Zentrum des Zukunftsdiskurses zu setzen? Bedeutet es nicht auch für jeden etwas anderes? Für John Keats bedeutete es »Bücher, Früchte, gutes Wetter und leise Musik, die von jemanden gespielt wird, den man nicht kennt«. Für den Schriftsteller Ian Banks wäre das Glück »der Weinkeller des Champanay Inn-Hotels in Linlithgow in Schottland – wenn er keine Fenster hätte und ich kein Atheist wäre«.[1] Seriöse Glücksforschung handelt keineswegs von euphorischen und verliebten Menschen in Cabriolets. Sie ist längst keine reine Phänomenologie mehr, sondern eine ernsthafte Analyse der Bedingungen, unter denen Menschen erweitertes *Wohlergehen* erfahren.[2] Glück setzt sich aus Gefühlen und Gedanken zusammen, es definiert sich als neuronale und körperliche, aber auch kognitive Funktion. Glückliche Menschen müssen nicht immer »froh« oder »happy« sein. Im Gegenteil. Glückliche Menschen empfinden temporäres Unglück und Frustration als *sinnhaft*. Sie lassen sich nicht durch eine momentane Gefühlslage aus dem Gleichgewicht bringen. Sie erwarten, Erfahrungen zu machen, die schwierig sind. Und an denen sie wachsen können.

Unter der Rubrik »Happiness Economics« hat sich auch die Wirtschaftsforschung der Glücksproblematik angenommen. Immer tiefer und differenzierter werden die Studien und Methoden: Edward Diener (»Dr. Happiness«) von der Universität von Illinois entwarf einen Fragebogen zur weltweiten Lebenszufriedenheit und berücksichtigte die Subjektivitätsverzerrung – er bezog das Urteil von Freunden und Familie über die Lebenszufriedenheit der Befragten mit ein. Daniel Kahneman entwickelte eine neue differenzierte Methode der Zufriedenheitsmessung, die »day reconstruction«-Methode. Hierbei füllen die Teilnehmer ein Tagebuch und einen Fragebogen über jede Stunde des Tages aus, wobei sie ihre Gefühle mit Hilfe einer Sieben-Punkte-Skala ausdrücken.

Das deutsche Wort »Glück« birgt gleich mehrere problematische Komponenten: »Glück haben« meint sowohl den Eintritt glücklicher Fügungen (Zufälle, dem englischen »chance« entsprechend) als auch einen Zustand von »euphorischer Zufriedenheit«. Beide Zustände sind im Deutschen melancholischromantisch überhöht und scheinen nicht gerade tauglich für die Gesellschaftsanalyse. Das Glück kommt und geht, sagt man in Deutschland. Es macht, was es will! Traue nicht dem Glück, denn es will uns »verführen«. Glück wird also eher als Abwesenheit von Problemen und als rauschhafter Zustand definiert. Menschen, die glücklich sind, gelten hier als oberflächlich oder hängen Illusionen an (»Der wird schon noch sehen!«). Der Sollzustand der deutschen Kultur ist das tragische Unglück.

Das englische Wort »Happiness« zielt hingegen eher auf jene Kompetenzen, die ich im Selfness-Kapitel beschrieben habe und die sich eher auf mentale Stabilität als eine euphorische Gefühlslage beziehen. Happiness meint eher »seines Glückes Schmied sein können«.

Der Philosoph Wilhelm Schmid hat in seinem Buch »Glück – Alles was Sie darüber wissen müssen« überzeugend herausgearbeitet, wie wir Glück begreifen können, wollen wir nicht in die hedonistische Falle gehen. Menschen sind nicht dann glücklich, wenn sie »happy« sind wie der Grinsemeister Dieter Bohlen. Sondern wenn sie ihre Umwelt als kohärent und sich selbst als *wirksam* erfahren. Nachhaltiges Glück ist gleichbedeutend mit aktiv und kreativ gestalteter Lebenserfahrung. Mit anderen Worten: Coping-Kompetenz.

Die Vermessung des Glücks

Wie kann man Glück im gesellschaftlichen Zusammenhang messen? Es gibt heute mehrere Messverfahren, die alle ihre Vor- und Nachteile aufweisen:

Das *Bruttoglücksprodukt (GHN – Gross Happiness Product)*, das König Jigme Singye Wangchuk im kleinen Königreich Bhutan (er trat 2008 zurück und verordnete seinem Volk die Demokratie) einführte, misst den Index psychischen Wohlbefindens in einem Koordinatennetz von Gesundheit, Bildung, Zeitverwendung und Zeitbalance, kulturellen Gewohnheiten, Ökologie und Partizipationserfahrungen. Dazu gehören zum Beispiel Zeit zum Beten und die Einstellung zur Kommunalverwaltung (Zufriedenheit mit den Behörden). Das Ziel des Bruttonationalglücks ist die Steuerung von Maßnahmen in Richtung einer sozial gerechten Gesellschafts- und Wirtschaftsentwicklung, die Bewahrung und Förderung kultureller Werte, Schutz der Umwelt und Errichtung von produktiven Regierungs- und Verwaltungsstrukturen. Die Statistiker des Himalaja-Landes ziehen durchs Land, bis in die entlegensten Bergdörfer, Fragebögen mit insgesamt 290 (!) Fragen im Gepäck. Sie messen, wie oft sich Bhutans Bürger eifersüchtig fühlten, gestresst, überfordert, wie ihre Einstellung zum Lügen ist, wie oft sie Sex haben und wie viele Tiernamen sie kennen.

Der *HPI (Happy Planet Index)* verbindet drei Indikatoren zu einem komplexeren Zahlensystem: den ökologischen Fußabdruck, die Lebenszufriedenheit und die Lebenserwartung. Er wurde im Juli 2006 von der New Economics Foundation in Zusammenarbeit mit Friends of the Earth Großbritannien publiziert, weist also eine stark ökologische Färbung auf. In diesem Index liegen manche arme Gesellschaften weit vorne, während die Frage der Freiheit eher unterbewertet bleibt. Kuba zum Beispiel liegt auf den oberen Rängen, weil seine marode Wirtschaft kaum »Fußabdrücke« verursacht. Deutschland nimmt Platz 51 ein.

Der *Subjective Wellbeing Index* des Soziopsychologen Ronald Inglehart misst ausschließlich die subjektiven Empfindungen nach einem einfachen Fragebogen in allen Ländern der Erde. Auch hier schneiden ärmere Länder ganz gut ab, vor allem solche in Mittel- und Südamerika. Dänemark belegt den ersten Rang, vor Puerto Rico und Kolumbien, Deutschland liegt auf Rang 35.[3]

Was wirklich glücklich macht

Ab etwa 35 000 Euro Jahreseinkommen wird man nicht mehr automatisch glücklicher, wenn das Einkommen steigt. Es führt allerdings in die Irre, Glück völlig vom materiellen Wohlstand abzukoppeln. Breitenwohlstand hat sehr wohl etwas mit der generellen Lebenszufriedenheit zu tun. In Dänemark, Schweden, Kanada und Australien ist man eher optimistisch und weniger zukunftsängstlich. Und im langfristigen Vergleich auch glücklicher als in den »Emotionsgesellschaften« Süd- und Mittelamerikas, wo subjektives Unglück teilweise regelrecht tabuisiert ist (was natürlich die Umfragen verzerrt).

Der deutsche Glücks- und Fortschrittsforscher Stefan Bergheim hat Studien aus europäischen Ländern (plus einigen überseeischen Industriestaaten) differenzierter ausgewertet und auf ihre spezifischen Korrelationen untersucht. Er stellte drei Varianten kapitalistischer Gesellschaften fest – glückliche, weniger glückliche und unglückliche –, die jeweils Entsprechungen in ihren Werte- und Kultursystemen aufweisen. Zu den glücklichen Ländern gehören die skandinavischen, Kanada, Australien, Neuseeland, die Schweiz. Zu den weniger glücklichen Deutschland und Österreich, aber auch Belgien und Frankreich. Unglücklich sind überwiegend die Südeuropäer, besonders Portugal, Italien und Griechenland. Bergheim fand folgende Schlüsselfaktoren für das gesellschaftliche Glück:[4]

Vertrauen: Wer die Frage, ob er grundsätzlich seinem Nachbarn vertraut, mit ja beantwortet, bekundet damit eine soziale Verbundenheit, die weit über den engsten Familienkreis oder das »große Wir« der Nationalität oder Ethnie hinausgeht. Vertrauen, als Lebensgefühl abgefragt, misst die Funktionsfähigkeit der Zivilgesellschaft, die Dichte der sozialen Netzwerke, aber gleichzeitig auch den Grad der Selbstbestimmung. Denn wir können uns als Individuen nur stark fühlen, wenn wir uns mit unseren Nachbarn gut verstehen. Über unser Glück entscheiden nicht zuletzt unser

Menschenbild und die Summe unserer gelungenen Kooperations-
erfahrungen.

Gutes Alter: Ältere Menschen erweisen sich (mit Ausnahme
einer kleineren, besonders unglücklichen Gruppe) in modernen
Gesellschaften im Schnitt als glücklicher und zufriedener mit
ihrem Leben als die jüngeren. Sie sind sich ihrer selbst bewusster,
in ihren sozialen Beziehungen stabiler und in ihren täglichen
Routinen besser verankert. Psychologen sprechen auch vom
»Positivitätseffekt«, der mit zunehmendem Alter eintritt:[5] Bei der
Beurteilung des Verhaltens anderer Menschen neigen Ältere dazu,
die positiven Eigenschaften dem Charakter eines Menschen zuzu-
schreiben, die negativen eher den Umwelteinflüssen. Sie urteilen
»gnädiger« mit den Mitmenschen – und das stärkt wiederum den
Vertrauensfaktor. Eine alternde Gesellschaft muss demzufolge keineswegs eine Welt von Altersunglück werden.

Freiheit: Soziale Sicherheit durch staatliche Institutionen ist ein
Faktor, der die Lebenszufriedenheit zwar prinzipiell positiv beeinflusst. Allerdings kann diese Sicherheit in ihr Gegenteil umschla-
gen, wenn sie ausschließlich auf Risikovermeidungseffekten ruht.
In den Ländern mit sehr strikten Arbeits- und Kündigungsschutz-
gesetzen wie Deutschland oder Portugal sind die Menschen weniger glücklich. Dahinter steht wieder der Coping-Effekt: »Von
oben verwaltete«, äußere Sicherheit führt eher zu Demoralisie-
rung und Angst, sie schwächt auf Dauer das Individuum, weil sie
ein Gefühl von Abhängigkeit und Misstrauen schafft. Glücklich
sind Menschen, die eine eigenständige, selbstständige Laufbahn
gestalten können, die solche berufliche Wechsel einschließt, die
ihren Talenten und Veränderungswünschen entsprechen. Auch
die Tatsache, dass das Glücksniveau in Ländern mit späterem
Renteneintrittsalter deutlich höher ist, passt in dieses Bild.

Effektiver und gerechter Staat: Wenn Menschen sich einer als
desorganisiert oder willkürlich wahrgenommenen Obrigkeit ausgeliefert fühlen, leidet ihr Lebens- und Selbstwertgefühl enorm.
Korruption ist deshalb einer der stärksten Unglücksindikatoren.

Kinder: In den Wohlstandsnationen sind diejenigen Nationen glücklicher, die eine (relativ) höhere Geburtenrate erreichen, also eher um 1,8 als um 1,3 Kinder pro gebärfähige Frau. Generativität, also die Einbindung des Menschen in die Kette von Enkel, Kinder, Eltern, Großeltern, ist ohne Zweifel ein Glücksfaktor. Oder andersherum: Glückliche Menschen bekommen mehr Kinder.

Herausforderung: Arbeit bedeutet »herausgefordert sein« in einem nicht nur unmittelbar privaten Sinn, und Menschen, die über die 60-Jahres-Grenze hinweg arbeiten, sind auch vor Erreichen dieses Alters schon glücklicher. Wir erinnern uns: Coping bedeutet die Bewältigung von selbstgestellten und bewältigbaren Herausforderungen – und macht glücklich.

Bildung: Den stärksten Einfluss auf das Wohlbefinden hat jedoch die Bildung. Gebildete sind überall auf der Welt optimistischer, friedlicher und gesünder. Schon Adam Smith erkannte: »Ein aufgeklärtes und kluges Volk ... ist eher geneigt, die Ziele hinter dem Geschrei nach Zwietracht und Aufruhr kritisch zu prüfen, und fähiger, sie zu durchschauen.«[6] Besonders die Aufwärtsdynamik im Bildungssektor spielt deshalb eine entscheidende Rolle für die Zukunftsfähigkeit. Wo in Entwicklungsländern die Alphabetisierung deutlich steigt, steigt auch die Lebenszufriedenheit. Menschen trauen sich mehr zu, sie beginnen, sich zu wandeln, sie entfalten sich. Wo hingegen das Bildungssystem auf das »Sortieren« der Schüler ausgerichtet ist (wie in den deutschsprachigen Ländern Zentraleuropas), sind die Menschen eher von Zukunftsängsten geplagt.

Nehmen wir nun an, wir könnten auf der Basis der Erkenntnisse der Glücksforschung einen neuen Gesellschaftsvertrag gestalten. Wie müssten wir die politischen Regeln, Gesetze, Spielweisen modifizieren, damit die Glückspotentiale wachsen? Zunächst müssen wir uns von der Opferlogik und der Moralrhetorik verabschieden, die den politischen Diskurs in Geiselhaft genommen haben.

Die neue soziale Frage

Sehen wir uns genau dieses Foto an. Was sehen wir?
a. Ein Opfer der gesellschaftlichen Verhältnisse.
b. Einen Menschen, der gescheitert ist.

Die spontanen Antworten erzählen Bände über unsere politischen Weltbilder. Mit a) sagen wir implizit: »Dieser Mann ist nicht für seinen Zustand verantwortlich und deshalb muss die Gesellschaft schleunigst für ihn aufkommen; sie ist verantwortlich für ihre Mitglieder!« Wir argumentieren »links«. Mit b) sagen wir: »Was immer diesen Mann in die Gosse gebracht hat, es hat mit seinen persönlichen Schwächen zu tun. Deshalb muss sich dieser Mann vor allem um sich selbst kümmern lernen.« Wir argumentieren »konservativ«.

Der Mann ist Gerhard, genannt »Hansi« (wobei ich das Foto aus Gründen des Persönlichkeitsschutzes verfremdet habe). Ein alter Bekannter von mir, über dessen Wohnort und Verbleib ich nicht allzu viel sagen möchte. Nur so viel: Er war vor 30 Jahren ein junger, idealistischer Hippie. Er hat in seinem Leben mehrmals großes Glück gehabt, aber viele Male auch verdammtes Pech. Er ist keineswegs unschuldig an seiner Situation. Aber auch nicht völlig allein verantwortlich.

Gerhard hatte im Lauf der Jahre Anrecht auf eine Menge sozialer Leistungen und Unterstützungen eines zwar bürokratischen, aber dennoch um konkrete Hilfe aller Art bemühten Sozialsystems. Er konnte mit Psychologen sprechen, warme Mahlzeiten in Anspruch nehmen, sogar eine Wohnung stand ihm zu. Er kann bis heute Umschulungen und Trainingsprogramme aller Art nutzen. Er nahm und nimmt die meisten dieser Angebote nicht an. Er ist immer noch recht klug im Kopf, aber er altert schnell, wegen der Drogen, aber auch, weil er sich selbst in eine Rollendefinition begeben hat, aus der ihn wohl alle Therapien der Welt nicht mehr herausholen können.

Sein heutiger Zustand lässt sich etwas besser erklären, wenn man seine Kindheitsgeschichte kennt. Hansi, das vierte von sieben Kindern eines Gastwirts im Zentrum eines Industriegebietes, hatte einen prügelnden, alkoholkranken, misshandelnden Vater und eine depressive Mutter. Er schaffte in den siebziger Jahren eine Ausbildung zum Koch und geriet eine Zeitlang in die damalige linke Lehrlingsbewegung. Er lebte Anfang der Achtziger in einem besetzten Haus in Berlin, wo er Drogen nahm, ohne sich viel um die Folgen zu kümmern. Das machten in diesem Milieu alle.

Hansi ist mindestens zweimal im Leben von einer Frau wirklich geliebt worden. Viele andere Menschen haben versucht, sich privat, also ohne administrative Interessen, intensiv um ihn zu kümmern. Manche auch sehr persönlich, unter hohem Einsatz. Es hat nichts gebracht. Hans lebt noch, immerhin.

Die Wahrheit über Hansi lautet, dass er weder Täter noch Opfer ist: Er ist ein Mensch, der ein schweres Schicksal erlitten hat und bei dem die Gesellschaft, also wir alle, es nicht geschafft hat, diese Defizite wieder auszugleichen.

Wir alle sind immer eine Mixtur: aus Anlagen, Prägungen aus unserer Kindheit, vertanen und wahrgenommenen Chancen, verpassten Anschlüssen oder missglückten Ausbruchsversuchen. Daraus entsteht die Landkarte unseres Schicksals, mit all ihren Verzweigungen und Auffahrtsrampen, Schleifen und Abgründen.

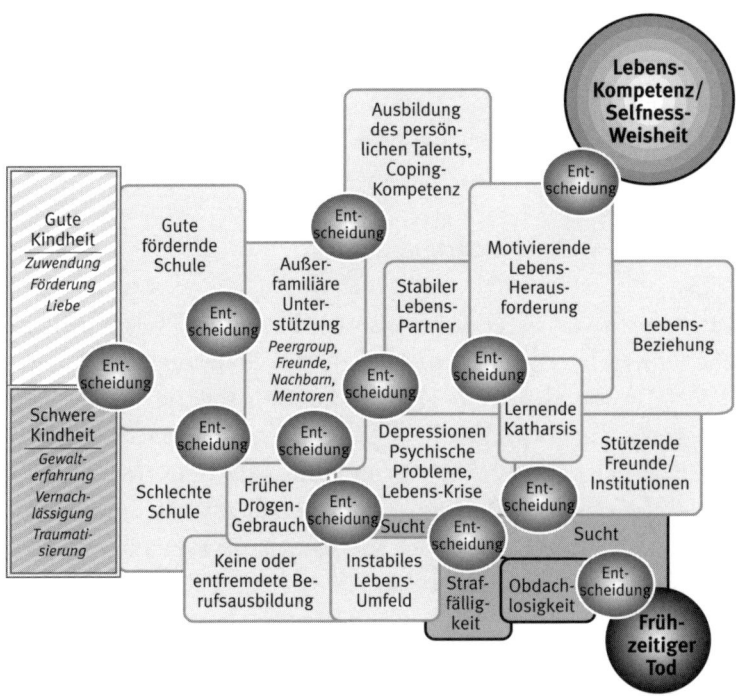

Abb. 25: Eine Lebenslandkarte

Die Basis unseres Lebens wird in der Kindheit gelegt. Eine gute Schule kann Probleme, Traumata, Schädigungen kompensieren, eine schlechte Erfolge zunichtemachen. Wichtig, neben den Eltern, sind stabile Bezugspersonen, Vorbilder, aber auch die Peers der Jugend, an denen wir entweder wachsen oder scheitern. An jedem Punkt unseres Lebensspiels gibt es Entscheidungsknotenpunkte (in der Sprache der Wissenschaftler auch Bifurkationen genannt, wenn es um die Beschreibung der Veränderung dynamischer Systeme geht). Welche Richtung der Weg an diesen Punkten einschlägt, unterliegt immer einer Chance-Risiko-Relation. Ergreifen wir die Möglichkeit? Nehmen wir sie überhaupt wahr? Haben wir im entscheidenden Moment den Mut, eine Chance zu ergreifen? Im Krisenkapitel haben wir gesehen, dass auch »schwere Bedingungen« durch einen Coping-Prozess widerlegt werden können. Aber natürlich gelingt das nicht immer. Denn alle sind verschieden, und die Anzahl der Möglichkeiten im Lebensspiel ist ungeheuer groß.

Gleichheit und Gerechtigkeit

Was können wir als Politiker also für Hansi tun, was wir nicht schon für ihn getan haben? Vielleicht sollten wir den Philosophen John Rawls zu Rate ziehen, der die »Theorie der sozialen Gerechtigkeit« entwickelt hat.[7] Rawls formulierte: »Soziale und wirtschaftliche Ungleichheit ist nur zulässig, wenn sie sich auch für die am wenigsten Begüterten in der Gemeinschaft zum Vorteil auswirkt.« Welche Ungleichheit könnte sich für Hansi zum Vorteil auswirken? Irgendwie führt diese Frage in eine Sackgasse. Hansi leidet nicht an einem Mangel an Geld oder materiellen Gütern. Das ist nicht der Kern seines Problems. Zuneigung? Wir haben getan, was wir konnten, und sind, zugegeben, etwas ratlos.

Gerechtigkeit bedeutet, dass Menschen von den Systemen, in deren Kontext sie leben, gleich behandelt werden. Aber in der Praxis ist dies eine leere Forderung, weil Gerechtigkeit, ebenso wie Gleichheit, immer nur ein beidseitiger Akt (in der Fachsprache: ein »System«) sein kann. Wenn ich permanent meine Zähne nicht putze und meine Kleider nicht wasche, ist das meine Privatangelegenheit. Meine Umwelt kann mich nun a) behandeln, als wäre ich sauber und geputzt, oder b) mich meiden, weil ich stinke. Was wäre gerecht? Möglichkeit a) wäre ungerecht gegenüber all jenen, die sich waschen, b) hingegen behandelt mich gleich, auch wenn es für mich unangenehme Konsequenzen hat.

Gerechtigkeit und Gleichheit sind also auf komplizierte Weise miteinander verknüpft. Ungerechtigkeiten können durch Ungleichheiten ausgeglichen werden. Wenn zum Beispiel alle talentierten Menschen (und Talente sind nun einmal ungleich verteilt) obendrein *immer* Erfolg hätten, wäre die Welt noch ungerechter. Auch die Kinder gebildeter Genies können haltlose Alkoholiker werden. In dieser Diagnose liegt die Chance zu einer heilsamen Re-Signation. Lebenserfolg ist nicht »berechenbar« und auch nicht politisch herstellbar. Gleichheit ist nicht gerecht, und Gerechtigkeit kann nicht gleich sein, solange Menschen sich unterscheiden (und Unterscheidung ist das Merkmal aller lebendigen Systeme). Die moderne Wirklichkeit von Internet und Globalisierung verschärft dieses Problem sogar noch. Es führt zu einer Spirale: Je mehr Transparenz, Offenheit, Chancen ein System bietet, desto ungerechter ist es! Denn nun multiplizieren sich kleine Ausgangsunterschiede zu noch steileren Resultaten. Früher konnte es ein Bäcker mit Fleiß zu lokalem Ansehen bringen. Heute kann ein Bäcker, der cleveres Marketing macht, den Brötchenmarkt Europas aufrollen. Aber Fleiß allein bringt nur noch wenig.

In »The Drunkard's Walk« (»Wenn Gott würfelt«) bringt Leonard Mlodinow die Unberechenbarkeit des Lebens auf den Punkt:

> »Wenn wir unser Leben unter dem Mikroskop kritischer Beobachtung betrachten, dann wird uns klar, dass sich viele Dinge grundlegend anders entwickelt hätten, wären da nicht winzige Ereignisse gewesen, kleine Verschiebungen, Menschen, die wir trafen, Jobchancen, die plötzlich entstanden. Zur rechten Zeit am rechten Ort sein, ist irre einfach und wahnsinnig schwer zugleich, jedenfalls so gut wie niemals planbar.«[8]

Alle kennen Bruce Willis. Der lebte in den siebziger Jahren in einer abgewrackten Wohnung in der 94sten Straße in New York. Er verdiente sein Geld mit Off-Broadway-Produktionen und Werbefilmen. 1984 fuhr der kantige Willis nach Los Angeles, um die Olympischen Spiele und eine Freundin zu besuchen. Dabei ging er, weil er nichts anderes zu tun hatte, bei einem Casting vorbei und wurde für eine Rolle in einer Fernsehshow namens »Moonlighting«

akzeptiert. Das Projekt war zunächst ein Flop, erhielt dann aber in der zweiten Runde gute Kritiken und wurde bald »Kult«.

Jeder, der ein wenig vom Schauspielern versteht, weiß, dass Willis' Talente in dieser Hinsicht eher begrenzt sind. Aber er hat eine markante Visage und eine tolle Stimme. Es ist ein Merkmal unserer modernen Kultur, dass sie immer mehr solcher Zufälle zu Karrierechancen macht. Malcolm Gladwell hat sich in seinem Buch »Überflieger« gefragt, wie Genies, Stars, berühmte Leistungsträger, Überflieger eben, entstehen. Sein trockenes Fazit: Supererfolgreiche Menschen sind das Resultat einer Mischung aus Milieu, Förderung, Zufall und Geburtsdatum. Und die Korrelationen zwischen diesen Faktoren sind chaotisch. In so gut wie jeder Familie mit einem Prominenten gibt es den unbekannten, abgestürzten Bruder, die Schwester mit alkoholischen Depressionen. Zahlreiche Genies hatten nie das Glück, ihre Fähigkeit ökonomisch zu nutzen – man nennt sie dann Käuze oder Exzentriker. Konsistent erscheint uns unsere soziale Umwelt nur, weil wir von den Millionen nichterfolgreicher Talente gar nichts wissen. Wir beurteilen die Welt von ihrem Resultat her. Und dann erscheint der Erfolg von Bill Gates und Dieter Bohlen irgendwie völlig... logisch... und ungerecht sowieso.

Das Korsett des Lagerdenkens

Politik in einer pluralen Gesellschaft ist also unfähig zu normativer Gerechtigkeit. Sie kann Gerechtigkeit allenfalls annäherungsweise als das Summenergebnis möglichst vieler »Spiele« herstellen, in denen die sozialen Gewinnchancen größer sind als null. Sie kann das (in Kapitel 8 geschilderte) Win-lose-Spielbrett modifizieren, Regeln verbessern, Agenten auf das Feld schicken. Wenn sie jedoch versucht, die Ergebnisse der sozialen Spiele zu bestimmen, zerstört sie sofort den zentralen (Coping-)Impuls, der die gesellschaftliche Evolution überhaupt möglich macht.

Das Eingeständnis dieser Tatsache wäre heilsam für unser politisches System – und produktiv für unser politisches Denken. Denn der politische Diskurs neigt zu einer moralisierenden Logik, und die hat zur Folge, dass sich immer mehr Gruppen als »Opfer der Gesellschaft und des Staates« betrachten. Lobbyismus und Opfertum werden, geschürt von Medien und Populisten, auf fatale Weise vermengt, was jede rationale Auseinandersetzung mit dem Thema der sozialen Differenz verhindert. Soziale Unterschiede gelten als generell böse – und damit triumphiert die politische Schlichtheit. Kreative Politik kann versuchen, das soziale Spielfeld auszuweiten. Sie kann die Anzahl der Revisionschancen erhöhen. Sie kann der »Botschaft des Flugverkehrs« folgen und die Robustheit und Interdependenz sozialer Systeme verbessern. Wer fällt, wer strauchelt, wer nicht mitkommt, wird in ein Netz an Hilfsangeboten eingebunden, die ihn fördern und fordern. Nicht mehr, aber auch nicht weniger.

Ist eine solche politische Grammatik »rechts«? Wäre sie »links«? Brauchen wir »mehr Staat« oder »mehr Markt«? Wie weit können diese politischen Lagerklischees überhaupt noch von Nutzen sein? Der Historiker und Unternehmer Peter Barnes schreibt dazu:

»Das irritiert mich als eine der großen Absurditäten unserer Zeit: Jahrzehntelang hat die Rechte gesagt – nein: geschrien! –, dass der Staat verdorben ist, dass nur Privatisierung, Deregulierung und Steuersenkungen uns retten können. Genauso lang hat die Linke insistiert, dass Märkte verdorben sind und nur der Staat uns retten kann. Das Problem ist, dass beide Seiten halb richtig und halb falsch liegen. Sie haben beide recht, dass Märkte und staatliche Strukturen fehlerhaft sind, und liegen beide falsch, wenn sie sagen, dass die Rettung nur von einer der beiden Seiten kommen kann. Aber wenn das der Fall ist, was tun wir dann? Gibt es vielleicht Institutionen, die uns fehlen und die uns helfen könnten?«[9]

Wieso bleibt das Rechts-links-Schema so hartnäckig am Leben, dass es sich regelmäßig vor jeder Wahl zu den alten (dummen) Parolen verdichtet und dabei auf Dauer die gesamte Kultur der Politik von innen ruiniert? Ein Teil der Antwort liegt sicher in unseren Medien, die gern mal aus dem politischen Spiel den Honig des Skandals saugen. Eine andere Triebkraft dieses Festhaltens an der Lagerlogik der alten Klassengesellschaft ist die Heuristik, mit der Menschen schwierige Sachverhalte mental zu vereinfachen suchen. Gerd Gigerenzer beschreibt in »Bauchentscheidungen« unser politisches Lagerdenken als »Perlenkettenlogik«.[10] Weil das Gros der Wähler mit der Komplexität der Politik überfordert ist, sortieren sie die Parteien nach einem einfachen Ordnungssystem, das sich über Jahrhunderte bewährt hat, dem einer »Perlenkette«, auf der die Parteien nebeneinander aufgereiht sind, obwohl dies immer weniger der politischen Wirklichkeit entspricht.

Als in den achtziger Jahren die Grüne Partei auftauchte, bestand deren Programm zunächst aus einem Bündel von Themen und Forderungen, die quer zum Rechts-links-Raster standen: Konservative Elemente des Naturschutzes mischten sich mit unternehmerischen Strömungen, gespeist aus dem Entrepreneurmilieu, dem viele Grüne angehörten; kultureller Progressismus kombinierte sich mit Technikangst. Die neue Partei stammte aus einer Tradition der ländlichen Autonomiebewegungen (Frieden, Frauen und Regionen), aber viele Mitglieder argumentierten generell staatsaffin, schon deshalb, weil die Parteibasis zu 50 Prozent aus Lehrern bestand. In den Städten dominierte eine eher staatsfeindliche (aber durchaus transferfreundliche) Anarchofraktion, auf dem Land das liberale Bürgertum.

Diese Mischung war spannend und erfrischend, gerade *weil* sie quer zu den Mustern des Rechts-Links stand. Es dauerte trotzdem kein Jahrzehnt, bis die Grüne Partei in der Perlenkette verortet war – etwas rechts von der SPD, ein wenig links von der Mitte. Und damit wurde auch das Grüne Projekt im Grunde langweilig.

Wir alle wünschen »Sicherheit«, »Freiheit«, »Fortschritt«, »Heile Natur«, »Soziale Sicherheit«. Wer wollte dem widersprechen? Da alle Parteien dies wollen, muss sich die Differenzierung auf Gefühle und Stimmungen rück-beziehen. Das politische System der Parteien und »Lager« ist längst unterkomplex im Verhältnis zur politischen und sozialen Wirklichkeit. Können wir aus dem Korsett des Lagerdenkens herauswachsen?

Jenseits des Dritten Weges

Tony Blair, der junge sozialdemokratische Führer, versuchte in England in den späten neunziger Jahren eine Politik, die die Mauern zwischen Links und Rechts bewusst durchbrechen wollte. Inspiriert von einem Thinktank-Pool visionärer Intellektueller, wollte Blair den europäischen »Sozialmasochismus« (eine Wortprägung des französischen Ökonomen Anthony de Jasay) überwinden.[11] Ausgangspunkt war eine schonungslose Bilanz des Sozialstaates. Dessen Mechanismen, so zeigte sich, funktionierten teilweise wie ein Anreiz zur Unmündigkeit. Als zum Beispiel in den USA höhere Sozialleistungen für junge Mütter beschlossen wurden, stieg innerhalb von neun Monaten auf geisterhafte Weise die Anzahl der Frühschwangerschaften, ein ganz und gar unerwünschter Effekt. Eine bestimmte Schicht von Transferempfängern, Bildungsfernen, zum Teil auch Arbeitsunwilligen wurde durch Wohlfahrtszahlungen nicht integriert, sondern dauerhaft aus der Gesellschaft *ausgeschlossen*.

Die Suche des Dritten Weges galt einer Erweiterung und Verbesserung der sozialen Aufgabe des Staates (nicht, wie seine Gegner argwöhnten, dem Abbau sozialer Leistungen). Statt finanzieller Umverteilung suchte man nach besseren Hebelwirkungen der Transfers, nach besserer Ankerung und richtigem Framing. Im Hintergrund stand die These der »Inklusionspolitik«: Nicht mehr der Mangel an Geld oder Gütern, sondern Defizite in

Bezug auf Bildung, Sozialkompetenzen, letztlich Kulturfragen, standen im Mittelpunkt der neuen sozialen Frage. Blairs Team entwickelte einen »Neuen Sozialvertrag«. Dessen Absicht war, Rechte und Pflichten zwischen Staat und Individuum neu auszutarieren. Wer soziale Leistungen erhält, hat die Pflicht, sich zu bewegen. Wer sich bewegt, hat das Recht auf vielerlei Hilfen und Unterstützungen. Die »Fördern und Fordern«-Politik in Deutschland griff diese Logik später auf. Und scheiterte an handwerklichen Fehlern, verpfuschter Kommunikation und medialem Populismus. Aber vieles geriet auch in Bewegung. Sozial- und Arbeitsämter erinnern heute in vielen europäischen Ländern immer weniger an die grauen Verwaltungsbehörden zur Ruhigstellung des sozialen Bodensatzes. Worte wie Training, Coaching, Portfolio, die aus der Wirtschaft stammen, wandern in Richtung Sozialstaat.

Woran scheiterte der Dritte Weg? Zunächst daran, dass er von den Traditionsideologen des rechten und des linken Lagers erbittert bekämpft wurde. Der Begriff klang arg nach Mittelweg und Kompromiss. Echte Zukunftspolitik muss sich noch einen Schritt weiter und mutiger nach vorne wagen – aus den alten Denk- und Fühlmustern hinaus.

Das Reich der Zivilgesellschaft

Vor einigen Jahren führten die Verhaltenspsychologen Uri Gneezy und Aldo Rustichini ein Experiment in einer Kindertagesstätte in Israel durch. Die Eltern neigten dazu, die Kinder verspätet abzuholen, was für die Betreuer enorme organisatorische und zeitliche Probleme zeigte. Appelle und die berühmten Zettel an der Wand brachten gar nichts. Also versuchte man es unter Anleitung der Wissenschaftler mit gesteuerten Anreizen. Man führte ein Bußgeld ein. Bei jeder Spätabholung mussten die Eltern ein Strafgeld zahlen, gestaffelt nach der Länge der Verspätung. Es begann bei rund 5 Euro bei einer halben Stunde und stieg auf 10 bei einer ganzen.

Das Ergebnis war erstaunlich. Die Zahl der Eltern, die ihre Kinder zum Teil deutlich zu spät abholten, stieg.[12] Warum? Weil die Eltern nun in ihrer Wahrnehmung für die Regelüberschreitung schlichtweg bezahlten. Nun hatten sie das geldlich verbriefte Recht, etwas zu tun, was sie vorher nur mit schlechtem Gewissen taten. Nach vier Wochen wurde die Regelung wieder abgeschafft. Aber die Zeitüberschreitungen blieben. »Mir ist das jetzt völlig egal«, sagten die Eltern. »Wenn die auf Geld verzichten wollen – na gut!«

In jeder Kultur existieren mehrere Ebenen sozialer Regeln, die nach verschiedenen Anreizen und Rückkoppelungen organisiert sind. Es gibt eine Welt, in der freiwillige und instinktiv erlernte Formen von Kooperation vorherrschen. Die alltägliche Höflichkeit, die Bereitschaft, einem Menschen, der in der Öffentlichkeit sichtbar Not leidet, zu helfen. Verwandtschaftliche Beziehungen. Aber auch die vielen Vereine, Clubs, Cliquen, die jeden Tag Billionen winziger sozialer Transfers organisieren. Diese Welt ist empfindlich, sie basiert auf ständig zu erneuernden Vertrauens- und Gegenseitigkeitsakten. Und es gibt eine Ebene des Marktes, der Entgelte und Gratifikationen, in denen ein »drittes Äquivalent« vorherrscht: das Geld.

Das Problem beginnt, wenn eine Sozialnorm auf eine Marktnorm trifft. Meistens gewinnt dann die Marktnorm, und das ist nicht immer ein Vorteil für die Kooperation. Manche Interaktionen zwischen Menschen wechseln mit Geld auf eine völlig andere Ebene. Wenn wir zum Beispiel unsere(n) Liebste(n) für ein gutes Kochen oder guten Sex bezahlen würden, hätten wir schnell ein, nun ja, ganz anderes Verhältnis definiert. Wenn wir, wie es inzwischen üblich geworden ist, das Zahlen von Steuern als reine Markthandlung definieren, kommen wir auf ein gefährliches Gleis. Wer viel Steuern zahlt, muss automatisch große Frustration empfinden, weil die Autobahnen, auf denen er fährt, nie gut genug sind; die Politiker nie so gut funktionieren, wie er es für das viele Geld eigentlich erwarten darf! Er kann sich keine guten Lehrer für seine Steuern kaufen!

Der Unterschied zwischen zivilgesellschaftlichen und Markttransfers ist also in der Wirkweise begründet: Markt handelt von unmittelbaren Äquivalenten, Zivilgesellschaft von jenem sozialen Kapital, das wir langfristig durch Vertrauensvorschuss entwickeln (wir wissen nie genau, wie viel wir irgendwann »zurückgezahlt« bekommen). Erst in der Ergänzung wird eine vielschichtige, pluralistische Gesellschaft daraus, die Freiheit und Bindung zu üben und entwickeln vermag.

Allerdings: Wenn Unternehmen ihren Mitarbeitern eine neue Firmenkultur versprechen, in der familiäres Miteinander, Selbstverantwortung und Autonomie regieren sollen, dann ist das ein wunderbarer Fortschritt. Wenn dieselben Firmen in der nächsten Krise eine Menge Entlassungen verkünden oder beim nächsten Managementwechsel auf reines Kostenbremsen umsteuern, führt das zu einer doppelten Verletzung – und zur Verwahrlosung des Unternehmens. Deshalb ist es oft sinnvoller, ökonomische Beziehungen »pur und ehrlich« zu belassen.

Die kreative Politik

Es sind nicht zwei, sondern *vier* Spieler, die in ihrer Interaktion das erzeugen, was wir Gesellschaft nennen – und deren Zusammenspiel den gesellschaftlichen Wandel erzeugt:
  – der Staat
  – die Zivilgesellschaft
  – das Individuum
  – der Markt / die Wirtschaft.
Im alten Rechts-links-Denken wird stets ein Element ideologisch den anderen vorgezogen. »Der Staat muss es richten.« – »Der Markt

regelt es schon!« Linke ignorieren gern die Rolle der Zivilgesellschaft und die Verantwortung des Individuums, Rechte verherrlichen die Rolle des Marktes. Doch sozialer Fortschritt ist nur in der gemeinsamen Anstrengung zu haben, in der Synergie. Die Politik der Zukunft hat die verdammte Pflicht, als geschickter Mittler zwischen allen vier Akteuren aufzutreten.

Starker Staat: Die Forderung nach dem »schlanken Staat« hört sich gut an – wer möchte nicht weniger Steuern zahlen? Doch gerade im Übergang zur Wissensökonomie und zu einer neuen Phase der Globalisierung ist der Staat kaum aus seinen Funktionen zu entlassen. In der Sicherheits- und Bildungspolitik verlangen wir zu Recht mehr Staat als früher. Anderseits sind die Möglichkeiten der Steuererhebung eingeschränkt. Kein Staat kann seinen Bürgern mehr abverlangen, als diese auf Dauer zu geben bereit sind. Deshalb ist die höhere Effizienz des Staates im Hinblick auf seine Kernaufgaben eine wichtige Forderung.

Starker Markt: Markt ist nicht überall die perfekte Lösung. Aber ohne Marktelemente funktionieren auch die öffentlichen Sektoren grottenschlecht. Märkte sind stark in ihren Rückkoppelungsfunktionen; dort, wo es auf Dynamik und Innovation ankommt, sind sie anderen Institutionen haushoch überlegen. Starke Sozialstaaten wie die skandinavischen Länder haben dennoch einen dynamischen Markt, und sie integrieren zunehmen marktwirtschaftliche Elemente in ihre Sozialsysteme. Erfolgreiche Wohlstandsländer wie die Schweiz nutzen Marktelemente im Rahmen kantonaler Steuerkonkurrenz – zum Wohl der Bevölkerung. Je stärker die Wirtschaft, desto mehr kann sie auch an den Rahmenbedingungen sozialer Fragestellungen mitarbeiten – selbst wenn das nicht ihre eigentliche Aufgabe ist.

Starke Zivilgesellschaft: Keine Gesellschaft, keine Kultur kann ohne das Geflecht der alltäglichen Kooperationen zwischen ihren Bürgern existieren. Die Strukturen dieser »freiwilligen Institutionen der Bürgergesellschaft« gehen vor allem auf das England des 18. Jahrhunderts zurück, als in der postfeudalen Kultur »Societies«

für jeden Zweck entstanden, Vereine, Assoziationen, Freiwilligen-
verbände zur »Verbesserung der Kondition der Armen« wie für die
»Reformation der Sitten«, für »verarmte Seeleute« wie für Prosti-
tuierte, freigelassene Kriminelle und gefährdete Jugendliche. Alexis
de Tocqueville erklärte mit diesen Formen der Bürgeraktivität den
Unterschied zwischen feudalen und aufgeklärten Gesellschaften: In
Aristokratien kann eine kleine Elite alle Pläne durch eigene Macht
und die Unterdrückung anderer verwirklichen. In einer Demokratie ist der Einzelne generell machtlos, kann aber durch verstärkte
freiwillige Kooperation seinen Wirkungsradius erhöhen.

Allerdings verändern sich die Strukturen der Zivilgesellschaft:
Aus Zwangsmitgliedschaften von einst werden freiwillige Engage-
ments, aus Dorfgemeinschaften urbane Nachbarschaftsmilieus.
Nicht mehr nur die freiwillige Feuerwehr und die Kirchengemeinde
bilden die Basis der Zivilgesellschaft, auch die Sportinitiative der
schwulen Handballer oder der Initiativkreis Nordic Walking des
Bäuerinnenverbands spielen in Zukunft eine Rolle. Ebenso wie
das Internet, in dem sich heute eine Menge neuer »Kooperationen
von unten« entfalten.

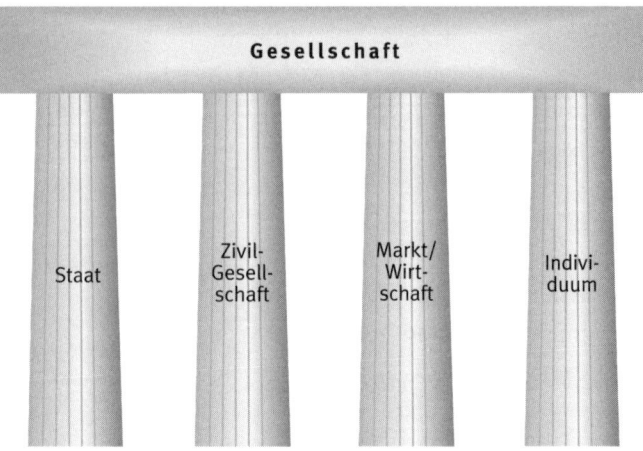

Abb. 26: Das Vier-Säulen-Modell
als Grundlage ganzheitlicher Politik

Starke Individuen: Die überwiegende Mehrheit der Menschen verfügt über Selbsttechniken, die sie dazu befähigen, Veränderungen in ihrer Umwelt nicht nur zu erleiden, sondern auch zu gestalten. Diese Fähigkeiten in den richtigen Kontext zu setzen, ist die vornehmste Aufgabe der Politik. Ohne die Kraft des Einzelnen kann sich eine Gesellschaft nicht weiterentwickeln. Wir haben nicht zu viel Individualität, sondern zu wenig reife, entwickelte (Selfness-)Individualität.

In diesem Vier-Säulen-Gesellschaftsmodell wird die Politik von den Überansprüchen befreit. Nun kann es leichter gelingen, die Spielregeln im Sinne von Synthesen, Kooperationen und Winwin-Spielen neu auszuhandeln. Erinnern wir uns noch einmal an die Grundregeln des Zivilisationswandels. Gesellschaftlicher Fortschritt ist nur möglich, wenn alle Bereiche der Gesellschaft sinnvoll synchronisiert werden. Der »kreative Weg« wäre also nichts anderes als ein politisches Betriebssystem für eine pluralistische und individualistische Kultur, in der nicht mehr Klassen, Milieus, Konfessionen das Leben der Menschen bestimmen. In ihm würde das Sozialkapital konsequent in hybriden Strukturen erzeugt – vom Markt und vom Staat, aber immer unterstützt von den individuellen Bürgern und ihren Assoziationen. Norbert Bolz nannte dieses Ensemble »Sozialkapitalismus«. Dass es so etwas geben könnte, ist für die meisten Binärdenker des Politischen eine pure Provokation. Und gerade deshalb sind wir auf der richtigen Spur in die Zukunft.[13]

Der Staat als Onkel

Für die Rolle des Staates in einer solchen »Politik jenseits der Lager« prägte der britische »Economist« den Begriff des »avuncular state«, des »Onkelstaats«. Wie ein Onkel eine gewisse kritische Distanz zu seinen Neffen halten muss, wäre der »Neo-Staat« eben kein bevormundender Nanny-Staat mehr, sondern ein Trainer:

»Ziel ... ist nicht der ›Kindermädchen-Staat‹, ein schimpfender Spielverderber, der seine Schützlinge dazu zwingt, brav sein Gemüse zu essen und seine Medizin zu nehmen. Stattdessen haben wir einen welterfahrenen Staat vor Augen, der uns einen Schubs in die richtige Richtung gibt und womöglich die Fäden zu unseren Gunsten zieht, ohne dass wir dies überhaupt bemerken.«[14]

Im realen Leben würde ein vernünftiger Onkel vielleicht den Führerschein bezahlen, aber nicht das Auto (und den auch nur, wenn der Neffe sich etwas selbst dazuverdient). Richard Thaler und Cass Sunstein haben dieses Prinzip in ihrem Buch »Nudge« als »Libertären Paternalismus« bezeichnet.

»Wenn jemand Zigaretten rauchen, jede Menge Süßigkeiten essen, eine ungeeignete Krankenversicherung abschließen oder nicht für sein Alter vorsorgen möchte, dann werden libertäre Paternalisten ihn weder daran hindern noch ihm Steine in den Weg legen. Dennoch versuchen private und öffentliche Entscheidungsarchitekten nicht nur, die vermuteten Vorlieben der Menschen vorherzusehen und umzusetzen, sondern sie geben den Leuten außerdem einen kleinen Stups in die richtige Richtung – einen Nudge.«[15]

Hier ist es wieder, das »Entscheidungsdesign« der Verhaltenspsychologie, das Menschen helfen soll, aus freier Erkenntnis heraus bessere Entscheidungen zu treffen – wenn sie das möchten. Thaler und Sunstein vertreten ein neues »Sozial-Engineering«, das durch ständige Verbesserung der Feedback-Schleifen die Gesellschaft evolutionär voranbringt, anstatt Wandel durch Gesetze zu erzwingen. Einige praktische Beispiele:

Selbst-Commitment: In einigen US-Bundesstaaten können sich Spielsüchtige in einer Internetliste eintragen, die ihnen nach einer gewissen Spielzeit und bestimmten verlorenen oder gewonnen

Beträgen Hausverbot in Casinos erteilt – eine klassische Anwendung der Ankerungstheorie.

Visualisierung: Private Altersvorsorge ist vor allem deshalb so unterentwickelt, weil viele Menschen keine Vorstellung davon haben, wie es ihnen im Alter wirklich gehen wird – und diesen Gedanken so lange verdrängen, bis die Versorgungslücke womöglich zu groß ist. Durch drastische optische Darstellung ließe sich dieses Manko verbessern. Thaler und Sunstein schlagen vor, Rentensparpläne mit Bildern zu drucken, die zeigen, was man sich mit der entsprechenden Rente im Alter leisten oder *nicht* leisten kann. Eine Villa, eine Hochhauswohnung in Marzahn oder eine Obdachlosenabsteige am Rande einer Müllkippe.

Collective Compliance: Menschen reagieren selten auf staatlichen Druck, Zwang oder moralische Vorhaltungen, weil sie damit keine positiven Gefühle verbinden können. Sie definieren ihren sozialen Status im Vergleich zum Nachbarn und halten den Staat für einen Gangster. Der Staat Minnessota schickt seinen säumigen Steuerzahlern deshalb keine Mahnung mehr, sondern eine freudige Mitteilung, dass *90 Prozent der Steuerzahler bereits bezahlt haben! Es wirkt!*

Antikorruptionsankerung: In Uganda kamen vor einigen Jahren nur etwa 30 Prozent der NGO-Spenden tatsächlich in den Schulen an. Dann wurden die bewilligten Bildungsmittel öffentlich an den Eingängen der Schulen ausgehängt. Danach erreichten rund 80 Prozent der Gelder die Schulen.

Die Messbarkeit der Maßnahmen

Wenn Politik nicht mehr Weltanschauungen oder Ideologien folgt, muss sie sich von modernen »Objectives«-Managementechniken leiten lassen. Ziele setzen, Ziele überprüfen und korrigieren, sich in langsamen Schritten nähern. »Evidence based politics« nennt sich dieser Weg in der angelsächsischen Politikdebatte.

Zunächst werden Fallbeispiele aus anderen Ländern oder Regionen herangezogen und evaluiert. Welches Schulsystem kitzelt besonders gut die Talente jedes Einzelnen heraus? Welche Politik hat es vermocht, den Anteil der Raucher in der Gesellschaft zu senken? Welche Migranten-Integrationspolitik zeigt die besten Ergebnisse? Welche Arbeitsmarktmaßnahmen bewähren sich? Mit welchen Methoden wurden Kriminalität und Drogensucht am besten reduziert? Schauen wir also auf andere Länder.

In einigen Regionen Finnlands, in denen die Herzinfarkt- und Schlaganfallraten aufgrund von Fehlernährung und mangelndem Bewegungsverhalten katastrophal hoch waren, gelang Ende der Neunziger Jahre eine vorbildliche Gesundheitskampagne, geleitet von dem Gesundheitsexperten Pekka Puska. Die Infarktraten konnten teilweise um 70 Prozent gesenkt werden. Erreicht wurde das durch eine Einbeziehung und systematische Koordination aller gesellschaftlichen Kräfte: In den Schulen wurden Süßigkeits- und Getränkeautomaten abgeschafft und das Schulessen verändert. Supermärkte wurden »sanft paternalistisch« dazu gebracht, mehr Obst und Gemüse anzubieten. Medien, Vereine, Zivilinstitutionen beteiligten sich an einer groß angelegten Sportkampagne, das Fernsehen und das Radio spielten mit. Haushalte, in denen Risikopatienten lebten, wurden von Ernährungsberatern besucht. Ein klassisches Beispiel von »Vier-Wege-Politik«.[16]

Wie kaum ein anderer Gesellschaftsbereich spiegelt das Gesundheitswesen die Soziokultur eines Landes wider. In den USA wurde Gesundheit stets als »Privateigentum« betrachtet; dennoch hat das Land eine ausgedehnte Armenversorgung. Man muss allerdings sehr arm und sehr krank sein, um behandelt zu werden, es sei denn, man kann sich Gesundheitsdienstleistungen zu jedem Preis kaufen. In Norwegen gehen die Menschen im Schnitt dreimal im Jahr zum Arzt, und sind dennoch gesünder als die Deutschen, die mit 14 Arztbesuchen im Jahr und ihrem tiefen Glauben an die Pillenmedizin fröhlich und schimpfend ihr System ruinieren. In China werden Ärzte niemals für Konsultation bezahlt, denn ihre

Tätigkeit gilt als Dienst an der Gemeinschaft. Dafür verschreiben sie noch viel mehr und viel teurere Medizin als bei uns.

Quer über diese kulturellen Differenzen hinweg geht man in New York und in Dänemark – zwei wahrhaftig unterschiedlichen Kultursystemen – ähnliche Wege staatlicher Gesundheitsintervention. Wer dort Diabetes hat, bekommt ein »Pflichtenheft« des staatlichen Gesundheitsversorgers, in dem Sport-, Ernährungs- und Entstressungspflichten festgesetzt sind. Wer dieses Programm nicht absolviert, muss im nächsten Jahr selbst für seine Behandlungen aufkommen. Wenn in einem dänischen Unternehmen die Krankenstände zu hoch werden, muss das Unternehmen Maßnahmen zur Gesunderhaltung einleiten oder höhere Beitragszahlungen leisten. Seit das sogenannte »Experience Rating« eingeführt wurde, investieren die Unternehmen verstärkt in die Gesundheit ihrer Mitarbeiter.[17]

Ein anderes Beispiel ist Dänemarks und Hollands Arbeitspolitik. In Holland liegt die Hilfe für Arbeitslose allein in der Hand der Gemeinde. Diese bekommt staatliche Zuschüsse (geregelt nach Einkommen und Kaufkraft), kümmert sich aber stets im Rahmen unmittelbaren Erlebens in der Nachbarschaft um die Arbeitslosen. Dabei gilt das Prinzip: keine Leistung ohne Gegenleistung. Wer Arbeitslosengeld beziehen will, kann dafür Kommunaldienste erledigen, woraus ein ordentlicher Job entstehen kann. Die Niederlande haben eine der niedrigsten Arbeitslosenraten Europas. Auch in Dänemark ist die Quote vergleichsweise gering, die Angst, den Arbeitsplatz zu verlieren, liegt bei nahezu null. Aber nicht, weil die Arbeitsplätze rundum »geschützt« wären, im Gegenteil: Es gibt praktisch keinen Kündigungsschutz. Bis zu 80 Prozent vom Gehalt werden maximal fünf Jahre lang weitergezahlt. Was kaum vorkommt. Jeder muss so gut wie jede Arbeit annehmen, auch wenn sie deutlich niedriger angesiedelt ist. Jeder Bürger hat gleichzeitig verbrieften Anspruch auf individuelle Talentberatung. Wer arbeitslos wird, hat sofort einen Trainer vor der Tür stehen, der mit ihm so lange arbeitet (und diskutiert), bis er wieder in

Lohn und Brot steht. Dänemarks Unternehmen sind in dieses »Welfare-to-work«-System eingebettet. Es ist ganz selbstverständlich, dass Firmen möglichst viele Arbeitslose aufnehmen, wenn sie Bedarf haben – sie können dabei darauf vertrauen, dass die Ausbildung hohe Qualität aufweist.

Anstöße gibt auch Kanadas Schulpolitik. Es ist noch erfolgreicher als das hoch gelobte finnische Bildungsmodell – und vergleichbar mit der mitteleuropäischen Situation, wo es ebenfalls in vielen Schulen hohe Migrantenquoten gibt. Kanada wird die erste Nation sein, in der mehr als 50 Prozent der Gesamtbevölkerung Tertiär-, sprich universitäre Bildungsabschlüsse vorweisen können. Erreicht wird dies durch ein konsequentes Gesamt- und Ganztagsschulmodell und hohe Autonomie der einzelnen Schulen bei intensiver Lehrerfortbildung. Und ein besonderes Augenmerk auf die Integration bildungsschwacher Schichten und Immigranten.[18]

Das Bildungssystem ist Wandlungsmotor jeder kreativen Ökonomie und Gesellschaft. In Ländern mit erfolgreichen Schulsystemen gilt der »Talentismus«: Nicht die Noten und der Abschluss stehen im Zentrum aller pädagogischen Anstrengungen, sondern immer der individuelle Schüler und sein Talent. In der Politik des kreativen Weges gilt: Unbegabte Schüler gibt es nicht. Alle Menschen sind neugierige Wesen voller Sehnsucht nach sich selbst – wir können ihnen bei dieser Suche helfen. Für diese Ausrichtung am Individuum werden alle Aspekte von Schule und Bildung auf den Prüfstand gestellt, von der täglichen Schulorganisation (Aufhebung starrer Stundenpläne, Ganztagsschule mit gutem Essen) bis zur Unterrichtsgestaltung (gruppenzentriertes »Selbstlernen« statt Frontalunterricht, individuelle Förderung von Schülern, Experiment- und Explorationsprimat). Die gesellschaftliche Wertschätzung der Schule als Bildungseinrichtung (die sich nicht zuletzt in einer ausreichenden Finanzierung ausdrückt) und die Verankerung in der unmittelbar umgebenden Gemeinschaft sind weitere entscheidende Punkte für den Erfolg.

In der Altersvorsorge hat die Schweiz eine vorbildliche Lösung gefunden. Die Schweiz hat bereits vor 50 Jahren ein »Cappucino«-Rentenmodell entwickelt, das dem demographischen Wandel robuster standhalten kann. Zur staatlichen Grundsicherung kommt eine staatlich geförderte, aber obligatorische Privatversicherung, dazu noch eine steuerlich entlastete Privatlebensversicherung. Alle, auch die höheren Einkommensklassen, zahlen in die Grundsicherung, die nur ein Grundeinkommen im Alter deckt. Die Schweizer bleiben deutlich länger im Beruf – und sind, was die demographischen Probleme angeht, viel gelassener. Ähnliche Konzepte hat auch Schweden entwickelt, wo auf den Rentenkapitalmärkten der Staat als direkter Anbieter auftritt: Man kann seine private Rentenversicherung in einem staatlichen Sparfond zu sehr günstigen Verwaltungskosten anlegen. Dadurch werden alle anderen Anbieter am Markt zu hoher Preis- und Effektivitätsdisziplin gezwungen.

Ein letztes Beispiel, die Drogenpolitik. Bis vor kurzem war die Therapie harter Drogen wie Heroin mit Tabus belegt. Alle konservativen Parteien in Europa votierten schlicht gegen jegliche Substitutionsversuche, und zwar mit denselben Argumenten, mit denen die katholische Kirche für die jungfräuliche Ehe plädiert. Doch still und heimlich setzt sich in praktisch allen europäischen Großstädten die kontrollierte Vergabe von Heroin an Langzeitsüchtige durch – seit Jahren sinkt die Zahl der Drogentoten und Neukonsumenten. Der »Economist«, ein eher konservatives Blatt, setzte sich vor kurzem sogar auf einem Titel für die staatliche Teil-Legalisierung von Heroin *weltweit* ein. Alle Studien, Untersuchungen und praktischen Erfahrungen belegen, dass Heroinsüchtige, die den Stoff legal vom Staat erhalten, länger und gesünder leben und fast komplett aus dem Kriminalitätsmilieu verschwinden. Diese Maßnahme hat bis jetzt auch nicht zu einer »opportunistischen Zunahme« der Heroinsucht geführt.[19]

Natürlich benötigt evidenzbasierte Politik Anpassungsschritte in Raum und Zeit – die einzelnen Modelle lassen sich nicht immer eins zu eins auf die jeweilige Situation, das spezifische Land, die Region übertragen. So könnte man zum Beispiel einige Zeit in einer Stadt Heroin an Drogensüchtige ausgeben, in einer weiteren Ersatzstoffe, in einer dritten die Zahl der Sozial- und Streetworker erhöhen plus den repressiven Druck auf die Drogensüchtigen. Und nach einiger Zeit die Ergebnisse messen. Und entsprechende Weichen stellen.

Das Prinzip Sesamstraße

Wo bleibt, möchte man jetzt einwenden, in einem solchen pragmatischen Politikmodell der politische Idealismus? Ist zum Beispiel der Erfolg von Barack Obama nicht ein Produkt der Sehnsüchte nach *dem ganz großen Wandel?* Kann Politik überhaupt ohne jene glühenden Energien der Utopien und Werte-Ideologien auskommen, mit denen man Massen und Meinungen mobilisieren kann?

So euphorisch die Anhänger Barack Obamas in den Wahlzeiten auch gewesen sein mögen, so pragmatisch agiert doch Obama selbst. Kluge Kommentatoren bezeichnen ihn heute als »ersten empirischen Präsidenten«, der Intellekt über Emotion stellt. Ganz pfiffige Analytiker bezeichnen ihn als »Ersten Sesamstraßen-Präsidenten der Welt«.[20]

Obama gehört zu jener globalen Generation, die mit der Kinderbildungsserie »Sesamstraße« aufgewachsen ist. Die Serie läuft seit 40 Jahren (1969) in über 50 Ländern der Welt und seit Beginn des Satellitenzeitalters in praktisch allen Fernsehern der Welt. In Indonesien heißt sie »Jalan Sesama« und propagiert die ethnische und kulturelle Diversität der indonesischen Gesellschaft, ebenso wie in Südafrika, wo ein Muppet HIV-positiv ist und damit *umgehen* lernt. In Israel, Palästina und Ägypten werden Mädchen unentwegt darauf hingewiesen, wie wichtig es ist, Schreiben und Lesen zu lernen. »Sesamstraße« und die Schwestersendung »Muppet Show« sind eine basisdemokratische Partizipationswelt der globalen Toleranz, des Bildungsprimats, der Entwicklungspsychologie, der Individualität – und des Humors. Kermit der Frosch, Bibo der Vogel, Miss Piggy, Krümelmonster, Oskar, Ernie und Bert, Grobi, Mumpitz, Samson und die zwei nörgeligen Alten in der Loge sind ein Abbild der gesellschaftlichen Diversität des 21. Jahrhunderts. »Die einzigen Kinder, die Sesamstraße durch eine Rassenbrille sehen könnten, müssten grün oder orange sein«, sagte einst Jim Henson, der einflussreiche Schöpfer der Serie. Wir alle sind die Produkte unserer kulturellen Einwirkungen, unserer »gesammeltem Meme«. Obama gibt, wie ein verantwortlicher Führer des kreativen Weges es tun muss, die Verantwortung zurück an die Mitspieler, ohne die eigene Verantwortung zu negieren – ein klassisches Re-Framing. Wenn er in Afrika spricht, macht er klar, dass die Afrikaner auch selbst verantwortlich für ihre Korruption, ihre Stagnation sind – und nicht nur der Kolonialismus des vergangenen Jahrhunderts. Wenn er das Gesundheitswesen reformieren will, versammelt er zunächst einmal alle Beteiligten an einem Tisch, mit einer deutlichen Aufforderung an die gesamte Gesundheitswesen-Muppet-Show, an Behörden, Pharmaindustrie, Krankenhausbetreiber, Gemeinden und Bürger, sinnvolle Vorschläge vorzulegen, wie man Amerikaner gesünder machen kann.

Keiner verlässt den Saal, der keine konstruktiven Vorschläge gemacht hat! Das könnte so etwas wie die zentrale Politparole der kreativen Gesellschaft sein. Verantwortliche politische Führung im 21. Jahrhundert setzt auf die Kräfte der Zivilgesellschaft, der Partizipation, des Ausgleichs. Sie zähmt das Populistische im Pragmatischen, schafft Netzwerke des Wandels, beharrt auf kooperativer statt dirigistischer Methodik. Politik von morgen entsagt dem Utopischen, weil sie eine bessere Alternative hat: viele kleine Schritte des Wandels. Das ist schwer genug. Aber alle andere Politik ist brandgefährlich. Oder nur noch hilf- und hoffnungslos.

Ausklang
YES WE CAN!

Alles in der Welt begann mit einem JA. Ein Molekül sagte JA
zu einem anderen Molekül, und das Leben begann.

Clarice Lispector

Ein weißes Fabrikgebäude mit Blick auf den Hafen, in dem bis
in die siebziger Jahre Heringe geteilt, entgrätet, gepökelt wurden.
Eine breite Ladenfront, in der bis zur »kreppa«, der großen Krise,
die Island im Herbst 2008 wie ein Tsunami ereilte, kühle und teure
Designermöbel standen. Nun findet sich hier ein Café, jede Menge
durcheinandergewürfelte Schreibtische, Monitore. Ein Tischfußball,
eine Tischtennisplatte, Plakate, Zeitungsausschnitte, Bilder an den
Wänden, Zettel, kleine Kunstwerke. Ein Fernsehstudio, ein professi-
oneller Konferenzraum mit Videowand, Sofas und Matratzen. Hier
residiert das »Ministry of Ideas«, Islands Antwort auf den Kollaps
seiner Wirtschaft, auch »Hugmyndahus«, Haus der Ideen, genannt.
Eine von Reykjavíks Universitäten unterstützte Ideenschmiede und
Netzwerkbörse für junge Unternehmen, eine Brutstätte für kom-
mende Entrepreneurs. Aber auch ein Krisenforum für kreative
Isländer, die sich für die Zukunft ihres Landes engagieren wollen.

Eine Gruppe widmet sich dem Food-Design. Man bringt inno-
vationswillige Bauern mit experimentierfreudigen Edelrestaurants
zusammen. Erste Produkte stehen schon: Rhabarbertoffee aus
Rhabarber und Zucker, und Sláturtorte, eine Abwandlung des
isländischen Nationalgerichts slátur, das aus Schafsblut, Zwiebeln,
Mehl und Gewürzen besteht. Ein anderes Startup-Team widmet
sich einem ehrgeizigen Mind-Games-Projekt. Mit Sensoren sollen die eigenen Hirnströme auf dem Handy sichtbar gemacht
und durch lustige Entspannungsübungen beruhigt und fokussiert
werden. Jeden Samstag versammeln sich rund 200 Menschen zu

offenen Diskussionen über die Perspektiven eines *anderen* Island nach der Krise. Professoren, Farmer, Hausfrauen, Fischereiunternehmer, Politiker, Künstler, Designer. Also die Bewohner Islands. Sie üben Zukunft. Geplant ist eine Großversammlung im Stadion, auf dem 1500 Isländer in moderierten Gruppen über die Zukunft ihres Landes nach der Krise beraten sollen.

»Niceland«, wie die Isländer ihre Insel inzwischen ironisch getauft haben, ist ein ungewöhnliches Zukunftslaboratorium am Rand der arktischen See. Besiedelt vor Tausenden von Jahren von Wikingern, die von hier aus nach Grönland und Amerika aufbrachen, entwickelte es sich zum Musterbeispiel einer kooperierenden Demokratie. Die 360 000 Isländer gehören zu den bestgebildeten, gesündesten, glücklichsten Bewohnern des Planeten. Sie leben eine Kombination aus Freiem Markt und Sozialismus, aus Kosmopolitismus und Bodenständigkeit, aus kollektiver Verwandtschaft und exzentrischem Individualismus, aus puritanischem Fleiß und hedonistischer Lockerheit.

Anfang des Jahres 2009 befand sich das kleine Paradies im schwarzen Strudel der Krise. Der virtuelle Reichtum, den die Isländer in den globalen Finanzboom-Jahren auf die Insel geholt hatten (vorher war Island vor allem ein Außenposten der NATO im Atlantik gewesen), kollabierte über Nacht. Die Währung brach um 80 Prozent ein, die Unternehmen verloren 90 Prozent ihres Börsenwertes, 30 000 Hausbesitzer waren plötzlich bis zum Hals überschuldet. Die Kräne, die sich in der Hauptstadt Reykjavík rund um die Uhr gedreht hatten, standen still.

Wie soll ein kleines Land, das plötzlich Milliarden Dollar Schulden hat, dessen Banken kollabierten, sich jemals wieder davon erholen? Wovon sollen die Isländer, bislang an Vollbeschäftigung bis ins siebte Lebensjahrzehnt und einen komfortablen Sozialstaat gewöhnt, in Zukunft leben, wenn sie nicht mehr von den Strömen des internationalen Kapitals profitieren?

Im Winter 2008/2009 entwickelte sich auf der Insel zum ersten Mal seit den Auseinandersetzungen um die US-Stützpunkte des Kalten Krieges wieder eine Protestbewegung. Die »Bewegung der Kochtöpfe« heizte den Politikern ein, besetzte teilweise sogar das gemütliche Parlament, in dem man sich seit 400 Jahren mit dem Vornamen anredet. Und dann begannen die Isländer, ihre Gesellschaft von innen her neu aufzubauen.

Eine charismatische Figur, die sich für die Sache starkmachte, fanden die Isländer in Gudjon Mar Gudjonson, dem Gründer der legendären Computerfirma OZ, einer der größeren isländischen Software-Firmen, die das »cloud computing« entwickelt, jene Wolke des Internets, die die nächste Generation der Computerwelt prägen wird. Gudjonson, den alle nur Gudjon nennen, spricht von einem »rebooting« der isländischen Wirtschaft, einer völlig neuen Ökonomie, die die Isländer als Bürger gemeinsam entwickeln müssen, in einer »Wolke von Innovationen«, in einem Open-Source-System.

Wie sieht eine Gesellschaft nach dem großen Crash aus? Wer Reykjavík durchstreift, sieht eine Gesellschaft im Kokonzustand. Die Bauruinen und leerstehenden Büros wirken wie Bühnen, auf denen jederzeit neue Aufführungen beginnen können. Eine seltsame Gelassenheit hat sich breitgemacht. Die alte Einkaufsstraße Laugavegur, die von der Innenstadt zu den heißen Quellen führt, in denen einst Reykjavíks Waschweiber die Wäsche wuschen, verlor lange Zeit ihre Kunden an die glitzernden Einkaufszentren. Nun regt sich neues Leben; Designer, kleine Modeläden, Buchhandlungen ziehen in die wieder erschwinglichen Ladengeschäfte. Wo vorher Filialen der Luxusmarken das Feld beherrschten, entstehen jetzt wuselige kleine Restaurants und Secondhand-Boutiquen mit rührenden Namen wie »E-Label« oder »Fabelhaft«.

Wenn man eine Menge Geld leiht, um falschen Wohlstand zu erzeugen, importiert man die Zukunft in die Gegenwart. Die Illusionen zerbrachen. Die Gewinner der Krise sind diejenigen, die sich jenseits der Einflusssphäre des großen Geldes befanden, die Außenseiter. Wenn die alten Rituale und Mechanismen nicht mehr wirken, macht die kreative Klasse das Spiel.

Zum Beispiel Alda, Mutter einer fast erwachsenen Tochter und dreier Stieftöchter, die als freie Journalistin für englischsprachige Medien und als Bloggerin arbeitet. Wie viele Isländer ist ihr Leben von globaler Mobilität und Heimatsehnsucht geprägt. Als Sechsjährige folgte sie ihrer Mutter, die einer Scheidung davonlief, nach Kanada und danach zwei Jahre nach Zypern. Später wurde sie von ihrer Mutter verstoßen und enterbt, lebte alleine in einem Haus, als sie 16 war, und kehrte als allein erziehende Mutter nach Island zurück. Eine fast schon normale Biographie.

Alda schreibt in ihrem Blog ein Tagebuch des Wandels: eines Menschen, eines Landes, von Weltwahrnehmungen. Es wimmelt von Hunden, Pferden, Sonnenuntergängen und pastellfarben angemalten Holzhäusern. Im Juli 2009 heißt es:»In jeder Beziehung ist das Leben gut, trotz aller Krise und Korruption und anderem Wahnsinn. Die Dinge, die wirklich wichtig sind, haben sich nicht geändert – wir haben immer noch genug Essen auf dem Tisch, alle sind gesund und erfreuen sich des Lebens.«

Island nach der »kreppa« zeigt uns wie unter dem Brennglas drei Megatrends für die nahe Zukunft. Der erste lautet: *Back to the basics*. Menschen werden sich wieder mehr mit den Grundlagen ihres Daseins beschäftigen. Mit Ernährung. Natur. Handwerk. Den stofflichen Dingen, den Traditionen unserer Existenz. Island ist eine Fischfangnation inmitten eines ressourcenreichen Ozeans. Dieser Ressource wieder ihren Wert zurückzugeben, anstatt in den Kampf um Fangquoten und pure Tonnage einzusteigen, wäre ein lohnendes Projekt. Island hat aber auch 900 000 Schafe, eine reichhaltige handwerkliche Tradition, eine traditionelle Holzbautechnik, deren Produkte Kälte und Stürmen trotzen können. Handwerk bildet die robuste Basis jeder Lebensform. Ohne Handwerk verstehen wir wenig von der Welt.

Der zweite Megatrend lautet: *grüne Energien*. Die Vulkaninsel kann durch Erdwärme und Wasserkraft 90 Prozent ihres Energiebedarfs decken – und im Winter sogar die Bürgersteige beheizen. Bislang wollte Island diese Energien als Standortvorteil nutzen und eine gigantische Aluminiumindustrie entwickeln. Aber die Krise trieb die ausländischen Investoren in die Flucht, und das ist wohl auch gut so. Jetzt formiert sich eine Bewegung gegen die Reindustrialisierung dieser Insel voller Naturschönheiten. Island könnte als eines der ersten Länder der Erde völlig autark von den fossilen Energien werden, eine CO_2-neutrale Nation. Was andernorts als ferne ökologische Utopie betrachtet wird, ist in Island sicht- und realisierbar.

Die dritte Kraft hört auf den Namen *Netzmacht*. Die Computer-Revolution entfaltet erst jetzt ihre volle soziale, weltumspannende Kraft. Islands Branche mit den besten Zuwachsraten, dreimal so groß wie der Fischfang, ist der Internet-Computer-Sektor. Von Island aus werden virtuelle Welten programmiert wie das Weltraum-Exodus-Spiel EVE. Es ist das erste selbst-evolutionierende Massive-Online-Spiel. Die virtuelle Welt, in der heute bereits mehr Mannjahre als in den Pyramiden (400 000) stecken, wird ständig in Zusammenarbeit mit den Spielern weiterprogrammiert.

340 000 hoch gebildete, englischsprachige, familienverbundene Individualisten. Viele Isländer werden weggehen, ihr Glück und Geld woanders suchen. Aber das ist nichts Neues. Die meisten werden zurückkommen. Das neue Island wird vielleicht »ärmer« sein. Aber was bedeutet das in einer Welt voller verschwenderischer Waren, die immer billiger herzustellen sind? Islands fordernde Natur ähnelt auf manche Weise der Umwelt der Maya: Vulkane, Stürme, wenig fruchtbarer Boden, dazu kommen noch Kälte und Dunkelheit. Und dennoch sind die Isländer das beste Beispiel dafür, dass das Maya-Schicksal nicht zwangsläufig ist. Es scheint ihnen zu gelingen, das Coping zur Basis ihres gemeinsamen Lebens zu machen und Vertrauen und Bereitschaft zur Kooperation als Gesellschaftsprinzip zu verankern. Sie erfühlen vorsichtig den Grund ...

DANK MIT METHODE

Danksagungen am Ende von dicken Büchern ähneln oft einer leicht verklemmten Entschuldigung. Das Handwerk des Schreibens bringt verschiedene Abstufungen von sozialem Autismus mit sich, und nun gilt es, Abbitte zu leisten. Und so liest man in den Epilogen denn auch immer wieder die (meist männliche) Prosa: »Ich danke meiner Frau und den Kindern, dass sie mich in meinem Schaffensrausch so lange ertrugen – und meiner Frau, dass sie das Manuskript geduldig mit mir durchging und korrigierte und Kaffee kochte...«

Meine Frau Oona trinkt nur Tee. Und den bereite meistens ich zu. Unser kreatives Eheleben ist seit eineinhalb Jahrzehnten vom Versuch umweht, all diese Dinge etwas anders zu machen als zwischen Mann und Frau üblich. Da Oona ebenfalls Bücher schreibt, erwies sich dieses Experiment als zumindest nicht unmöglich. Ich danke ihr dennoch, dass sie mir zwischendrin immer wieder den halbdelirischen Zustand eines Buchautors nachsah. Ich werde versuchen, ihr dieses Privileg in Zukunft auch zu ermöglichen.

Ich danke den Rechercheuren, die bei diesem Werk geholfen haben: Daniela Lupp und Tricia Strathern sowie Alda Sigmundsdóttir, die samt ihrem wunderbaren Blog *icelandweatherreport.com* Teil meiner Island-Erfahrung ist. Meiner Lektorin Julia Hoffmann. Der wunderbaren Wirtin Evelyn, die mich in ihrem kreativen Hideaway-Hotel Haus Hirt in Bad Gastein in den entscheidenden Schreibphasen beherbergte. Meinem ausdauernden und enorm mit angelsächsischem Humor begabten Agenten Michael Meller. Wie immer meinem Schwiegervater Paul Strathern, dem besten wandelnden humanistischen Bildungslexikon unter der angelsächsischen Sonne, pardon, den Londoner Regenwolken. Dem Inspirator Tiki Küstenmacher, mit dem mich so viel verbindet, auch das Zeichnen von Knollennasen. Und der strengen

Adele, Herrscherin über unser Wiener Büro, die mir durch manchen guten Schmäh den Rücken freihielt.

Und ich danke denjenigen, die als freundliche und kritische Leser meiner früheren Bücher, als Zuhörer meiner Vorträge oder Kunden des Zukunftsinstitutes ein solch ehrgeiziges Buchprojekt erst ermöglicht haben. Und die meinem Versuch, eine neue schreibende Verbindung zwischen Systemwissenschaften, Wirtschafts- und Gesellschaftsdiskursen zu versuchen, etwas abgewinnen können. In den angelsächsischen Ländern, woher viele meiner Inspirationen und Recherchen stammen, lösen sich die Trennungen zwischen diesen Sphären langsam auf. Amerikanische Professoren bemühen sich zumeist, ihre Erkenntnisse auf eine Weise zu veröffentlichen, die Publikum anzieht, fasziniert und – Frevel! – unterhält. Das Subjektive ist in einem solchen Text kein Fremdkörper, es werden Experimente im öffentlichen Raum veranstaltet, ja sogar Witze gemacht. Und ordentlich Geld jenseits der Professorensaläre verdient. (All das wird den erzählenden Wissenschaftlern von den Dementoren des alten Wissenschaftsapparates natürlich heftig verübelt.) Die »Dritte Kultur«, der ich mich verpflichtet fühle, besteht in dem Versuch, einen neuen Dialog zwischen den Geistes- und Naturwissenschaften *und* dem breiten Publikum herzustellen. (Ein Versuch, der dankenswerterweise inzwischen in einigen deutschsprachigen Medien aufgenommen wurde.)

Nehmen wir die alte Trennung zwischen den Geistes- und Naturwissenschaften: Können wir wirklich das Geistige vom Biologischen trennen, die Philosophie von der Sozialwissenschaft? Das industrielle Denken hat uns genau das beigebracht: *Teilen, Trennen, Spezialisieren.* Doch die Spezialisierung ist heute an Grenzen gelangt. Ökonomen verstehen von der Welt, wie die jüngste Krise gezeigt hat, nur Bahnhof, wenn sie sich in ihrem Formelwerk verbarrikadieren. Die »Einheit des Wissens« (E. O. Wilson, Insektenkundler, Evolutionsforscher und Soziobiologe aus dem altehrwürdigen Harvard) ist in greifbare Nähe gerückt, schon weil wir anders nicht mehr weiterkommen. Wenn man anthropologische Fragestellungen lösen will, kommt man um die Evolutionsbiologie nicht herum. Wer Evolutionsbiologie besser verstehen will, braucht die Hirnforschung. Wer die Psychologie weiterentwickeln will, muss sich der Kognitions- und Verhaltenswissenschaft zuwenden. Und so entstehen immer mehr jener spannenden »Syn-Sciences«, der Synthesewissenschaften, die in diesem Buch als die eigentlichen Hauptdarsteller auftreten: Evolutionspsychologie, Kognitionswissenschaften, »Choice Science«, ökonomische Psychologie, »darwinistische Archäologie«, ökonomische Spieltheorie, Epigenetik. Die Kombinationsmöglichkeiten sind fast unendlich. Die Wissenschaft der Zukunft gilt den »Mustern, die verbinden« (Bernhard Mutius).

Die wissenschaftlichen Arbeiten und glänzenden Autoren, die diesem Buch die nötigen Grundlagen verschafft haben, sind in Text und Anhang aufgeführt. Ich möchte an dieser Stelle noch einige besonders erwähnen, denen ich mich in Herz und Geist verbunden fühle und die sich in besonderer Weise dem Projekt des »integrativen Pluralismus« – so die Diktion der Wissenschaftstheoretikerin Sandra Mitchell – verschrieben haben. Als meine Mitstreiter empfinde ich zum Beispiel Robert Wright oder auch Malcolm Gladwell. Stefan Jansen, den klügsten Zirkusdirektor der spannendsten Universität Deutschlands, der Zeppelin-Universität am Bodensee, bei der ich die Ehre eines Lehrauftrags in Prognostik innehabe. Ohne die geistige Aura der Zeitschrift »Brand Eins« wäre die deutschsprachige Medienlandschaft noch trauriger, als ich sie hier manchmal geschildert habe. Im Umfeld der »Dritten Kultur« sehe ich auch die hervorragende Arbeit von TED, jener »Plattform der Neudenker«, auf der man das Wissen der Syn-Sciences in wunderbaren Vorträgen abrufen kann (www.TED.com). In Deutschland arbeiten Gerald Hüther, der Hirnforscher, oder Stefan Bergheim, der Gründer des Instituts für Glücks- und Fortschrittsforschung, in eine ähnliche Richtung. Und Josef H. Reichholf schafft es immer wieder, mich mit seinen poetischen Erzählungen über die Ursprünge des Menschseins zu begeistern.

Weil all diese »beautiful minds« sich nicht vom Virus des dunklen Denkens anstecken ließen, sondern lebendig nach vorne reflektieren, leben wir in spannenden Zeiten, in denen sich womöglich langsam die weißen Flecken auf den Landkarten des Weltverstehens füllen lassen. Das alte Projekt der Aufklärung ist nicht tot, im Gegenteil. Es entwickelt ganz neue Tanzschritte.

ANMERKUNGEN

1 Die große Transformation

1 Eine gute Übersicht über die !Kung-Kultur: http://social-shadow.
   tripod.com/family.html.
2 Shostak, Marjorie: Nisa: The Life and Words of A !Kung Woman.
   Cambridge, Mass. 2000, S. 77–81.
3 Wright, Robert: Nonzero: The Logic of Human Destiny. New York
   2000, S. 67.
4 Olson, Steve: Mapping Human History: Genes, Race, and Our
   Common Origins. New York 2002, S. 11 ff.
5 Konfliktgründe sind oft Wasserressourcen: !Kung-Sippen »besitzen«
   einzelne Wasserlöcher, das heißt, sie reklamieren ein temporäres
   Nutzungsrecht, aber durchziehende Sippen sind berechtigt, sie mit
   Zustimmung des informellen Sprechers zu benutzen – diese Geneh-
   migung wird fast immer erteilt. Erlegte Tiere gehören demjenigen,
   »dessen Pfeil als Erster in das Fleisch eindrang«.
6 Jüngere Forschungen zeigen, dass sich die !Kung vielleicht doch nicht
   immer so friedlich und ausgeglichen verhalten, wie es die meisten
   Forscher berichteten – ihr Konflikt-Ausgleichssystem ist womöglich
   fragiler, als es den Anschein hat. Einige Anthropologen berichteten in
   den sechziger Jahren über hohe Mordraten innerhalb der !Kung-Kul-
   tur (Wright, Nonzero S. 56). Andere Jäger-und-Sammler-Kulturen
   gelten inzwischen als die gewalttätigsten der Menschheitsgeschichte –
   die Geschichte vom »friedlichen Wilden« ist weitgehend widerlegt. So
   wurden beim Stamm der Waorani im Amazonasgebiet in den fünfziger Jahren 39 Prozent der Frauen und 54 Prozent der Männer durch
   interne Sippenkonflikte getötet – bevor dieser Stamm nennenswerten
   Kontakt mit der Umwelt hatte (Sharon Begley, Don't blame the Cave-
   men, Newsweek.com). Bei den Jivaro starben sogar 60 Prozent der
   männlichen Bevölkerung an internen Gewalttaten und kriegerischen
   Handlungen, siehe Keeley, Lawrence H.: War before Civilization: The
   Myth of the Peaceful Savage. New York/Oxford 1997.
7 McDowell, Paul: !Kung San of the Kalahari Desert, www.slideshare.
   net/PaulVMcDowell/slideshows/
8 Siehe Hames, Raymond; Draper, Patricia: Women's work, child
   care and helpers at the nest in a hunter-gatherer society. In: Human
   Nature 15(4):319–341. 2004.

9 The Voyage of the Beagle, S. 183 f., zitiert nach Wright, Robert: The Moral Animal. New York 1994, S. 237.

10 Darwin wies Marx' Vorschlag mit dem Hinweis auf seine »geringen Kenntnisse der Ökonomie« freundlich zurück. Friedrich Engels brachte beim Begräbnis von Marx beide noch näher zusammen: »Wie Darwin die Gesetze der Evolution in der organischen Natur entdeckte, entdeckte Karl Marx die Gesetze der Evolution in der menschlichen Geschichte.« Siehe u. a. Bannerman, John Thornton: Marx, Darwin, and the Scientific Ideology, in: Liberty Bell, Bd. 10, Nr. 11, Juli 1983.

11 Olson: Mapping Human History, S. 74 ff.

12 Die Schlafkrankheit, Trypanosomiasis, ist keineswegs, wie der Name suggeriert, nur eine Art chronischer Müdigkeit, sondern eine echte Killer-Seuche. Im Endstadium kommt es zu einem Dämmerzustand, der der Krankheit ihren Namen gegeben hat.

13 Reichholf, Josef H.: Warum die Menschen sesshaft wurden: Das größte Rätsel unserer Geschichte. Frankfurt am Main 2009, S. 244 ff. Siehe auch Boserup, Ester. The Conditions of Agricultural Growth. The Economics of Agrarian Change under Population Pressure. Berlin 1965.

14 Mankell, Henning: Das Auge des Leoparden. München 2006, S. 18.

15 Wright: Nonzero, S. 68 ff. Cordain, Loren: Das Getreide – Zwei-schneidiges Schwert der Menschheit. In: Novagenics, 2004, S. 6 f.

16 Wright: Nonzero, S. 78.

17 Wright: Nonzero, S. 68.

18 Reichholf: Warum die Menschen sesshaft wurden, S. 300.

19 Schroeter, Willy: Große Sonne und sein Volk. Bemerkungen über die Natchez. In: Magazin für Amerikanistik, Heft 1 und 2, 1999. Siehe auch Wright, Nonzero, S. 79.

20 Zitiert nach Beinhocker, Eric D.: Die Entstehung des Wohlstands: Wie Evolution die Wirtschaft antreibt. Landsberg am Lech 2007, S. 287.

21 Marc van Vugt: »Why be a follower?« In: New Scientist, 14. Juni 2008.

22 Max Weber schrieb in seinem Essay »Die sozialen Gründe des Untergangs der antiken Kultur« (»Schriften« 1894–1922): »Der antike Sklaven-Betrieb ist gefräßig an Menschen wie der moderne Hochofen an Kohlen. Der Sklavenmarkt und dessen regelmäßige ausreichende Versorgung mit Menschenmaterial ist die unentbehr-liche Voraussetzung für die produzierende Sklavenkaserne.«

23 Zu Mem-Theorie (der Begriff stammt von Richard Dawkins) siehe
z. B. Becker, A., C. Mehr, H. H. Nau, G. Reuter und D. Stegmüller:
Gene, Meme und Gehirne. Frankfurt 2003; Blackmore, Susan: The
Meme Machine: New York 1999.

24 Braudel, Fernand: A History of Civilizations. New York 1993, S. 374.

25 Braudel, History, S. 376 ff.

26 Der Historiker Michael Mitterauer führt in »Warum Europa: Mittelalterliche Grundlagen eines Sonderwegs«. München 2003, S. 106 f.
aus: »Anders als in Ahnenkultgesellschaften ist es in der europäischen Tradition nicht notwendig, möglichst viele Kinder zu haben,
damit zumindest ein Sohn die Eltern überlebt. In Ahnenkultgesellschaften haben die den Ahnen am nächsten stehenden Alten eine
besonders angesehene Stellung. In der europäischen Familientradi-
tion gibt es hingegen kein Senioritätsprinzip. Die Stellung des Haus-
vaters kann ohne weiteres zu Lebzeiten übergeben werden – was zu
einer grundlegend anderen Einstellung zu Innovationen führt.«

27 Siehe Levin, Christoph; Hose, Martin: Metropolen des Geistes.
Frankfurt 2009.

28 Landes, David: Wohlstand und Armut der Nationen: Warum die
einen reich und die anderen arm sind. Berlin 1998, S. 51 ff.

29 Herman, Arthur: How the Scots Invented the Modern World: The
True Story of How Western Europe's Poorest Nation Created Our
World & Everything in It. New York 2001, S. 321.

30 Ebd., S. 321.

31 Ebd., S. 323.

32 Toffler, Alvin: The Third Wave. New York 1980, S. 61.

33 Sennett, Richard: Handwerk. Berlin: Berlin-Verlag, 2008

34 Vgl. Porter, Roy, und Mikulás Teich: Die Industrielle Revolution in
England, Deutschland, Italien. Berlin 1998.

2 Kulturen der Angst

1 Landa, Diego de: Bericht aus Yukatan. Stuttgart 2007.

2 Stephens, John L., Ernst Bartsch: Die Entdeckung der alten Mayastätten. Stuttgart 1993.

3 Landa, Bericht, S. 79.

4 Landa, Bericht, S. 34 f.

5 Siehe Brian d'Amatos Science-Fiction-Maya-Epos »2012«, das das
»Opferspiel« der Mayas in allen Einzelheiten schildert – wenngleich
vielleicht nicht immer historisch sauber ...

6 Landa, Bericht, S. 171.

7 Neueste Funde in Guatemala scheinen darauf hinzuweisen, dass es noch eine weitere, »vorklassische« Periode der Maya gab, die einige Jahrhunderte vor Chr. ihren Höhepunkt erreichte. Das würde bedeuten, dass die Kultur noch älter und damit auch »stabiler« war, als bislang bekannt.

8 Whitson, Jennifer A.: Lacking control increases illusory pattern perception. In: Science, Bd. 322/5898, 2008, S. 115–117.

9 Einen Überblick über die aktuelle Forschung gibt Ingrid Glomp: Der Körper vergisst nicht – Eine traumatische Kindheit hinterlässt Spuren sogar im Immunsystem und im Erbgut. In: Psychologie heute, August 2009, S. 52 ff.

10 Siehe Diamond, Jared: Collapse. New York. 2006, S. 176 (dt. Ausgabe: »Kollaps«, Frankfurt 2005).

11 Sterman, John D.: Business Dynamics – System Thinking and Modeling for a Complex World. Boston 2000, S. 19 ff.

12 Landa, Bericht, S. 110: »Dieses Jahr, in dem Ix der Sonntagsbuchstabe war, hielten sie für ein Jahr, in dem sie großer Wassermangel und viel Sonnenhitze, welche die Maisfelder versengten, heimsuchen würde, wegen des Hungers käme es zu Diebstählen, und deshalb würde man diejenigen, die Diebstähle begingen, zu Sklaven machen und verkaufen … Sie sagten, eine Heuschreckenplage sollte sie heimsuchen, und durch den Hunger würden sich ihre Ortschaften weitgehend entvölkern. Der Teufel gebot ihnen, als Mittel gegen diese Übel ein Götzenbild zu machen und es in den Tempel zu stellen, ihm viele Gaben und Gebete zu widmen und ihr Blut zu vergießen, mit dem sie den Stein des Teufels Zacacantun bestrichen …«

13 Hüther, Gerald: Biologie der Angst. Göttingen 2005, S. 43.

14 Sloterdijk, Peter: Du musst dein Leben ändern. Frankfurt 2009, S. 22.

15 Nietzsche, Friedrich: Also sprach Zarathustra. Köln 2005, S. 81.

16 Moïsi, Dominique: Kampf der Emotionen: Wie Kulturen der Angst, Demütigung und Hoffnung die Weltpolitik bestimmen, München 2009.

17 Nach Ley, Michael: Apokalyptische Bewegungen in der Moderne. In: Der Nationalsozialismus als politische Religion. Bodenheim 1997, S. 26.

18 Siehe Kleßmann, Christoph, und Bernd Stöver: Der Koreakrieg: Wahrnehmung – Wirkung – Erinnerung. Wien, Köln, Weimar 2008.

19 Gladwell, Malcolm: Überflieger: Warum manche Menschen erfolgreich sind – und andere nicht. Frankfurt 2008, S. 150.

3 Die Zyklen des Fortschritts

1 http://www.anthro.utah.edu/PDFs/cashdan/whr.pdf
2 Mead, Margaret: Der Konflikt der Generationen – Jugend ohne Vorbild. Eschborn 2006.
3 Zitiert nach Sachs, Jeffrey D.: Das Ende der Armut: Ein ökonomisches Programm für eine gerechtere Welt. München 2005, S. 47.
4 Zitiert nach Brandstätter, Christian (Hrsg.): Wien 1900, Kunst und Kultur – Fokus der europäischen Moderne. Wien 2005, S. 321.
5 Zur »Mentalität« da Vincis (und der ganzen Renaissance) empfehle ich Stefan Klein: Da Vincis Vermächtnis oder Wie Leonardo die Welt neu erfand. Frankfurt 2008; Strathern, Paul. The Artist, the Philosopher and the Warrior: Leonardo, Machiavelli and Borgia – a Fateful Collusion. London 2009.
6 Herman, Arthur: How the Scots Invented the Modern World: The True Story of How Western Europe's Poorest Nation Created Our World & Everything in It. New York 2001.
7 Herman, How the Scots, S. 194.
8 Herman, How the Scots, S. 11.
9 Schon um 1750 konnten fast 75 Prozent der Bewohner der schottischen Halbinsel lesen und schreiben. 1795 lebten 20 000 Menschen (bei 1,2 Millionen Einwohnern) von der Buch-, Druck- und Verlagswirtschaft und über 10 000 als Lehrer. In Edinburgh und Glasgow entstanden Universitäten, die sich schnell den Mittelschichten öffneten und öffentliche Vorlesungen abhielten. Herman, How the Scots, S. 26.
10 Herman, How the Scots, S. 98.
11 Neuwirth, Robert: Shadow Cities: A Billion Squatters, a New Urban World. New York 2006.
12 Neuwirth, Shadow Cities S. 2, 17.
13 Sußebach, Henning: Das urbane Jahrhundert. In: Die Zeit, 24. 4. 2008, S. 42.
14 Bowles, Samuel; Durlauf, Steven N.; Hoff, Karla: Poverty Traps. Princeton 2006.
15 Siehe Paul Romers Vortrag auf www.TED.com, 2009: Radical Idea: Charter Cities – could Guantanamo Bay become the next Hongkong?
16 Siehe Rapaille, Clotaire: The Culture Code. New York 2007.

4 Die Weisheit der Krise

1 Schrey-Vasara, Gabriele: Hier ist Finnland: Wissenschaft, Handel, Kultur, Industrie, Geschichte. Helsinki 1999, S. 156.
2 Strathern, Paul: Schumpeters Reithosen: Die genialsten Wirtschaftstheorien und ihre verrückten Erfinder. Frankfurt am Main 2003.
3 Galbraith, John Kenneth: A Short History of Financial Euphoria. London 1990.
4 Sterman, John D.: Business Dynamics: Systems Thinking and Modeling for a Complex World. Boston 2000.
5 Siehe auch Händeler, Erik: Die Geschichte der Zukunft. Moers 2005.
6 Müllenkemper, Cornelius: »Ich bin lebendiger, als du es je warst«, http://www.spiegel.de/panorama/gesellschaft/0,1518,610951,00.html
7 Horwitz, Allan V.; Wakefield, Jerome C.: The Loss of Sadness: How Psychiatry Transformed Normal Sorrow into Depressive Disorder. Oxford 2007.
8 Pionierarbeit zum Resilienzthema hat vor allem Aaron Antonovsky in den siebziger Jahren geleistet, siehe: Health, Stress and Coping. San Francisco 1979; Unraveling the Mystery of Health: How People Manage Stress and Stay Well. San Francisco 1987; Salutogenese: Zur Entmystifizierung der Gesundheit. Tübingen 1997.
9 Pennac, Daniel: Schulkummer. Köln 2009.
10 Cyrulnik, Boris: Mit Leib und Seele: Wie wir Krisen bewältigen. Hamburg 2007, S. 40 f.

5 Die Psychologie des Wandels

1 Die meisten Herzkranken in Deutschland und anderen Industriestaaten zeigen weiterhin keine Neigung zu gesünderem Lebenswandel und schlucken stattdessen lieber mehr Medikamente. Das geht aus einer Studie der Universität Münster hervor, deren Ergebnisse in der britischen Fachzeitschrift »Lancet« (Bd. 373, S. 929) veröffentlicht wurden.
2 Hüther, Biologie der Angst, S. 40, 68.
3 Zitiert nach Cyrulnik, Boris. Mit Leib und Seele: Wie wir Krisen bewältigen. Hamburg: 2007, S. 27
4 Kokain verursacht eine Art »Megacoping«, eine Dauereuphorie gepaart mit Größenwahn. Und Heroin substituiert die körpereigenen Belohnungssubstanzen komplett, weshalb die Droge so süchtig macht.

5 Siehe Diane Benscoter, How cults rewire the brain, auf www.ted. com.

6 Vgl. Ornish, Dean: Revolution in der Herztherapie: Der Weg zur vollkommenen Gesundheit. Stuttgart 2006.

7 Siehe dazu den Vortrag von David Ornish auf www.ted.com.

8 Siehe Gilovich, Thomas; Griffin, Dale; Kahneman, Daniel: Heuristics and Biases: The Psychology of Intuitive Judgment. Cambridge 2002.

9 Lakoff, George; Dean, Howard; Hazen, Don: Don't Think of an Elephant: Know Your Values and Frame the Debate: The Essential Guide for Progressives. White River Junction 2004.

10 Das heißt nicht, dass immer mehr Menschen oberflächliche Beziehungen zu ihren Ehepartnern haben. Vielmehr andersherum: Wenn die emotionalen Beziehungen zum (normalgewichtigen) Partner schwach sind, wird Fettleibigkeit leichter »sozial selektiert«; die Wahrscheinlichkeit, dass wir uns in ein Sozialsystem einklinken, das Dicksein mit Fröhlichsein assoziiert (und wir dann entspannt dick werden), steigt an. Weiterhin lässt sich vermuten, dass stark übergewichtige Menschen sich gegen intime Nähe »panzern«. Offenbar kann aber auch der Ehepartner als »Anker« dienen, denn es gibt auch eine große Anzahl übergewichtiger Paare.

11 Vgl. Tenzer, Eva: »Think Negative«. In: Frankfurter Allgemeine Zeitung, 24./25. Januar 2009, C1.

12 Vgl. Norem, Julie K.: The Positive Power of Negative Thinking: Using Defensive Pessimism to Harness Anxiety and Perform at Your Peak. New York 2001.

13 Zitiert nach Shorter, Laurence: The Optimist: One Man's Search for the Brighter Side of Life. Edinburgh 2009, S. 199.

14 Ariely, Dan: Denken hilft zwar, nützt aber nichts: Warum wir immer wieder unvernünftige Entscheidungen treffen. München 2008, S. 41.

15 Das Beispiel stammt aus: Thaler, Richard H.; Sunstein, Cass R.: Nudge: Wie man kluge Entscheidungen anstößt. Berlin 2008.

16 New Scientist, 1.8.2009, S. 3.

17 Fisher, Len: Rock, Paper, Scissors: Game Theory in Everyday Life. New York 2008.

6 Helden des Selbst

1 Vgl. Eliana La Ferrara, Alberto Chong, Suzanne Duryea: Soap Operas and Fertility, März 2008, www.econ.upf.edu/docs/seminars/laferrara.pdf.
2 Vgl. Virtual Worlds, Virtual Leaders – Online Games Put the Future of Business Leadership on Display – a Global Innovation Outlook 2.0 Report. IBM 2005.
3 Metzinger, Thomas: Der Preis der Selbsterkenntnis. Beschert uns die Hirnforschung mit einem neuen, naturalistischen Menschenbild auch das Ende der Religion? In: Gehirn & Geist 7/8, 2006.
4 Robinson, Ken: The Element: How Finding Your Passion Changes Everything. London 2009, S. 7 ff.
5 Zur Generativität siehe Ernst, Heiko: Weitergeben! Anstiftung zum generativen Leben. Hamburg 2008.
6 Die beste Arbeit zu diesem Thema: Tennov, Dorothy: Limerence: Über Liebe und Verliebtsein. München 1981.
7 Augustinus, Aurelius: Über das Glück. Ditzingen 1986, 4, 35.
8 Siehe den wunderbaren Vortrag von Barry Schwartz über Weisheit auf www.ted.com/talks/barry_schwartz_on_our_loss_of_wisdom.html.
9 Thomas W. Meeks; Dilip V. Jeste: Neurobiology of Wisdom: A Literature Overview. Archives of General Psychiatry, 2009, 66 (4): 355 DOI: 10.1001/archgenpsychiatry.2009.8.

7 Dynamisches Denken

1 Die beste Darstellung dieses Mechanismus findet sich in: Damasio, Antonio R.: Descartes' Irrtum: Fühlen, Denken und das menschliche Gehirn. München 2004.
2 Gilbert, Daniel: Stumbling on Happiness. New York 2006, S. 94. Gilbert schildert auf den Seiten 83 bis 110 einige Experimente zum Thema »Kopfkino«.
3 Zitiert nach Damasio, Descartes' Irrtum, S. 128.
4 Fuch, Thomas: Das Gehirn, ein Beziehungsorgan. Eine phänomenologisch-ökologische Konzeption. Stuttgart. 2008.
5 Sherif, M.; Sherif, C. W.: Experimentelle Untersuchungen zum Verhalten in Gruppen. In: Koch, Jens-Jörg. Sozialer Einfluss und Konformität. Das Feldexperiment in der Sozialpsychologie, Bd. 2. Weinheim und Basel 1977.

6 Ein tolles Buch dazu: Kepplinger, Hans Mathias: Die Mechanismen der Skandalisierung: Die Macht der Medien und die Möglichkeiten der Betroffenen. München 2005.

7 Siehe Strathern, Paul: A Brief History of Medicine from Hippocrates to Gene Therapy. London 2005.

8 Pirsig, Robert M.: Zen und die Kunst ein Motorrad zu warten. Frankfurt 2006.

9 Kahneman, D.; Tversky A.: Prospect Theory: An Analysis of Decision under Risk. In: Econometrica, 1979, Bd. 47, Nr. 2, S. 263–291. Siehe auch Kahneman, D.; Tversky, A.: Advances in Prospect Theory: Cumulative Representation of Uncertainty. Cambridge 1992; Kahneman, Daniel; Slovic, Paul; Tversky, Amos. Judgment under Uncertainty: Heuristics and Biases Cambridge 1982.

10 Harford, Tim: The Logic of Life: Uncovering the New Economics of Everything. London 2008, S. 67 ff.

11 Spork, Peter. Der Zweite Code. Epigenetik – Oder wie wir unser Erbgut steuern können. Reinbek 2009.

12 Spork, Der Zweite Code, S. 44.

13 Spork, Der Zweite Code, S. 18.

14 Mitchell, Sandra: Komplexitäten. Warum wir erst anfangen, die Welt zu verstehen. Frankfurt 2008.

15 Süddeutsche Zeitung, 22. Juli 2009: Die perfekte Umschulung im Kopf.

16 Begley, Sharon. The Plastic Mind. London: Constable, 2009, S. 200 ff.

17 Kishiyama, Marc M. et al.: Socioeconomic disparities affect prefrontal function in children. In: Journal of Cognitive Neuroscience, Bd. 21/6, 2009, 1106; Armut schädigt das Gehirn. In: Psychologie Heute, Juli 2009, S. 16.

18 Begley, Sharon: The Plastic Mind. London 2009, S. 205 ff.

19 Siehe Precht, Richard David: Wer bin ich und wenn ja, wie viele? München 2007; Spitzer, Manfred: Lernen: Gehirnforschung und die Schule des Lebens. Heidelberg 2002.

20 Begley, The Plastic Mind, S. 81.

21 Zitiert nach Damasio: Descartes' Irrtum, S. 180.

8 Spiele des Lebens

1 Mathematisch am besten dargestellt in: Mersch, Peter: Evolution, Zivilisation und Verschwendung: Über den Ursprung von allem. Norderstedt 2008, S. 352, 391.

2 Zitiert nach Barnes, Peter: Capitalism 3.0: A Guide to Reclaiming the Commons. San Francisco 2006, S. 7; Original: http://www.constitution.org/cmt/tragcomm.htm.

3 Mehr zu den einzelnen Stufen des Nash-Equilibriums in: Skyrms, Brian: Evolution of the Social Contract. Cambridge 1996, S. 4 ff.

4 Gigerenzer, Gerd: Bauchentscheidungen: Die Intelligenz des Unbewussten und die Macht der Intuition. München 2008, S. 77, nach einem Experiment von Joan Silk.

5 Greffrath, Matthias: Das Tier, das WIR sagt, über Michael Tomasello, Die Zeit, 2. 4. 2009, S. 33. Ein ähnlicher Versuch wird in »Bauchentscheidungen« von Gigerenzer geschildert.

6 Siehe Bauer, Joachim. Warum ich fühle, was du fühlst: Intuitive Kommunikation und das Geheimnis der Spiegelneurone. München, 2006; Iacoboni, Marco: Woher wir wissen, was andere denken und fühlen. Die neue Wissenschaft der Spiegelneuronen. München 2009.

7 Zur Funktion von Vertrauen siehe auch: Misztal, Barbara A.: Trust in Modern Societies: The Search for the Bases of Social Order. London 1996.

8 Rapoport, Anatol; Chammah, Albert M.: Prisoner's Dilemma. Ann Arbor 1965; Poundstone, William: Prisoner's Dilemma: John von Neumann, Game Theory and the Puzzle of the Bomb. New York 1993.

9 Axelrod, Robert: Die Evolution der Kooperation. München 2000.

10 Fisher, Len: Rock, Paper, Scissors: Game Theory in Everyday Life. New York 2008, S. 163 ff. Siehe auch das Standardwerk von Anatol Rapoport: Fights, Games, and Debates. Ann Arbor 1960 (Deutsche Ausgabe: Kämpfe, Spiele und Debatten. Drei Konfliktmodelle. Darmstadt 1976).

11 Die Spiel-Strategien und ihre Resultate lassen sich am Besten in einer Übersicht nachlesen in: Ball, Philip. Critical Mass: How One Thing Leads to Another. London 2005, S 530–550.

12 Über die psychologische Wirkung des Verzeihens siehe z. B.: Enright, Robert D.: Vergebung als Chance: Neuen Mut fürs Leben finden. Bern 2006; Friedberg, J. u. a.: The impact of forgiveness on cardiovascular reactivity and recovery. In: International Journal of Psychophysiology, 65, 2007, 87–94.

13 Eriksson, Anders; Lindgren, Kristian: Cooperation driven by mutations in multi-person Prisoner's Dilemma. In: Journal of Theoretical Biology, 232, 399–409 (2005); eine verständliche Beschreibung in Beinhocker, Eric D.: Die Entstehung des Wohlstands: Wie Evolution die Wirtschaft antreibt. Landsberg am Lech 2007, S. 243 ff.

14 Shirky, Clay: Here Comes Everybody: The Power of Organizing without Organizations. London 2009, S. 26.

15 Zitiert nach Ball, Philip: Critical Mass: How One Thing Leads to Another. London 2005, S. 568.

16 Siehe zur Neugestaltung der »Commons« auch Barnes, Peter: Capitalism 3.0: A Guide to Reclaiming the Commons. San Francisco 2006.

9 Die Kreative Ökonomie

1 Flint, Michigan, largest Automobile Plant in the World, http:// buickcity.blogspot.com/2008/05/largest-plant-in-world-1911.html

2 Time, 15. 12. 2008, S. 29: Is this Detroit's Last Winter?

3 Beinhocker, Eric D.: Die Entstehung des Wohlstands: Wie Evolution die Wirtschaft antreibt. Landsberg am Lech 2007, S. 97.

4 Vgl. Shirky, Clay: Here Comes Everybody: The Power of Organizing without Organizations. London 2009.

5 Brand Eins, 10, 2008.

6 Siehe hierzu Shirky, Here Comes Everybody, S. 30 ff.

7 Littmann, Peter; Jansen, Stephan A.: Oszillodox: Virtualisierung – Die permanente Neuerfindung der Organisation. Stuttgart 2000, S. 128.

8 In der vierten Episode; siehe Henry Jacob: House and Philosophy. Everybody lies. Hoboken 2009, S. 9 ff.

9 Siehe Ziemer, Gesa: Forschen anstatt Wissen. Komponieren: Ein kreatives Prinzip in Kunst und Wissenschaft. In: Wolf Lotter (Hg.): Die kreative Revolution: Was kommt nach dem Industriekapitalismus? Hamburg 2009.

10 Alexander Grau in Brand Eins, 10, 2008, S. 129.

11 Eine genaue Analyse des Desasters: Horror von Heathrow, Wirtschaftswoche, 14. 4. 2008, S. 86 ff.

12 Pfläging, Niels: Führen mit flexiblen Zielen: Beyond Budgeting in der Praxis. Frankfurt 2006.

13 Rubin, Jeff; Tal, Benjamin: Will Soaring Transport Costs Reverse Globalization? http://research.cibcwm.com/economic_public/download/smay08.pdf

14 Csikszentmihalyi, Mihaly: Kreativität: Wie Sie das Unmögliche schaffen und Ihre Grenzen überwinden. Stuttgart 2007, S. 48.

10 Die Politik der Zukunft

1 Martin, Paul: Sex, Drugs and Chocolate: The Science of Pleasure. London 2009, S. 5.

2 In Europa wurde die Glücksforschung seit den 1980er Jahren durch den Soziologen Alfred Bellebaum stark ausgebaut. Er gründete das »Institut für Glücksforschung« in Vallendar. Doyen der niederländischen Glücksforschung ist Ruut Veenhoven. Er betreibt an der Erasmus-Universität Rotterdam eine umfangreiche Datenbank, in der alle von ihm als wissenschaftlich anerkannten Arbeiten zum Thema Glücklichsein gesammelt werden. Seit 2000 gibt es die Zeitschrift »Journal of Happiness Studies« (Springer Netherlands). Einen Überblick über den aktuellen Stand der Glücksforschung gibt das von Luigino Bruni und Pier Luigi Porta herausgegebene »Handbook on the Economics of Happiness«, das 2007 erschienen ist.

3 Weitere Erhebungen der internationalen Glücksforschung sind: European Quality of Life (EQL), die eher »Lebensumfelder« misst. Auch die britische Regierung erhebt im Rahmen ihrer nationalen Surveys Zufriedenheitsdaten der Bevölkerung. In Frankreich hat sich die »Commission on the Measurement of Economic Performance and Social Progress« gegründet, mit dem Ziel, eine echte Messung von Lebensqualität zu entwickeln. Das »Global Project on Measuring the Progress of Societies«, gegründet von Enrico Giovannini, dem Chefstatistiker der OECD, möchte die weltweite Datenbank zur Erfassung des qualitativen Wachstums werden. Und in den USA bietet die Website »The State of the USA« neuerdings qualitative Daten zur Lebenszufriedenheit der Menschen.

4 Bergheim, Stefan: Die glückliche Variante des Kapitalismus, Deutsche Bank Research, Aktuelle Themen 380, April 2007. Derselbe: BIP allein macht nicht glücklich, Deutsche Bank Research, Aktuelle Themen 367, Oktober 2006; beide: http://www.dbresearch.de/ Bergheim hat ein eigenes »Institut für gesellschaftlichen Fortschritt« gegründet, das hervorragende Arbeit in der Fortschritts- und Glücksforschung leistet: www.fortschrittszentrum.de

5 Vgl. Carstensen, L. L. und Mikels, J. A.: At the intersection of emotion and cognition: Aging and the positivity effect. In: Current Directions in Psychological Science, 2005.
6 Smith, Adam: Der Wohlstand der Nationen. München: Deutscher Taschenbuch Verlag, 1978, S. 669.
7 Rawls, John: Eine Theorie der Gerechtigkeit. Frankfurt am Main 1979. Siehe auch: Kersting, Wolfgang: Theorien der sozialen Gerechtigkeit. Stuttgart 2000.
8 Mlodinow, Leonard: The Drunkard's Walk: How Randomness Rules our Lives. New York 2008; dt. Ausgabe: Wenn Gott würfelt. Reinbek 2009.
9 Barnes, Capitalism 3.0, S. 3.
10 Gigerenzer, Gerd: Bauchentscheidungen: Die Intelligenz des Unbewussten und die Macht der Intuition. München 2008, S. 152.
11 Giddens, Anthony: Jenseits von links und rechts. Frankfurt 1997; derselbe: Der dritte Weg. Frankfurt 1999.
12 Ariely, Denken hilft zwar, nützt aber nichts, S. 104.
13 Siehe zu dieser Begrifflichkeit auch: Berner, Frank: Der hybride Sozialstaat: Die Neuordnung von öffentlich und privat in der sozialen Sicherung. Frankfurt 2009.
14 The Avuncular State – A smarter, softer paternalism is coming into style. In: Economist, 8. April 2006, S. 69.
15 Thaler, Richard H.; Sunstein, Cass R.: Nudge: Wie man kluge Entscheidungen anstößt. Berlin 2009, S. 15.
16 Siehe: Advice from the heart, Pekka Puska has spent his life fighting heart disease, New Scientist 12. 2. 2005, S. 44.
17 Thielbeer, Siegfried; Müller, Claus-Peter: Die Krankheit des 21. Jahrhunderts, Frankfurter Allgemeine Zeitung, 15. 9. 2006, S. 9.
18 Siehe den Film »Die Stille Revolution« von Reinhard Kahl, Bertelsmann-Stiftung, Videokassette von 1996.
19 Economist, 7. 3. 2009, How to stop the Drug Wars.
20 Zum Beispiel Nancy Gibbs im Time-Magazine vom 15. 6. 2009, S. 56.

VERWENDETE LITERATUR

Adorno, Theodor: Minima moralia. Frankfurt: Suhrkamp, 1983

Akerlof, George A.; Shiller, Robert J.: Animal Spirits: How Human Psychology Drives the Economy, and Why It Matters for Global Capitalism. Princeton: Princeton UP, 2009.

Antonovsky, Aaron: Health, Stress and Coping. San Francisco: Jossey-Bass, 1979.

– Unraveling the Mystery of Health: How People Manage Stress and Stay Well. San Francisco: Proquest Info & Learning, 1987.

– Salutogenese: Zur Entmystifizierung der Gesundheit. Tübingen: Dgvt-Verlag, 1997.

Ariely, Dan: Denken hilft zwar, nützt aber nichts: Warum wir immer wieder unvernünftige Entscheidungen treffen. München: Droemer Knaur, 2008.

Aries, Philippe, und Georges Duby (Hrsg.): Geschichte des privaten Lebens. Frankfurt: Fischer, 1995 ff.

Armstrong, Karen: Eine kurze Geschichte des Mythos. Berlin: Berlin Verlag, 2005.

– Die Achsenzeit: Vom Ursprung der Weltreligionen. München: Siedler Verlag, 2006.

Augustinus, Aurelius: Über das Glück. Ditzingen: Reclam, 1986.

Axelrod, Robert: Die Evolution der Kooperation. Oldenbourg Verlag, 2000.

Ayres, Ian: Super Crunchers: How Anything Can Be Predicted. London: John Murray, 2008.

Baggini, Julian: The Pig That Wants to Be Eaten. And Ninety-Nine Other Thought Experiments. London: Granta Books, 2005.

Ball, Philip: Critical Mass: How One Thing Leads to Another. London: Arrow Books, 2005.

Bandelow, Borwin: Das Angstbuch. Woher Ängste kommen und wie man sie bekämpfen kann. Reinbek: Rowohlt, 2004.

Barnes, Peter: Capitalism 3.0: A Guide to Reclaiming the Commons. San Francisco: Berrett-Koehler Publishers, 2006.

Barral, Xavier (Hrsg.): Evolution. München: Frederking & Thaler / GEO, 2007.

Barrow, John D.: Impossibility: The Limits of Science and the Science of Limits. Canada: Random House, 1999.

Basalla, George: The Evolution of Technology. Cambridge UP, 1989.

Bataille, Georges: Die Aufhebung der Ökonomie. Berlin: Matthes & Seitz, 1985.

Bateson, Gregory. Geist und Natur: Eine notwendige Einheit. Frankfurt: Suhrkamp, 1982.

Bauer, Joachim: Warum ich fühle, was du fühlst: Intuitive Kommunikation und das Geheimnis der Spiegelneurone. München: Heyne Verlag, 2006.

– Prinzip Menschlichkeit: Warum wir von Natur aus kooperieren. Hamburg: Hoffmann und Campe Verlag, 2007.

– Das Gedächtnis des Körpers: Wie Beziehungen und Lebensstile unsere Gene steuern. München: Piper, 2008.

Baum, Jens: Keine Angst vor morgen: Strategien für den Umgang mit Zukunftsängsten. München: Kösel, 2004.

Beck, Ulrich, Anthony Giddens u. Scott Lash: Reflexive Modernisierung. Eine Kontroverse. Frankfurt: Suhrkamp, 1996.

Beck, Ulrich u. Elisabeth Beck-Gernsheim: Riskante Freiheiten: Individualisierung in modernen Gesellschaften. Frankfurt: Suhrkamp, 2008.

Becker, Alexander, C. Mehr et al. (Hrsg.): Gene, Meme und Gehirne. Frankfurt: Suhrkamp, 2003.

Becker, Joachim: Der erschöpfte Sozialstaat: Neue Wege zur sozialen Gerechtigkeit. Frankfurt: Eichborn, 1994.

Begley, Sharon. The Plastic Mind. London: Constable, 2009.

Beinhocker, Eric D.: Die Entstehung des Wohlstands: Wie Evolution die Wirtschaft antreibt. Landsberg am Lech: mi-Fachverlag, 2007.

Bendiksen, Jonas: So leben wir: Menschen am Rande der Megacitys. München: Knesebeck, 2008.

Benkler, Yochai: The Wealth of Networks: How Social Production Transforms Markets and Freedom. New Haven and London: Yale UP, 2006.

Bennis, Warren u. Philip Slater: The Temporary Society. San Francisco: Jossey-Bass, 1968.

Berger, Peter L. (Hrsg.): Die Grenzen der Gemeinschaft: Konflikt und Vermittlung in pluralistischen Gesellschaften. Gütersloh: Verlag Bertelsmann Stiftung, 1997.

Berlin, Isaiah: Wirklichkeitssinn. Berlin: Berlin Verlag, 1998.

– Das krumme Holz der Humanität: Kapitel der Ideengeschichte. Frankfurt: Fischer Tb, 1992.

Berner, Frank: Der hybride Sozialstaat: Die Neuordnung von öffentlich und privat in der sozialen Sicherung. Frankfurt: Campus, 2009.

Bijker, Wiebe E.: Of Bicycles, Bakelites, and Bulbs: Toward a Theory of Sociotechnical Change. Cambridge, Mass.: MIT Press, 1997.

Blackmore, Susan: Die Macht der Meme oder die Evolution von Kultur und Geist. Heidelberg: Spektrum Akademischer Verlag, 2000.

Bloom, Paul: Descartes' Baby: How Child Development Explains What Makes Us Human. London: William Heinemann, 2004.

Blöss, Christian: Jenseits von Darwin. Eichborn, 1988.

Bohm, David: Wholeness and the Implicate Order. London: Ark, 1984.

Bolz, Norbert: Das kontrollierte Chaos. Düsseldorf: Econ, 1994.

– Die Sinngesellschaft. Düsseldorf: Econ, 1997.

– Blindflug mit Zuschauer. München: Wilhelm Fink, 2005.

– Diskurs über die Ungleichheit. München: Wilhelm Fink, 2009.

Bolz, Norbert et al.: Bang: Die Zukunft der Evolution. Zürich: GDI (Gottlieb Duttweiler Institut), 2007.

Bono, Edward de: Serious creativity. London: Harper Collins Publishers, 1992.

– How to Have a Beautiful Mind. London: Vermillion, 2004.

Boserup, Ester: The Conditions of Agricultural Growth. The Economics of Agrarian Change under Population Pressure. Chicago: Aldine, 1965.

Botton, Alain de: Status Anxiety. London: Hamish Hamilton, 2004.

– The Architecture of Happiness. London: Vintage, 2008.

– The Pleasures and Sorrows of Work. London: Hamish Hamilton, 2009.

Bourke, Andrew F. G. u. Nigel R. Franks: Social Evolution in Ants. Princeton: Princeton UP, 1995.

Bourke, Joanna: Fear: A Cultural History. London: Virago, 2005.

Bowles, Samuel, Steven N. Durlauf u. Karla Hoff: Poverty Traps. Princeton: Princeton UP, 2006.

Boyer, Pascal: Religion Explained: The Evolutionary Origins of Religious Thought. New York: Basic Books, 2001.

Braudel, Fernand: A History of Civilizations. New York: Penguin, 1993.

Breyer, Friedrich, Wolfgang Franz et al.: Reform der sozialen Sicherung. Berlin: Springer, 2004.

Briscoe, Simon u. Hugh Aldersey-Williams: Panicology! London: Viking, 2008.

Brockman, John (Hrsg.): What Is Your Dangerous Idea: Today's Leading Thinkers on the Unthinkable. London: Simon & Schuster, 2006.

– What Are You Optimistic About: Today's Leading Thinkers Lighten Up. London: Simon & Schuster, 2007.

Brown, John Seely u. Paul Duguid: The Social Life of Information. Boston: Harvard Business Press, 2000.

Brunner, Otto: Neue Wege der Verfassungs- und Sozialgeschichte. Göttingen: Vandenhoeck & Ruprecht, 1968.

Burdett, Ricky u. Deyan Sudjic: The Endless City. London: Phaidon, 2007.

Butcher, Tim: Ins dunkle Herz des Kongo. München: Frederking & Thaler, 2008.

Capra, Fritjof: Lebensnetz. Bern / München / Wien: Scherz, 1996.

Carroll, Sean B.: Endless Forms Most Beautiful: The New Science of Evo Devo and the Making of the Animal Kingdom. New York: Norton, 2005.

Castells, Manuel: Das Informationszeitalter. Bd. 2: Die Macht der Identität. Opladen: Leske & Budrich, 2002.

Casti, John L.: Searching for Certainty. New York: William Morrow, 1990.

Chaisson, Eric J.: Cosmic Evolution: The Rise of Complexity in Nature. Cambridge, Mass.: Harvard UP, 2001.

Cordain, Loren: Das Getreide – Zweischneidiges Schwert der Menschheit. Arnsberg: Novagenics, 2004.

Csikszentmihalyi, Mihaly: Dem Sinn des Lebens eine Zukunft geben: Eine Psychologie für das 3. Jahrtausend. Stuttgart: Klett-Cotta, 1995.

– Lebe gut: Wie Sie das Beste aus Ihrem Leben machen. Stuttgart: Klett-Cotta, 2001.

Cyrulnik, Boris: Mit Leib und Seele: Wie wir Krisen bewältigen. Hamburg: Hoffmann und Campe, 2007.

Dahrendorf, Ralf. Betrachtungen über die Revolution in Europa. Stuttgart: Deutsche Verlags-Anstalt, 1990.

– Der moderne soziale Konflikt. Stuttgart: Deutsche Verlags-Anstalt, 1992.

Dalai Lama u. Laurens van den Muyzenberg. Führen, gestalten, bewegen: Werte und Weisheit für eine globalisierte Welt. Frankfurt: Campus, 2008.

Damasio, Antonio R.: Descartes' Irrtum: Fühlen, Denken und das menschliche Gehirn. München: List Tb, 2004.

Dash, Mike: Tulpenwahn: Die verrückteste Spekulation der Geschichte. Berlin: List Tb, 2005.

Davis, Stan u. Christopher Meyer: Blur. New York: Warner, 1998.

– Future Wealth. Boston: Harvard Business School Press, 2000.

Dawkins, Richard: Der entzauberte Regenbogen. Reinbek: Rowohlt, 2000.

– Gipfel des Unwahrscheinlichen: Wunder der Evolution. Reinbek: Rowohlt, 2001.

– A Devil's Chaplain. London: Weidenfeld & Nicolson, 2003.

Delbrück, Max: Wahrheit und Wirklichkeit. Hamburg: Rasch und Röhring, 1986.

Dennett, Daniel: Freedom Evolves. New York: Viking, 2003.

Deutsch, David: The Fabric of Reality. London: Penguin, 1998.

Diamond, Jared: Kollaps: Warum Gesellschaften überleben oder untergehen. Frankfurt: Fischer, 2005.

– Arm und Reich: Die Schicksale menschlicher Gesellschaften. Frankfurt: Fischer, 1998.

Dörner, Dietrich: Die Logik des Misslingens: Strategisches Denken in komplexen Situationen. Reinbek: Rowohlt, 2005.

Drennig, Manfred: Tauschen und Täuschen: Warum die Gesellschaft so ist, wie sie ist. Wien: Carl Ueberreuter, 2008.

Drucker, Peter F.: Managing in the Next Society. New York: St. Martin Press, 2002.

Dueck, Gunter: Wild Duck. Berlin / Heidelberg: Springer, 2000.

Dülmen; Richard von: Die Entdeckung des Ich: Die Geschichte der Individualisierung vom Mittelalter bis zur Gegenwart. Köln: Böhlau, 2001.

Dychtwald, Maddy: Cycles: How We Will Live, Work, and Buy. New York: Free Press, 2003.

Dyson, Freeman: Die Sonne, das Genom und das Internet. Frankfurt: Fischer, 2000.

– The Scientist as Rebel. New York: New York Review Books, 2006.

Easterbrook, Gregg: The Progress Paradox. New York: Random House, 2003.

Elias, Norbert: Über den Prozess der Zivilisation: Wandlungen des Verhaltens in den weltlichen Oberschichten des Abendlandes. Frankfurt: Suhrkamp Tb, 1997.

Enright, Robert D.: Vergebung als Chance: Neuen Mut fürs Leben finden. Bern: Huber, 2006.

Esping-Andersen, Gösta: Social Class, Social Democracy and State Policy. Copenhagen: New Social Science Monographs, 1980.

– Stagnation and Renewal. The Rise and Fall of Social Policy Regimes. New York: M. E. Sharpe, 1987.

– The Three Worlds of Welfare Capitalism. Cambridge: Polity Press, 1987.

Ernst, Heiko: Psychotrends: Das Ich im 21. Jahrhundert. München: Piper, 1996.

– Weitergeben! Anstiftung zum generativen Leben. Hamburg: Hoffmann und Campe, 2008.

Ferguson, Niall: The Ascent of Money: A Financial History of the World. Penguin, 2008.

Fisher, Len: Rock, paper, scissors: Game theory in everyday life. New York: Basic Books, 2008.

Florida, Richard: The Rise of the Creative Class: And How it's Transforming Work, Leisure, Community, & Everyday Life. New York: Basic Books, 2002.

– The Flight of the Creative Class. New York: Harper Collins, 2005.

Foster, Mark S.: Castles in the sand: The life and times of Carl Graham Fisher. Gainesville: Univ. Press of Florida, 2000.

Foucault, Michel: Die Ordnung der Dinge. Frankfurt: Suhrkamp, 1974.

Franck, Georg: Ökonomie der Aufmerksamkeit. München: Hanser, 1998.

– Mentaler Kapitalismus: Eine politische Ökonomie des Geistes. München: Hanser, 2005.

Frank, Robert H.: The Economic Naturalist: Why Economics Explain Almost Everything. London: Virgin, 2008.

Frazier, Shervert H.: Psychotrends: What Kind of People are We Becoming?. New York: Simon & Schuster, 1994.

French, Hilary: Invention and Evolution: Design in Nature and Engineering. Cambridge: Cambridge UP, 1994.

Friedman, Thomas L.: The World is Flat: A Brief History of the Twenty-first Century. New York: Farrar, Straus and Giroux, 2005.

Fukuyama, Francis: Das Ende der Geschichte. München: Kindler, 1992.

– Trust: The Social Virtues and the Creation of Prosperity. London: Hamish Hamilton, 1995.

Furedi, Frank: Culture of Fear: Risk-taking and the Morality of Low Expectation. London: Cassell, 1997.

Galbraith, John Kenneth: A Short History of Financial Euphoria. Penguin, 1990.

Gardner, Dan: Risk: The Science and Politics of Fear. London: Virgin, 2008.

Gardner, Howard: Five Minds for the Future, Leadership for the Common Good. Boston: Harvard Business School Press, 2007.

Gee, James Paul: What Video Games Have to Teach Us about Learning and Literacy. London: B&T, 2008.

Gell-Mann, Murray: Das Quark und der Jaguar. München: Piper, 1994.

Giddens, Anthony: Jenseits von Links und Rechts. Frankfurt: Suhrkamp, 1997.

– The Third Way. Cambridge: Polity Press, 1998.

Gigerenzer, Gerd, Peter M. Todd u. A. B. C. Research Group: Simple Heuristics that Make Us Smart. New York: Oxford UP, 1999.

Gilbert, Daniel: Stumbling on Happiness. New York: Random House, 2006.

Gilovich, Thomas, Dale Griffin u. Daniel Kahneman: Heuristics and Biases: The Psychology of Intuitive Judgment. Cambridge: Cambridge UP, 2002.

Gladney, Dru C.: Dislocating China: Muslims, Minorities, and Other Subaltern Subjects. Chicago: University of Chicago Press, 2004.

Gladwell, Malcom: Der Tipping Point: Wie kleine Dinge Großes bewirken können. Berlin: Berlin Verlag, 2000.

– Blink! Die Macht des Moments. Franfurt: Campus, 2005.

– Überflieger: Warum manchen Menschen erfolgreich sind – und andere nicht. Frankfurt: Campus, 2009.

Gleich, Michael: Web of life: Die Kunst vernetzt zu leben. Hamburg: Hoffmann und Campe, 2002.

Grayling, A. C.: The Future of Moral Values. London: Orion, 1997.

Gribbin, John: Deep Simplicity. London: Penguin, 2004.

Gross, James J.: Handbook of Emotion Regulation. New York: Guilford, 2006.

Haeseler, Arndt von u. Dorit Liebers: Molekulare Evolution. Frankfurt: Fischer, 2003.

Hamann, Brigitte: Hitlers Wien: Lehrjahre eines Diktators. München: Piper, 1996.

Hampden-Turner, Charles u. Fons Trompenaars: The Seven Cultures of Capitalism: Value Systems for Creating Wealth in the United States, Japan, Germany, France, Britain, Sweden, and the Netherlands. New York: Currency Doubleday, 1993.

Handy, Charles: The Hungry Spirit. London: Hutchinson, 1997.

– The New Alchemists. London: Hutchinson, 1999.

Hargreaves, Ian u. Ian Christie: Tomorrow's politics: The Third Way and Beyond. London: Demos Panton House, 1998.

Hauser, Marc D.: Moral Minds: How Nature Designed Our Universal Sense of Right and Wrong. New York: Harper Collins, 2006.

Heather, Peter: Der Untergang des Römischen Weltreichs. Stuttgart: Klett-Cotta, 2007.

Hell, Wolfgang (Hrsg.): Kognitive Täuschungen: Fehlleistungen und Mechanismen des Urteilens, Denkens und Erinnerns. Heidelberg: Spektrum Akademischer Verlag, 1993.

Hellhammer, Dirk: Verhaltenstherapie, Bd. 16/2: Neuropsychotherapie. Freiburg: Karger, 2006.

Herman, Arthur: How the Scots Invented the Modern World. New York: Three Rivers Press, 2001.

Heuser, Uwe Jean: Humanomics: Die Entdeckung des Menschen in der Wirtschaft. Frankfurt: Campus, 2008.

Himmelfarb, Gertrude: The Roads to Modernity: The British, French, and American Enlightenments. New York: Alfred A. Knopf, 2005.

Hobsbawm, Eric: Das Zeitalter der Extreme: Weltgeschichte des 20. Jahrhunderts. München: Hanser, 1995.

– Wie viel Geschichte braucht die Zukunft. München: Hanser, 1998.

Hochschild, Arlie Russell: The Time Bind: When Work Becomes Home and Home Becomes Work. New York: Henry Holt, 1997.

Hofstadter, Douglas R.: I am a Strange Loop. New York: Basic Books, 2007.

Horwitz, Allan V. u. Jerome C. Wakefield: The Loss of Sadness: How Psychiatry Transformed Normal Sorrow into Depressive Disorder. Oxford UP, 2007.

Huntington, Samuel P.: Kampf der Kulturen. The Clash of Civilizations: Die Neugestaltung der Weltpolitik im 21. Jahrhundert. München / Wien: Europaverlag, 1996.

Hüther, Gerald: Biologie der Angst: Wie aus Stress Gefühle werden. Göttingen: Vandenhoeck & Ruprecht, 2005.

– Die Macht der inneren Bilder: Wie Visionen das Gehirn, den Menschen und die Welt verändern. Göttingen: Vandenhoeck & Ruprecht, 2006.

Illouz, Eva: Der Konsum der Romantik: Liebe und die kulturellen Widersprüche des Kapitalismus. Frankfurt: Campus, 2003.

Inglehart; Foa; Welzel: Happiness Trends in 24 Countries. World Values Survey, 2008.

Janine, Bourriau: Understanding Catastrophe. Cambridge: Cambridge UP, 1992.

Jensen, Rolf: The Dream Society. New York: McGraw-Hill, 1999.

Johansson, Frans: The Medici Effect: Breakthrough Insights at the Intersection of Ideas, Concepts & Cultures. Boston: Harvard Business School Press, 2004.

Joyce, Richard: The Evolution of Morality. Cambridge, Mass.: MIT Press, 2006.

Kahl, Reinhard: Treibhäuser der Zukunft: Wie Schulen in Deutschland gelingen. DVD, Archiv der Zukunft, 2004.

Kahneman, Daniel u. Amos Tversky: Prospect Theory: An Analysis of Decision Under Risk. In: Econometrica, 1979.

– Advances in Prospect Theory: Cumulative Representation of Uncertainty. Cambridge: Cambridge UP, 1992.

Kay, John: The Truth about Markets: Why Some Nations are Rich but Most Remain Poor. London: Penguin, 2004.

Keeley, Lawrence H.: War before Civilization: The Myth of the Peaceful Savage. New York / Oxford: Oxford UP, 1997.

Kegan, Robert: Die Entwicklungsstufen des Selbst: Fortschritte und Krisen im menschlichen Leben. München: Kindt, 1986.

Keicher, Imke u. Kirsten Brühl: Creative Work: Business der Zukunft. Kelkheim: Zukunftsinstitut, 2007.

Kennedy, Paul: In Vorbereitung auf das 21. Jahrhundert. Frankfurt: Fischer, 1993.

Kepplinger, Hans Mathias: Die Mechanismen der Skandalierung: Die Macht der Medien und die Möglichkeiten der Betroffenen. München: Olzog, 2005.

Kersting, Wolfgang: Theorien der sozialen Gerechtigkeit. Stuttgart: J. B. Metzler, 2000.

Kirschner, Marc W. u. John C. Gerhart: The Plausibility of Life: Resolving Darwin's Dilemma. New Haven / London: Yale UP, 2005.

Klein, Stefan: Alles Zufall. Die Kraft, die unser Leben bestimmt. Reinbek: Rowohlt, 2004.

– Da Vincis Vermächtnis oder wie Leonardo die Welt neu erfand. Frankfurt: Fischer, 2008.

Kluger, Jeffrey: Simplexity: The Simple Rules of a Complex World. London: John Murray, 2007.

Koch, Jens-Jörg: Sozialer Einfluss und Konformität. Das Feldexperiment in der Sozialpsychologie. Bd. 2. Weinheim und Basel: Beltz, 1977.

Kumar, Krishan: Utopia & Anti-Utopia in Modern Times. Oxford: Blackwell, 1987.

Lakoff, George; Dean, Howard; Hazen, Don: Don't think of an Elephant: Know Your Values and Frame the Debate: The Essential Guide for Progressives. White River Junction: Chelsea Green, 2004.

Landa, Diego de: Bericht aus Yukatan. Stuttgart: Philipp Reclam, 2007.

Landes, David: Wohlstand und Armut der Nationen: Warum die einen reich und die anderen arm sind. Berlin: Siedler, 1998.

Latour, Bruno: Eine neue Soziologie für eine neue Gesellschaft. Frankfurt: Suhrkamp, 2007.

Layard, Richard: Die glückliche Gesellschaft: Kurswechsel für Politik und Wirtschaft. Frankfurt: Campus, 2005.

Levin, Christoph u. Martin Hose: Metropolen des Geistes. Frankfurt: Insel, 2009.

Lewis, Mumford: Mythos der Maschine. Frankfurt: Fischer Tb, 1977.

Ley, Michael: Apokalyptische Bewegungen in der Moderne, der Nationalsozialismus als politische Religion. Mainz: Bodenheim, 1997.

Littmann, Peter u. Stephan A. Jansen: Oszillodox: Virtualisierung –
Die Permanente Neuerfindung der Organisation. Stuttgart: Klett-
Cotta, 2000.

Lotter, Wolf: Die Kreative Revolution: Was kommt nach dem Industriekapitalismus? Hamburg: Murmann, 2009.

Louis, Pauwels: Manifest eines Optimisten. Bern / München / Wien:
Scherz, 1972.

Mainzer, Klaus: Komplexität. Paderborn: Wilhelm Fink, 2008.

Mankell, Henning: Das Auge des Leoparden. München: DTV, 2006.

Margulis, Lynn: Die andere Evolution, Heidelberg / Berlin: Spektrum-
Verlag, 1999.

Martin, Paul: Sex, Drugs and Chocolate: The Science of Pleasure. London: Fourth Estate, 2009.

McClellan, James E. u. Dorn, Harold: Werkzeuge und Wissen, Hamburg: Rogner & Bernhard, 2001.

McMahon, Darrin M.: Happiness: A History. New York: Atlantic
Monthly Press, 2006.

Mead, Margaret: Der Konflikt der Generationen – Jugend ohne Vorbild.
Eschborn: Klotz, 2006.

Mersch, Peter: Evolution, Zivilisation und Verschwendung: Über den
Ursprung von Allem. Norderstedt: Books on Demand, 2008.

Misztal, Barbara A.: Trust in Modern Societies: The Search for the Bases
of Social Order. London: Polity Press, 1996.

Mitchell, Sandra: Komplexitäten. Warum wir erst anfangen die Welt zu
verstehen. Frankfurt: Suhrkamp, 2008.

Mitscherlich, Alexander: Thesen zur Stadt der Zukunft. Frankfurt:
Suhrkamp Tb, 1971.

Mitterauer, Michael: Warum Europa: Mittelalterliche Grundlagen eines
Sonderwegs. München: C. H. Beck, 2003.

Mlodinow, Leonard: Wenn Gott würfelt oder Wie der Zufall unser
Leben bestimmt. Reinbek: Rowohlt, 2009.

Modis, Theodore: Conquering Uncertainty. New York: McGraw-Hill,
1998.

Mohr, Reinhard: Das Deutschlandgefühl: Eine Heimatkunde. Reinbek:
Rowohlt, 2005.

Moïsi, Dominique: Kampf der Emotionen: Wie Kulturen der Angst,
Demütigung und Hoffnung die Weltpolitik bestimmen. Deutsche
Verlags-Anstalt, 2009.

Morfill, Gregory u. Herbert Scheingraber: Chaos ist überall ... und
es funktioniert: eine neue Weltsicht. Frankfurt / Berlin: Ullstein,
1991.

Morris, Simon Conway: Life's Solution: Inevitable Humans in a Lonely Universe. Cambridge: Cambridge UP, 2003.

Mulgan, Geoff: Connexity. London: Vintage, 1997.

Mutius, Bernhard von: Die Verwandlung der Welt: Ein Dialog mit der Zukunft. Stuttgart: Klett-Cotta, 2000.

– Die andere Intelligenz: Wie wir morgen denken werden. Stuttgart: Klett-Cotta, 2004.

Naisbitt, John: Mind Set! Wie wir die Zukunft entschlüsseln. München: Hanser, 2007.

Nefiodow, Leo A.: Der sechste Kondratieff. Sankt Augustin: Rhein-Sieg Verlag, 2001.

Nelson, Richard R. u. Sidney G. Winter: An Evolutionary Theory of Economic Change. Cambridge, Mass.: Belknap Press, 1990.

Nicholl, Charles: Leonardo da Vinci. London: Penguin, 2004.

Nietzsche, Friedrich. Also sprach Zarathustra. Köln: Anaconda, 2005.

Norem, Julie K.: The Positive Power of Negative Thinking: Using Defensive Pessimism to Harness Anxiety and Perform at Your Peak. New York: Basic Books, 2001.

OECD (Hrsg.): The Creative Society of the 21st Century. Paris: OECD Publications, 2000.

Olson, Steve: Mapping Human History: Genes, Race, and Our Common Origins. New York: Mariner Books, 2002.

Ormerod, Paul: Why Most Things Fail: Evolution, Extinction and Economics. London: Faber and Faber, 2005.

Ornish, Dean: Revolution in der Herztherapie: Der Weg zur vollkommenen Gesundheit. Stuttgart: Lüchow, 2006.

Pentland, Alex: Honest Signals: How They Shape Our World. Cambridge, Mass.: MIT Press, 2008.

Peters, Georg M.: Dimensionen des Bewusstseins: Kultur- und Kunstgeschichte, Philosophie, Religion, Ethik und Psychotherapie in neuer Sicht als eine Einheit. Hannover: Spiel, 1998.

– Ego cogito ego mutabo: Durch Denken das Leben gestalten. Hannover: Spiel, 2002.

Pfläging, Niels: Führen mit flexiblen Zielen: Beyond Budgeting in der Praxis. Frankfurt: Campus, 2006.

Pink, Daniel: A Whole New Mind: Why Right-Brainers Will Rule the Future. New York: Riverhead, 2005.

Pinker, Steven: The Stuff of Thought: Language as a Window into Human Nature. London: Penguin, 2007.

Pirsig, Robert M.: Zen und die Kunst, ein Motorrad zu warten. Frankfurt: Fischer, 1976.

Popper, Karl: The Lesson of this Century. London: Routledge, 1997.

Postman, Neil: Die zweite Aufklärung: Vom 18. ins 21. Jahrhundert. Berlin: Berlin Verlag, 1999.

Postrel, Virginia: The Future and its Enemies. New York: Free Press, 1998.

Poundstone, William: Prisoner's dilemma: John von Neumann, Game theory and the Puzzle of the Bomb. New York: Anchor Books, 1993.

Prahalad, C. K.: The Fortune at the Bottom of the Pyramid: Eradicating Poverty through Profits. Upper Saddle River: Wharton School Publishing, 2005.

Precht, Richard David: Wer bin ich und wenn ja, wie viele? München: Wilhelm Goldmann, 2007.

Quinn, Daniel: Beyond Civilisation: Humanity's Next Great Adventure. New York: Three Rivers Press, 1999.

Rapaille, Clotaire: The Culture Code. New York: Broadway, 2007.

Rapoport, Anatol: Kämpfe, Spiele und Debatten. Drei Konfliktmodelle. Darmstadt: Darmstädter Blätter, 1976.

Rapoport, Anatol u. Albert M. Chammah: Prisoner's Dilemma. Ann Arbor: University of Michigan Press, 1965.

Rawls, John: Eine Theorie der Gerechtigkeit. Frankfurt: Suhrkamp, 1979.

Raymo, Chet: Mein täglicher Spaziergang durch das Universum, Frankfurt: Eichborn, 2004.

Reichholf, Josef H.: Die falschen Propheten: Unsere Lust an Katastrophen. Berlin: Wagenbach, 2003.

– Eine kurze Naturgeschichte des letzten Jahrtausends. Frankfurt: Fischer, 2007.

– Warum die Menschen sesshaft wurden: Das größte Rätsel unserer Geschichte. Frankfurt: Fischer, 2008.

– Stabile Ungleichgewichte. Die Ökologie der Zukunft. Frankfurt: Suhrkamp, 2009.

– Warum wir siegen wollen: Der sportliche Ehrgeiz als Triebkraft der Evolution des Menschen. Frankfurt: Fischer Tb, 2009.

Ridderstråle, Jonas u. Kjell Nordström: Funky Business. London: Financial Times, 2000.

Ridley, Matt: The Red Queen. London: Penguin, 1993.

– Die Biologie der Tugend. München: Ullstein, 1997.

– Nature via Nurture. London: Fourth Estate, 2003.

Rifkin, Jeremy: The Age of Access. New York: Penguin Putnam 2000.

Robinson, Ken: The Element: How Finding Your Passion Changes Everything. London: Penguin, 2009.

Rubin, Jeff u. Benjamin Tal: Will Soaring Transport Costs Reverse Globalization? New York: CIBC World Markets Inc., 2008.

Rütschi, Gabrielle: Vielleicht – die unverbindliche Verbindlichkeit. Norderstedt: Books on Demand, 2008.

Sachs, Jeffrey D.: Das Ende der Armut: Ein ökonomisches Programm für eine gerechtere Welt. München: Siedler Verlag, 2005.

Schatz, Oskar (Hrsg.): Die Lust am Untergang: Zwischen Kulturpessimismus und Hoffnung. Wien: Wiener Journal, 1985.

Schelling, Thomas C.: Micromotives and Macrobehaviour. New York: Norton, 2006.

Schmid, Wilhelm: Schönes Leben? Einführung in die Lebenskunst. Frankfurt: Suhrkamp Tb, 2005.

Schmidt-Salomon, Michael: Manifest des evolutionären Humanismus: Plädoyer für eine zeitgemäße Leitkultur. Aschaffenburg: Alibri, 2006.

Schmidtchen, Gerhard: Lebenssinn und Arbeitswelt. Gütersloh: Verlag Bertelsmann Stiftung, 1996.

Scholtissek, Stefan: Multipolare Welt: Die Zukunft der Globalisierung und wie Deutschland davon profitieren kann. Hamburg: Murmann, 2008.

Schorske, Carl E.: Wien. Geist und Gesellschaft im Fin de siècle. Frankfurt: Fischer, 1982.

Schrey-Vasara, Gabriele: Hier ist Finnland: Wissenschaft, Handel, Kultur, Industrie, Geschichte. Helsinki: Otava-Verlag, 1999.

Schulze, Gerhard: Die Beste aller Welten. München: Hanser, 2003.

Schwartz, Peter: Inevitable Surprises. New York: Gotham, 2003.

Sebök, Zoltán: Parasitäre Kultur. Berlin: Kulturverlag Kadmos, 2008.

Seelig, Thomas; Stahel, Urs; Jaeggi, Martin: Trade. Zürich: Scalo, 2001.

Seely Brown, John u. Paul Duguid: The Social Life of Information. Boston: Harvard Business Press, 2000.

Seltzer, Kimberly u. Tom Bentley: The Creative Age. London: Demos Panton House, 1999.

Sennett, Richard: Handwerk. Berlin: Berlin-Verlag, 2008.

Shaffer, David William u. James Paul Gee: How Computer Games Help Children Learn. New York: Palgrave, 2008.

Shennan, Stephen: Genes, Memes and Human History: Darwinian Archaeology and Cultural Evolution. London: Thames & Hudson, 2002.

Shermer, Michael: The Mind of the Market: Compassionate Apes, Competitive Humans and Other Tales from Evolutionary Economics. New York: Henry Holt, 2008.

Shirky, Clay: Here Comes Everybody: The Power of Organizing Without Organizations. London: Penguin, 2009.

Shorter, Laurence: The Optimist: One Man's Search for the Brighter Side of Life. Edinburgh: Canongate, 2009.

Shostak, Marjorie: Nisa: The Life and Words of a !Kung Woman. Cambridge, Mass.: Harvard UP, 2001.

Shostak, Sara u. Jeremy Freese et al.: The Politics of the Gene: Social Status and Beliefs about Genetics for Individual Outcomes. In: Social Psychology Quarterly, 2009.

Showalter, Elaine: Hystorien. Berlin: Berlin Verlag, 1997.

Siefer, Werner u. Christian Weber: Ich: Wie wir uns selbst erfinden. Frankfurt: Campus, 2006.

Simon, Julian L.: The State of Humanity. Oxford: Blackwell, 1995.

Skyrms, Brian: Evolution of the Social Contract. Cambridge: Cambridge UP, 1996.

Sloterdijk, Peter: Vor der Jahrtausendwende: Berichte zur Lage der Zukunft. Frankfurt: Suhrkamp, 1990.

– Du musst dein Leben ändern. Frankfurt: Suhrkamp, 2009.

Smith, Adam: Der Wohlstand der Nationen. München: Deutscher Taschenbuch Verlag, 1978.

Smith, John Maynard: Evolution and the Theory of Games. Cambridge: Cambridge UP, 1982.

Spork, Peter: Der zweite Code. Epigenetik – oder wie wir unser Erbgut steuern können. Reinbek: Rowohlt, 2009.

Stephens, John L. u. Ernst Bartsch: Die Entdeckung der alten Mayastätten. Stuttgart: Thienemann, 1993.

Sterman, John D.: Business Dynamics: Systems Thinking and Modeling for a Complex World. Boston: McGraw-Hill, 2000.

Strathern, Oona: Die Visionäre: Eine kleine Geschichte der Zukunft; von Delphi bis heute. Wien: Signum, 2008.

Strathern, Paul: A Brief History of Medicine: From Hippocrates to Gene Therapy. London: Robinson, 2005.

Surowiecki, James: The Wisdom of Crowds: Why the Many Are Smarter Than the Few and How Collective Wisdom Shapes Business, Economies, Societies, and Nations. New York: Doubleday, 2004.

Taleb, Nassim Nicholas: Der schwarze Schwan: Die Macht höchst unwahrscheinlicher Ereignisse. München: Hanser, 2009.

Tanzer, Oliver u. Markus Wolschlager: Alles wird gut: Wie Wirtschaftskrisen die Welt verbessern. Wien: Edition a, 2009.

Tennov, Dorothy: Limerenz: Über Liebe und Verliebtsein, München: Kösel, 1981.

Thaler, Richard H.; Sunstein, Cass R.: Nudge: Wie man kluge Entscheidungen anstößt. Berlin: Ullstein, 2009.

Toffler, Alvin: Der Zukunftsschock. Bern / München / Wien: Scherz,
1970.

– The Third Wave. New York: Bantam Books, 1980.

Trojanow, Ilija u. Ranjit Hoskote: Kampfabsage: Kulturen bekämpfen
sich nicht – sie fließen zusammen. München: Karl Blessing, 2007.

Vernon, Mark: Wellbeing. Stocksfield: Acumen, 2008.

Wacker, Watts u. Jim Taylor: The Visionary's Handbook. New York:
Harper Collins, 2000.

Wacker, Watts u. Ryan Mathews: The Deviants Advantage. New York:
Three Rivers Press, 2002.

Watters, Etan: Urban Tribes: Are Friends the New Family. London:
Bloomsbury, 2004.

Watzlawick, Paul: Die erfundene Wirklichkeit. München: Piper, 1981.

– Anleitung zum Unglücklichsein: Vom Schlechten des Guten. München: Piper, 2006.

– Wie wirklich ist die Wirklichkeit? Wahn, Täuschung, Verstehen.
München: Piper, 2006.

Weber, Max: Schriften 1894–1922. Stuttgart: Alfred Kröner, 2002.

Weber, Thomas P.: Soziobiologie. Frankfurt: Fischer Tb, 2003.

Wegener, Franz: Memetik. Kulturförderverein Ruhrgebiet, 2001.

Weissman, Arnold u. Joachim: Sinnergie. Zürich: Orell Füssli, 1997.

Wertheim, Margaret: Die Himmelstür zum Cyberspace: Von Dante zum
Internet. Zürich: Amman, 2000.

Wiener, Martin J.: English Culture and the Decline of the Industrial
Spirit 1850–1980. Cambridge: Cambridge UP, 1981.

Wilber, Ken: Eros, Kosmos, Logos. Frankfurt: Wolfgang Krüger, 1996.

– Boomeritis: Ein Roman, der dich befreit. Hamburg: Phänomen-
Verlag, 2008.

Will, Hutton u. a.: The Good Life. London: Demos Collection, 1998.

Wilson, Edward O.: Die Einheit des Wissens. Berlin: Siedler, 1998.

Wilson, Robert Anton: Der neue Prometheus. Basel: Sphinx Verlag, 1985.

Wolf, Martin: Why Globalisation Works: The Case for the Global Market Economy. London: Yale UP, 2004.

Wood, Robin: Managing Complexity: How Businesses Can Adapt and
Prosper in the Connected Economy. London: Economist Profile
Books Ltd, 2000.

Wright, Robert: The Moral Animal. New York: Vintage Books, 1994.

– Nonzero: The Logic of Human Destiny. New York: Pantheon Books,
2000.

Wuketits, Franz M.: Warum uns das Böse fasziniert. Stuttgart / Leipzig: Hirzel, 2000.

Zachary, G. Pascal: The Global Me. New Cosmopolitans and the Competitive Edge: Picking Globalism's Winners and Losers. London: Nicholas Brealey Publishing, 2000.

Ziman, John: Technological Innovation as an Evolutionary Process. Cambridge: Cambridge UP, 2003.

Zohar, Danah u. Ian Marshall: SQ: Spirituelle Intelligenz. Bern / München / Wien: Scherz, 1999.

PERSONENREGISTER